KB270332

자세히 살펴본
# 삼국유사 1

김영태金煐泰 —————————————

1932년 경남 창녕 출생. 동국대학교 불교대학 불교학과, 동 대학원 수료(철학박사).
일본 경도京都 불교대학 문학박사.
역임 : 동국대학교 교수, 불교문화연구원장, 불교대학 학장,
　　　 한국불교학회장, 원효학회장, 원효학연구원장.
현재 : 동국대학교 명예교수, 원각불교사상연구원 자문위원,
　　　 학교법인 금강대학교 이사.
저서 : 『新羅佛敎思想硏究』, 『한국불교사』, 『百濟佛敎思想硏究』 등 40여 권.
논문 : 「新羅白月山二聖成道記연구」, 「元曉 涅槃經宗要에 나타난 和會의 세계」 등 250여 편.


# 자세히 살펴본 삼국유사 · 1

－삼국유사의 새김 · 풀이 · 연구－

지은이 · 일연 / 역주 · 김영태 / 펴낸이 · 김인현 / 펴낸곳 · 도피안사
2009년 10월 20일 1판 1쇄 인쇄 / 2009년 11월 15일 1판 1쇄 발행
인쇄 및 제본 · 금강인쇄(주) / 등록 · 2000년 8월 19일(제19-52호)
주소 · 경기도 안성시 죽산면 용설리 1178-1 / 전화 · 031-676-8700
서울 사무소 · 서울시 송파구 잠실동 312-23 201호 | 전화 · 02-419-8704
팩스 · 02-336-8701 / E-mail · dopiansa@kornet.net





ISBN 978-89-90223-50-0 04910 / 978-89-90223-51-7 (세트)




眞理生命은 깨달음〔自覺覺他〕에 의해서만 그 모습〔覺行圓滿〕이 드러나므로
도서출판 도피안사는 '독서는 깨달음을 얻는 또 하나의 길'이라는 믿음으로 책을 펴냅니다.

# 자세히 살펴본
# 삼국유사

### 삼국유사의 새김 · 풀이 · 연구

일연(一然) 지음 | 김영태(金煐泰) 역해

**1**

DOPIANSA
到彼岸社

▌ 일러두기

1. 이 책은 조선 중종中宗 7년(正德 壬申 1512) 간행의 판본(正德判 板本『정덕본』, 서울대학교 소장)을 민족문화추진회에서 영인影印 간행한 『三國遺事』를 저본으로 하였다. 그래서 이를 『저본』이라 일컫기로 한다.

2. 권1의 첫째 편 「왕력王曆」표 만은 최남선崔南善 『新訂 三國遺事』(『신정본』이라 함)의 것을 저본으로 삼았으나, 책 이름으로는 여전히 『신정본』이라 하였다. 이 「왕력」편은 특수성을 감안하여 그 앞머리에 '보기'를 따로 두었다.

3. 이 『저본』에는 원문 영인 위쪽에 이미 교감校勘이 되어 있으므로 따로 교감하지 않았으며, 필요한 경우에는 원문 새김글에 각주를 달아 설명을 하였다.

4. 민족문화 역사의 보배스러운 고전古典인 『삼국유사』(『유사』)의 보다 효율적인 연구와 이해를 위하여, 먼저 항목별로 원문을 싣고, 다음에 한글로 새겨 필요한 부분에 주석을 달았으며, 그 다음에 해당 항목의 내용 및 문제점을 살펴보는 장을 마련하였다.

5. 살펴보기에서는 내용 전반의 연구 검토와 학술적 고찰을 가급적이면 현대 감각으로 쉽게 이해되는 방향에서 풀어나가고자 하였다.

6. 『유사』에서 전하고 있는 고조선古朝鮮(왕검조선) 이후, 위만조선魏滿朝鮮으로부터 진한辰韓에 이르기까지(이서국伊西國・5가야五伽耶 두 항목 제외)의 사전史傳은 현재 중국의 고사서古史書에서도 보이고 있으므로, 해당부분을 초록해 옮김으로써 연구 자료의 보완과 비교검토 및 옛 역사 이해에 도움이 되게 하였다.

7. 근래 학자들의 연구 성과에서도 살펴보기에 관련되는 중요한 글은 옮기거나 인용하여 참고로 삼았다. 특히 고조선을 비롯한 상고대를 다룬 저술들에서는 고문투古文套 및 난해한 글은 될 수 있는 한 원형을 허물지 않는 범위 안에서 약간 쉽게 풀이하거나 철자법을 고쳐서 옮기기로 하였다.

8. 참고문헌이나 인용서의 명칭은 이 책의 서술 예에 따라 먼저 한글 표기를 하고 다음에 원명을 쓰기로 하며(예『삼국유사三國遺事』), 자주 나오는 고전이나 저서의 경우는 (예를 들자면)『신정본』·『저본』·『유사』 등으로 줄여서 쓴다.

다만『삼국사기三國史記』는『사기』라 하고, 이와 구분하기 위하여 한漢의 사마천司馬遷 지음『史記』는 한글 표기를 하지 않고 원명 그대로『史記』라 일관해 쓴다.

9. 찾아보기는 각 책마다 그 끄트머리에 작성해 붙인다.

10. 이 책의 전체 차례(총목차)는 전질이 모두 간행될 때 마지막 책에 작성해 싣기로 한다.

제1책 책머리에

# 보각국사님께 올리는 글월


쓰고는 지우고 또 고치고 수없이 되풀이해 늘 제자리걸음이었습니다.

이 문헌 찾고 저 참고서 훑어보며 눈병 나도록 살폈습니다.

그래서 가까스로 첫 책을 내는데 이렇게 늦어졌습니다. 나머지 책들 다 마치기까지 또 몇 년이 걸릴지 모르겠습니다.

아득히 먼 계림鷄林 김문金門의 말예末裔이며 불학佛學의 까마득한 여예餘裔인 저는, 대학 3학년 군대 생활 때부터 국사님의 심혈 어린 『삼국유사三國遺事』에 담긴 옛일들을 눈여겨 살폈습니다.

그러다가 그 해 『유사』 속에 들어 있는 화랑 국선花郎 國仙을 소재로 하여 보잘것없는 작은 글 한 편을 썼습니다. 이듬해 제대할 무렵 비로소 낙성된 동국대학교 교내 중강당에서 열린 학술발표회에 처음으로 발표를 했고, 이어서 간행된 학내 학술지(『東國思想』) 창간호에 논문으로 실렸습니다.

대학원에 가서도 『유사』에 전해져 있는 한 편의 설화(白月山 兩聖成道記)를 중심으로 한 「신라新羅의 불교사상 연구」로 석사 학위를 받았습니다. 나중에 외국에서 받은 박사 학위 논문도 『三國遺事 所傳의 新羅佛敎信仰 연구』였습니다.

불교사상사를 전공하는 저는 교수직에 있으면서 『유사』에 담긴 내용을 소재로 한 연구논문만도 수십 편을 썼습니다만, 주로 『유사』의 권3 이후에 들어 있는 불교 관계의 범위에만 국한되다시피 불교 관련 위주의 연구물이었다고 할 수 있습니다. 그러므로 「왕력王曆」 편과 「기이紀異」 편이 들어 있는 1, 2권은 거의 손을 대지 않은 편이었습니다. 단지 1, 2권에도 불교 관계의 중요한 편린片鱗들이 없지 않아서 몇 군데 요긴하게 이끌어 본 일은 더러 있었으나, 주로 왕조사王朝史 관련의 국고國故 관계 자료들을 내용으로 하는 「왕력」과 「기이」 편의 깊이 있는 연구는 그 분야 전문 학자들의 연구 영역으로 여겨 넘보려 하지 않았습니다.

또한 저는 그동안에 전공 분야 관련의 연구 과제와 원고 청탁 등으로 『유사』 전반의 체계적인 연구의 겨를이 모자랐습니다. 교수직을 벗어난 다음에 곧 착수하리라는 다짐을 스스로 해 두었습니다만, 막상 정년퇴임을 하고 나서도 여러 해 동안 본격적인 연구를 시작하지 못했습니다. 천성이 원래 무디고 느린 탓으로 앞서 밀려 있던 일들을 마무리 짓지 못하였다는 것이 핑계였습니다.

그러다가 그동안 밀렸던 부득이한 원고 청탁과 강의 등 자질구레한 주변사를 대강 정리하고 2, 3년 전에야 겨우 『유사』의 본격적인 연구를 시작하기에 이르렀습니다. 국사님께서 힘들여 수집하시고 알뜰히 엮어 놓으신 그 숱한 이야기와 많은 옛일들을 첫 장부터 차례로, 될수록 자세히 살펴서 그 바른 뜻이 진실되게 드러나도록 풀이하려고 애썼습니다. 지혜가 모자라고 솜씨가 무디어서 이루어 놓으신 큰 일의 참뜻에 만분의 일도 미치지 못하였음을 알면서도 이 책 이름을 '자세히 살펴본 삼국유사'라고 붙여 보았습니다.

할 수만 있다면 가장 쉽게 풀이해 옮겨 볼 요량이었습니다만, 도리어 어려운 책이 된 것 같습니다. 쉽게 풀이하고 알아보기 좋도록 쓴다는 것이 얼마나 어려운 일인 줄을 새록새록 느꼈습니다. 앞으로 이어 나올 책들은 더욱 알차고 짬지면서도 쉽게 읽을 수 있는 책이 되도록 더욱 힘쓸 생각입니다.

이 연구가 본격적으로 진행되고 또 첫 책이 간행되기에 이른 것은 오로지 도피안사 보현도량普賢道場 회주會主 송암지원松菴至元 주지스님의 원력에 힘입은 바이며, 또한 용주거사龍珠居士 박성근 님의 고마운 도움도 컸음을 아울러 밝혀 감사를 드립니다.

『유사』에 담긴 소재로 첫 논문을 발표한 지
꼭 50년이 되는 2008년 1월 15일(음력 丁亥年 납월 8일 成道節)에
김영태金煐泰 삼가 향 사르고 합장례하나이다.

# 고조선―왕검조선

# 위만조선魏滿朝鮮

차례 앞의 장

# Ⅰ. 『삼국유사』의 짜임과 그 특성

## 1. 내용의 구성과 체재

말할 나위도 없이 『삼국유사』(이하 『유사』)는 고려高麗 충렬왕忠
烈王 때 보각국사普覺國師 일연─然 대선사大禪師(1206~1289)가 찬술
하였다.[1] 『유사』를 전반적으로 살펴봄에 있어서는 이미 이 방면
연구의 지침서라고 할 수 있는 최남선崔南善(1890~1957)의 훌륭한

---

1) 『유사』의 찬자가 누구인지는 이미 오래전부터 널리 알려진 사실이지만 그 근거는
단 한 군데뿐이다. 오직 이『유사』의 제5권 앞에 '國尊曹溪宗迦智山下麟角寺住持圓鏡
冲照大禪師 ─然 撰'이라 있는 것이 현존 유일의 전거이다. 그의 비문에는 그를 '보각
국존普覺國尊'이라 하였고 현재 남아 있는 그 비의 제액題額에는 분명히 '보각국사普
覺國師'라고 되어 있다. 그의 비문에 보면 "국사國師를 고쳐서 국존國尊이라 한 것은
대조大朝(元나라)에서 국사國師의 호를 쓰므로 이를 피하기 위함이다"라고 하였다.
이는 곧 대국大國인 원元나라에서 국사를 쓰고 있으므로 그 속국인 고려에서는 국사
國師라 할 수 없기 때문에 국존이라 하였다는 것이다. 지금에 와서도 그를 굴욕적
칭호인 국존으로 일컫고 있는 것은 잘못이다. 비액碑額에 있는 그대로 보각국사普覺
國師라 해야 옳다. 그리고 여기서의 대선사大禪師는 오늘날의 훌륭한 선사禪師 또는
선종의 큰스님이란 뜻이 아니고, 당시 고려의 선종법계禪宗法階 중에서 가장 높은
법계이다. 요즘 흔히 쓰는 일연선사─然禪師의 선사禪師 호칭은 참선하는 스님들의
통칭으로 되어 있으나, 고려시대에는 대선사大禪師 다음가는 선종禪宗의 두 번째 높
은 법계가 선사禪師였다.

해제解題2)가 있어서, 『유사』의 가치와 민족사적 위치를 잘 밝혀준 바 있다. 그러나 『유사』의 체계적인 연구를 위해서는 그 전체적 체재와 성격에 대하여 좀 더 고찰하지 않으면 안 되리라고 본다.

그러한 의도에 의하여 여기에서는 먼저 『유사』의 전반적인 짜임과 체재를 개괄적으로 살펴보고, 다음에 『유사』가 지닌 특성의 대강을 밝혀보고자 한다.


## (1) 전반적인 짜임


『유사』는 5권으로 이루어져 있으며, 그 속에 아홉 편이 분류되어 들어 있다. 첫째 권에는 '왕력王曆 제일第一'과 '기이紀異 권제일卷第一'이 들어 있고, 둘째 권에는 편목篇目이 따로 없이 '기이紀異 권제1'과 같은 계통의 사류事類가 계속 수록되어 있다. 셋째 권에는 '흥법興法 제3'과 '탑상塔像 제4'가 들어 있고, 넷째 권에는 '의해義解 제5'가, 다섯째 권에는 '신주神呪 제6'·'감통感通 제7'·'피은避隱 제8'·'효선孝善 제9' 등 네 편이 수록되어 있다.

그런데 여기에 좀 문제가 되는 것은 첫째 권과 둘째 권이다. 셋째 권부터는 권수와 편목이 뚜렷하게 드러나 있는데, 첫째 권의 첫 편이 되는 '왕력 제1' 앞에는 권수(卷第一)가 밝혀져 있지 않고, 다음의 기이 편에는 편목의 수가 밝혀져 있지 않으면서 '권제일卷第一'이라는 권수가 불쑥 나와 있다. 그리고 둘째 권에는 아예 편목의 명칭도 없이 '삼국유사三國遺事 권제이卷第二'라고만 앞머리에

---

2) 崔南善, 「三國遺事 解題」(崔南善 編, 『新訂 三國遺事』 앞쪽, 京城 三中堂, 1943), pp.1~69.

나와 있고, 그 아래에 줄을 바꾸어 바로 '문호왕文虎王 법민法敏'이라고 항목명을 들고는 둘째 권의 본문이 시작되어 있다. 편목의 이름 없이 둘째 권이 끝나고, 그 다음 권에는 '삼국유사 권제삼卷第三'이라 하여 줄을 바꾸어 '흥법興法 제3'이라는 편목 명과 편목의 차례 순서가 나와 있다. 그러므로 '왕력 제1'과 '흥법 제3'의 사이에 들어 있는 편목인 '기이'는 제2가 되는 것이 당연하다 할 것이다.

이를 미루어 '기이 권제일卷第一'이라 하고 그 다음 권엔 '권제이卷第二'라고만 하여 아무런 편목명이 밝혀져 있지 않은 것은, 「기이」 편 분량이 많아서 첫째 권과 둘째 권으로 나누었기 때문인 것이라 할 수가 있겠다. 이 문제에 관해서는 해당 편목인 「기이」 편의 제목 풀이에서 자세히 보기로 한다.

다시 말해 『유사』의 권수는 그 편의에 따라 나누었으나 편목은 유형별로 분류한 것이라 할 수 있다. 그러므로 모두 다섯 권인 이 『유사』에는 ① 「왕력王曆」 ② 「기이紀異」 ③ 「흥법興法」 ④ 「탑상塔像」 ⑤ 「의해義解」 ⑥ 「신주神呪」 ⑦ 「감통感通」 ⑧ 「피은避隱」 ⑨ 「효선孝善」의 아홉 편으로 이루어져 있다. 각 편의 내용과 각 항목의 자세한 설명은 본 연구에서 보기로 하고 여기에서는 개괄적으로 그 구성 내용을 보고자 한다.

제1의 「왕력」 편은, 신라의 초두에서부터 후삼국의 고려 태조太祖 통일에 이르기까지의 왕대王代와 연표年表를 도표식으로 정연하게 보이고 있으며, 그 위쪽과 말미 부분에 중국의 역대 왕조와 연호를 표기하여 시대적인 준거가 되게 하고 있다.

　제2의 「기이」 편은 두 권으로 나뉘어 있는데, 권1에는 고조선古朝鮮 곧 단군조선檀君朝鮮의 상고대로부터 신라의 통일 전인 태종무열왕太宗武烈王 대에 이르기까지의 중요한 일과 일화들을 왕조王朝 중심으로 모은 36항목이 들어 있고, 권2에는 문무왕文武王 법민法敏에서부터 「가락국기駕洛國記」에 이르기까지의 기록인 23개 항목이 수록되어 있다. 여기에는 가락국기가 부록처럼 맨 끝에 자리해 있으나, 주로 통일 이후 나라가 멸망되는 말기까지의 신라가 중심이며, 신라 말과 가락국기 사이에 백제와 후백제에 관한 세 항목도 끼어 있다.

　제3의 「흥법」 편에는 순도조려順道肇麗를 비롯하여 삼국의 불교 전래 및 흥법興法의 사실을 주로 한 여섯 항목이 중심을 이루고 있다. 그러나 여기에는 초전初傳과 흥법의 편목 성격에 전혀 어울리지 않는 항목이 끝에 하나 들어가 있다. 들어가 있다기보다는 덧붙여져 있다고 하는 편이 옳은 표현일 것 같은 이 항목은 '동경흥륜사금당십성東京興輪寺金堂十聖'이다. 서술하는 글 하나 없이 10성사의 소상塑像 이름만이 열거되어 있다. 성격상으로는 「탑상」 편에 해당되지만 현재 저본에서 「흥법」 편 쪽에 넣고 있다. 그래서 모두 7항목이 된다.

　제4의 「탑상」 편에는, 앞머리의 가섭불 연좌석迦葉佛宴坐石으로부터 맨 나중의 오대산 문수사석탑기五臺山文殊寺石塔記에 이르기까지 주로 신라의 절·탑·불상·불화·종·사리舍利 등 30항목(이 중엔 고구려 관계 2, 가락 관계 1항목 포함)을 수록하고 있다.

　제5의 「의해」 편에는 원광서학圓光西學을 비롯하여 현유가 해화

엄현瑜珈 海華嚴에 이르기까지 신라의 고승들에 대한 전기가 중심이 된 14개 항목이 모아져 있다.

제6의 「신주」 편에는 밀본최사密本摧邪를 비롯한 신라의 밀교적 신이승神異僧들에 관한 세 가지가 담겨 있다.

제7의 「감통」 편에는, 선도산성모 수희불사仙桃山聖母隨喜佛事 등 신라 시대의 신이神異하고 영험스러운 감응感應에 관한 열 가지를 모아 놓았다.

제8의 「피은」 편에는, 낭지승운 보현수朗智乘雲普賢樹를 비롯한 초탈超脫 고일高逸의 행적들 열 항목을 수록하였다.

제9의 「효선」 편에는 진정사 효선쌍미眞定師 孝善雙美 등 효행 미담 다섯 가지를 담고 있다.

위와 같이 아홉 가지의 편목으로 짜여 있는 『유사』 속에는 연표인 「왕력」을 제외한 138개 항목이 들어 있음을 알 수 있다. 이 『유사』 찬자는 그 찬술의 시작에 있어서 먼저 찬술 내용 전체의 시간적 중심 무대가 되는 시대, 곧 신라 개국에서 국망에 이르기까지의 여러 왕조들에 관한 연표인 「왕력」을 작성하여 그 서두(앞머리)로 삼고, 「기이」에서 59, 「홍법」에서 7, 「탑상」에서 30, 「의해」에서 14, 「신주」에서 3, 「감통」에서 10, 「피은」에서 10, 「효선」에서 5항목을 각각 수록하여 『유사』 전체를 이루고 있음을 보게 된다.

이상에서와 같은 『유사』의 전반적 짜임을 다음의 표3)로 만들어 본다.

---

3) 이 표는 필자의 「三國遺事의 体裁와 그 성격」(『東國大學校 論文集』 13집, 1974)에 이미 작성·게재되었던 것에 의거하여 약간의 손질을 더한 것이다.

| 제1편<br>王曆<br>(연표) | 卷<br>一 | 新羅 第1 赫居世王 즉위(前漢 五鳳甲子·BC 57)로부터 高麗 太祖 統三(石晋 天福丙申·936)에 이르기까지의 新羅·高句麗·百濟·駕洛·後高麗·後百濟 등의 王曆 表. |
|---|---|---|
| | | 古朝鮮·魏滿朝鮮·馬韓·二府·七十二國·樂浪國·北帶方·南帶方·靺鞨·渤海·伊西國·五伽倻·北夫餘·東夫餘·高句麗·卞韓·百濟·辰韓 등 16항목. |
| | | '四節遊宅·新羅始祖 赫居世王'에서 太宗春秋公·長春郎 罷郎까지 통일 이전의 新羅 紀異 20항목. |
| 제2편<br>紀異 | 卷<br>二 | '文虎王 法敏'~'金傅大王' 등 통일 이후의 新羅 紀異 19항목(이 가운데는 '萬波息笛' '忠談師 表訓大德' '處容郎 望海寺' 조 등의 불교 관계 자료도 적지 않다). '南夫餘·前百濟' 등 百濟 關係 2항목. 後百濟 甄萱·駕洛國記 각 1항목. 「紀異」편 총 59항목. |
| 제3편<br>興法 | 卷<br>三 | 高句麗·百濟·新羅의 佛敎初傳 각 1항목. 新羅의 原宗興法, 百濟의 法王禁殺, 高句麗의 寶藏奉老 등 각 1항목(초전 홍법 관계 6항목). '東京興輪寺 金堂十聖' 이상 모두 7항목. |
| 제4편<br>塔像 | | '迦葉佛 宴坐石'~'五臺山文殊寺石塔記' 등, 불교의 寺·塔·像·畵·鐘·舍利 등에 관한 30항목(高句麗 관계 2, 駕洛 관계 1 등 3개 항목 외에는 모두 新羅의 불교 관계). |
| 제5편<br>義解 | 卷<br>四 | '圓光西學'~'賢瑜珈 海華嚴' 등, 新羅의 高僧傳記 등 14항목(이 중에서 '寶壤梨木'은 羅末 麗初에 해당된다). |
| 제6편<br>神呪 | 卷<br>五 | '密本摧邪' 등 新羅 密敎 관계 3항목. |
| 제7편<br>感通 | | '仙桃聖母 隨喜佛事'~'正秀師 救氷女' 등, 新羅 佛敎 관계의 靈異 感應을 주로 한 10항목. |

| 제8편<br>避隱 | '朗智乘雲 普賢樹'~'念佛師' 등, 주로 超脫 高逸의 행적들 10항목(이 중에 百濟 관계인 '惠現求靜' 1항목 외에는 모두 新羅 관계인데, 전연 불교와 관계없는 '勿稽子'가 하나 들어 있다). |
| 제9편<br>孝善 | '眞定師孝善雙美' 등 新羅人의 孝順 善行 5항목(불교와 관계없는 '向得舍知割股供親'이 하나 들어 있다). |

## (2) 불교사로서의 체재

　지금까지 대충 본『유사』의 전반적 구성을 통하여 특히 크게 눈에 띄는 것은, 불교적인 내용이 거의 중심을 이루고 있다는 점이다. 말할 것도 없이 모두 9편으로 이루어져 있는『유사』가운데서 처음의 「왕력」 편이 연표이므로 실제 서술 부분은 8편인데, 그 중에서 「기이」 편 하나를 제외하고는 일곱 편이 모두 불교에 관한 내용이기 때문이다. 그러므로『유사』는 불교적인 것을 중심으로 하여 구성되어 있다고 할 수 있을 것이다.

　다시 말해서『유사』는 그 초두에 연표로서의 「왕력」을 첫째 편으로 삼고, 다음 두 번째에는 국고적國故的 유문遺聞·일사逸事를 채록한 「기이」 편을 서품격序品格으로 하였으며, 세 번째에서 여덟 번째 편에 이르기까지는 본격적인 불교 관계를 담아 불서佛書의 정종분正宗分 격으로 삼았고, 끄트머리의 아홉 번째 편은 세간의 효행孝行과 연결된, 말하자면 유통분流通分격인 내용을 수록하였다고 할 수 있다. 이를 통해서 볼 때『유사』는 그 서명이 비록『삼국유사』로 되어 있으나, 실제적인 내용 구성은 삼국 특히 신라시대의 불교사적 입장에서 이루어져 있다고 할 수가 있다는 것이다.

다소 중복된 감이 없지 않으나 좀 더 부연하자면, 제1편의 「왕력」과 제2편의 「기이」는 『유사』라는 하나의 찬술서에 있어서 서설序說적 위치의 부분으로서, 그 책의 중요한 중심적 내용의 이해를 위한 그리고 그 시대적 배경으로서의 구실을 하고 있는 것이라 할 수 있다. 제3편은 이 책의 중심적 본론격인 불교사 관계의 시작이 되는 삼국의 불교초전과 신라의 홍법興法 사실을 담고 있는데, 그 차례가 세 번째라는 것과 '홍법'이라는 편목 이름에서도 찬술 내용 및 성질을 분명하게 하고 있다고 하겠다. 그로부터 제4에서 제9에 이르기까지는 모두 제3 「홍법」 편의 초전홍법初傳興法에 이은 그 뒤의 불교 관계 사실들을 수록하고 있는 것이라 할 수 있다. 그러므로 넷째 편에서 탑상塔像을 다루어 홍법에 따른 필연적인 절과 탑의 건립, 불상 조성, 경전과 사리舍利의 전래·신봉 등에 관한 사실들을 망라했으며, 다섯 번째 편에서는 그로부터 배출된 훌륭한 고승들의 행적을 모아 놓았다. 여섯 번째에는 신주神呪의 영이승靈異僧들, 일곱 번째에서는 감응感應 영통靈通의 사실들을, 그리고 제8편에서는 주로 은일고덕隱逸高德(이 가운데는 불교와 전혀 상관없는 세간의 隱者도 한 명 있음)의 행적들을 각각 모아 놓았으며, 마지막 편에서는 불교의 생활화 곧 세간 유통流通의 일면이라 할 효선孝善의 사례 약간을 묶어 담았다.

이상에서와 같은 수록의 차례와 전반적 비중에서 볼 때 『유사』는 불교 역사책으로서의 면목을 잘 갖추고 있음을 부인할 수 없으리라고 본다. 비록 비불교적 「기이」 한 편이 두 권에 걸쳐 있어서 다른 편들에 비해 지나치게 분량이 많은 점에서 양적 균형을 이루지 못하였다고 할 수 있겠으나, 편목 성격의 체재면에서는 정연하다고 할 수 있다.

일찍이 순암順菴 안정복安鼎福(1712~1791)은 『유사』를, '본디 불가佛家의 입교立敎에 대한 원류를 짓고자 한 것'이라 하였으며,[4] 최남선은 '석교홍통釋敎弘通의 사실을 모아 엮기에 주력을 기울였으며……『삼국유사』가 해동불교사海東佛敎史의 초기에 관하여 그 절대한 문헌임은 말할 것까지 없을 일이니라. ……그것이 법속法俗을 통해서의 요적要籍이요, 또 유일한 불교홍통지佛敎弘通志'[5]라고 하였다. 그리고 『일본속장경日本續藏經』(『卍續藏』)과 『대정신수대장경大正新修大藏經』(이하 『大正藏』이라 함)에서 『유사』를 수록하여 불교 역사책으로 취급하고 있다.[6] 특히 『대정장』에서는 「사전부史傳部」의 첫째 권에 수록한 것으로 보아 불서佛書로서 『유사』를 매우 중요시했음을 짐작하게 한다.

그러나 그러한 견해와 평가는 모두가 『유사』를 불교 역사책으로 보았기 보다는 오히려 불교 관계가 그 전체적 비중에 있어서 양적으로 중심이 되어 있기 때문이라고 하겠다. 즉 『유사』를 '삼국三國의 유사遺事'라는 서명 그대로 보고 불교 전문 역사책으로는 보지 않는 전제하에서 단순히 불교 자료집으로서의 중요성을 인정한 차원에서라고 할 수 있다. 하지만 『유사』가 불교 자료를 많

---

4) 安鼎福 撰, 『東史綱目』「採據書目」.
5) 최남선, 앞의 「해제」, p.12, pp.51~52.
6) 『大日本續藏經』第2編 乙 第23套 제3冊 1640·1641.
　　『大正藏』49卷, 「史傳部」1, pp.953~1019.

이 수록하고 있다 해서 무조건 불교 역사책으로 단정지으려는 것은 아니다.

여기에서 문제삼고 싶은 것은 그 체재를 통하여『유사』가 지닌 성질을 바르게 파악하고자 하려는 데에 있다. 그래서 이미 그 전체적인 구성을 보았으며, 또 짜임을 통한 내용의 편차를 살펴보았다. 그러므로『유사』속에 불교 관계 자료가 많은 부피를 차지하고 있다는 단순한 이유가 아니라, 그 내용의 차례나 짜임 자체가 그대로 정연한 불교 역사책으로서의 체재를 갖추고 있기 때문이라고 할 수 있다는 것이다.

## 2. 찬술의 흐름과 성격

### (1) 찬술 태도와 특징

#### 1) 겸허한 찬술 자세

『유사』는 실제 그 내용 성격으로 보아 일반 통상적인 유사遺事(곧 遺聞逸事集)와는 다르다는 것을 최남선은 그의「삼국유사 해제」에서 다음과 같이 밝히고 있으므로, 약간 풀어서 옮겨본다.

위는 단군왕검壇君王儉의 조선조국朝鮮肇國으로부터 기자箕子·위만衛滿의 교체와 맥貊과 한韓의 쇠하고 흥함과 내지는 자잘한 여러 부족의 흥폐한 자취까지 고전비급古傳秘笈의 징고徵考할 수 있는 것을 두루 망라하고 삼국시대에 들어와서는 김시중金侍中(金富軾)의 본사本史(삼국사기)로 더불어 전하는 바가 다르거나 또 거기 고의의 산삭刪削을 입은 듯한 것의 준고遵故 또는 등류적 보술等流的補述을 시도하고 겸하여 삼국본사三國本史에서 거의 취급되지 아니한바 불교 홍통의 사실을 철습綴拾하기에 주력을 기울이니 저자의 뜻이 김씨본사金氏 本史의 독단적 과오를 정정하고 삼국고사三國故事의 전반에서 편파偏頗를 강구匡救함에 있음을 얼른 간취看取할 것이오.[7]

라고 하여, 『유사』의 특성을 잘 드러냄으로써 통상적인 유사遺事와는 다름을 보이고 있다.

한마디로 말해서 그는 『유사』가 비록 내용이 잡박雜駁하고 글이 세련되지 않았다 하더라도, 그 내용이 우리 상고사의 전거典據이며, 『삼국사기』(이하 『사기』)의 독단적 과오를 정정하고, '옛일(古事)의 편파적인 면을 바로잡았다는 점에서 일반적인 유사류遺事類와는 구별된다고 한 것이라 하겠다. 그래서 이에 명실상부한 제명을 붙인다면 '삼국사궐문三國史闕文'이나, '고사보古史補'·'습유기拾遺記'·'박이기博異記' 등이 타당할 것이라고 하였다.

그러한 견해는 어디까지나 『유사』를 국사적인 입장에서 본 것이라 할 수 있다. 그러나 『유사』가 삼국(내용 중심은 신라) 불교사이기 때문에 국고사國故事의 부분은 비록 분량이 많다 하더라도 오히려 부수적이거나 또는 그 배경으로서의 참조적 사항이었다고

---

7) 앞의 최남선 「해제」, pp.1~2.
　"上은 壇君王儉의 朝鮮肇國으로부터……얼른 看取할 것이오."라고 되어 있는 원문을 가급적 쉽게 풀어서 옮겨보았다.

밖에는 볼 수가 없을 것이다. 그러므로 제명은 비록 '삼국유사'라 하였으나 실제 내용으로 볼 때에는 '신라를 중심으로 한 삼국의 불교사'라고 할 수 있다.

지금까지 본 바와 같이 『유사』의 수록 범위는 상고대의 고조선으로부터 고려 태조의 후삼국 통일에 이르기까지의 시대 범주에 걸쳐 있으나 그 수록의 중심은 신라의 고사故事이며, 특히 신라 시대의 불교가 전체적 비중을 차지하고 있다. 그런데도 '삼국유사'라는 이름으로 신라 중심, 특히 불교사 위주의 내용을 은근히 감추고 있는 듯하다. 이러한 찬자의 태도는 그 찬술에 있어서 더욱 잘 보여주고 있다 할 것이다.

삼국시대의 우리 불교를 알기 위해서는 먼저 그 국가의 역사부터 알아야 한다. 그러한 순서대로라면 국가적인 옛 사실들이 불교 관계의 앞에 놓이는 것이 당연하다 하겠다. 하지만 그처럼 차분하고 착실한 자세로, 그리고 엄정하고 겸허한 태도로 배경적인 주변 사를 먼저 정리해 놓고 주제를 오히려 나중에 찬술한다는 것은 그리 쉬운 일이 아니다.

아직껏 정사正史인 『사기』에도 볼 수 없는 상고대를 비롯한 역대 왕조의 고사故事·이문異聞을 하나하나 지루한 감 없이 충실히 찾아 수록한 다음에 비로소 불교 사실史實을 기록하고 있다. 이 점에서도 삼국시대 이후 고려에 이르기까지의 국가 불교적인 흐름을 강하게 느낄 수가 있으며, 또 선사禪師인 찬자의 인격의 일면도 엿볼 수 있을 듯하다. 이와 같이 『사기』 밖의 유문遺聞·일사逸事를 먼저 챙겨서 옛 나라의 먼 이야기들을 살피고 난 뒤에 불가佛家

의 일들을 다룬 찬자의 겸손하고도 겸허한 자세에서 『유사』 찬술
의 어떤 원칙 같은 것을 엿볼 수가 있으며, 또한 민족 불교사民族佛
敎史로서의 『유사』가 지닌 특징이라 할 만한 부분도 어느 만큼은
발견할 수 있을 듯하다고 하겠다.

### 2) 『사기』 및 이전異傳의 인용 사례

『유사』의 찬술 특징으로 특히 지나칠 수 없는 것은, 기존의 정
사正史라 할 『사기』의 기록 또는 동일 사항을 옮긴 경우에 『유사』
1·2권의 「기이」 편과 제3권 「홍법」 편 이후의 인용 사례에 현저
한 차이가 있다는 점이다. 본 연구의 해당 편목에서 다루어질 문
제들이기도 하므로 간략하게 몇 가지 사례만을 들어보기로 한다.

앞에서 잠시 언급한 바 있지만 『유사』의 「기이」 편은 본사本史
곧 『사기』의 기록에 없거나, 같은 사항이라도 내용이 다른 것을
주로 담고 있다. 예를 들면 고조선에서 삼한에 이르기까지 삼국
이전의 사실史實과 가락국의 역사에 관한 것 등은 전혀 『사기』에
서 볼 수 없는 내용이다. 『사기』에서 다루고 있는 삼국시대 및 통
일신라 시대의 사실도 『사기』의 기록과 전혀 다르거나 일부가 다
르며, 동일한 사항도 똑같이 그대로 옮겨진 경우는 거의 없다. '동
명성왕東明聖王'·'온조왕溫祚王'·'견훤甄萱' 등의 경우에 '본기운本
記云' 또는 '본전운本傳云'이라 하여 『사기』의 해당 본기本記나 본
전本傳(列傳에 있는) 등을 인용하고 있으나 꼭 그대로 옮기고 있지
는 않다. 이 중에서 온조왕에 관한 것만 『사기』의 기록을 가장 충
실하게 인용하고 있는데, 이러한 경우에는 그 항목명이 '고구려高

句麗’ 또는 ‘남부여南夫餘’·‘전백제前百濟’ 등으로 되어 있어서 그에 적당한 기이紀異 사실을 찬술하다 보니 자연히 개국 시조에 대하여 언급하게 되면서 그에 관한 이문 일사가 없을 때에 어쩔 수 없이 『사기』의 기록을 그대로 인용하였던 것으로 보인다.

또 그 항목이나 인물이 『사기』 쪽과 같은 경우에도 『유사』에서의 기록 내용은 같지가 않다. 곧 신라 시조 혁거세왕이나 남해왕南解王 및 그 이후의 역대 왕들과 김제상金堤上(『사기』에는 朴堤上)·김유신金庾信·궁파弓巴(『사기』엔 張保皐) 등은 『사기』에서와 동일한 항목명 또는 인물이면서도 『사기』에는 없는 사실 혹은 다른 내용으로 『유사』에 기록되어 있다. 그와 같이 『유사』의 「기이」에서는 『사기』 쪽의 기록과 많이(또는 전혀) 다른 내용으로 전해져 있음을 알 수가 있다.

그러나 「흥법」 편부터의 불교 관계 기록에서는 반드시 그렇지만은 않은 듯하다. 본격적인 불교 사실이 시작되는 「흥법」 제3의 첫머리인 삼국(고구려·백제·신라)의 불교 초전에 관한 사실과, 백제 법왕法王의 금살생禁殺生, 고구려의 도교道敎 신봉, 신라 진흥왕眞興王의 황룡사皇龍寺 창건, 그리고 원광圓光법사의 세속오계世俗五戒 등은 그대로 『사기』에서 인용한 것이다. 그 밖에도 단편적인 인용 사실이 더러 보이지만, 찬자가 『사기』의 기록을 인용하면서도 무조건 그대로 아무렇게나 옮기고 있지는 않은 것으로 보인다.

『사기』(本紀 4, 法興王)에는 법흥왕의 15년에 비로소 신라에 불법佛法이 행해지고 이차돈異次頓의 순교도 이 해에 있은 것으로 되어 있다. 그러나 ‘신라본기新羅本記’라 하여 『사기』의 기록을 인용한 것임을 밝히고 있는 『유사』에서는 이차돈의 순교와 법흥왕의 홍법 사실을 ‘법흥대왕즉위십사년정미法興大王卽位十四年丁未’의 일로 하고 있다.8) 또 『사기』에는 황룡사皇龍寺가 진흥왕 14년(553)에 착공하여 27년(566)에 완성한 것으로 되어 있는데, 『유사』에서는 착공의 해를 『사기』와 같이하고 있으면서도 진흥왕 30년인 을축己丑(569)에 절 둘레의 담장을 쌓아 17년 만에 비로소 절 짓는 일이 끝났다고 하였다. 이러한 기록들은 『유사』가 『사기』에서 인용하면서도 연대를 바로잡거나 내용을 보완하였던 사례로 볼 수가 있다. 그러면서도 자장慈藏법사의 입당入唐 연대 같은 경우는 자장의 행적을 자세히 전하고 있는 『당고승전唐高僧傳』의 것을 취하지 않고 『사기』 쪽을 택하고 있음을 보게 된다.9)

위와 같이 「기이」 편에서 주로 다루고 있는 국고國故 관계 기록에는 『사기』와의 중복을 피하거나 혹은 무시한 것처럼 전혀 별개의 내용이나 다른 사실을 수록하고 있으면서도, 불교 관계 쪽에서는 『사기』의 기록을 인용 또는 다분히 호의적으로 대하고 있는 것 같은 느낌을 갖게 하고 있다. 이는 『유사』가 불교 사서이므로 「기이」 편 수록 외에 불교 관계 기록은 『사기』에 있는 것이라도 빠트리지 않고 충실히 인용하고 또 정정하여 보완, 포용한 것으로

---

8) 현재 학계에서는 법흥왕 15년(『사기』의 설)을 취하지 않고 14년 정미丁未(527)를 이차돈異次頓 순교殉敎 및 신라 불교 시작(肇行)의 해로 삼고 있다.

9) 『유사』(塔像4, 臺山五萬眞身)에는 “『당고승전』에는 12년이라 하였으나, 지금은 『삼국사기』를 따른다.(唐僧傳云 十二年 今從三國本史)”라고 하였다.
즉 자장법사가 당나라에 건너간 해를 『당고승전』의 ‘정관貞觀 12년(638) 설로 취하지 않고 『사기』의 정관 10년 곧 선덕왕善德王 5년(636)설을 택했다는 것이다.

볼 수 있겠다. 이 밖에도 공정한 입장에서 객관성을 잃지 않고, 허황하거나 괴이한 내용이라도 빠뜨리지 않고 인용 수록하여 원형 그대로를 전하려고 한『유사』의 찬술 태도와 특징을 들 수가 있을 것이다.

### 3) 기리어 읊음(讚曰)의 특성

『유사』의 찬술상 특징의 하나로 찬왈讚曰을 들 수가 있다. 불교 관계 항목 또는 고승들의 이야기 끝에 붙어 있는 이 '찬왈'은 일곱 자 씩의 읊음글(七言歌頌)로 되어 있는데,『유사』 찬술 이전의 국내외 고전 사서史書에서 보기 어려운 찬술 형식이라 할 수 있다.

우리의 사서류史書類 편찬 형식에 매우 많은 영향을 끼치고 있는 사례는 물론 중국의 고전 사서(佛書 포함)들이다. 우선 중국 최고의 고전 정사正史라 할 사마천司馬遷의『史記』를 예로 본다면, 한 제왕의 기전이나 열전 등의 한 항목 말미에 태사령太史令인 자신을 일컬어 '태사공왈太史公曰'이라 하여, 해당 항목 및 인물에 대한 견해(私見)와 문제점에 논평을 가하고 있다. 그 다음의 후한後漢 반고班固의『전한서前漢書』에는 '찬왈贊曰'이라 하였고, 그 후의 사서史書들(『後漢書』~『新唐書』·『宋史』)에는 '평왈評曰'·'논왈論曰'·'사신왈史臣曰'·'찬왈贊曰' 등을 쓰고 있으며, 경우에 따라서는 '사신왈'이나 '논왈' 등에 이어 그 말미에 '찬왈'이 더 붙어 있기도 하다.

중국 불교 사서의 대표적인 사례로 고승전류高僧傳類를 들 수 있다. 고승전 중에서 가장 앞선 양梁나라 때의『고승전高僧傳』[10]은 모두 14권 10편(科)으로 되어 있는데, 각 편마다 그 끝에는 꼭 '논왈論曰'이 있고 그 뒤에 '찬왈贊曰'로 읊어서 맺고 있다. 그러나 전 14권 중에서 제10권째이면서도 10편 중 세 번째 편인 '신이神異'편부터 제13권의 흥복興福 제8편까지는 '찬왈贊曰'로 쓰고 있으며, 전기傳記로는 마지막 권이 되는 제13권에 들어 있는 아홉 번째 편인 '경사經師' 제9와 열 번째 마지막 편인 '창도唱導' 제10에는 '논왈'만 있고 '찬왈'은 없다.

그 다음의 당唐나라『속고승전續高僧傳』(당고승전唐高僧傳)[11])도 전체 10편목(篇)에 30권인데, 10편 모두 각각 '논왈'이 붙어 있으나 셋째 편(習禪)·넷째 편(明律)·다섯째 편(護法)의 3편에는 편말篇末에 '논왈'이 붙어 있지 않고 그 가운데에 들어 있다. 그러나『당고승전』에는 '논왈'이 있을 뿐 '찬왈贊曰'은 없다. 그 다음의『송고승전宋高僧傳』[12]) 또한 10편에 30권이며, 각 편마다 그 말미에 '논왈'이 붙어 있는 것은 앞의『양승전梁僧傳』의 사례와 같으나, 다른 데서는 전혀 볼 수가 없는 '계왈系曰'이 들어 있어서 특이하다고 할 수 있다. '논왈'이 편말篇末에 있으면서 또 '계왈'이 들어있는 것은 얼핏 보아 '찬왈'이 들어있는『양승전』의 경우와 비슷하다고도 하

---

10) 양梁나라 혜교慧皎가 편찬한『고승전』은 양나라 무제武帝의 천감天覽 18년(519)에 찬술된 중국 최초의 고승전인데, 후래의 고승전들과 구별하기 위하여 '양고승전梁高僧傳'이라 하며, 흔히 '양승전梁僧傳'이라 줄여서 부른다.

11) 당나라 도선道宣이 편찬한『속고승전』은 정관貞觀 19년(645)에 찬술되었는데, 원 제목대로 부르지 않고 '당고승전'이라 하며 일반적으로 줄여서 '당승전唐僧傳'이라 한다.

12) 송나라 찬녕贊寧 등이 편찬한『송고승전』은 송나라 태종太宗 단공端拱 원년(988)에 찬술되었으며, 원 제목이 '송고승전'이고 줄여서 '송승전宋僧傳'이라 한다.

겠으나 전혀 같지가 않다.

'계왈'이 '찬왈'과 글자만 다른 것이 아니라 그 들어 있는 위치가 다르고 형태와 성격이 다르다.『양승전』에는 '찬왈'이 빠져 있는 후미의 두 편(經師 제9 · 唱導 제10)을 제외하고는 여덟 편 모두 '논왈'이 끝난 맨 끝에 '찬왈'이 있다.『송승전宋僧傳』의 경우는 '계왈'이 '논왈'과는 상관없이 그 편목 안의 승려 전기 가운데 찬자가 필요로 하는 인물(승려)전의 끝에 자유롭게 사견私見을 피력하고 있으므로, '논왈'의 뒤에 붙어 있지 않고 또 전기마다 다 일률적으로 들어 있는 것도 아니다. '계왈'은 읊음글이 아닌 줄글이므로 그 점에서도『양승전』의 '찬贊(讚)왈'과는 다르다.

이상의 중국 사전史傳들에서 영향을 많이 받았을 것으로 짐작되는『유사』이전의 국내 현존 고전으로는『삼국사기』와『해동고승전海東高僧傳』을 들 수가 있다. 한漢의『史記』를 비롯한 중국 역대 왕조사王朝史의 이른바 춘추필법春秋筆法을 이은 것으로 볼 수 있는『사기(三國史記)』는 중국 정사류正史類의 편찬 체재를 그대로 답습하고는 있으나, 편찬자의 논급論及(論曰 · 史臣曰 · 贊曰 · 評曰)은 중국 사례를 따르지 않고 있다. 물론 논급의 내용과 성격으로 본다면 중국 쪽을 닮았을 수도 있겠으나, 여기에서는 그 글의 내용이나 논급의 성격은 전혀 상관하지 않고 단지 외형적인 면(논급의 명칭이나 그것이 자리한 위치 등)의 특징만을 언급하려고 한다.

이『사기』(이하『삼국사기』지칭)에서는 '태사공왈太史公曰' 계통의 '사신왈史臣曰'이나 '찬왈贊曰' · '평왈評曰'이 없고 '논왈論曰'만 있는데, 중국 왕조사류의 '논왈論曰'과는 다르다. 명칭은 비록 '논왈'이지만 각 제왕帝王의 기전紀傳 끝이나 권말 또는 인물전의 말미에 규칙적으로 들어 있는 것이 아니고, 매우 불규칙하면서 자유롭게 자리하고 있다. 세 나라 중에서 가장 먼저인 신라 본기新羅本紀의 경우, 시조왕始祖王 다음의 제2대 남해차차웅南解次次雄의 즉위卽位 원년이 시작되는 앞머리 쪽에서 '논왈'이 제일 먼저 보인다. 이로부터 마지막 임금 경순왕敬順王의 말년이 끝난 신라본기 맨 뒤쪽에 위치한 '논왈'에 이르기까지 모두 합쳐 열 번의 '논왈'이 들어 있을 뿐이다. 다음의 고구려 본기高句麗本紀에는 모두 여섯 번, 그 다음의 백제 본기百濟本紀에는 겨우 다섯 번의 '논왈'이 들어 있는 데, 실은 그 중에서 맨 나중의 것은 백제만의 '논왈'이 아니고, 삼국의 본기가 모두 끝나면서 총체적으로 논급한 결론인 셈이다.

『사기』 열전列傳의 경우는 모두 10권에 걸쳐 신라·고구려·백제의 인물(후삼국의 궁예·견훤 포함) 50여 명을 수록하고 있으나, '논왈'은 모두 여덟 군데밖에 없다. 한 인물이면서 상중하 세 권에 걸쳐 차지하고 있는 김유신金庾信을 비롯하여, 을지문덕乙支文德·장보고張保皐·석우로昔于老·김흠운金歆運·향덕向德 및 성각聖覺(효자 2인)·개소문蓋蘇文·궁예弓裔 및 견훤甄萱 등의 전기 말미에 각각 '논왈'을 붙여 놓았다.

『유사』보다 한 70년 전쯤[13]에 이루어진 『해동고승전』[14]은 현재 앞부분 두 권(流通 1之1의 권1과 流通 1之2의 권2)만이 남아 있는데,

---

13) 최남선, 「海東高僧傳解題」(『佛教』誌, 제37호, 1927), p.3.
14) 고려 각훈覺訓이 편찬한, 『해동고승전』의 정확한 찬술 연대는 알 수가 없으나, 학계에서는 고종高宗 2년(1215) 무렵에 이루어진 것으로 보고 있다.

그래도 고려 이전의 유일한 현존 고승전이다. 이『해동고승전』현존본 2권에는 인도印度 구법고승求法高僧을 제외한 10여 명의(本傳) 고승전이 수록되어 있는데, 모두 그 말미에 '찬왈贊曰'이 붙어 있다. 그러나 첫 번째 고승인 순도順道의 전기(釋順道)에는 '찬왈'이 붙어 있지 않고, 그 다음의 석망명釋亡名(이름을 알 수 없는 스님) 전기가 끝나고 나서 거기에 순도를 찬한 글(贊曰)이 들어 있다. 그리고는 그 '찬왈' 밑에 "이 찬왈은 마땅히 순도전의 아래에 있어야 한다(此贊當在順道傳下)"라고 주를 달아 놓았다. 곧 순도의 밑에 있어야 할 '찬왈'이 망명亡名의 아래로 잘못 갔다는 것이며, 이름을 알 수 없는 스님(亡名)은 행적도 자세하지 못하므로 '찬왈'을 붙이지 않았음을 알 수 있다. 또 10여 명의 승려 중의 하나(권2의 첫 번째)인 각덕의 전기(釋覺德)에도 '찬왈'이 없으나 그 다음의 지명의 전기(釋智明) 끝에 함께 언급된 '찬왈'에 들어 있다. 아리야발마阿梨耶跋摩를 비롯한 인도 구법승들은 맨뒤(釋玄大梵 끝)에 '찬왈'로 함께 언급하고 있다. 그러므로 실제로는『해동고승전』현존본의 각전各傳마다 '찬왈'이 들어 있는 셈이 된다.

이상에서와 같이 국내외의 전형적 왕조사王朝史와 고승전高僧傳 등을 통해 그 편찬자의 논급 형태들(太史公曰·史臣曰·贊曰·論曰·評曰 등)을 잠시 살펴보았다. 이는 곧『유사』의 찬왈讚曰과 견주어 참고로 삼고자 함에서이다. 앞에서 잠깐 언급했다시피『유사』에는 '논왈論曰'도 없고 '찬왈贊曰'도 '계왈系曰'도 없다. 단지 '찬왈讚曰'이 있을 뿐인데, 찬讚과 찬贊은 같은 뜻으로 쓰이기도 하니까 '찬왈讚曰'을 '찬왈贊曰'과 같은 성격으로 보려고 할 수도 있을지 모른다. 『양승전』의 경우는 분명히 '찬왈贊曰'과 '찬왈讚曰'을 같이 쓰고 있다고 할 수 있다. 그러나 『유사』에는 틀림없이 '찬왈贊曰' 아닌 '찬왈讚曰'만으로 일관하고 있다.

『유사』의 '찬왈'은 '논왈論曰'이나 '사신왈史臣曰'과 같은 성격의 중국 『전한서前漢書』적 '찬왈贊曰'은 물론 아니며 '찬왈讚曰'과 함께 쓰고 있는 『양승전』의 '찬왈贊曰'과도 다르다. 다만 읊음글이라는 점에서는 서로 닮은 점이 있어 보이나, 『양승전』의 경우는 꼭 '논왈'의 뒤에 붙어서 맺고 있으므로 읊음글(歌頌)로서의 자율성을 잃고 있다. 글자만 다를 뿐이지 『해동고승전』의 '찬왈贊曰'이 『유사』의 '찬왈讚曰'과 좀 비슷하다고 할 수 있다. 그러나 그 또한 중국 고사서古史書(高僧傳 포함)의 경우처럼 기전記傳의 끝에 붙인 논찬論贊의 성격을 벗어나지 못하고 있다. 찬贊 자가 찬讚 자와 같은 뜻으로 쓰이기도 하지만, 『해동고승전』에서는 한결같이(『양승전』에서는 贊과 讚을 섞어 쓰고 있으나) 찬贊 자만을 쓰고 있으며, 『유사』에서는 처음부터 끝까지 찬讚으로 일관하고 있다.

『유사』는 첫째 편이 「왕력」 편으로 연표이므로 '찬왈'을 붙이기가 적합하지 않고, 둘째 편부터는 서술문이므로 전편을 통해 '찬왈'이 가능하다고 할 수 있다. 그러나 두 권으로 되어 있는 「기이」 편에는 1·2권 전체를 통해 오직 그 1권의 '천사옥대天賜玉帶' 한 군데에만 겨우 '찬왈'이 붙어 있을 뿐이다. 국고國故 관계의 기이紀異 사실만을 모아 놓았기 때문에 전편에 걸쳐 '찬왈'이 없고, '천사옥대'는 불교 관계 내용이므로 '찬왈'을 붙인 것이라고 할 수도 있다. 하지만 「기이」 전편을 통해서 불교 관계의 항목이 이 '천사옥

대’ 외에도 감은사感恩寺의 창건 연기가 담긴 ‘만파식적萬波息笛’이
나 경덕왕景德王 때의 ‘충담사忠談師 표훈대덕表訓大德’ 등의 항목이
있으나, 이들 항목에는 ‘찬왈’이 들어 있지 않다. 아마도 전편이
국고國故 기이紀異로 이루어져 있으므로 어쩌다 그 속에 끼어있는
불교 관계는 국고적 일사逸事에 포함시켜 별다르게 다루지 않았으
나, ‘천사옥대’는 나중의 「탑상塔像」 편에 들어 있는 신라 호국 삼
보護國三寶(黃龍寺 丈六像・九層塔・眞平王 天賜玉帶)의 하나이기 때문
에 그 두 국보國寶(丈六像과 九層塔에는 각각 讚曰이 있음)와 격을 맞추
기 위하여 비록 「기이」 편에 들어 있으나 파격적으로 ‘찬왈’을 붙
인 것이 아닌가 한다.

찬讚과 찬贊이 같은 뜻으로 쓰이기도 하지만 앞에서 잠시 언급
한 것처럼 찬왈贊曰은 주로 역사적인 일들을 적고 나서 그에 대한
논평을 가하는 논찬論贊의 뜻으로 쓰이는 말이며, 찬왈讚曰은 글자
그대로 옛일과 훌륭한 인물의 행적을 기리어 읊은 말을 뜻한다.
그러므로 불교 관계 일들을 중심으로 엮은『유사』의 찬자는 국고
國故 관계의 유문 일사에는 ‘찬왈’을 전혀 붙이지 않고, 불교에 관
한 항목에만 기리어 읊고 있는 것으로 볼 수 있다. 불교 관계를 주
로 모아 전하고 있는 제3「흥법」 편에서부터 마지막 아홉째 편인
「효선」에 이르기까지의 모든 항목에서 기리어 읊을 만한 사항이
나 인물전 끝에 ‘찬왈讚曰’을 꼭 붙여 놓은 것을 통해서도 알 수가
있는 일이라 할 것이다.

다시 말해서 『유사』 찬자는 일반적 사서史書나 고승전 등에서
붙이고 있는 ‘논왈論曰’이나 ‘찬왈贊曰’ 등과는 달리 불교 관계 사

항에만 기리어 읊은 글을 붙여서 찬왈讚曰이라 하였다. 이러한 '찬
왈讚曰'의 특성을 통하여 『유사』가 책 이름 그대로인 '삼국시대의
유문일사집遺聞逸事集'으로만 보아넘길 수 없는 불사佛事 찬양讚揚
의 성격을 지닌 불교 사서史書라고 해도 크게 무리가 없다고 할 것
이다.

## (2) 불교 문화사적 성격

지금까지 그 내용의 짜임과 체재를 통해 『유사』가 불교 사서임
을 보았고, 또 찬술상의 자세(태도) 및 특징을 통해서도 『유사』의
성격이 불교 사적이라는 것을 대충 보았다. 그러나 여기에는 문제
가 전혀 없는 것은 아니다.

첫째는 『유사』를 불교사로 보기에는 그 전체 분량에서 「왕력」
및 「기이」 편의 유문遺聞 일사逸事 부분이 너무 많은 비중을 차지
하고 있다는 점이다. 둘째는 불교 관계(「홍법」 제3에서 「효선」 제9
에 이르기까지) 쪽에도 '물계자勿稽子'와 '향득사지向得舍知'같이 전
혀 불교와는 관계없는 항목이 들어 있다는 것 등이다.

이러한 문제점 때문에 『유사』가 불교사로서의 일반적인 인정을
받지 못했는지도 모를 일이다. 실은 이와 같은 문제가 있기 때문
에 순수한 불교 사서로 보기에는 좀 어렵다고 할 수도 있다. 그러
나 그 때문에 불교사임을 부정할 수도 없는 일이라 할 것이다.

앞에서 본 바와 같이 「왕력」과 「기이」 편이 연표年表와 서설序說
로서 앞쪽에 들어가 있으면서 비중이 좀 크다고 해서 『유사』가 불

교 사서로서의 성격을 상실한다고는 볼 수 없다. 그리고 또 전혀 불교와는 상관없는 두엇 항목이 불교 이야기 속에 끼어 있는 문제도 좀 더 생각해 보아야 할 것이니, 거기에는 무엇인가 그럴 만한 까닭이 있을 것이기 때문이다. 그 불교 외적인 두 이야기가 하필이면 불교 관계를 담고 있는 「피은避隱」 편과 「효선孝善」 편에 각각 들어 있다는 것에서, 오히려 불교사로서의 『유사』에 대한 또 하나의 어떤 성격 같은 것을 엿보게 한다고 할 수 있을 것이다.

수행승의 초탈超脫 고일高逸한 행적을 주로 모은 「피은」 편에서 불자와는 전연 관계가 없는 은거자隱居者인 물계자勿稽子 이야기를 넣은 것은, 이 『유사』가 고승전이나 교학敎學 전문서가 아닌 불교 홍통지弘通志의 일면도 지니고 있는 불교 사서이기 때문이었던 것으로 볼 수 있다. 곧 교훈적이거나 준범적遵範的인 이야기를 그 편목의 뜻(撰意)에 맞게끔 수록하여 전하려는 데에 의의가 있으므로 불교 전래 이전의 인물이지만 「피은」 편에 적합하다고 인정되어서 물계자를 거기에 수록했던 것이 아니었을까 싶다. 그리고 「효선」 편은 더욱 권선勸善을 주로 하는 불교의 입장에서 특히 대미를 장식하는 효순孝順 선행善行의 항목으로 묶었기 때문에 효자 향득向得의 효행을 담았다고 볼 수가 있다.

그러므로 이러한 면이 오히려 『유사』로 하여금 특수한 불교사적 성격을 갖게 하는 것이라고도 할 수 있을 것 같다. 여기서 특수한 점은 『유사』가 고승전류나 순수한 불교사와는 다른 성격의 불교 사서라는 점이다. 이와 같은 특수성을 이 책에서는 불교 문화사佛敎文化史적인 것으로 해석해 보았으면 싶다.

　지금까지 살펴본 바에 의하여 『유사』를 순수한 불교사로 본다는 것은 적지않게 문제점이 있음을 부인할 수가 없다. 그러나 이를 일종의 불교 문화사로 본다면 그리 모순성은 없을 것으로 여겨진다. 서명은 비록 『삼국유사三國遺事』이지만 그 수록 내용과 찬술의 성격 등으로 보아서는 틀림없는 불교 사서이며, 그 중에서도 일반적인 불교사이기보다는 하나의 불교 문화사로서의 체재와 특성을 훌륭하게 갖추어 있다고 할 수가 있다.

　다시 말해서 『유사』가 그 성격상 불교 문화사이기 때문에, 불교 전래 이전의 상고 시대는 물론 불교 수용 훨씬 이후의 후삼국 시대에 이르기까지의 역사와 연표와 역대 왕조의 기이紀異 사실 및 유풍遺風 습속習俗 등을 편집 수록하여 불교의 시대적 배경과 국가 사회적인 위치 등을 보여주고 있다. 또한 불교 관계 사실에 있어서도 고승전高僧傳 위주의 사전류史傳類와는 달리 불교의 전래 수용(興法)과 사탑 건립·불상 조성·사리 장경 봉안은 말할 것도 없고, 불교의 예술적인 면과 수도 행화 영이靈異 감응感應 및 불교 설화와 효순 선행까지도 망라하여 빠뜨리지 않고 있다. 그러므로 이 『유사』에는 단순한 불교 역사만이 아니고, 불교 사상과 예술 또는 불교 설화 문학과 윤리 도덕 및 기이紀異 괴탄怪誕한 자료 등 다방면에 걸쳐 갖추어져 있어서 불교 문화사로서의 손색없는 면모를 보여주고 있다 할 것이다.

　그리고 『유사』의 시대 범주가 앞에서 본 바와 같이 단군 고조선에서 고려의 후삼국 통일에 이르기까지로 되어 있으나, 실제 그 찬술의 시대 중심은 삼국 중에서도 신라로 되어 있다. 본격적인 불교 관계가 시작되는 「홍법」 제3에는 비록 삼국의 불교 초전 사실이 있기는 하나 신라의 홍법이 주가 되어 있으며, 「탑상」 제4에도 31개 항목 중에서 불과 세 항목을 제외하고는 모두 신라의 것이고, 그 다음의 「의해義解」에서 마지막 「효선」 편에 이르기까지는 신라 일색으로 이루어져 있다. 오직 백제의 고승 혜현惠現(「피은」 제8 惠現求靜) 단 하나만이 신라 외적外的 인물로 들어 있을 뿐이다.

물론 찬자 당시 자료의 유무에도 관계가 있겠지만, 「기이」 편 전체를 통해서도 앞쪽의 고조선으로부터 진한까지와 그 권2의 뒤쪽인 전백제·후백제 및 가락국기 등을 수록했으나, 그 사이 두 권에 걸쳐 신라의 기이紀異 사실만이 일관되게 전편의 중심을 이루고 있음을 보게 된다. 이와 같은 사실들로서도 『유사』의 중심 무대가 신라임을 알 수 있다. 그러므로 불교 역사를 엮은 이 『유사』는 신라를 중심으로 한 초기의 '민족 불교 문화사'[15]라고 할 수 있을 것이다.

불교인에 의하여 이루어진 고전古典적 저술들은 거의 모두가 삼장三藏(經律論)의 해석 연구가 중심이며, 역사적인 저술로는 등사燈史 승전류僧傳類나 역경譯經 유통流通 관계 등에 국한되어 있다고 할 수가 있다. 그러나 선승의 찬술인 『유사』는 불교 역사를 다루고 있으면서도 국가의 역사를 밝히는 역대 왕조의 사실史實 연표인 왕력표를 작성해 앞세웠으며, 정사 본기本紀와 다른 사실이나

---

15) 앞 주3)에 나온 논문(「三國遺事의 體裁와 그 性格」)에서 필자는 『유사』를, "신라를 중심으로 한 초기의 한국 불교 문화사라고 할 수가 있을 것이다"라고 한 바가 있다.

누락된 자료들을 손닿는 대로 수록하고 또 우리의 옛 유풍遺風 습속習俗의 자취들까지도 전하고 있다. 그러한 여러 면에서 찬술자의 공적은 길이 찬양받아야 할 것이며, 아울러 이 『유사』야말로 민족의 옛 역사와 문화의 성전聖典으로서 높이 평가되어야 할 것이라고 본다.

일찍이 육당六堂이 그의 「삼국유사 해제三國遺事解題」에서, "만일 본사本史와 유사遺事의 양자兩者 중에 어느 하나밖에 지니지 못할 경우가 있다면 『삼국사기』를 내어놓고 『삼국유사』를 잡을 것이라"16) 하였으며, 또 "일연一然의 공功은 서방西方의 헤로도토스에도 비할 것이니라"17)라고 하였다. 『유사』와 그 찬자에 대한 육당의 찬사는 조금도 넘치는 말이 아니며, 특히 찬자 일연一然을 역사의 아버지라 불리는 고대 그리스의 역사학자 헤로도토스Hērodotus(BC 484?~ BC 425?)에다 견주고 있는 것도 결코 지나친 평가는 아니라고 할 것이다.

---

16) 최남선, 「삼국유사 해제」, p.10.
17) 최남선, 위의 글, p.11.

# Ⅱ. 엮은이와 찬술 시기

## 1. 보각국사 일연

### (1) 현존 비문에 의거한 행적

일연의 처음 이름은 견명見明, 자는 회연晦然이며, 나중에 이름을
고쳐 일연一然이라 하였다. 속가의 성은 김씨金氏이고 경주慶州 장
산군章山郡[1) 사람이다. 아버지 이름은 김언필金彦弼[2)이며 벼슬을
하지 않았으나, 나중에 일연이 국존國尊이 됨으로써(그때 이미 세상
을 떠났기 때문에) 좌복야左僕射의 벼슬에 추증되었다.[3) 어머니 이

---

1) 지금의 경상북도 경산이다.
2) 『조선금석총람朝鮮金石總覽』 상, p.470에는 '考諱彦鼎'으로 되어 있으나, 탁본 등에
   의하여 언필彦弼이 옳은 것으로 밝혀졌다.
3) 이 대목의 비문 원문은 "考諱彦弼不仕 以師故 贈左僕射"로, 번역하면 "아버지 이름은
   언필이며 벼슬을 하지 않았으나, 나중에 스님(一然)이 국존國尊이 됨으로써 좌복야에
   추증되었다"인데, 李智冠, 『校勘譯註 歷代高僧碑文』「高麗篇 4」(伽山佛教文化研究院,
   1997) 8, 麟角寺 普覺國尊靜照塔碑文에는 "아버지의 휘는 언필彦弼이니, 벼슬은 하지
   않고 교사教師로서만 일생을 살았으므로, 죽은 후에 좌복야직(左僕射職)을 추증追贈
   받았고"라고 번역하였다(p.237). 이는 아마 역주자가 원문의 "……不仕 以師故 贈左僕
   射"에 '不仕'와 '以師故' 사이를 띄지 않고 붙여 읽었기 때문에(같은 책, p.191에는 '不

씨李氏는(국존 책봉 때 생존) 낙랑군부인樂浪郡夫人으로 봉해졌다.

처음에 일연의 어머니는 태양이 방 안으로 들어와 자신의 배를 쏘아비추는 꿈을 꾸었는데, 사흘 밤을 그렇게 계속 꾸었다. 그로부터 임신하여 태화泰和 2년(1206, 고려 희종熙宗 2년) 6월 신유에 일연이 태어났다. 일연은 이목구비가 준수하고 용모 자세가 단정하며, 걸음걸이는 황소와 같았고 눈매는 호랑이와 같았다. 그는 어릴 적부터 티끌세상을 벗어날(출가할) 뜻을 가졌다. 나이 아홉 살에 해양 무량사海陽無量寺로 가서 비로소 공부를 하게 되었는데 총명함이 비길 데가 없었다. 어떤 때는 똑바른 자세로 밤새도록 오뚝 앉아 있기도 하여 사람들이 기이하게 여겼다.

흥정興定 3년 기묘(1219, 고종高宗 6년), 열네 살에 진전사陳田寺의 장로長老 스님인 대웅大雄에게 가서 머리를 깎고 득도得度되었는데, 실은 이때 비로소 출가한 것이었다. 여기에서 구족계具足戒도 받았다. 이로부터 선방과 강원을 두루 거쳤으며, 일연의 명성이 매우 자자했으므로 당시의 학인들은 그를 구산九山4) 사선四選5)의 으뜸

---

仕以師故'로 붙여 놓았다) 그런 해석이 나온 듯하다. 그러나 고려 조정에서는 일찍부터 국가 공신이나 높은 관직자의 부모(조상)에게 증직贈職하고 그 고향의 고을을 승격시키는 등의 은전恩典을 베풀어 왔는데, 그러한 종래의 관례에 따라 국사와 왕사에게도 그와 같은 은전을 베풀었다. 그래서 일연一然선사도 국사(國尊)가 됨으로써 생전에 벼슬이 없었던 아버지를 좌복야로 삼았는데 이미 세상을 떠났기 때문에 추증한 것이었으며, 어머니는 그때까지 생존하고 있었고 낙랑군부인樂浪郡夫人으로 봉해진 것이었다.

4) 구산九山은 신라 말에 시작되어 고려 초 무렵에 형성된 산문山門 선파禪派를 일컫는 준말이다. 주로 중국에서 완성된 남돈선南頓禪이 아홉 군데 산사山寺를 근거로 하여 자리잡고 선문禪門(고려 조계종曹溪宗의 원류)을 이룩했기 때문에 구산선파九山禪派·구산선문九山禪門이라 부르고 줄여서 구산문九山門·구산선九山禪이라 하고 더 줄여서 구산九山이라 한다.

으로 천거하였다. 그래서 그는 고종高宗 14년(1227) 정해(당시 나이 22세)에 선불장選佛場(승선僧選하는 승과僧科의 과장科場)에 나아가 대선과大選科에 최상의 성적으로 합격하였다.

그 뒤 일연은 포산包山(경북 현풍玄風의 비슬산琵瑟山)의 보당암寶幢庵에 머물면서 선관禪觀을 주로 닦았다. 고종 23년 병신(1236) 가을에 몽고 병란으로 세상이 더 어지러워지자 좀 더 안전한 곳으로 피해 가고자 문수보살의 오자주五字呪6)를 마음속으로 간절히 외웠다. 그러자 갑자기 문수보살이 벽 사이에 몸을 나투어, "무주에 머물러라(無住居)"라고 하였다. 이듬해 여름에 다시 이 산의 묘문암妙門庵에 머물렀는데, 이 암자의 북쪽에 무주無住라는 정사精舍가 있

---

5) 사선四選의 선선은 당시 고려 시대에 있던 승려 선발의 시험 제도를 줄인 승선僧選의 준말이므로, 사선은 네 가지의 승선이란 말이 된다. 그러나 고려 시대에 행해졌던 승선에는 국가에서 행하던 대선大選과 종문宗門별로 행했던 종선宗選 또는 문선門選이 있었다. 일반적으로 승선이라 할 때에는 승려 국가고시인 승과僧科를 일컫고 승과는 대선을 가리키며, 이 승과에 합격한 이를 대선大選이라 하여 승려 법계(僧階)의 첫 단계로 부르는데 이는 흡사 일반 과거제도의 진사과進士科에 합격한 자를 진사進士라 일컫는 것과 같다.

　　현존 비문에는 그가 선불장에 나아가 상상과上上科에 합격하기 전에 구산九山 사선四選의 으뜸이 되었다는 것이므로, 이 사선四選은 사문선四門選을 의미하는 것이라 할 수 있다. 당시 조계종 구성의 기본 산문山門인 9산 중에서 4문으로 나누어 승과 예비시험 곧 종문선을 치렀기 때문에 구산선九山禪의 사문선四門選(九山四選)이라 한 것으로 볼 수 있다. 그와 같이 구산사문선九山四門選의 으뜸이 된 그가 선불장 곧 승과・승선에 나아가 상상과上上科 곧 대선大選에 합격한 것이라고 할 수 있기 때문이다.

6) 비문의 '文殊五字呪'는 '문수보살이 설한 다섯 글자 주문'이라는 뜻인데, 이 오자주五字呪를 '오자다라니五字陀羅尼'・'오자진언五字眞言'・'오자심다라니五字心陀羅尼'라고도 일컫는다. 다섯 글자(五字)란 '아(阿)・라(囉)・파(跛)・자(者, 左)・나(曩, 娜)'이며, 이 법문을 설하고 있는 경전은 대강 다음과 같다.

　　不空 역, 『金剛頂經瑜伽文殊師利菩薩法』 1品(亦名 五字呪法)(『大正藏』 20권, pp.705上~709上) ; 不空 역, 『金剛頂超勝三界經說文殊五字眞言勝相』 1권(위와 같음, p.709上~下) ; 金剛智 역, 『金剛頂經曼殊室利菩薩五字心陀羅尼品』(위와 같음, pp.710上~713中) ; 不空 역, 『曼殊室利童子菩薩五字瑜伽法』 1권(위와 같음, pp.723中~724中) 등.

었으므로 일연은 전날 문수보살의 말씀을 깨닫고 그 무주암에 머물렀다. 그때 그는 항상 '중생의 경계는 줄어들지 않고(生界不滅) 부처님의 세계는 불어나지 않는다는 말씀(佛界不增之語)'을 참구參究하였다. 문득 하루는 활연히 깨달은 바가 있어서 사람들에게 말하기를, "내 오늘 삼계三界가 허깨비 꿈과 같음을 알고는, 대지大地를 보니 한 오라기 털끝만큼도 걸리는 게 없더라(吾今日 乃知三界如幻夢 見大地無纖豪礙)"라고 하였다.

그 해(1237)에 삼중대사三重大師의 법계를 받았으며, 고종 33년 병오(1246)에는 선사禪師의 위계에 올랐다. 그의 44세 되던 고종 36년 기유(1249)에 상국相國 정안鄭晏이 남해南海의 사제私第를 희사하여 절로 삼고 이름을 정림사定林社(寺)라 했는데, 일연을 청하여 주관하게 하였다. 고종 46년 기미(1259)에는 대선사大禪師가 되어 선종 최고의 법계에 올랐다.

그에 앞서 1249년부터 남해 정림사에 주석했던 일연은 고종 43년 병진(1256) 여름에 그 섬(남해南海 곧 윤산輪山)의 길상암吉祥庵으로 옮겨 갔다. 이때가 그의 나이 51세였으며, 원종元宗 2년(1261) 56세에 강화 서울(江都)의 선월사禪月寺(社)로 떠나기 전까지 이 길상암에 머물렀다. 그는 여기에서 한가한 틈틈이 『중편 조동오위重編曹洞五位』 2권을 지었는데, 중통中統 원년 곧 원종 원년(1260)에 완성하였다.[7)]

---

7) 일연이 남해(윤산) 길상암에 머물면서 『중편 조동오위』를 저술했다는 이 사실은 그의 비문에는 없고, 그의 「重編 曹洞五位序」를 통해 알게 되었다. 그의 『중편 조동오위』는 일찍이 국내에서 자취를 감추었는데, 수년 전에 민영규閔泳珪 교수가 일본에서 연보延寶 8년(1680) 중간본重刊本을 찾아내어 「一然重編 曹洞五位」라는 제목으로, 연

원종 2년 중통 신유(1261)에 왕명을 받고 서울(강화도성江華都城)로 가서 선월사禪月寺에 머물러 개당開堂하고, 멀리 목우화상牧牛和尙 곧 불일보조국사佛日普照國師 지눌知訥(1158~1210)의 법을 이었다. 지원至元 원년(1264, 원종元宗 5년) 가을에 여러 번 왕에게 청하여 허락을 받고 남쪽으로 돌아와 영일迎日 오어사吾魚寺에 머물렀다. 오래지 않아 인홍사仁弘社 법주法主 만회萬恢의 요청으로 법주의 자리에 앉게 되자, 학인들이 배움을 구하러 모여들었다.

원종 9년 무진(1268) 여름에 조정에서 교지를 내려 선종禪宗과 교종敎宗의 이름 있는 대덕大德 승려들 백 명을 모아 운해사雲海寺에서 대장경大藏經 낙성 법회를 베풀었는데, 일연을 주관자(主盟)로 청했다. 낮에는 경전을 읽고, 밤에는 종취宗趣를 주로 담론했는데, 여기에서 그는 모든 의문점들을 물 흐르듯 시원하게 설명하여 깊은 뜻에 신묘하게 몰입토록 하였다. 그래서 모두 공경하여 따르지 않는 이가 없었다.

일연이 11년 동안 주관한 인홍사는 세워진 지 오래여서 전당과 건물들이 모두 허물어지고 또한 낮고 습기가 많았다. 그래서 모두 다 새로 중수하여 넓직하게 하고, 이에 조정에 아뢰니, 국왕은 '인

---

세대학교 사학연구회史學硏究會에서 간행하는 『學林』 제6집(1984. 3)에 해제를 붙여 발표함으로써 세상에 그 사실이 알려지게 된 것이다. 「중편 조동오위서」에서 그 부분만을 참고로 옮겨 본다.

"越丙辰夏 寄錫輪山吉祥菴 因有餘閑乃將舊本三家語句 務便檢閱 錯綜其辭 隨門夾入 依舊離爲二冊……中統元年 實沈臘八遺 鳳笑軒 晦然 序."

여기에서 '丙辰'은 고종 43년(1256)이며, '輪山吉祥庵'의 '輪山'은 남해南海의 옛 이름이다. '中統'은 원元 세조世祖의 연호이고 그 원년은 고려 원종元宗의 원년(1260)이며, '晦然'은 일연의 자字이다.

홍사仁興社'라 이름을 고치고 직접 액자를 써 주었다. 또 일연은 포산의 동쪽 기슭에 있는 용천사涌泉寺를 중수하여 불일사佛日社로 삼았다. 충렬왕忠烈王의 즉위 4년 정축(1277)에 왕명으로 운문사雲門寺에 머물면서 현풍玄風(현묘한 종풍)을 크게 떨쳤다.

왕은 그를 공경하여 다음의 시를 지어 보냈다.


은밀히 전한 법에 어찌 다시 예의 갖춤 필요하리오
불연으로 서로 만남 또한 기이할 따름이라.
연공璉公은 간청 받아 대궐로 갔는데[8]
스님은 어찌 흰구름 걸린 산에만 연연하시는지요.
密傳何必更摳衣
金地逢招亦是奇
欲乞璉公邀闕下
師何長戀白雲枝


충렬왕 7년 신사(1281) 여름에 원나라의 일본 원정군을 위해 왕이 경주에 행차했을 때 왕의 부름을 받아 행재소에 갔다. 왕은 일연에게 법문을 청하고 더욱 공경하는 마음을 일으켰으며, 일연이 결사結社했던 불일사佛日社의 결사문結社文을 보고는 그 맨 앞머리에 글을 적고 서명하여 불일사의 일원으로 입사入社하였다.

이듬해(충렬왕 8년) 가을에 관원을 보내어 일연을 대궐로 맞아들

---

8) 연공璉公은 송宋의 대각선사大覺禪師 회련懷璉(1009~1090)을 일컫는다. 송나라 황제 인종仁宗의 부름을 받아 경사京師로 갔으며, 대궐에 초청되어 설법하고 교화를 크게 떨친 고사를 두고 한 말이다.

였다. 왕은 그를 청하여 대전大殿에서 선禪 법문을 설하게 했으며, 법문을 들은 왕은 매우 기뻐하였다. 그리고 유사에게 명하여 일연을 광명사廣明寺에 들도록 하였다. 그 절에 들어간 날 밤중에 일연이 거처하는 방장 문 밖에서 어떤 사람이 "잘 오셨습니다" 하고 세 번씩이나 말했는데, 그럴 때마다 문을 열고 보았으나 아무도 없었다. 그 겨울에 왕은 일연을 방문하여 법요法要를 물었다.

그 이듬해(1283) 일연의 78세 되는 봄에 왕은 여러 신하들에게 말하기를, "우리 선왕께서는 모두 불문의 덕이 많은 이를 왕사王師로 삼고 덕이 더욱 큰 이를 국사國師로 삼았는데, 나는 부덕하여 홀로 왕사도 국사도 없구나. 지금 운문사雲門寺의 스님 일연一然이 도道가 높고 학덕이 훌륭하여 사람들이 모두 숭앙하므로 과인 혼자만이 자비의 은택을 입는 것(왕사로 삼음)은 옳지 않고, 마땅히 한 나라가 함께 은택을 누림(국사로 삼음)이 옳을까 한다"라고 하였다.

이에 우승지 염승익廉承益을 보내어 왕의 교지를 받들고 나라의 스승(尊師)으로 모실 것을 청하는 예를 행하게 했다. 그러나 일연은 왕에게 글을 올려 사양하였다. 이에 왕은 다시 사람을 보내어 간곡하게 세 번씩이나 청했으며, 그리하여 상장군 나유羅裕 등을 시켜 국존國尊을 책봉하고 호를 원경충조圓徑冲照라 하였다. 책봉을 마치고 4월 신묘에 대궐로 맞아들여 왕이 몸소 백관을 거느리고 국사國師로 모시는 예를 갖추었다.

본디의 국사를 고쳐서 국존國尊이라 한 것은, 당시 고려가 원나라의 속국이었으므로 천하에는 황제가 하나이듯이 국사도 하나여

야 한다고 하여 고려에서는 국사를 둘 수가 없게 되어 있어서 국
존이라 일컬었던 것이다. 그러나 현재 남아 있는 일연의 비석 큰
제목(碑額)에는 분명히 '보각국사비명普覺國師碑銘'이라 새겨져 있
고, 또 탑명도 '보각국사정조지탑普覺國師靜照之塔'으로 되어 있다.
또한 『고려사高麗史』 지리지에도 그를 '국사'라 일컫고 있다.9) 그
래서 이 책에서는 국존이라 하지 않고 국사로 통칭한다.

일연은 평소에 번잡한 서울을 좋아하지 않는데다가 또 효성이
지극하여 노모老母를 위해 산사로 돌아갈 것을 원하여 왕에게 간
청하였다. 왕은 그의 뜻을 거듭 꺾을 수가 없어서 옛 절로 돌아갈
것을 허락하였다. 그래서 근시좌랑近侍佐郎 황수명黃守命을 시켜 호
위해 가게 하였다. 그는 산을 내려와 고향으로 가서 어머니(아버지
의 산소)를 뵈었는데, 모든 사람들이 그의 효심이 지극함을 찬탄하
였다. 그 이듬해(1284) 어머니가 96세로 세상을 떠났다.

그 해(충렬왕 10년) 조정에서는 근시近侍 김용검金龍劍을 시켜 인
각사麟角寺를 국사가 머물 곳(下安所)으로 중수하도록 하고, 또 전
답 1백여 경頃을 국사의 상주常住에 쓰이도록 마련케 하였으므로,
일연은 인각사에 들어가 상주하게 되었다. 이로부터 9산문九山門의
도회都會가 다시 열리니, 선문 총림叢林의 성대함이 근고近古에 비
길 데 없었던 일이라 하였다.

충렬왕 15년 기축(1289) 6월에 이르러 일연은 병세를 보였는데,
7월 7일에 그는 손수 대내大內에 올리는 글을 쓴 다음 다시 시자를

---

9)『高麗史』권57, 地理志 2 章山郡 쪽에, "충숙왕 4년에 국사 일연의 고향이므로 현령관
으로 승격하다(忠肅王 四年 以國師一然之鄕 陞爲縣令官)"라고 하였다.

시켜 글을 쓰게 하여 상국相國 염공廉公(곧 전날의 우승지 염승익廉承益)에게 부쳐 스스로 세상을 하직할 것임을 알리게 하였다. 그리하여 여러 선로禪老들과 오랜 시간 문답하였다. 그날 밤에 둘레 크기가 한 자쯤 되는 별이 길게 뻗쳐 방장실方丈室 뒤쪽에 떨어졌다.

다음날 일연은 새벽에 일어나 목욕을 하고 앉아 대중을 향해, "오늘 내가 떠나려고 하는데 혹시 일진日辰은 나쁘지 않은가?"[10]라고 물었다. "나쁘지 않습니다"라는 대답을 듣고 그는 "그러면 좋구나" 하고는, 법고法鼓를 치게 하였다. 그는 법당 앞으로 가서 선상禪床에 걸터앉아, 앞서 왕으로부터 받았던 국존의 직인職印인 인보印寶를 반납하기 위해 봉함하고, 마침 그곳에 와 있던(일연이 자신의 임종에 참석하도록 미리 연락했는지는 모를 일이지만) 장선별감掌選別監(궁중으로 들어오는 각종 우편물과 물품들을 선별하여 왕에게 올리는 담당 관원) 김성고金成固를 시켜 거듭 봉함하여 마치게 하였다. 그러고는 말하기를, "마침 천사天使(곧 왕이 보낸 조정의 관인官人을 말하는 것으로, 그 자리에 있던 장선별감을 지칭한 듯하다)가 와서 내 말후사末後事(입적의 마지막 순간 곧 임종)를 보게 되었구나"라고 하였다.

이때 어떤 선승이 일연의 스님의 앞으로 나와서, "석존釋尊께서는 구시나가라의 사라나무숲에서 열반에 드셨는데, 스님께서는 이

---

10) 비문(원문)에서는 "혹시 중일重日이 아닌가(不是重日)?"라고 하였는데, 이 '重日'은 음양가陰陽家에서 꺼리는 음력 기해일己亥日인데, 이 날을 안좋은 일(凶事)에 적용하며 또 이 날에는 나쁜 일(惡事)을 조정에 보고하는 것을 금기한다. 그리고 불가佛家에서는 중요한 축제일에 죽으면 불사佛事 의례儀禮에 지장을 주게 되므로, 일연은 이러한 중요한 일진 곧 중일重日을 피하여 입적하려는 뜻을 보인 것으로 볼 수 있다.

인각사에서 입적하시려 하시니 그 차이가 얼마나 되는지요?”라고
물었다. 이에 일연은 주장자拄杖子를 들었다가 한 번 내리치고는
“차이가 좀 나겠지” 하였다. “그렇다면 현재(今)와 과거(古)가 서로
연결되어 분명하게 눈앞에 있겠습니다”라고 하니, 스님은 또 주장
자를 한 번 내리치고는 “분명히 눈앞에 있다”라고 하였다. 또다시
그가 “뿔이 셋인 기린이 바다 속으로 들어가고, 공중에 걸린 조각
달이 물결 속에서 나옵니다”라고 하니, 일연은 “훗날 다시 돌아오
면 그대와 더불어 다시금 한바탕 놀아보세나”라고 하였다.

또 어떤 승려가 묻기를, “스님께서 입적하신 후에 구하는 바가
무엇입니까?”라고 하니, 일연은 “다만 이대로일 뿐이네”라고 하였
다. 또 묻기를 “다시금 군왕과 더불어 하나의 무봉탑無縫塔을 조성
하여도 또다시 거리낄 것이 있겠습니까”라고 하니, 일연은 “어디
로 가고 오는가?” 하였으며, “지나감을 묻고자 할 뿐입니다” 하니,
일연은 “이는 모두 아는 일이니 그만두게나”라고 하였다.

또 어떤 학승이 묻기를, “스님께서는 세상에 계시되 세상이 없
는 것과 같으며, 몸을 보시되 몸이 없는 것과 같으시니 세상에 머
무시면서 대법륜大法輪을 굴리시는 것이 좋지 않겠습니까?” 하였
다. 이에 일연은 “어느 곳에서든지 불사佛事를 짓는다”라고 대답하
였다.

이리하여 문답이 끝나자, 일연은 대중을 향하여, “여러 선덕禪德
들이여, 날마다 아프고 가려운가? 아프고 가렵지 않은가? 모호하
여 분별이 안 되는가를 알리도록 하라” 하고는 주장자를 들어 한
번 내리치고 말하기를, “이것이 아픈 것이다” 또 한 번 내리치고는

"이것은 아프지 않은 것이다" 또다시 한 번 내리치고는 "이것은 아픈 것인지, 아프지 않은 것인지, 잘 살펴보는 것이다"라고 하였다. 그러고는 자리에서 내려와 방장실로 돌아갔다.

방장실로 돌아온 일연은 조그만 선상禪床에 앉아서 담소했는데, 평소와 조금도 다름이 없었다. 그러다가 잠시 후 손으로 금강인金剛印을 결인結印하고는 조용히 입적하였다. 그때 오색五色의 빛이 방장 뒤쪽에서 일어났는데, 곧기가 깃대(幢) 같았다. 그 끝이 불꽃 튀듯 빛났으며, 위쪽에는 흰구름이 일산처럼 덮여서 하늘을 지향하여 올라갔다. 그때는 가을이지만 7월이라 더위가 기승을 부렸으나, 일연의 입적한 얼굴은 희고 맑았으며 그 팔다리도 윤택하여 굴신이 생시와 같이 유연하였다.

국왕이 일연의 입적 소식을 듣고는 애도하고 예를 다하게 하였으며, 시호諡號를 보각普覺이라 하고 탑호塔號를 정조靜照라 하였다. 그해 10월 신유일에 인각사 동쪽 산등성이에 탑(普覺國師靜照之塔)을 세웠다. 그때 일연의 향년이 84세였고 승랍은 71세였다.

비문[11]에는 일연의 덕풍을 이렇게 기리고 있다.

스님은 그 인품됨이 말을 할 때에는 실없는 농담을 하지 않고, 성격에는 꾸밈이 없었다. 진정으로 상대를 대하고 대중과 함께 있어도 홀로 있는 것과 같았으며, 존경받는 자리에 있었으나 자신을 낮추었다. 배움에 있어서는 스승의 가르침을 거치지 않고 스스로 통달하였으며, 이미 도에 들어가서는 온화하고 실다우면서도 자유자재 하여 그 변설에 걸림

---

11) 이 비문은 민지閔漬(1248~1326)가 지었다.

이 없었다.

옛 선사들의 깨친 기틀과 법어가 얽히고설키어 소용돌이 물결처럼 복잡한 곳을 모두 척결하여 소통시켜 뚫으니, 넓고도 크고 넉넉하게 여유가 있었다. 또 참선하는 틈틈이 다시 대장경을 열람하여 대가들의 장소章疏를 궁구하고, 한편으로는 유서儒書를 섭렵하면서도 백가百家의 이론을 꿰뚫었다. 방편에 따라 중생을 이롭게 하여 그 묘용이 자유자재하였다.

무려 50년 동안 닦은 법도法道가 으뜸이어서 머무르는 곳마다 모두 다투어 크게 앙모仰慕하였다. 스님의 법문에 참여하지 못한 이는 부끄러워했으며, 비록 뛰어난 인물임을 자부하는 이도 스님의 남기신 가르침에는 심취하여 자부심을 꺾지 않는 이가 없었다.

지극한 효성으로 어머니를 봉양했는데, 그는 당나라 목주睦州 진존숙陳尊宿12)의 효성을 흠모하여 스스로 호를 목암睦庵이라 하였다. 그는 팔순이 지났어도 총명함이 조금도 변하지 않았으며, 학인을 가르치는 데 게을리 하지 않았으니, 지덕至德과 진자眞慈를 갖추지 않고서는 누가 그렇게 할 수 있으랴.

처음에 김용겸이 왕명으로 인각사를 중수하러 왔을 때, 마산역리馬山驛吏의 꿈에 어떤 사람이 나타나 "내일 칙사勅使가 담무갈보살曇無竭菩

---

12) 진존숙陳尊宿(780~877)의 법명은 도명道明(혹은 도종道蹤)이며, 중국 당唐나라 때의 이름 높은 선승이다. 그래서 목주睦州의 진씨陳氏였던 그를 목주화상睦州和尙 또는 목주 진존숙陳尊宿이라 존칭하였다. 그는 이른바 황벽문黃檗門의 조사 황벽희운黃檗希運 선사의 법을 이은 제자이며, 또한 임제종臨濟宗 조사 임제의현臨濟義玄과는 동법의 권속이었다.
그는 지계持戒가 청정하고 삼장三藏에도 통달하였으며 교화에 지극히 힘쓴 선사였다. 관음원觀音院에서 개원사開院寺로 옮겨갔으며, 효심이 지극하여 짚신(蒲鞋)을 삼아 어머니를 봉양했으므로 진포혜陳蒲鞋라는 별명이 있었다. 그가 남긴 법어집을 『목주도명선사어록睦州道明禪師語錄』 또는 『진존숙어록陳尊宿語錄』이라고 하는데, 현재 『明北大藏經』 1653函・『縮刷大藏經』 騰函 4-6・『卍續藏』 2-23-2 등에 수록되어 있다. 그는 당나라 건부乾符 4년(877)에 98세로 입적했는데 법랍이 78세였다.

薩[13])이 계실 곳을 중수하려고 이 길을 지나갈 것이다"라고 했는데, 과연
그 이튿날 용검 일행이 그곳에 왔다. 스님의 덕행이 사람들을 이롭게
한 것으로 보아 그 꿈을 어찌 허황되다고 하겠는가. 그 밖에도 남다른
자취와 기이한 꿈이 매우 많았으나 기괴한 이야기로 잘못 전해질까 염
려되어 짐짓 생략한다.[14])

비문에 쓰인 일연의 저술은 다음과 같다.

『어록語錄』 2권, 『게송잡저偈頌雜著』 3권, 『중편 조동오위重編曹洞
五位』 2권, 『조도祖圖』 2권, 『대장수지록大藏須知錄』 3권, 『제승법수
諸乘法數』 7권, 『조정사원祖庭事苑』 30권, 『선문염송禪門拈頌』 30권
등 100여 권이 세상에 간행·유포되었다고 하였다. 그러나 여기에
는 『유사』가 빠져 있다.

현존하는 『유사』에는 앞쪽이나 뒤쪽에 저자의 이름이 보이지
않는다. 다만 전체 5권인 『유사』의 다섯째 권 앞머리 권 수 아래

---

13) 담무갈보살曇無竭菩薩은 범어 Dharmôdgata 달몯가따보살을 한문자로 소리옮긴 말이
며, 뜻으로는 法涌·法盛·法上·法尚·法來·法起·出法 등 여러 가지로 옮겨 쓴다.
이 보살은 인도의 간따와띠(揵陀越)성 곧 중향성衆香城에 거주하며, 모든 보살 가운
데 최고의 존경을 받는 보살로서 항상 반야바라밀般若波羅蜜을 설법한다고 한다. 이
담무갈보살은 살타파륜薩陀波倫보살 곧 상제常啼보살과 더불어 『반야경般若經』의
선설宣說 또는 수호의 보살로 전해져 있다.

14) 보각국사의 입적 전후에 있었던 신이神異한 일들을 두어 가지 소개한 본 비문에서는
이제 옮겨본 바와 같이, "其餘異跡奇夢頗多 恐涉語怪 故略之"(번역글은 이제 보았으
므로 그 원문만을 옮겼음)라고 하였다. 그러나 이 비의 뒷면(陰記)에는 국사가 입적
한 뒤의 신비롭고도 영이靈異한 일들을 좀더 자세히 전하여 초범입성超凡入聖의 경
지를 드러내 보여주고 있다. 이 뒷면(碑陰)의 글은 "寶鏡寺住持通奧眞靜大禪師 山立
述" 곧 보경사 주지 통오진정대선사 산립의 서술로 되어 있다.
이 「普覺國尊碑陰記」는 중앙승가대 불교사학연구소 편(1992), 『麟覺寺普覺國師碑帖』
과 李智冠 校勘 修定補完, 「麟角寺 普覺國尊 靜照塔碑 陰記」(李智冠 校勘譯註, 『歷代高僧碑
文』「高麗篇」4, 1997, pp.204~217. 同陰記 역주 pp.261~268)에서 잘 정리되어 있다.

에, "國尊曹溪宗迦智山下麟角寺住持圓鏡冲照大禪師 一然撰"이라고 그 찬자가 분명하게 밝혀져 있다. 이에 의하여 비로소 『유사』의 찬자가 보각국사 일연이었음을 알 수 있게 된 것이다.

## (2) 출가한 때와 절, 이은 법통

### 1) 9세에 취학한 해양 무량사

지금까지 현존 비문의 전하는 바에 의거하여 보각국사 일연의 행적 대강을 살펴보았다. 여기에서 좀 더 살펴보아야 할 문제 하나를 보게 된다. 그것은 바로 그가 아홉 살 때 처음으로 공부하기 위해 들어갔다는 해양 무량사海陽無量寺에 관해서이다. 퇴경退耕 권상로權相老(1879~1965)는 그의 『사찰전서寺刹全書』에서 해양海陽은 광주光州의 고호古號이며, 무량사無量寺는 광주 무등산無等山에 있는 무량사라고 하였다.15)

이 해양 무량사가 '전라도 광주의 무량사'라고 하는 그 자체에 문제가 있는 것은 아니다. 다만 경상도 경산慶山 태생인 일연一然이 당시 아홉 살의 어린 나이로 그 지방의 가까운 허다한 절을 두고 하필이면 먼 광주의 무량사에까지 가서 공부했겠는가 하는 것이다. 아홉 살의 어린 나이로 고향에서 멀리 떨어진 광주 무등산 무량사에 가서 공부하게 되었다면 거기에는 반드시 그럴 만한 까닭이 있었을 것이다. 다음의 몇 가지 경우를 상정해 볼 수 있다.

---

15) 權相老, 『韓國寺刹全書』 상권, p.380 하단 좌.

첫째는, 무슨 이유에서인지는 알 수 없으나 온 가족이 그 지방으로 이사를 갔기 때문에 이사간 마을에서 가까운 무량사로 가서 공부했을 것으로 추측할 수가 있다.

둘째는, 그의 외가外家가 그 근처에 있었으므로 외가 쪽의 주선으로 무량사에 갔을 것으로 짐작할 수도 있다.

세 번째는, 아무 연고도 없이 우연히 그 절에 갔거나, 아니면 그 절 스님과의 어떤 인연으로 갔을 수도 있을 것이다.

위의 세 가지 경우를 가상해서 짐작해 볼 수가 있으나, 자세히 살펴보면 당시의 사정으로는 한 가지도 부합되지 않는다고 할 수 있다.

첫 번째의 경우 아홉 살에 무량사로 갔다면 늦잡아도 그 이전에 해양 광주光州에 온 가족이 이사간 것으로 보아야 하는데, 그렇다면 그곳에서 어린 시절을 보낸 그에게는 고향과 다르지 않을 만큼 연고가 깊은 고장이라 할 수 있을 것이다. 그러나 그 이후 그의 행적에는 한 번도 해양이나 무량사가 그 주변사에 등장한 일이 없다. 일시적이든 장기간이든 부모와 더불어 전 가족이 이사를 갔거나, 일부 가족이 옮겨갈 일이 생겨서 그곳으로 함께 갔다고 하더라도 그 뒷날에 한 번쯤은 그곳이 연고지로서 비쳐졌어야 할 터인데, 전혀 그러한 자취를 찾아볼 수 없다는 것이다.

두 번째의 경우도 마찬가지다. 어머니의 친정 곧 자신의 외가가 그쪽에 있었다고 한다면, 첫 번째의 경우처럼 그의 팔십여 평생에 있어서 최초의 연고 사찰이 있었던 해양이나 무량사나 그 지방 가까이에 한 번이라도 관련되는 언급이 있었을 것이 아니겠는가. 전혀 그쪽으로 간 흔적이 없다. 뿐만 아니라 그 어머니의 고향도 호남으로 볼 만한 근거를 찾아볼 수가 없다. 특히 그가 국존國尊으로 봉해졌을 적에 그 아버지는 좌복야左僕射로 추증되고 그 어머니는 낙랑군부인樂浪郡夫人으로 봉해진 사실을 통해서 그 어머니가 호남(광주光州) 사람이 아니고, 경주 또는 경주권(경산 포함) 사람이었음을 알게 된다.

예부터 택호宅號는 그 집 부인의 친정 마을이나 고을 이름을 붙여서 썼으므로, 이 낙랑군부인도 그 고향 마을이나 출생한 고을의 지명을 따서 붙였을 것으로 볼 수 있다. 이때의 낙랑군樂浪郡[16]은 경주이다. 『경상도지리지慶尙道地理志』에 의하면 고려 7대 목종穆宗 11년 무신(1008)에 경주를 낙랑군으로 삼았다고 하였다.[17] 또 『동경통지東京通志』에는 그보다 앞선 제6대 성종成宗 6년 정해(987)에 경주를(종전의 대도독부大都督府에서) 동경유수東京留守로 고쳤는데, 별호別號를 낙랑樂浪이라 한 것은 또한 성종이 정한 바(亦成宗所定也)라고 하였다.[18] 그러나 그러한 문헌들보다 훨씬 앞선 『유사』에는 신라의 마지막 임금 경순왕敬順王(『유사』에는 '금부대왕金傅大王'이라 함)을 '上柱國樂浪(郡)王政承'[19]이라 일컫고 있음을 보게 된다.

---

16) 앞 주3)에 나온 이지관李智冠의 책, p.237에는 이 '樂浪郡夫人' 아래에 '樂浪'에만 주
   45)를 달아 "평양平壤의 옛 이름이다"라고 하여 『輿地勝覽』 卷51 平壤府 郡名條를
   참조로 들었다.

17) 하연河演 편찬(1424~1425), 『慶尙道地理志』 慶州府 및 권상로, 『韓國地名沿革考』(東
   國文化社, 1961), p.97.

18) 『東京通誌』 권4 沿革, 2장 앞쪽. 이 『동경통지』(14권 7책)는 1933년에 경주 최준崔浚
   이 정인보鄭寅普·최남선崔南善의 도움을 받아 편찬하여, 경주 향교에서 간행하였
   다. 그런데 낙랑樂浪이라는 경주의 별호가 성종成宗에 의하여 정해졌다는 오래된
   기록은 이미 『高麗史』 권57, 地理志 2 慶州에, "별호를 낙랑이라 하였는데, 성종이
   정한 것이다(別號樂浪 成廟所定)"라고 한 것에서 볼 수가 있다.

물론 상고시대의 낙랑은 한사군漢四郡 때의 낙랑樂浪이며, 그 치소治所(도읍)였던 평양을 또한 낙랑이라고 하였다. 그러나 이제 본 것처럼 고려에 와서는 경주를 낙랑군이라 별호하였음을 알 수 있다.

그와 같은 연유로 해서 일연선사의 어머니 낙랑군부인의 고향은 호남이 아니고 경주권임을 알 수 있다. 따라서 일연이 어린 나이로 광주에 있는 무량사에 갔다면 그것은 외가가 가까운 곳이기 때문이라는 조건에는 맞지 않는다고 할 수 있다.

세 번째의 경우도 해당이 안 된다고 할 수가 있으니, 그때는 아버지도 생존해 있었을 테니까 부모가 살고 조상이 살았던 고향 가까이를 두고 아홉 살의 어린 아이가 아무 연고 없이 경산 지방에서 교통이 멀고 불편한 광주의 절에까지 갔겠는가 하는 것이다. 표면상의 이유는 그와 같이 가당치가 않으나, 어쨌든 실제 아홉 살 때 광주 무량사에 가서 공부했다고 한다면 그 뒤 그의 생애에 어찌 그렇게 단절된 관계일 수가 있었을까. 그의 찬술인 『유사』에도 광주 지방의 불사佛寺 관계는 거의 언급이 없다.

그러한 까닭들 때문에 그가 어린 나이로 그 멀고도 생소한 지역의 절에 가서 공부했다는 것을 이해할 수가 없다. 아무리 맞추어 보아도 사리에 맞지 않는다고 할 수 있다. 그러므로 혹시 해양 무량사가 잘못 전해졌거나, 아니면 다른 지방의 무량사를 해양 무량사라고 잘못 적었거나, 또는 해양이라는 지명이 다른 곳에도 있는지를 살펴볼 필요가 있을 것 같다.

---

19) 『삼국유사』 권2, 金傅大王 쪽. 여기에는 '上柱國樂浪王'이 두 군데나 보이고 있다.

그런데 『여지승람輿地勝覽』에는 조선 태종조太宗朝에 남해현南海縣을 해양현海陽縣으로 고쳤다가 다시 남해현으로 일컬었다고 하였다.[20] 그리고 『지명연혁고地名沿革考』에는 경상도 남해의 옛 이름이 해양海陽이라고 하였다.[21] 『여지승람』의 기록대로 태종 때에 비로소 해양이라고 했다면 일연 당시의 해양에는 해당되지 않는다고 할 수 있다. 그러나 목종穆宗 때 낙랑군樂浪郡으로 삼았다는 경주는 그 선왕인 성종成宗 때 낙랑의 별호가 정해졌으며, 또 그보다 앞서 신라 국가를 고려에 바친 경순왕을 고려 조정에서 상부尙父 · 정승政(正)承과 더불어 낙랑왕樂浪王이라고 일컬은 사례로 미루어, 이 해양海陽 또한 비록 관제官制상으로는 조선 태종조에 비로소 현명縣名으로 고쳤다고 하더라도 그 지역의 옛 이름으로는 남해를 해양이라 불렀기 때문에 고려 때에도 해양이라 일컬었으리라는 사실을 배제할 수 없을 것이다.

이 비문에서의 해양이 남해를 가리키는 것이라고 한다면 무량사도 남해의 무량사라야 할 것이다. 그러나 현재로서는 남해에 무량사가 있었다는 흔적을 찾기가 어렵다. 남해에 무량사가 없었기 때문에 여기서의 해양은 남해를 가리키는 것이 아니라고 할 수도 있겠으나, 현존 절터나 기록이 남아 있지 않다고 해서 고찰古刹의 존재를 부정할 수만은 없다. 남해에 무량사가 있었다고 해도 경산의 아홉 살짜리 어린 일연에게는 먼 길이며 쉬운 길이 아니나, 광주光州보다는 가깝다고 할 수 있다.

---

20) 『東國輿地勝覽』 권31, 慶尙道 南海縣 建置沿革.
21) 『韓國地名沿革考』, p.321.

그가 광주에는 발걸음을 한 흔적이 없으나 남해에는 가서 머문 적이 있었다. 일연은 44세 때(고종 36년 1249) 정안鄭晏의 요청으로 남해 정림사定林寺의 주지로 있었고, 또 그 남해의 길상암吉祥庵에서 수년을 머문 일이 있었는데, 남해가 그의(입산入山 수학受學한 일이 있는) 연고지였기 때문인지는 모르겠으나 어쨌든 남해에서 그는 전후 12년 동안이나 머물렀던 것만은 사실이다. 그러나 해양 무량사가 실제에 있어서 광주의 무량사가 아닐 수도 있고, 남해에 있지 않았을 수도 있다. 그의 고향 가까운 곳에 '해양 무량사'라고 일컬어 오던 옛 절이 따로 있었을 수도 있는 일이지만, 아무런 자료도 흔적도 없는 지금에서는 상상하는 일조차 무리라고 할 수 있을 것이다.

비문의 글자 그대로 해양 무량사가 실제 광주 무등산無等山의 무량사임이 틀림없다고 하더라도, 이상에서와 같은 연유들 때문에 당시의 역사적 실정에 비추어 여러모로 무리가 많다는 점을 인정하지 않을 수 없다. 그러므로 결과적으로는 명쾌한 해답을 얻을 수 없다고 할지라도 누군가 한번은 반드시 짚고 넘어가야 할 문제라고 할 것이다.


## 2) 14세에 진전사에서 출가, 가지산문의 법통을 잇다

해양 무량사와 아울러 짚어 보아야 할 또 하나의 문제는 보각국사 일연이 출가한 때와 그 절에 관해서이다. 그의 출가를 최남선은 9세 때의 일로 보고 있다.[22] 이는 말할 것도 없이 본 비문에 있는 "나이 아홉 살에 해양 무량사로 가서 비로소 공부하다(年甫九歲

往依海陽無量寺 始就學……)"에 근거한 것으로 볼 수 있다.

불가佛家에서는 단순한 산사山寺 생활이나, 절에 가서 공부하는 그 자체를 출가라고 하지 않는다. 불문佛門에 들어가는 의식 절차에 따라 머리를 깎고(체발剃髮·축발祝髮), 은사恩師로부터 사미계沙彌戒(또는 십계十戒)를 받고 불제자佛弟子가 되는(수계득도受戒得度하는) 것을 출가라고 한다. 이 의식 절차를 거친 것을 체발득도剃髮得度(줄여서 剃度)라 하고 또는 축발위승祝髮爲僧이라고 한다.

고려 시대에는 양반 자제들이 어릴 적에(또는 청소년 시절) 절(山寺)에 가서 공부하는 습속이 있었다. 주로 불경佛經이 아닌 유서儒書를 읽었는데, 이를 산사 독서山寺讀書라고 하였다. 고려 말에 청소년기를 보낸 조선왕조 세 번째 임금 태종太宗(재위 1401~1418)도 그렇게 산사에서 지낸 일이 있었다. 훗날 왕위에 오른 그는 산사 독서의 어린 시절을 회상하고 그 절(원주 각림사覺林寺)에 전답을 내려주고 또 절을 중창重創하게 하였다. 태종은 늘 "내가 어릴 적에 원주 각림사에서 글을 읽었는데, 나중에 어른이 되고는 매양 꿈속에서 어린 시절처럼 각림사에서 노닐었다. 그래서 그 절에 전답을 내리고 또 절을 중창하려고 한다"[23]라고 하였으며, 그 각림사에 많은 관심을 보였고 또한 정성들여 중창하였다. 그 아버지 태조(이성계李成桂)를 도와 고려를 무너뜨리고 조선을 건국하는 데 앞장섰던 이방원李芳遠(1368~1423) 곧 태종의 어린 시절이었으므

---

22) 崔南善,「三國遺事解題」3 撰者 및 14 撰成年代(『新訂 三國遺事』), p.4 및 p.48.

23) 『太宗實錄』 권33, 太宗 17년 2월 甲申(22일) 조 "上嘗曰 予少也讀書於覺林寺 及長每夢 遊若少時然 故予給田而重新之."
　　同(17年) 秋7月 戊午(5일) "……覺林寺 予少時所遊之地 至今夢中頻往 故……."

로 고려 시대의 일이었음은 말할 나위도 없다.

어린 시절뿐 아니라 오랫동안 산사에서 생활하다가 생애를 마친 불교인이라도 체도剃度하지 않으면 출가자가 아니다. 그래서 평생을 입산 수도를 해도 이른바 출가 위승出家爲僧하지 않았기 때문에 승려가 아니라서 스님(대사大師 · 선사禪師 또는 사문沙門 · 비구比丘)이라 하지 않고, 속사俗士 · 거사居士 또는 처사處士라고 한다. 특히 그 예로 고려 시대 유명한 청평거사淸平居士 진락공眞樂公 이자현李資賢(1061~1125)을 들 수가 있다. 그는 일찍이 벼슬을 버리고 춘천 청평산淸平山에 들어가 문수원文殊院에 살면서 참선으로 일관하고 때로는 『능엄경楞嚴經』 강회講會를 열기도 하였으며, 그의 저서 중에 선서禪書(『선기어록禪機語錄』)도 있었다. 산사에서 그는 평소에 납의衲衣(승복)를 입고 소식蔬食으로 승려와 똑같은 생활을 하였으나 체발득도를 하지 않았으므로 승려가 아닌 거사로 생을 마쳤다.24)

그러므로 일연이 아홉 살에 해양 무량사로 가서 공부했다는 것은 출가가 아니다. 그가 출가한 것은 열네 살 때의 일이다. 그 비문에, "흥정 기묘년(1219)에 진전장로 대웅에게로 가서 머리 깎고 득도되었으며, 구족계具足戒도 받았다(興定己卯就陳田長老大雄 剃髮 受具)"라고 되어 있다. 여기서 머리 깎고 득도되었다는 것이 바로 출가를 의미한 것이다. 흥정 3년 기묘(1219)는 고려 고종 6년이 되는데, 이 해는 일연이 14세가 된다.

---

24) 「江原道春川郡淸平山 文殊院記」(『東文選』 권64, pp.429~432).

진전장로는 진전사陳田寺의 장로長老(노스님 또는 원로 스님, 한문으로 '尊長老德(宿)'을 줄인 말이다)라는 말이지만, 경산이나 경주 가까운 절에 머물 수도 있는 일이므로 '진전장로'라 해서 반드시 14세의 일연이 진전사로 가서 체도 출가했다고 단정하기는 어렵다. 여기서의 '진전장로'는 대웅스님의 소재지 또는 그가 오래 머물렀던 절(진전사陳田寺)을 드러내는 말로는 볼 수 있어도, 일연의 출가 장소 곧 득도 사찰을 명시한 말로는 보이지 않기 때문이다. '진전사에서(於陳田寺)' 장로 대웅스님에게 득도되었다는 것이 아니고, 진전장로 대웅 스님에게 나아가 득도되었다는 것이므로 득도(출가) 사찰이 분명하게 드러나 있지 않은 것이 사실이다. 그러나 현재 득도한 절 이름이 따로 밝혀진 자료가 없으므로, 비문의 '진전장로 대웅에게 나아가(就陳田長老大雄)' 득도하였다는 사실을 유일한 근거로 삼아, '진전장로'가 '진전사陳田寺의 장로長老'이기 때문에 아울러 '취진전就陳田……'을 '진전사의 장로 대웅스님에게로 가서 출가하였다'고 풀이할 수 있을 것이다.

진전사 대웅 장로에게서 머리를 깎고 득도하여 출가한 일연은 또(대웅에게서) 구족계具足戒(比丘大戒)까지 받았다(수구受具)는 것이므로, 그에게 있어서 대웅장로는 은사恩師이면서 또한 법사法師였음을 알 수가 있다. 비문에는 '체도수구剃度受具'라 하여 체발득도剃髮得度와 수구족계受具足戒가 연이어 있으므로 그가 14세 때 (1219) 체발득도하고 이어서 구족계를 받은 것으로 이해하려는 이도 있는 것 같으나 이는 잘못된 것이다. 우선 체발득도할 때 받는 계는 사미계沙彌戒인데 이는 미성년의 소년들이 주로 받는 것이며,

구족계는 성년의 출가자가 받는 대계大戒이므로 이 대계 곧 구족계를 받음으로써 비구가 되기 때문에 비구의 대계라고 한다.

일연의 경우 14세에 체발득도하여 소계小戒를 받고 사미율의沙彌律儀를 공부하여 정해진 과정을 거친 다음 성년이 되어 구족계를 받게 된다. 석존釋尊 당시의 교단 성립 및 초기 교단을 거친 인도 불교에서는 20세 이상의 출가 수행자가 소정의 격식에 따라 구족계(대계大戒)를 받음으로써 비로소 당당한 비구가 된다. 비록 20세 이후에 출가를 해도 반드시 사미계를 받고 그 초보적 교육을 받아야만 비로소 구족계를 받고 비구가 될 수 있다. 당시 고려에서는 20세 이전에도 구족계를 받는 사례가 있었는지는 자세히 알 수 없으나, 일연의 경우처럼 14세에 출가하여 사미계를 받은 어린 나이로는 금시 이어서 구족계를 받을 수가 없다. 그러므로 글자는 비록 연이어 있어도 거기에는 시간적인 간격이 있는 것으로 보아야 하니, 즉 그가 진전사 대웅장로에게로 가서 머리 깎고 득도하였으며 또한 구족계도 (그에게서) 받았다(就陳田長老大雄하여 剃度하고는 受具하다)는 뜻으로 되어 있다고 할 수 있다. 다시 말해서 '체도剃度'와 '수구受具'가 연이어 있는 것은 동시에 두 가지를 다 받았다는 것이 아니고, 동일한 스승에게서 득도되고 또 나중에 구족계도 받았다는 것으로 해석해야 된다는 것이다.

실제 엄격히 따진다면 구족계(구계具戒)는 한 사람의 스승(계사戒師)에게서 받는 것이 아니기 때문에 그가 스승인 대웅장로에게 구족계를 받았다고 하는 것은 대웅장로가 은사이면서 법사였기 때문이라 할 수 있다. 비구의 구족계는 250계인데, 무량의 계덕戒德

을 몸에 구족하므로 구족계具足戒라고 하며, 비구가 수지受持하는 큰 계율이라고 해서 비구대계比丘大戒라고 일컫는다. 줄여서 구계具戒 또는 대계大戒라고 하는 이 계를 받을 때 덕德이 높고 지계持戒가 청정한 스승 열 분을 모시는데, 이들을 삼사칠증三師七證이라 한다. 삼사三師는 ① 바르게 계를 주는 계화상戒和尙, ② 표백表白 및 갈마羯磨의 글을 읽는 갈마사羯磨師, ③ 계를 받는 이에게 위의 작법威儀作法을 가르치는 교수사敎授師를 말하며, 칠증七證은 그 수계의 현장에 입회立會하여 증명하는 일곱 분의 스승을 일컫는다.

여하튼 체도剃度와 수구受具는 그와 같이 동시에 이루어질 수 없는 성질의 것이므로, 일연이 14세 때는 출가만 하였고 구족계는 받지 않았음을 알 수 있다. 그리고 구족계는 받을 수 있는 시기에 맞추어서 대웅장로의 주관으로 여법하게 행해졌을 것으로 볼 수 있다. 그러한 은사요 법사인 대웅장로가 진전사의 장로였다는 사실을 통해서 일연의 법통을 확인할 수 있다.

설악산雪嶽山 진전사陳田寺는 이른바 해동의 구산선문九山禪門 가운데 가장 먼저 신라에 중국의 남돈선南頓禪(남종선南宗禪)을 전한 원적 도의元寂道義(선덕왕宣德王 5년 784에 중국에 유학하고 헌덕왕憲德王 13년 821에 귀국함) 선사가 자리 잡고 선법禪法을 전한 곳이다. 처음 도의道義 선사가 당나라에서 돌아와 선법을 펴고자 했으나 당시 신라에서는 선법을 이해 못하고 마설魔說이라 비방했으므로, 설악산 진전사에 들어가 살며 그 법을 제자 염거廉居에게 전하였다.25) 염거는 스승의 뒤를 이어 선법을 닦고 펴다가 제자 보조체징普照体澄(804~880)에게 법을 전했는데, 체징은 그 뒤 당나라에

건너가 중국의 선덕禪德을 두루 찾았으나 자신의 사조師祖 도의道
義가 물려준 법밖에 더 구할 것이 없다 하여 귀국하였다. 신라로
돌아온 체징은 가지산迦智山에 보림사寶林寺를 세우고 도의의 종풍
을 크게 떨쳐 가지산 선문禪門을 이룩하였다.[26]

그러므로 진전사는 가지산 선파禪派의 발원지이며 그 근본 도량
인 성지聖地라고 할 수 있다. 그러한 진전사의 대웅장로에게서 출가
하고 그 법제자法弟子가 되었으니 일연은 가지산문迦智山門의 정통正
統 법맥法脈을 이은 선사였음을 알 수 있다. 다시 말해서 보각국사
일연은 14세 때 가지산 선파의 근본 도량격인 진전사에서 출가하여
신라의 원적 도의가 열고 그 손제자孫弟子(곧 법손法孫) 보조체징이
이룩한 가지산 선문의 법통을 이었던 것이라고 할 수가 있다.


# 2. 『유사』의 찬술과 그 시기

## (1) 찬자를 혼동한 몇몇 사례

이제 와서 『유사』의 엮은이에 관하여 논위한다는 것은 참으로

---

25) 『祖堂集』 권17 4장, 雪岳陳田寺 元寂禪師(東國大學校 影印本, p.106中下).

26) 金穎 撰, 「新羅國 迦智山寶林寺普照禪師靈塔碑銘幷序」. 제액題額은 '贈諡普照國師碑銘'
　　이라 하였다. 이 비문은 『朝鮮佛敎通史』 上, 『金石總覽』 上 등 여러 곳에 수록되어
　　있으며, 東國大學校(1985) 간행의 『拓帖影印本』이 있다.
　　일본학자 笠井倭人은 「三國遺事 百濟王曆と日本書紀」(『朝鮮學報』 24輯, 1962)에서 일
　　연을 '慶尙道迦智山의 住持一然禪師'라고 하였는데 가지산迦智山은 전라남도 장흥군
　　長興郡에 있으며 그가 주지로 있던 인각사麟角寺가 경상북도 군위군軍威郡에 있다.

어리석고 새삼스러운 일이라 할 수 있다. 오늘날 『유사』의 저자를 모르는 이가 누가 있는가. 그러나 일연의 비문에 적힌 저술 명목에 『유사』가 빠졌기 때문인지, 『유사』의 찬자가 일연이라는 사실은 오래도록 많이 알려져 있지 않았다.

진작에 알려진 사실이지만 『유사』의 현존 판본인 정덕본正德本에는 책 앞쪽에도 뒤쪽에도 찬자의 이름이 밝혀져 있지 않았다. 전체 5권 가운데 다섯 번째 마지막 권의 앞머리에 딱 한 번, "국존조계종가지산하인각사주지원경충조대선사 일연 찬國尊曹溪宗迦智山下麟角寺住持圓鏡冲照大禪師 一然 撰"이라는 서명이 보이므로 비로소 그 찬자를 알 수 있게 된 것이다. 그러나 조선 시대의 사전史傳들에는 『유사』의 찬자를 명확하게 전하지 않고 있다.

예를 들자면, 『여지승람輿地勝覽』에는 『유사』의 "찬자가 누구인지 모른다"27)고 하였으며, 『동사강목東史綱目』에는 "고려승 무극無極 일연一然 등이 찬하다"28)라 하였고, 또 "고려 중엽의 승려 무극 일연無極一然이 찬하다"29)라고 하여, 같은 책이면서도 앞에는 '무극일연등찬無極一然等撰' 곧 '무극과 일연 등이 찬撰한' 것으로 되어 있는데, 뒤의 경우는 '무극일연찬無極一然撰' 곧 무극과 일연이 한 사람인 것처럼 보이고 있다. 그뿐 아니고 같은 『동사강목』인데도 또 "고려 중엽의 승려 무극이 지은 것(無極所撰)"30)이라 하여 아예

---

27) 『新增東國輿地勝覽』 권6, 京畿 쪽. 첫머리 "古馬韓之域" 아래 註記 가운데에 『유사』를 가리켜, "是書未知誰作"(이 책을 누가 지었는지 모른다)이라고 하였다.

28) 安鼎福 撰, 『東史綱目』 附卷上 考異.

29) 위의 책, 凡例 採據書目(三國遺事).

30) 위의 책, 附卷下 地理考(三韓考, 薩水考).

'일연一然'은 떼고 '무극無極'만이 지은이로 등장하고 있다. 『동사강목』의 저자 안정복安鼎福(1712~1791)은 18세기(영·정조 때)에 활동한 학자였는데, 20세기에 들어와서(1908년) 간행된 『문헌비고文獻備考』에도 『유사』를 "고려승 무극일연찬高麗僧 無極一然撰"[31]이라고 하였다. 이와 같이 무극과 일연을 동일인 곧 무극을 일연의 호로 착각한 실수는 최근에까지도 이어진 듯하다. 1967년에 간행된 『한국인명대사전韓國人名大事典』,[32] 1970년의 삼성문고본三星文庫本 『삼국유사三國遺事』, 1977년 민족문화추진회 간행의 『국역동사강목』 역주,[33] 1981년 교양국사총서편찬위원회 편 『한국의 명저』[34] 등에서, 무극을 일연의 호로 하고 있는 것이 그 사례이다.[35]

『유사』의 찬자를 '무극 일연 등無極 一然等'으로 보거나, '무극 일연 찬無極 一然撰' 또는 '무극소찬無極所撰'으로 보았다는 것은 도대체가 말이 안 된다. 저자가 승려이기 때문에 불승佛僧에 무관심하고 불서佛書를 무시하는 경향이 짙은 조선 왕조 후기의 역사 의식 수준으로는 그렇다고 치더라도, 20세기에 들어와서 더구나 6·70년대 이래의 최근까지도 무극을 일연의 호로 삼고 있는 책이 나와 있다는 것은 참으로 어처구니없는 사실이라 하지 않을 수 없다. 『유사』의 권5에 찬자가 분명히 밝혀져 있는데도 그 찬자의 이름

---

31) 『增補文獻備考』 권244, 藝文考 3.
32) 新丘文化社刊, 『韓國人名大辭典』(一然 항목), p.775.
33) 민족문화추진회, 『국역 동사강목』 1, p.67.
34) 세종대왕기념사업회, 『한국의 명저』, p.29.
35) 金相鉉, 「三國遺事의 書誌的 考察」(『역주 三國遺事』) Ⅴ, 한국정신문화연구원 편, 2003), p.17.

에 무극이 등장한다는 것은 아무래도 이해가 안 된다.

　무극을 『유사』 찬자의 열에 올린 까닭은 아마도 『유사』 속에 들어있는 '무극기無極記' 때문인 듯하다. 무극은 일연의 제자 보감 국사 혼구混丘(1251~1322)의 자호自號이다.36) 뿐만 아니라 한 저술의 저자가 자신의 책 속의 찬술 일부분 보기補記에다 스스로의 호나 이름을 적고는 '아무개 적다(○○記)'라고 할 수 있겠는가. 『유사』에 보면 '무극기無極記'라고 적은 곳이 단지 두 군데뿐인데, 권3 탑상塔像 4의 '전후소장사리前後所將舍利'와 권4 「의해義解 5」의 '관동풍악발연수석기關東楓岳鉢淵藪石記'에서이다. 앞의 경우는 '전후소장사리' 본문 뒤에 "안차록按此錄"이라 하여 참고자료를 덧붙여 기록하고는 "무극기無極記"라 하여 붙여 적은 이를 밝힌 것이며, 나중의 경우는 '진표전간眞表傳簡'의 항목 다음에 그 참고로 금강산 발연사주鉢淵寺主 영잠瑩岑이 지은 「발연수진표율사진신골장입석비명鉢淵藪眞表律師眞身骨藏立石碑銘」37)을 '관동풍악발연수석기關東楓岳鉢淵藪石記'라는 제목으로 초록해 옮기고는 그 사연을 간략하게 적고 옮겨 적은 이를 밝힌 것이다. 이 두 경우의 '무극기'는 누가 보아도 『유사』 찬자의 글이 아님을 알 수 있다. 이『유사』에는 이 밖에도 하나의 항목이 끝난 뒤에 그 적은 이(記者)를 밝힌 예가 없지 않으니, 「탑상 4」의 '오대산문수사석탑기五臺山文殊寺石塔記' 말미의 "백운자기白雲子記"이다.

---

36) 『朝鮮金石總覽』 上, 密陽 瑩源寺寶鑑國師妙應塔碑, pp.602~603.

37) 위의 책 上, pp.426~430에는 이 石記를 '高城鉢淵寺羅僧律師藏骨塔碑' 라는 제목으로 옮겨 실었다.

실은 이러한 문제는 언급할 필요도 없는 이야기라고 할 수 있
다. 그러나 이미 잘못 전하는 이가 있으므로 구태여 논급해 본 것
이지만,『유사』를 제대로 읽은 사람이라면 그러한(無極一然等撰 · 無
極一然撰 · 無極所撰, 그리고 무극을 일연의 호로 보는 등) 혼동과 착각
은 없을 것이다.

## (2) 찬술의 시기

『유사』는 그 찬자의 비문(撰述名目)에도 빠져 있으니 언제쯤 찬
술되어졌는지 알기는 매우 어려운 일이라 하겠다. 물론『유사』안
에서도 찬술 시작이나 완료의 시기를 알게 하는 기록은 전혀 없
다. 그러므로『유사』의 내용을 통해 볼 수 있는 시대적 상황과 역
사적인 연대 기록의 '지금至今' 가운데 가장 하한에 해당하는 해를
미루어서 시대 범주를 짐작할 도리밖에 없다고 할 것이다.

육당은 일찍이「삼국유사 해제」에서 '찬성연대撰成年代'라는 항
목을 두고『유사』의 저술 시기에 관해 고찰했는데, 그 요점만을
초록해 보면 대강 다음과 같다.

……. 그런데『三國遺事』의 大體成立은 언제쯤일까. ……本文의 內容을
檢하건대 첫째 王曆 第1의 年表末에 支那의 王朝를 歷擧하는데 마지막 宋을
擧호대 大로 敬하고 元이 槪見치 아니하엿슴은 혹시 此書 대체의 찬술이
宋이 아직 存立할 期間에 있었음을 暗示하는 一證이 아닌가.
本碑를 據하건대 師는…… 오랫동안 包山에 住하다가 高宗 36年에 南海
의 定林社로 옮겼거늘 包山二聖의 中에 '予嘗寓包山 有記二師之美 今幷錄之'

라 한 것이 있으니 그 以後의 業임을 생각할 것이오, 또 師의 雲門寺에 住하기는 忠烈王 元年(1277) 72歲 以後의 事어늘 寶壤梨木의 條에 高宗 17年 庚寅(1230)의 晋陽府貼 其他와 한 가지 雲門寺에 관한 여럿 文籍이 있으니 그 雲門에 住한 이후에까지 年代가 降할 것을 짐작할지라. 이제 이 前後年月의 書中에 徵할 것을 指錄하건대,

    高宗 壬辰~丙申(1232~1236) - 前後所將舍利.

    高宗 戊戌(1238, 遺事에는 16年이라 했으나 실은 25年) - 皇龍寺九層塔.

    高宗 戊午(1258) - 洛山二聖.

    元宗 庚午(1270) - 前後所將舍利.

    忠烈王 辛巳(1281) - 迦葉佛宴坐石

    등을 發見하니, 最後의 忠烈王 辛巳는 실로 師의 76歲時요 征東路次의 東都 行在로 被召하였던 해어늘 갈오대 ‘自釋尊下至于今至元十八年辛巳歲 已得二千二百三十年矣’라 하였으니, 이것이 當時의 手記임을 알 것이며……적어도 一然師에게는 그 撰述의 龍骨이라 할 卷第三의 以下가 대개 七十歲以後 七十六歲까지 約六七年間의 연참鉛槧(문필)임을 짐작할지라. 이런 것들로써 두루 헤아리(通量)건대『三國遺事』(혹 그 主要部라 할 것)는 一然의 七十以後로 京師에 被召하여 國尊으로 冊封되기까지 雲門寺에서 遺閒한 業績이오 그 中에서도 그 俗事의 部인 王曆과 紀異 兩編은 아직 宋命이 있을 그 前期의 撰成일가 하노라.[38]


여기에서 육당은 『유사』(혹은 그 중요 부분)의 저술이 일연의 70세 이후 76세까지(국사로 책봉되기 전 주로 운문사에서) 대략 6~7년 사이에 이루어진 것으로 보았으며, 그 중에서도 세속 일의 부분인 「왕력」편과 「기이」편은 아직 송宋 나라의 국운이 남아 있을 그 앞 시기의 찬성撰成으로 보고자 하였다. 그러한 이유 근거의 하나

---

38) 최남선, 앞의 책, pp.48~50.

로 그는 「왕력」 표의 끄트머리에 열거한 중국 역대 왕조의 마지막 나라 이름이 원元나라가 아닌 '대송大宋'임을 들고 있다. 그가 『유사』 찬술의 대체적인 하한선으로 보고 있는 지원至元 18년 신사 곧 충렬왕 7년(1281)은 원나라의 세조世祖 18년인데, 「왕력」에서 '대송大宋'이라 지칭하는 송宋(南宋)은 그 2년 전인 충렬왕 5년 곧 지원 16년(1279)에 멸망했다.

최근에 와서 채상식蔡尙植은 「보각국존普覺國尊 일연一然에 대한 연구研究」에서, 『유사』 찬술의 시기에 관해 다음과 같은 견해를 보이고 있다. 그는, "이 시기에 일연은 1277년(충렬왕 3)에 왕명에 의해 운문사에 주석하게 되고 여기서 『삼국유사』의 탈고脫稿에 착수하였는데"라고 쓰고 거기에 다음과 같은 주를 달아 놓았다.

　　……다만 일연이 『삼국유사』를 찬술한 시기는 1249년 정림사定林社 주석 이후 자료를 채집한 이래 운문사에서 주석한 1277~1281년 사이가 아닌가 한다.[39]

라고 하였으며, 또 그는,

　　『삼국유사』의 전편은 적어도 1278년 이후 일연의 나이 73~76세 간에 운문사에서 본격적으로 찬술되었다고 할 수 있다.[40]

---

[39] 蔡尙植, 「普覺國尊 一然에 대한 研究」—迦智山門의 登場과 관련하여—(韓國史研究會, 『韓國史研究』 26, 1979, 10), p.55의 주52.

[40] 蔡尙植, 「至元15年(1278) 仁興社刊 歷代年表와 三國遺事」(변태섭 편, 『高麗史의 제문제』, 삼영사, 1986), p.702.

라고 하였다. 그런가 하면 김상현金相鉉은,

　　그러므로 직함에 '국존원경충조國尊圓鏡冲照' '인각사주지麟角寺住持'
등이 동시에 포함될 수 있던 시기는 일연의 나이 79세가 되던 1285년
이후로부터 84세로 입적한 1289년까지이다. 따라서『삼국유사』찬술의
하한 연대는 1289년까지 잡을 수 있다. 일연이 인각사에 주석하고 있던
때는 80세 전반의 만년에 해당하지만, 그는 구산문도회九山門都會를 두
번이나 개최하고, 돌아가기 몇 달 전까지도『인천보감人天寶鑑』을 조판
彫板하여 유포하고자 했을 정도로 건강하고 의욕적이었다. 청년 시절부
터 사료를 수집한 일연은 70세 후반부터 84세로 입적하기까지의 만년에
『삼국유사』를 집필했을 것이다.41)

라고 하였다.

　이 밖에도『유사』저술의 시기에 관한 견해들이 없지 않으나,
본래 찬술의 연대가 명시된 것이 없고 그 시기를 알게 하는 명확
한 근거가 없는 현재로서는 거의 비슷한 추론밖에는 다른 도리가
없다고 하겠다. 그러나 한 가지 분명한 것은,『유사』의 전체를 통
하여 찬자가 찬술 중에 현재의 시점을 기록한 가장 하한의 해가
충렬왕 7년 신사(1281)라는 사실이다.『유사』의 찬술이 언제부터
언제까지 이루어졌는지에 관한 명확한 시기를 알 수가 없는 지금
으로서는 이 해(1281)를 기준으로 하여『유사』의 찬술 시기를 미
루어 짐작할 도리밖에 없다. 역사적인 근거도 없이 이 이상의 연

---

41) 金相鉉,「三國遺事의 書誌的 考察」(한국정신문화연구원 편『譯註 三國遺事』V, 以會
　　文化社, 2003), p.22.

대범주를 상정하려 한다면 이는 지나친 허구적 발상이라고 하지 않을 수 없을 것이다.

참으로 큰 『유사』의 비중에 비하여 오랫동안 역사적인 대우가 너무 소홀했기 때문에, 더욱 그 가치에 눈뜬 근래의 학자들이 이 모저모로 관심과 열의를 가지고 바르게 밝혀 보고자 많은 노력을 기울여 왔다고 할 수 있다. 그 결과 『유사』 자체의 번역 및 역주본이 국내외에 걸쳐 수십 종이 출간되었고, 관련 연구 논저도 거의 백 단위를 넘게 헤아릴 만큼이라고 할 수 있으며, 아직도 학계에서는 그 연구가 끊이지 않고 있다. 그러므로 그러한 『유사』가 찬자의 비문에 새겨진 찬술 명목에서 빠져 있다는 사실과, 또 찬술의 동기나 시기에 관한 기록이 전혀 없는 상황에서 후학들의 관심이 쏠리는 것은 당연한 일이라 하지 않을 수 없다.

비록 바르게 밝혀내지 못하고 간혹 엉뚱한 해석을 했다고 하더라도 이 『유사』 찬술 시기에 관한 연구 노력은 나무랄 수가 없고 또 혹평을 가해서도 안 될 것이다. 『유사』의 찬술 시기를 어떻게든 밝혀 보려는 그 학구열을 오히려 높이 평가해 주어야 할 것이라고 본다. 그러한 열의와 노력 자체가 바로 학구적인 성과라고 할 수 있기 때문이다.

첫째, 「왕력王曆」 편

# Ⅰ. 「왕력」 편의 특성과 가치

「왕력王曆」표(이하 「왕력」)는 한마디로 말해서 『삼국유사』(이하 『유사』) 전체의 대전제이며, 그 시대 범주의 기본 틀이라고도 할 수 있다. 그래서 본디 이 책의 맨 첫머리에 붙였던 것이다.

## 1. 「왕력」 편의 편록 차서와 제목이 뜻하는 것

### (1) 고전 사서에 집록된 연표류 사례

『유사』의 전체 아홉 편 가운데서 첫 번째 편이 「왕력」이다. 아홉 편으로 분류하여 다섯 권으로 묶은 이 책에는 연표인 「왕력」을 작성하여 맨 앞자리에 놓고, 그 시작 머리에다가 제목을 붙여 "三國遺事 王曆 第一"이라고 하였다.

여기에서는 우선 『유사』에 수록된 「왕력」의 특성과 가치를 이해하는 데 도움이 되는 현존 국내외 고전 사서史書 집록輯錄의 연표류年表類 몇 가지를 사례로 들어 살펴보고자 한다. 물론 『유사』 이전의 고전을 대상으로 삼으며, 편의상 왕조사王朝史 곧 정사류正

史類와 불교 사서史書 곧 불사류佛史類의 두 방면에서 보기로 한다.

## 1) 정사류의 연표

① 『삼국사기三國史記』 연표

『유사』보다 앞서 삼국시대의 역사(왕조사王朝史)를 집대성한 『삼국사기(이하 『사기』)』[1]에도 연표가 작성되어 있다. 거기에는 제목을 「연표年表」라고 하였으며, 삼국 왕조(신라 · 고구려 · 백제)의 본역사(本紀)가 끝난 바로 다음인 제29권에서 31권에 걸쳐 상중하 세 권으로 수록되어 있다. 그 다음에 「지志」(9권)와 「열전列傳」(10권)의 차례로 짜여 있다. 그러므로 「연표」가 『사기』 편차編次로는 「본기本紀」 다음의 두 번째에 해당된다. 그러나 전체의 부피로 보면 거의 중간쯤에 위치한다고 할 수 있다. 『사기』는 그 전체의 편차 체제가 중국 옛 왕조사의 전형적 고전이며 정사正史의 원조격인 한漢의 『史記』를 본딴 것이라고 할 수 있는데 물론 그 『史記』[2]에도 연표가 편성되어 있다.

---

1) 고려 인종仁宗(1123~1146) 때 김부식金富軾 등이 편찬한 이 『삼국사기』는 모두 50권으로, '新羅本紀 第一'을 수록한 제1권으로부터 '百濟本紀 第六'의 제28권까지가 「본기本紀」이며, 29권에서 제31권에 「연표年表」가 수록되어 있다. 32권에서 40권까지가 「지志」이며, 마지막의 「열전列傳」은 41권에서 50권까지이다.

2) 고대 중국 한漢 무제武帝 때(BC 140~BC 87)의 태사령太史令 사마천司馬遷이 편찬한 『史記』는 본기本紀(12권) · 연표年表(10권) · 팔서八書(8권) · 세가世家(30권) · 열전列傳(70권)의 차례로서 모두 130권으로 이루어져 있다. 그 후 한문 문화권의 역대 사서史書는 거의 모두가 이 『史記』의 체재를 본따서 편찬했으므로 사마천의 『史記』는 정사正史의 표본 또는 원조로 평가되어 왔다.

② 한漢의 『史記』 연표

전체 130권의 『史記』 중에서 「연표」는 제13권부터 제22권에 걸쳐 10권으로 수록되어 있다. 맨 앞의 「본기」가 제12권까지이며 그 바로 다음에 들어 있는 「연표」는 비교적 『사기』의 앞쪽에 위치한 셈이다.

그런데 이 『史記』의 「연표」는 목차에서는 해당 10권 모두가 연표로 명시되어 있으나, 실제 본문의 제목은 각권마다 그 명칭이 다르다.

곧 삼대세표三代世表 제1·십이제후연표十二諸侯年表 제2·육국표六國表 제3·진초지제월표秦楚之際月表 제4·한흥이래제후연표漢興以來諸侯年表 제5·고조공신후연표高祖功臣侯年表 제6·혜경간후자연표惠景間侯者年表 제7·건원이래후자연표建元以來侯者年表 제8·건원이래왕자후자연표建元以來王子侯者年表 제9·한흥이래장상명신연표漢興以來將相名臣年表 제10이다.

이 중에서 제1·제3·제4는 연표라 하지 않고 '표'라고만 하였다. 그러나 비록 권수 및 분류 명칭은 서로 다르지만 이 『史記』와 『삼국사기』가 「연표」를 편차상으로 「본기」 다음의 두 번째 자리에 두고 있는 점은 똑같다고 할 수 있다.


③ 「연표」와 「왕력」

『유사』의 연표는 명칭도 연표가 아닌 「왕력王曆」이며 그 차례(編次)도 맨 앞에 위치하므로, 『사기』의 연표와는 성격이 다르다.

그러나 이「왕력」표를 작성할 때『사기』의「연표」를 많이 참고
하였을 것은 그 시대의 연대적 선후 관계 및 같은 시대 범주(삼국
시대)를 수록 대상으로 하고 있는 면 등에서 당연하다고 할 것이
다. 우선 단적인 사례로「연표」와「왕력」이 모두 혁거세赫居世왕의
즉위년인 오봉五鳳 갑자甲子(BC 57)를 시작으로 하여 후백제가 멸
망하고 고려 태조太祖가 삼한 통일을 완성한 천복天福 원년 병신丙
申(936)을 끝으로 하고 있는 것과, 또 중국·신라·고구려·백제
의 차례로 단段을 지어 배열하고 있는 점 등이 똑같음을 들 수가
있다.

### 2) 불사류의 연표

중국에서는 불교 역사서에도 연표를 작성해 넣은 사실을 보게
된다.『유사』가 간행되기 이전의 중국 불서佛書 가운데에서 연표
가 작성되어 있는 대표적인 보기로『역대삼보기歷代三寶紀』와『경
덕전등록景德傳燈錄』의 두 가지를 들 수 있다.

#### ①『역대삼보기』의「제년록帝年錄」

수隋나라 때인 개황開皇 17년(597)에 간행된 비장방費長房의『역
대삼보기』3)(이하『삼보기三寶紀』)는 중국 불교 역경사譯經史 연구에

---

3) 수隋의 대승선사大興善寺 번경학사翻經學士 비장방費長房(생몰년 미상)이 개황 17년
(597)에 완성한 책으로, 모두 15권이다.「제년록帝年錄」(1~3권),「대록代錄」(4~12권),
「입장록入藏錄」(13~14권)·「총목록總目錄」(15권)의 차례로 수록되어 있다. 비장방
이 집록한 일체경一切經 목록이므로 이 책을 학계에서는 '장방록長房錄'이라 줄여서
일컫는다.『대정장大正藏』49(pp.22~127)에 수록되어 있다.

있어서 매우 중요한 불전佛典 문헌 자료집이다. 전체 15권의 네 가지 분류(4類錄 : 제년록帝年錄·대록代錄·입장록入藏錄·총목록總目錄) 중에서 가장 앞쪽에 자리하고 있는 「제년」은 상上(권제1)·차次(권제2)·하下(권제3)의 세 권에 걸쳐 수록되어 있는데 이 「제년록」이 바로 연표이다. 이 연표는 먼저 연표 작성의 의의와 그 전말을 서술하고 나서 석가여래釋迦如來 탄생년으로 보는 주周나라 장왕莊王 10년 갑오甲午(BC 687)로부터 수나라의 개황 17년(597)에 이르기까지의 각 왕조·제왕·연호·간지干支를 표表로 작성하고, 거기에 불교 역사상 중요한 사항 특히 불전 역출佛典譯出 사실들을 간추려서 기입하였다.

그러나 현행본에는 이 『삼보기』가 완성된 개황 17년 이후의 개황 18년 무오戊午(598)에서 양제煬帝의 대업大業 13년 정축丁丑(617)까지(실제로 대업년大業年은 12년 병자에서 끝나고 정축년 617은 수나라의 최후가 되는 공제恭帝의 의녕년義寧年임)의 간지와 햇수가 열기列記되어 있으며, 다음에 '대당大唐 무인戊寅(618)'에서 '계해癸亥(663)'에 이르기까지는 햇수가 없고 간지만 열기되어 있다.4) 물론 대업大業 17년 이후의 부분은 후대에 덧붙인 것으로 볼 수 있다. 아무튼 이 「제년록帝年錄」은 현재 볼 수 있는 불교 연표로는 가장 오래된 것이다.

② 『경덕전등록』의 「서래연표西來年表」

연표가 작성되어 있는 또 하나의 불교 사서史書인 『경덕전등록』5)

---

4) 「제년록」 곧 연표 3권은 『大正藏』 49(史傳部 1), pp.22~49에 수록되어 있다.

(이하 『전등록傳燈錄』)은 송宋나라 때의 동오승東吳僧 도원道原이 편
찬한 것으로 되어 있으나,[6] 실은 호주湖州 철관음원승鐵觀音院僧 공
진控辰의 편찬이었다고도 전해진다.[7] 모두 30권으로 이루어진 이
현행본 『전등록』은 맨 앞에 '서序'와 '중간장重刊狀'이 있고 다음에
「연표」가 작성되어 있으며, 그 뒤에 '경덕전등록 권제1'이 시작된
다. 그와 같이 1권에서부터 30권에 이르기까지 과거 7불佛 및 인도
와 중국의 역대 조사祖師, 그리고 5가家 52세世에 걸친 법계法系 전
승의 차례와 각 조사 1,701명의 전기傳記를 수록하였으며, 끝으로
찬讚·송頌·게偈·명銘·기記·잠箴·가歌 등을 담고 있다.

　이 『전등록』에 들어 있는 연표는 「서래연표西來年表」라는 이름
으로 제1권에 묶여 있으나 실제로는 맨 앞의 서문(중간장重刊狀 포
함)과 본록本錄 첫머리인 '경덕전등록 권제1'이라 명목된 사이에
위치해 있다. 그러므로 엄격히 말해서 이 「서래연표」는 『전등록』
의 첫째 책에는 편록되어 있어도 그 첫째 권(卷第一) 안에는 들어
있지 않고 권 밖(卷外)의 앞쪽에 자리하고 있다 할 것이다. 책 전체
의 가장 앞쪽에 연표가 위치한 것은 『삼보기』와 같다고 할 수 있
겠으나, 『삼보기』 쪽이 제1권에서 3권에 걸쳐 상당한 분량의 연표
를 장편으로 수록하고 있는 것에 비한다면 이 「서래연표」는 그 부
피도 매우 적고 위치도 제1권의 앞에 권 밖으로 놓여 있는 점이

---

5) 『경덕전등록』은 전체 30권으로 송나라의 진종眞宗 경덕景德 원년(1004)에 도원道原이
　편찬한 것으로 알려져 있으며, 중국 선종禪宗의 전통을 집대성한 중요한 선종 역사
　기록(禪史)이다. 현재 『大正藏』 51(史傳部 3), pp.196~467에 수록되어 있다.

6) 앞의 책, 권1의 앞, 「景德傳燈錄序」(楊億 撰), 『大正藏』 51, p.196下.

7) 위의 책 권30, 跋(鄭昂 題), 『大正藏』 51, p.465中.

대조적이라 할 수 있다.

『전등록』의 「서래연표」는 남북조시대의 제齊나라(이 연표에서는 '남제南齊'라 하였음) 고제高帝(연표에는 태조고황제太祖高皇帝라 함)의 건원建元 원년 기미己未(479)로부터 시작하여, 남북조를 통일한 수나라가 멸망한 해인 의녕義寧 2년 무인戊寅(618) 5월(당唐 고조高祖 칭제稱帝 무덕武德 원년元年)까지를 그 시대 범주로 하고 있다.[8]

『전등록』이라는 불교(특히 선禪) 사서史書 앞에다가 「서래연표」라는 제목을 붙여 놓았기 때문에 불교사적인 연표임을 쉽게 알 수 있지만, 실은 그 시대의 불교 관계 특히 불법佛(禪)法 서래西來 사실史實이 실망스러울 만큼 극히 몇 가지에 불과하며 그것도 매우 소략하게 기재되어 있다. 이 연표는 맨 위 칸(段)에 간지가 있고 그 다음 칸에 남조南朝의 역대 왕조(송宋 · 제齊 · 양梁 · 진陳)와 제왕명帝王名 · 휘諱 · 수선受禪 · 건원建元 사실 및 연호와 햇수가 기록되어 있는데, 간혹 그 햇수 밑에 불교 관계나 기타 사안들이 적혀 있다. 남조의 아래 단에는 당시 북조北朝의 북위北魏(여기서는 후위後魏라 했음)와 나중에 위魏가 동서로 나뉘었을 때 거기에 다시 두 단으로 나누어 서위西魏를 윗단에 동위東魏를 아랫단에 배열하였으며, 오래지 않아 동위의 뒤를 북제北齊가 잇고 서위의 뒤를 후주後(北)周가 이어 다시 북주가 북제를 멸망시켰으나, 곧 수가 북조의 주인이 되어 남조의 마지막 왕조인 진陳을 멸망시킴으로써 천하를 통일하여 또다시 당唐나라로 넘어가기까지의 왕조사王朝史

---

8) 『大正藏』 51, pp.197~204.

변천을 연표로 간략하게 작성하였다.

③ 이상의 연표류와 「왕력」

이상에서 사기史記(正史)류와 불교 사서류 가운데 각각 두 가지씩의 사례를 들어 거기에 수록되어 있는 연표에 관해 극히 간략하게 살펴보았다. 우선 그 수록 편차의 위치에서 볼 때 사기(정사)류에서는 본기本紀의 다음에 연표가 자리하고, 불사佛史 쪽에서는 모두가 맨 앞에 놓여 있음을 볼 수 있었다.

이 『유사』에서도 연표(「왕력」)를 전체 권의 맨 앞자리에 두고 있다. 『삼보기』와 『전등록』은 본디 불서이지만 그 책명 자체가 불교 사서의 성격을 드러내고 있는 데 반해서 『유사』는 왕조사류적王朝史類的인 책 이름을 보이고 있다. 그러나 『유사』 또한 불교사적인 내용을 많이 담고 있어서 불서류에 속한다고도 할 수가 있으므로 정사류正史類나 불서류佛書類의 모든 연표들을 참고하여 「왕력」을 작성하였을 것임에는 틀림이 없을 것이다.

## (2) 기존 연표와의 유사성과 독자적 성격

### 1) 유사한 점

#### ① 「제왕연대력」과 「왕력」

지금까지 국내외의 현존 고전 사서에 들어 있는 대표적인 연표류를 대충 살펴보았다. 외형적인 제목명이나 편록 차서 및 작성 체제와 분량 등은 전혀 다르지만, 자세히 살펴보면 비슷한 점도 있고 참고했음직한 부분도 없지가 않다. 이 밖에 국내의 연표 자료 두 가지를 더 참고하여 유사성과 독자성을 보기로 한다.

일찍이 육당 최남선은 「삼국유사 해제」에서 「왕력」을 언급하여,

> "卷一의 王曆이란 것이 대개 崔氏의 書를 절요 참작(節酌)하여 만들고 그 書名을 略用까지 한 듯함……"[9]

이라고 했다. 즉 그는 『유사』의 「왕력」을 신라 말기의 최치원崔致遠이 지은 「제왕연대력帝王年代曆」에서 참고하여 작성하고 그 「왕력王曆」이라는 제목 이름까지도 줄여서 쓴 것으로 보고자 하였다.

「제왕연대력」은 현재 전하지 않으므로 그 내용을 알 수는 없다. 다만 『사기』에서 오직 그에 관한 한 마디를 남겨놓고 있을 따름이다. 『사기』에서 전하는 바를 옮겨 보면 대략 다음과 같다.

> 신라 말기의 이름난 유학자 최치원이 지은 「제왕연대력」에는 모두 어느 왕(某王)이라 일컬어 거서간 등의 말은 하지 않았다. 혹시 그 말이 속되고 천박하여 일컫기가 못마땅해서였을까.[10]

『유사』 권1 「기이」 편의 제2 남해왕南解王 조항에도 그 글이 그대로 옮겨져 있다.[11]

---

9) 崔南善, 「三國遺事解題」 9 古記(『新訂 三國遺事』, 三中堂, 1943, p.23).
10) 『삼국사기』 卷4 新羅本紀 4, 智證麻立干 條, 論曰. "羅末名儒崔致遠 作帝王年代曆 皆稱某王 不言居西干等 豈以其言 鄙野不足稱也."

이제까지 이끌어 본『삼국사기』의 논왈論曰에 의하면「제왕연대력」에서는 신라 왕의 옛 칭호인 거서간居西干・차차웅次次雄・니사(질)금尼師(叱)今・마립간麻立干 등을 쓰지 않고 모두 일관되게 왕王이라 하였다는 것인데,『유사』의「왕력」에서는 '제1 혁거세(第一 赫居世)'라 하여 '왕'을 일컫지 않았으며 그 후의 왕들에게는(왕이라 통칭하게 된 법흥왕法興王의 이전까지) 모두 차차웅次次雄・니질금尼叱今・마립간麻立干 등의 옛 칭호를 그대로 쓰고 있다. 그러므로「제왕연대력」이 현존하지 않아서 그 내용을 자세히는 알 수가 없으나, 왕의 호칭에 있어서만은 틀림없이「왕력」과는 다르다는 사실을 알 수가 있다.「왕력」의 명칭이「제왕연대력」을 줄여서 쓴 듯하다고 본 육당이므로「왕력」전체의 작성까지도「제왕연대력」을 절작節酌해서 만든 것으로 보고자 한 것 같지만 이는 어디까지나 추측12)에 불과하다고 하겠다.

『삼국사기』에서처럼「연표」라 하지 않고 그 제목을「왕력王曆」이라 붙인 것은 여하튼 특이하다고 할 수 있다. 앞에서 보기로 들어 본 연표의 사례가 비록 네 가지(정사류와 불사류 각각 두 가지씩)에 불과하지만 이들 사례는 수량으로 따질 수 없는 가장 전형적이고도 기본적인 자료라고 할 수가 있다.『유사』에서 연표를 작성할 때 반드시 그 네 가지 모두가 아니면 그 몇 가지 또는 한 가지라도 참고로 했을 것이라고 본다.

연표 작성의 체제나 자료적인 면 등에서 기존의 고전적 사서史

---

11) 民族文化推進會 影印本,『三國遺事』(韓國古典叢書 1), (이하『유사』저본・저본이라 함), p.57.
12) 金相鉉,「三國遺事 王曆編 檢討－王曆撰者에 대한 의문」(『東洋學』15輯, 1985, p.234).

書의 연표들을 많이 참고로 하였기 때문에 비슷한 점도 있고 어느 한쪽의 어떤 부분과 거의 같을 수도 있을 것이다. 그래서 「왕력」이 『삼국사기』의 「연표」와 닮은 점(시대의 시작과 끝이 같고, 작성 형태가 비슷한 면 등)이 있으며, 중국 불서류의 연표와 그 수록의 위치가 같을 수 있었다고도 하겠다. 그렇다면 기존 연표의 제목들과는 전혀 달라 보이는 「왕력」의 명칭도 실제에 있어서 그들 연표들에 영향된 바가 있었을 것으로 볼 수가 있다.

앞에서도 잠시 언급한 바가 있지만 정사류에서는(한나라의 『史記』는 「연표」 10권에 걸쳐 각권마다 작성 내용에 따라 제목이 다르면서도 전체적 통칭은 같음) 모두 「연표」라 제목하였는 데 비해 불서류에서는 각기 개성있는 제목(『삼보기』는 「제년록」, 『전등록』은 「서래연표」)을 붙였다. 이 중에서도 나중 것은 「서래연표」라 하여 연표의 꼬리를 붙이고 있으나, 앞의 것은 아예 「제년록」이라고만 하였다. 이는 아마도 '제왕연력帝王年曆'을 줄여서 '제년帝年'이란 두 자의 제목으로 삼은 듯하다.

「왕력」이 「제왕연대력」을 줄여서 쓴 것으로 보고자 하였던 육당의 견해에는 다소 수긍이 가지만, 현존하는 최치원의 글(특히 사산비문四山碑文)을 통해서 볼 때 그(최치원)가 중국의 불서에도 매우 해박했던 사실을 알 수가 있다. 그러한 점으로 미루어 『역대삼보기』의 「제년록」 편을 보았을 가능성을 배제하지 않는다면, 「제왕연대력」이라는 제목의 연원을 「제년록」에까지 끌어올릴 수도 있지 않겠느냐는 추측을 해 볼 수 있을 것도 같다. 지나친 추측일지는 모르나 일찍이 당唐나라에 건너가 문명을 떨쳤던 유학자 최치원이 연표를 작성하면서 중국 정사의 원조격인 사마천의『史記』를 따라「연표」라고 함직한데 구태여 불교 사서인『역대삼보기』에서의「제년록」의 작성 의도와 공감되는 제목을 택하고 있기 때문이라고 하겠다. 앞에서도 보았지만『유사』(권1, 제2 남해왕南解王 본전本傳)에 "羅末名儒 崔致遠作 帝王年代曆……"이 들어 있는 '사론왈史論曰'의 글을『삼국사기』에서 그대로 옮겨 실은 사실(이 밖에는『유사』에서「제왕연대력」에 관한 언급을 볼 수 없는 점) 등으로 미루어『유사』찬자가「제왕연대력」을 직접 보지 못한 것이 아닌가 여겨지는데, 아무튼『유사』찬자가 설령 그「제왕연대력」을 보았다고 하더라도『삼보기』의「제년록」과『유사』「왕력」과의 관련은 부인할 수가 없지 않을까 싶다.

다시 말해서 이「왕력」이라는 연표 이름이「제왕연대력」의 두 번째인 '왕王'과 끄트머리의 '역曆'을 따와서 붙인 것으로 볼 수도 있고, 또「제년록」의 풀이말로도 볼 수 있는 '제왕연력帝王年曆'의 두 번째와 끝 글자를 따서 줄인 말로도 보여진다고 할 수 있다. 또한 그렇게 볼 수 있는 가능성을 다분히 외형적으로 보여주고 있는「왕력」이지만 실제에 있어서 그 두 가지와는(설사 보았다고 하더라도) 상관없이 찬자 스스로의 의지로 쓰일 수도 있는 일이다. 어떻든 기존의 이름에서 따왔건 참고로 삼았건 혹은 찬자의 순수한 자작自作이건 그 문제는 중요한 게 아니고, 단지「왕력」은 오직『유사』에서만 보게 되는 특징 있는 연표의 제목이라는 점이 중요하다고 할 것이다.

② 「역대연표와 「왕력」

최근에 학계에 알려진 이른바 「역대(왕조)연표歷代(王朝)年表」[13] 에 관하여 잠시 언급하고자 한다. 이에 관한 전반적이고도 깊이 있는 고찰이 학계에 이미 발표된 바가 있으므로[14] 여기에서는 다만 그 제목과 「왕력」과의 관련 여부에 관해서만 간략하게 살펴보려고 한다.

각주 14)에 열거한 논문을 보면, 새로 공개된 목판 연표의 제목이 현존 목판에는 없기 때문에『문화재文化財』(1982)에 게재된 「慶南의 寺刹所藏 經板考」(박상국朴相國) 등의 기재명記載名에 따라「역대연표」라 한다고 하였는데, 실제『전국사찰소장목판집全國寺刹所藏木板集』(각주13)에 나왔음)에는 「역대왕조연표」로 되어 있다. 아무튼 「역대(왕조)연표」는 본디의 확실한 제목이 아니고 편의상의 가명에 불과하므로, 지금까지 본 경우들처럼 기존 연표명年表名으로서 「왕력」과 제목상의 비교 검토는 불가능하다고 할 수 있다.

‘「역대연표」가『유사』찬술을 위한 선행 작업의 일환’으로 또는 ‘「역대연표」를 토대로 한『유사』의 저작’으로[15] 보고자 했던 채상식蔡尙植은 「역대연표」가 "연호를 명시하면서 그 사용 기간과 연호 사용의 첫해에 해당되는 간지를 병기한 점이『유사』「왕력」 편의 기재 방식과 유사한 점"[16]이라고 하여, 두 연표의 관련 있음을

---

13) 朴相國,「慶南의 寺刹所藏 經板考」(『文化財』 15, 1982), p.59.
　　朴相國 編著,『全國寺刹所藏木板集』(文化財管理局, 1987), p.416에는 「歷代王朝年表」
　　<袖珍本>라고 되어 있다. 두 장의 목판木板으로 남아 있는 이 연표는 고려 충렬왕
　　4년 곧 지원至元 15년(1278)에 인흥사仁興社에서 개판開板된 것이다.
14) 蔡尙植,「至元 15年 仁興社刊 歷代年表와 三國遺事」(변태섭 편,『高麗史의 제문제』,
　　삼영사 1986) ; 앞 주 12) 金相鉉 논문의 ‘V 王曆과『歷代年表』등.
15) 채상식, 위의 논문, pp.684~685.

논급하였다.

그러나 김상현金相鉉은 두 연표의 관계에 관해, "상당히 많은 차이를 보여주고 있다"고 하여, "『유사』「왕력」에는 가락국駕洛國, 후고려後高麗, 후백제後百濟 등의 왕력이 수록되어 있음에 비해「역대연표」에는 이것이 모두 빠져 있다"는 등 여덟 가지의 서로 다른 점을 들어 지적하고는, "이상에서 살펴본 바와 같이「역대연표」와「왕력」 사이에는 상당한 차이가 드러나고 있다. 그 중에서도 신라 왕명의 표기가 다른 경우라든지 신라 원년을 정하는 기준의 차이로 인한 재위 연수의 어긋남 등은 간단한 착오가 아니다. 아무래도「역대연표」와「왕력」의 찬자撰者가 다르고 그 참고한 사료史料가 달랐기 때문에 생겨난 차이라고 보는 것이 타당할 것이다"[17]라고 하였다.「왕력」과「역대연표」와의 관계는 이상의 두 견해에서 어느 정도 드러났을 것으로 보고 여기에서는 더 언급하지 않기로 한다. 다만 그 유사성에 관해서만 한마디 하고자 한다.

비록 그 정확한 제목은 알 수가 없으나,「역대연표」에서 연호와 그 기간과 해당 연호 첫해의 간지를 아울러 기록한 것 등이「왕력」의 경우와 많이 닮았음을 보게 된다. 모든 연표는 그 명칭과 작성 체재와 기재 방식 및 내용 등에 나름대로의 특성이 있게 마련이지만, 연표로서의 공통점과 유사성 또한 어느 정도는 자연스럽게 내재한다고 할 수가 있을 것이다.

---

16) 채상식, 앞의 논문, p.683.
17) 金相鉉, 앞의 논문, pp.230~231.

### 2) 「왕력」의 독자적 성격

앞에서 본 바와 같이 『유사』에서 「왕력」이 놓인 위치는 중국의
불사류佛史類(年表)와 닮았음을 볼 수 있다. 이로 미루어 '삼국유사'
라는 그 자체의 제목과는 달리 『유사』가 불교 사서류에 속하는 저
서이기 때문에 「왕력」을 맨 앞자리에 두었던 것이라고 할 수도 있
다. 하지만 그와는 상관없이 『유사』의 편집 체재에 맞춘 연표를
작성하여 기존의 연표들과는 전혀 다른(물론 역사물이니까 참고는
했겠으나) 창의성을 보여주고 있는 것이라 할 수 있다.

「왕력」이라는 제목도 기존 연표의 제목인 「제년록」이나 「제왕
연대력」과 비슷한 면이 없다고는 할 수가 없다. 「제년록」이 「제왕
연력」을 줄여서 쓴 제목이라면 「제왕연대력」과도 닮았다고 할 수
있는데, 이들 제목의 왕王과 역曆을 따서 「왕력王曆」이라 하였을
것으로 보려는 견해도 그리 무리는 아니라고 할 수 있다. 그러나
'삼국유사 왕력'이 지니는 독자적 특성은 아무데서도 그 유례를
찾아볼 수가 없다고 할 것이다.


## 2. 작성 및 내용의 특이성

### (1) 작성상의 특성

국내외에 현존하는 고전적 연표들과 견주어서 「왕력」의 제목과
그 차서가 갖는 독자적 특이성을 대강 찾아보았지만, 그 작성의

실제에 있어서도 「왕력」은 독특함을 보여주고 있다.

앞에서 언급한 바와 같이, 「왕력」과 『삼국사기』의 「연표」는 그 첫머리에서부터 중국·신라·고구려(「왕력」에는 고려)·백제의 차례로 단을 지어 전한前漢의 선제宣帝 오봉五鳳 갑자甲子(BC 57)로부터 시작하여 고려 태조의 후삼국 통일 해인 석진石晉(중국 오대) 천복天福 병신丙申(936)에 끝나고 있는 것이 똑같다. 그러나 『삼국사기』의 「연표」는 중국의 모든 연표류年表類(정사류나 불서류 모두)와 같이 간지를 가장 위 칸에 내세우고 있는데, 『유사』의 「왕력」은 그렇지가 않다.

『사기』의 「연표」는 중국의 단段 위에 한 칸을 더 만들어서 간지를 맨 위에 적고 있는데, 중국의 모든 연표류가 거의 다 이 방식으로 작성되어 있다. 그러나 「왕력」에서는 맨 위의 중국 단에 나라 이름과 제왕 이름을 기재하고 줄을 바꾸어 한 글자 내려서 연호를 먼저 쓰고 그 아래 간지를 적고 그 연호가 쓰였던 기간을 숫자로 나타내고 있다. 두 경우의 시작을 표 그대로 옮겨보면 대강 다음과 같다.

|  |  | 『삼국사기』 연표 |  |  |  |
| --- | --- | --- | --- | --- | --- |
| 辰戊 | 卯丁 | 寅丙 | 丑乙 | 子甲 |  |
| 甘露元年 | 四 | 三 | 二 |  | 中國 |
|  |  |  |  |  | 新羅 |
|  |  |  |  |  | 高句麗 |
|  |  |  |  |  | 百濟 |

「왕력」

| 新羅 第一赫居世 姓朴卵生 年 位理六十年 十三甲子卽… | (高麗) | (百濟) | (駕洛) |
| --- | --- | --- | --- |

「왕력」의 기재 방식은 채상식의 지적처럼 「역대연표」와 비슷한 점이 많지만, 연표 작성의 전체 형식이나 체재 내용 등은 전혀 같지 않다. 「왕력」의 차서가 『유사』의 맨 앞에 위치하고 있는 것이 『사기』와는 다르면서도 연표가 작성되어 있는 중국 불서류와 닮았다는 사실을 앞에서 본 바 있으나, 이 또한 그 불서류들(『역대삼보기』·『경덕전등록』)을 그대로 흉내낸 것이 아니며, 『사기』류(정사류)와는 성격을 달리하는 곧 삼국의 유문遺文 일사逸事 중에서도 특히 불교 문화사적인 면이 짙은 이 『유사』의 특성을 드러내고자 한 것으로 볼 수도 있다고 하겠다. 이와 같이 「왕력」은 국내외의 정사와 불서류 또는 단행본류(「제왕연대력」·「역대연표」) 등의 기

존 연표들을 모두 참고하면서도 모방이나 표절을 하지 않고, 또한 연표로서의 공통적 양식에서 벗어나지도 않으면서 특징과 개성이 뚜렷하게 작성되었다고 할 수 있다.

즉,「왕력」은 그 작성의 실제에 있어서 '왕력'이라는 제목이 보여주듯 일반적 고사 연표와는 확연하게 다르다.『사기』의「연표」는 단순히 국왕의 즉위와 재위의 연대를 표로 작성한 그야말로 연대의 일람표에 지나지 않는다. 그러나「왕력」은 구체적인 역사적 사실들을 기록하고 있는[18] 특성을 지녔다고 할 수 있을 것이다.

여기에서 구체적인 역사적 사실이라고 하는 것은 물론 서술사敍述史적인 구체성을 말하는 것이 아니고, 연표 작성에 맞춘 요약된 기록(略記)으로서의 사적史的 구체성을 뜻하는 것이다. 연표이면서도「왕력」의 성격에 상응하도록 나라(王朝)별로 먼저 왕의 대수와 왕명을 앞머리에 내세워 적고, 그 다음에 성姓 또는 이름(諱)·다른 이름 및 전왕前王과의 관계·부모·부인(妃) 등 인적 사항과 즉위년·재위 기간(기재 순서는 일정하지 않음) 그리고 축성築城·도읍 옮김(移都)·이웃 나라와의 친선 교류(通聘) 등 국가 중요 사항 등을 극히 간요하게 적어 놓았다. 자료가 없거나 수집되지 않은 경우는 말할 것도 없지만『사기』의 기존 기록과 다름이 없는(똑같은) 자료도 간혹 제외하는 수가 있어서 몇몇 왕의 이름 밑에 한 가지나 두어 가지의 사항 일부분만이 기재되거나 아예 빈칸으로 남겨진 사례가 더러 있다.

---

18) 李基白,「三國遺事 王曆編의 檢討」(『歷史學報』 제107집, 歷史學會, 1985), p.8.

「왕력」의 작성은 그러한 특성을 가지고 있기 때문에 일반 연표와는 달리 정사正史에 누락되었거나 소략한 역사 사실들을 적지 않게 전해 주고 있다. 예를 들면 고구려 제1대 동명왕東明王을 "단군의 아들(壇君之子)"19)(여기서는 檀君이라 하지 않고 壇君이라 하여 '壇' 자를 쓰고 있음)이라고 한 것, 신라 제8대 아달라왕阿達羅王 항목에 "계립현은 지금의 미륵대원 동쪽 재(嶺)이다(鷄立峴今彌勒大院東嶺是也)"20)라고 한 것, 후고려 단段의 태조(고려 태조이며, 신라 제54대 경명왕景明王 때에 해당) 2년 기묘己卯(919)에 철원경(鐵原京)에서 송악군松岳郡(지금 개성開城)으로 도읍을 옮기고 그 해 도성(開京) 안에 10대사大寺를 세웠는데 그 10사寺의 이름이 다 밝혀져 있는 사실21) 등이다.

동명성왕東明聖王 곧 고주몽高朱蒙이 단군의 아들이었다는 자료는 정사류에서는 전혀 볼 수 없으며, 『유사』의 「기이」편에 그 근거가 있으나 "단군지자壇君之子"라고 넉 자로 명기한 것은 이 「왕력」뿐이다. 또 신라 상대 아달라왕阿達羅王(154~184) 때의 재 이름(嶺名)을 언급하면서 오늘날까지도 그 유적이 남아 있는 고려 당시 창건의 미륵대원彌勒大院을 이끌어 와서 역사의 연결성을 보여주

---

19) 이 '壇君之子'에 관해서는 본(첫째) 편의 'Ⅱ. 「왕력」의 원문과 새김 및 풀이'의 해당 '高麗 第一 東明王' 항목 주9)에서 자세히 살펴보기로 한다.

20) 현재 간본(『影印本』·『新証本』)에는 '鷄'가 없고 '立峴'으로만 되어 있으나 이는 '鷄立峴(鷄立嶺)'의 '鷄' 자가 빠진 것이다. 이에 관해서도 해당 '新羅 第八 阿達羅尼叱今' 항목 주 47)에서 밝히기로 한다.

21) 이 개경 10사에 관해서는 『高麗史』「世家」太祖 2年쪽에 보인다. 그러나 『고려사』에서는 "創法王王輪等十寺于都內"라고 하여, 10사 중에서 법왕사法王寺와 왕륜사王輪寺 두 절 이름만을 들고 있을 뿐이다. 10사의 이름을 모두 알게 해 주고 있는 이 자료에 관해서는 「왕력」의 해당 항목 주 262)에서 다시 밝혀 보기로 한다.

었다고도 할 수 있다. 또한 개경開京 10대사大寺(10刹)의 경우는 정사인『고려사』에서도 단 두 절의 이름밖에 나와 있지 않고『유사』의 본문에서는 전혀 언급이 없는데 오직 이「왕력」에서만 10사의 이름 모두를 전해 주고 있다.

그 밖에도 신라에 불교를 처음으로 받아들인 법흥왕이 불교를 홍포한 다음 '십재일을 비로소 시행하여 살생을 금하였다'는 "시행십재일始行十齋日"의 사실 등은『유사』의「홍법」편에도 보이지 않는 희귀한 역사 자료라 할 수 있다. 그러한 자료적 희귀성을 담고 있는「왕력」작성 그 자체의 사료적인 특성을 인정하지 않을 수 없다고 할 것이다.

## (2) 수록 내용의 특이함

### 1) 기재상의 독특한 점

『사기』의「연표」(이하「연표」라 함)와「왕력」은 다 같이 삼국시대의 역사를 주제로 하고 있기 때문에 그 명칭까지도 '삼국'이 앞에 놓여 있고 또한 신라 혁거세왕의 즉위년으로부터 똑같이 시작되어 있다. 그러므로 여기에서는「연표」(『사기』「본기」의 관련 부분도 포함)를 견주어서「왕력」의 특이한 일면을 찾아볼까 한다.

앞에서「왕력」과「연표」의 시작 부분을 표 그대로 옮겨 본 바 있는데,「연표」에서는 맨 위 칸의 갑자년 간지 아래에 중국의 전한前漢 효선제孝宣帝(17년) 오봉 원년五鳳元年을 적고 그 밑의 신라 칸에 "始祖朴赫居世居西干卽位元年"(시조박혁거세 임금의 즉위 원년)

이라 하고는 이어 "從此至眞德爲聖骨"(이로부터 진덕왕에 이르기까지는 성골이라 한다)이라고 하였다. 그 원년부터 60년까지에는 빈 칸에 햇수의 숫자만을 적고, 61년 되는 해에 "시조 혁거세왕 별세하고 남해차차웅南解次次雄 즉위하여 원년이 되다"라는 사실을 전하고 있다. 그 후의 신라는 물론 고구려와 백제의 경우에서도 마찬가지로 앞 왕의 별세와 새 왕의 즉위만을 기재하였을 따름이며, 그 재위 기간 동안에는 햇수만이 적혀 있을 뿐이다.

「왕력」 또한 앞에서 잠시 본 바와 같이 전한前漢 선제宣帝의 오봉 갑자五鳳甲子 아래의 신라 칸에 '第一 赫居世'라 하여 대수와 왕명을 함께 내세워 놓고 줄(行)을 달리하여,

성이 박씨이며 알(卵)에서 태어나다. 열세 살 되는 갑자년에 즉위하여 60년을 다스렸으며, 왕비는 아이영娥伊英(娥英)이다. 국호를 서라벌·서벌 혹은 사로 또는 계림鷄林이라 하였는데, 일설에는 탈해왕脫解王 때에 비로소 계림이란 국호를 썼다고도 한다.

라고 하였으며, 또 다음 왕인 남해차차웅과의 사이에 "갑신년에 금성金城을 쌓았다"라고 적어 놓았다.

그와 같이 「왕력」에서는 다 같은 임금의 연대 기록이면서도 「연표」의 경우와는 전혀 다르게 한 국왕의 역사 사실을 간명하게 요약하여 기록하고 있다. 그러나 왕마다 모두 그렇게 갖추어 기록한 것은 아니다.

신라의 경우 9대 벌휴니질금伐休尼叱今·10대 나해니질금奈解尼叱今·11대 조분니질금助賁尼叱今 등은 왕명 외에는 아무 내용도 없

이 빈 칸으로 되어 있으며, 그 앞의 8대 아달라왕도 왕 자신을 포함한 가계家系 등 인적 사항이 모두 빠져 있고 단지 그 밖의 사항이 불명확하게 남아 있다. 고구려는 10대 산상왕山上王·11대 동천왕東川王·12대 중천왕中川王 등에도 기사記事가 빠진 공란으로 전해지고 있다.

『사기』의 「본기」에는 위의 신라 및 고구려 왕들에 관하여 여느 왕기王紀들과 다름없이 전기傳記를 수록하였다. 그러므로 써 넣을 자료가 없어서 「왕력」의 칸을 비워 두었다고 하기도 어려울 것 같다. 혹시 본래는 기록된 내용이 있었는데 나중에 그 부분이 벌레나 부식 등으로 인해 글자가 없어진 것을 후대에 간각刊刻하면서 공란으로 두었을 것이라고 추측할 수도 있고, 또는 처음부터 간각의 착오로 빠졌을 것이라 추측해 볼 수도 있을 것이다.

그러나 『유사』의 찬집 편술의 전반적 성격과 「왕력」 작성의 특성으로 미루어 간각의 착오나 후대의 누락으로 보기보다는 거기에 기재할 만한 자료가 마땅하지 않거나 없었기 때문이었을 것으로 보는 편이 옳을 듯하다. 정사正史(『사기』)와 전하는 바가 다르거나 혹은 정사에 빠진 자료들을 주로 하여 집성한 『유사』(특히 「왕력」)이므로 『사기』와 똑같은 자료는 싣지 않는 것을 원칙처럼 보이고 있다(「興法」 제3부터의 불교 사류는 예외가 있다). 「왕력」의 그러한 작성 사례(원칙이랄까)를 일일이 다 보기로 들 수 없으므로, 공란으로 되어 있는 왕의 바로 앞 왕과 그들 왕(공란으로 되어 있는)의 끄트머리 다음 왕의 기재 사실만을 옮겨서 『사기』 「본기」(이하 「본기」라 함)의 관련 부분과 비교해 보기로 한다.

신라 아달라왕의 바로 앞인 제7대 일성니질금逸聖尼叱今(「본기」엔 니사금尼師今) 쪽을 보면, 『사기』에서는 "儒理王之長子(或云 日知葛文王之子) 妃朴氏 支所禮王之女"라 하였는데, 「왕력」에서는 "父弩禮王之兄 或云 祇磨王 妃□禮夫人 日之葛文王之女[22] □□禮夫人 祇磨王之女 母伊利生夫人 或云□□王夫人 朴氏 甲戌立 理二十年"이라고 하였다. 이 두 기록 사이에는 많은 차이가 있다. 「왕력」에 있는 사항들은 「본기」와 완전히 다르다.

「왕력」에 또 공란으로 되어 있는 조분왕助賁王 바로 다음의 12대 이해니질금理解尼叱今의 경우, 「본기」에는 우선 내세운 왕명도 이해가 아닌 점해니사금沾解尼師今이며 처음에 "助賁王之同母弟也"라고만 쓰여 있고 다음 원년元年 조에 "父骨正爲世神葛文王"이라 하였다. 「왕력」에서는 "一作詀解王 昔氏 助賁王之同母弟也 丁卯立 理十五年. 始與高麗通聘"으로 되어 있다. 여기서는 전부가 서로 상치된 것이 아니고 얼핏 보아 같은 점도 반반이 되는 듯하다.

그러나 자세히 보면 차이점이 보인다. '조분왕지동모제야助賁王之同母弟也'만으로 본다면 서로가 글자 한 자 틀리지 않고 똑같아 보이지만 「왕력」에서는 그 글 앞에 「본기」에 없는 '석씨昔氏'를 붙여 놓았는데, 아마 「왕력」 작성 때의 자료에는 왕의 성씨가 밝혀져서 이를 드러내기 위해 「본기」와 같은 글을 인용했던 것이 아닌가 한다. 또 「왕력」의 '시여고려통빙始與高麗通聘(비로소 고구려와 국교를 트다)'은 「본기」의 점해왕 2년 2월조의 '견사고구려결화遣使高

---

22) 『저본』과 『新訂本』(「王曆」 逸聖尼叱今)에는 "日之葛文王之父"로 되어 있으나, 이 끝 글자의 '父'자는 '女'의 잘못이므로 여기에 '女'로 바로잡는다.

句麗結和(고구려에 사신을 보내어 화친을 맺다)'와 글자는 달라도 내용은 같은 것으로 볼 수 있으나, 실은 '시여始與(비로소, 처음으로)'에 중요한 차이점이 있으므로 이를 밝히고자 한 것으로 볼 수도 있겠다.

다시 말해서 제 몇 대 무슨 왕이라고만 큰 글자로 적고 아무런 기록 없이 공란으로 있는 경우에는 그 빈 칸에 기재할 사항이 전혀 없어서가 아니라, 「본기」에 이미 기록해 놓은 사항과 다르거나 거기에 누락된 자료가(「왕력」에서 필요로 하는 기재 사항이) 수집되지 않았기(해당 자료가 없었기) 때문이었으리라는 것이다. 보기를 들지 않은 고구려나 백제의 경우도 마찬가지로 이미 해당 「본기」에 기록된 똑같은 사항은 가급적 「왕력」에는 그대로 옮겨 놓지 않았음을 알 수가 있다. 『삼국사기』(「연표」)에는 아예 다루지도 않은 '가락駕洛'이 신라·고구려·백제와 더불어 하나의 국가로서 나란히 자리하게 한 것 또한 『삼국사기』의 전하는 바와 다른 사실과 빠진 부분을 보완하는 『유사』의 특징 그대로 「왕력」의 특이성을 보여주는 사례라고 할 수 있을 것이다.

## 2) 「기이」편 내용과의 다른 면

「왕력」은 글자 그대로 역대 제왕의 연력年曆을 독특한 방식으로 작성해 놓은 표表이므로 그 기재 사항이 일반 서술문과는 다르다. 그러므로 같은 『유사』에 수록되어 있어도 서술문으로 쓰인 「기이」편의 내용과 다른 경우를 간혹 보게 된다. 그러한 차이점들 때문에 『유사』 본문의 찬자와 「왕력」의 찬자를 동일인으로 보는 것을

의심하거나 또는 「왕력」이 『유사』의 체재상에서 부록적인 것이라고 보려는 학자도 있다.[23)]

다시 말해 「왕력」이 『유사』의 찬자(일연)에 의해 작성된 것이 아니라고 보거나 아예 찬자가 다르다고 보는 이들은 대부분 『유사』 본문의 내용과 「왕력」의 기재가 서로 일치하지 않는 점을 그 근거로 든다. 「왕력」 앞머리에 얼른 눈에 띄는 예를 하나 든다면 혁거세赫居世왕의 왕후 '아이영娥伊英(娥英)'이란 이름이 「기이」에서 '아리영娥利英·알영閼英'으로 다르게 되어 있음을 보게 되는데, 이는 본디 같은 이름이 소리나는 대로 다르게 표기된 차이일 뿐이라고 할 수 있다. 실은 그 가운데서도 가장 대표적인 사례로는 왕들의 재위 기간이 서로(『유사』 본문과 「왕력」이) 일치하지 않는다는 문제일 것으로 보고 여기에서 이 부분을 중심으로 살펴보고자 한다.

김상현은 그의 논문(앞 주에서 본 「三國遺事 王曆編 檢討」)에서, 「왕력」에서는 「기이」 등 『유사』 본문에서의 당년當年 칭원법稱元法과는 달리 익년翌年 칭원법으로 계산했기 때문에 왕의 재위 기간이 1년씩 짧은 결과가 되었으므로(예를 들면 신라 남해왕南解王이 「기이」에서는 21년인데 「왕력」에서는 20년이며 미추왕味鄒王이 23년인데 22년으로 되어 있는 등) 동일인의 찬술로 보기 어렵다는 논조를 보이고 있다. 그 논문에서도 언급한 바 있는 가락국 제2대 거등왕居登王의

---

경우, 「왕력」에서는 55년을 다스린 것(理五十五年)으로 되어 있는데 「기이」편에 수록되어 있는 '가락국기'에는 39년을 다스린 것(治三十九年)으로 되어 있으며, 그 다음 왕인 제3대 마품왕麻品王의 경우는 「왕력」에 32년, '가락국기'에 39년으로 각각 다르게 되어 있다. 그러니까 거등왕의 재위 기간이 두 기록에서 무려 16년이나 차이가 나며, 마품왕의 경우는 서로 7년간의 차이가 난다. 그러므로 1년 정도의 연대 차이는 여기에 비하면 아무것도 아닌 것처럼 보인다고 하겠다.

이러한 문제는 1년 차이든 16년 차이든 간에 얼른 보아 「왕력」 작성상의 허점으로 보이기가 쉽다. 그렇다고 『유사』의 품위를 떨어뜨리거나 「왕력」의 가치 및 찬자의 동일인 여부를 의심할 정도로까지의 심각한 문제는 아니라고 하겠다. 자세히 들여다보면 오히려 거기에 그럴 만한 까닭을 발견하게 될지도 모를 일이다.

「왕력」의 시대 범주인 삼국(통일신라 포함) 시대에는 왕의 즉위년부터 원년으로 삼는 당년 칭원법을 썼기 때문에 왕의 재위 기간을 『사기』에서와 같이 쓰는 것은 『유사』로서는 당연한 일이 아닐 수 없다. 그래서 「기이」를 비롯한 『유사』 본문에서는 왕의 재위 기간을 밝힐 경우 『사기』 쪽과 다름없이 기록한 것이었다고 할 수 있다.

그런데도 『유사』 안에 첫 번째로 들어 있는 「왕력」 편에서 「기이」 등 본문과 다른 기재를 했다면 우선은 문제가 된다고 하겠다. 그러나 『유사』 전반의 찬술 태도로 볼 때 원자료原資料에는 수집 당시의 형태 그대로를 가감없이 수록하는 것을 원칙처럼 보이고 있으면서도 편목編目 차서次序 또는 내용 소제목명 등은 다분히 찬자撰者의 창의적인 의지가 드러나 있으므로, 찬자의 자의自意에 의해 작성된 「왕력」이라면 필요한 부분에 작성자의 독자성이 작용되어 있을 수도 있지 않을까 싶다. 그 독자성에는 반드시 창의적인 의지만이 아니고 『사기』 등 종래 사서史書들의 판에 박힌 연표 작성법에 무조건 따르기만 하지 않은 자의적인 성격이 드러나 있다고 할 수 있을 것이다.

다시 말해서 통일 후의 신라를 포함한 삼국시대에는 모두 당년 칭원법을 썼으므로 『사기』(「연표」)와 『유사』의 「기이」 등 본문에서는 당연히 당년 칭원법대로 썼던 것이라 하겠다. 그러므로 「왕력」 또한 그 무대가 삼국시대이므로 의당 그대로 따랐어야 할 것인데도 왕의 재위 연수를 『유사』 자체의 본문과도 다르게 기재했던 까닭이 무엇이었을까. 아마도 『유사』 편찬의 성향으로 미루어 역대 왕조의 연력표年曆表를 작성하면서 찬자는 당시 고려의 칭원법에 따라 즉위 이듬해를 원년으로 치는 익년 칭원법에 의해 왕의 재위 연수를 계산했을 것으로 볼 수가 있다.

그와 같이 『유사』 저작 당시의 익년 칭원법에 의해 작성된 「왕력」이기 때문에 『사기』의 「본기」나 「연표」 또는 『유사』 본문의 재위 연수보다 1년씩 줄어든 햇수로 기재된 것이라 할 수 있다. 그러나 『사기』 쪽의 재위 연수와 같은 경우도 전혀 없지 않으니 예를 들면 신라의 경우 제6대 기마왕祇摩王(23년) · 12대 이해왕理(『사기』엔 沾)解王(15년) · 14대 유례왕儒禮王(15년) · 24대 진흥왕眞興王(37년) · 진지왕眞智王(4년) 등은 「왕력」과 『사기』가 서로 똑같다. 그러한 경우는 당년 칭원법을 그대로 쓴 셈이 되는데 그렇다면 원칙적으로 익년 칭원법만을 쓴 것이 아니고 경우에 따라서는 당년 칭원법을 간혹 쓴 것으로도 볼 수가 있겠다.

그렇게 본다면 「왕력」에서는 당년 칭원법과 익년 칭원법을 혼동해서 왕의 재위 기간을 계산했던 것으로 볼 수 있겠으나, 혼동해서 썼다고 하기에는 너무 한쪽(익년 칭원)에 편중되어 있다고 할 수 있다. 서로 반반이든지 조금 차이가 나는 것이 아니고 대체적으로 익년 칭원법을 쓰면서 어쩌다가 당년 칭원법이 보이니 이는 뒤섞인 것(혼동)이 아니고 실수나 착오로 보는 것이 옳을 듯하다. 『유사』가 찬자 일연선사의 만년작(또는 노년작)이었다고 한다면 더욱 노선사 혼자서 자료 수집과 편집 및 집필에 이르는 모든 일을 다 할 수는 없는 일이므로, 특히 「왕력」 같은 연표를 작성하는 데는 젊은 학인들의 조력이 필수적이었을 것이다. 그런 까닭에 간혹 본디 방침과 어긋나는 착오도 생기지 않았을까 여겨진다.

가락국 거등왕의 경우 가락의 정사正史이며 본기本紀라고 할 수 있는 「가락국기」에는 거등왕의 재위 기간을 "입안立安 4년 기묘己卯(199)에 즉위하여 가평嘉平 5년 계유癸酉(253)에 이르는 39년(治三十九年)"이라고 하였는데, 「왕력」에서는 기묘己卯(199)에 즉위하여 55년을 다스렸다(理五十五年)고 하였다. 이는 말할 것도 없이 재위 55년으로 기재한 「왕력」 쪽의 계산이 옳으므로 「가락국기」에서의 39년은 잘못된 계산이며 따라서 「왕력」에서는 이 「가락국기」의 착오를 바로잡아 놓았다고 할 수 있을 것이다.

또 그 다음 왕인 제4대 마품왕의 경우 「왕력」에서는 마품왕이

"기묘년(259)에 즉위하여[24] 32년을 다스렸다" 하였고 「가락국기」에서는 "가평 5년 계유(253)년에 즉위하여 39년을 다스렸는데 영평永平 원년 신해辛亥(291)에 세상을 떠났다"라고 되어 있어서 두 기록의 연대 차이가 7년이나 난다는 것은 이미 앞에서 본 바와 같다. 이 경우 「왕력」과 「가락국기」의 재위 기간에 관한 자체 계산은 각각 틀리지 않았다고 할 수 있다. 곧 기묘(259)에 즉위하여 다음 왕(가락국 제4대 거질미왕居叱彌王)의 즉위년이면서 그 거질미왕의 아버지가 되는 마품왕의 말년인 신해년辛亥年(291)까지는 32년이므로 「왕력」의 계산 그대로는 틀리지 않으며, 또 계유(253)년에서 신해(291)년까지 39년을 재위하였다는 「가락국기」의 계산(당년칭원법) 또한 옳다고 할 수 있기 때문이다.

그러나 문제는 즉위년이 각각 달랐으므로(기묘와 계유 곧 259년과 253년) 재위 기간이 서로 달라졌던 것이라 하겠다. 마품왕의 부왕 거등왕의 말년이 두 기록 모두 계유(253)년으로 똑같았으므로 다음 왕인 마품왕의 즉위를 계유(253)로 하고 있는 「가락국기」 쪽이 옳은 것이라 할 수 있다. 거등왕 말년의 1년 후도 아닌 6년 뒤의 기묘(259)를 즉위년으로 하고 있는 「왕력」의 기록이 잘못된 것이라 할 수 있으니, 이는 아마도 전왕(거등왕)의 즉위년이었던 기묘己卯를 착각하여 마품왕의 즉위년으로도 적용시켰기 때문에 생긴 오류였을 것으로 볼 수 있지 않을까 싶다.

이 밖에도 「가락국기」에는 5대 이시품왕伊尸品王(「왕력」에선 이

---

24) 震檀學會, 『韓國史 年表』(乙酉文化社, 1959), p.46에도 '己卯 259년' 칸에 "駕洛國 第三代 麻品王 嗣位"라고 하여 「王曆」 쪽의 마품왕 즉위년을 따르고 있다.

품왕伊品王)의 치국治國이 62년인데 「왕력」에서는 60년으로 되어 있으며, 8대 질지왕銍知王의 경우 「가락국기」에는 42년인데 「왕력」에는 36년이며, 마지막 구형왕仇衡王의 경우는 「가락국기」에 42년 인데 「왕력」에는 12년으로 되어 있다. 「왕력」은 즉위년과 재위 기간만을 기재하고 있으나 다음 왕의 즉위년이 곧 전왕의 말년이므로 기재하지 않아도 말년을 알 수 있으며, 「가락국기」에는 즉위년과 말년과 재위 기간이 모두 밝혀져 있다. 「가락국기」에서의 이시품왕 재위 기간 62년(346~407), 질지왕 42년(451~492), 구형왕 42년(521~562)은 모두 당년 칭원법에 의한 정확한 계산이었다고 할 수 있다.

「왕력」의 경우 이품왕은 익년 칭원으로 쳐도 재위 61년이 되는데 60년으로 되어 있는 것은 60에 1자가 빠졌거나 아니면 계산 착오로 볼 수 있으며, 질지왕의 재위를 36년이라 한 것은 즉위년(451)과 말년(492)에 맞추어 익년 칭원법으로 계산해도 5년이 모자라므로 작성 당시의 착오이거나 후대에 와서 생긴 오각誤刻이었는지 모를 일이다. 그러나 마지막 구형왕의 경우에 「가락국기」의 42년과 「왕력」의 12년은 무려 30년이란 큰 차이가 생긴다. 앞에서 본 것처럼 「가락국기」의 즉위(521)와 말년(壬午, 562)은 당년 칭원법으로 쳐서 정확하게 42년이며, 「왕력」의 경우도 즉위년(521)과 말년(壬子, 532)을 역시 당년 칭원으로 계산해서 12년은 정확하다.

그런데 문제는 각기 말년(壬午와 壬子)을 달리 한 데에서 생긴 격차이므로 어느 쪽이 옳고 그른가는 그 말년의 역사적 정확성에서 결정된다고 할 수 있다. 「가락국기」 구형왕의 끄트머리에 "개황록운開皇錄云"이라 하여 "양나라의 중대통中大通 4년 임자壬子(532)에 (가락이) 신라에 항복하였다"고 하였으며, 『삼국사기』에도 법흥왕 19년 임자(532)에 금관국金官國(駕洛國)의 항복을 받았다[25]고 했으므로, 「왕력」에서도 그에 따라 "중대통 4년 임자壬子에 국토를 바쳐 항복하였다"라고 하였으니 (「왕력」 쪽의) 12년 재위 기간(理十二年)이 옳다고 하겠다. 사실 「가락국기」에서의 보정保定 2년 임오(562)는 가락국이 망한 해가 아니고 대가야大伽耶(加耶)국을 멸망시킨 신라 24대 진흥왕의 23년(562)이 되므로,[26] 「왕력」에서는 이를 바로잡아 놓았다고 할 수 있다

재위 기간의 문제점을 다루는 김에 한 가지 더 지적하고 넘어가자. 신라 제26대 진평왕의 경우 『저본』에는 "기해입己亥立(기해년 579에 즉위하다)"이라고 한 이후는 재위 기간에 관한 언급만이 아니고 아무런 기재도 없이 문자가 끊겨 있다. 거기에 『신정본新訂本』에서는 괄호를 쳐서 "建福(甲辰)五十"이라 첨자했는데, 얼른 보아 건복建福 원년 갑진甲辰(584)에서 50년을 다스린 것처럼 보이나 이 건복의 연호는 진평왕의 즉위 6년인 갑진부터 시작되어 50년까지 계속하였다는 것이지 진평왕의 재위 기간은 아니다. 건복의 연호는 진평왕(49년에 별세함) 다음 왕인 선덕왕善德王 2년(건복建福 50년)까지 이어졌다.

그런데 「왕력」에는 선덕여왕이 인평仁平 갑오년(634)에 즉위하

---

25) 『사기』권4, 新羅本紀 法興王 19년. "金官國主金仇亥 與妃及三子……以國帑寶物來降."
26) 『사기』, 眞興王 23년조 및 同 권44, 列傳 斯陀含傳.

여 14년을 다스린 것으로 되어 있다. 실제 선덕왕은 건복 49년 임진壬辰, (632)에 즉위하여 16년을 다스렸으므로,[27] 14년은 잘못된 것인데 이는 갑오년(634)을 즉위년으로 보았기 때문이다. 이 주註에서 밝힌 바와 같이 『사기』는 말할 것도 없고 『유사』의 「기이」에서도 분명히 임진년(632)에 즉위하여 16년을 다스렸다(御國十六年)고 하였는데도 인평仁平 갑오甲午에 즉위하여 14년을 다스렸다는 것이니, 이 또한 선덕왕 3년 되는 해(634)에 인평이라 개원改元한 것을 이 해(인평 갑오)에 즉위한 것으로 잘못 계산했기 때문에 나온 착오였다고 하겠다.

이제까지 본 바와 같이 「왕력」에서는 대체적으로 당시 고려의 칭원법에 따라 익년 칭원을 택한 듯하나 때로는 당년 칭원을 쓰기도 하였으며, 혹은 기존 기록(「가락국기」 등)의 연대 오류를 바로잡기도(수정의 설명 없이) 하였고 간혹 기재의 착오를 보이기도 하였다. 그 때문에 「기이」 등 『유사』 본문의 기록과 다른 경우가 생겼다고 해서 찬자가 다르다거나 『유사』의 부록 정도로 보려고 해서는 안 될 것이다. 오히려 그러한 면이 『유사』 전반의 편술 의도나 찬저의 방향에 어긋나지 않은 「왕력」 작성의 방식과 특이한 모습을 보여주고 있는 것이 아닌가 여겨진다.

---

27) 『사기』 권5, 「本紀」 善德王(원년~16년) 및 「年表」 善德王條. 『유사』 권1 「紀異」, '善德王 知幾三事'에는 다음과 같이 쓰여 있다. "第二十七德曼 諡善德女大王……以貞觀六年 壬辰(632) 卽位 御國十六年."

# 3. 「왕력」의 문제점과 그 가치

## (1) 일관성 없는 피휘避諱의 사례

정사正史에 빠졌거나 다루지 않은 옛 자료들을 『유사』에서는 손
상하지 않고 꾸밈새 없이 그대로 옮겨서 전하는 듯한 면모를 많이
보여주고 있다. 그러나 어떤 경우는 오히려 그 반대의 면모를 보
이기도 한다. 정사인 『사기』에서는 옛 자료를 고풍스런 그대로 적
고 있는데도 반대로 『유사』에서 당시 고려의 용어나 방법으로 원
자료를 변형시켜 버리는 사례를 더러 보게 된다. 특히 「왕력」에서
는 앞에서 본 바와 같이 『사기』나 「기이」에서 쓰고 있는 종래의
당년 칭원을 쓰지 않고 고려 당시의 익년 칭원법을 택했다는 사실
이나, 지금 여기에서 보게 될 피휘避諱 문제 등이 그 사례에 해당
된다고 하겠다.

고려 국왕의 이름(諱)에 저촉된다고 하여 이전 왕조의 왕명이나
외국의 연호 등을 다른 글자로 바꾸어 쓰는 이른바 피휘법이 「왕
력」에(물론 『유사』 본문에도) 보이고 있다. 정사인 『사기』에서라면
모르거니와 거기에서도 사용하지 않는 피휘를 야사류野史類인 『유
사』에서 쓰고 있다는 것도 그렇지만, 특히 '무武' 자 피휘에 치우
치고 있는 것이 별나게 눈에 띈다.

우선 「왕력」을 펼쳐 보면 고구려 제3대 대무신왕大武神王을 '대
호신왕大虎神王'이라 하고, 그 다음 왕인 민중왕閔中王을 '대호지자

大虎之子(大虎神王의 아들)'라고 하였음을 보게 된다. 그리고 그 맨 윗단의 후한後漢 쪽에 광무제光武帝마저도 '호제虎帝(光이 빠져 있음)'라 하였으며 그 연호 '건무建武'도 '건호建虎'라고 하고 있다. 이것이 「왕력」에서 보이는 피휘의 첫 사례이다.

여기서 '무武'는 말할 것도 없이 고려 제2대 혜종(944~945)[28]의 이름(諱)이며 그 이름을 피하여 무武 자와 뜻이 같은 호虎 자를 쓴 것으로서, 이와 같은 사례는 「왕력」은 물론 『유사』 전반에 걸쳐 많이 보인다. 그런데 이상하게도 정작 혜종의 부왕이 되는 고려 개국주開國主 태조太祖(918~943)의 이름인 건建[29]에는 처음부터 전혀 피휘하지 않고 있음을 보게 된다. 「왕력」에만 한정시켜 보아도 『저본』의 그 첫 면에 전한前漢 원제元帝의 연호인 '건소建昭'로부터 비롯하여 성제成帝의 '건시建始', 그 다음 면의 '건평建平', 세 번째 면의 '건국建國'과 '건호建虎'(이하의 면에도 '건建' 자가 많이 보이지만 생략함) 등의 사례를 들 수 있다.

그 중에서도 특히 '건무建武'의 경우에는 아들 혜종의 이름(무武)은 피하여 호虎 자로 바꾸어 놓으면서 그 아버지 태조의 이름(건建)은 그대로 두고 있으니 도대체 어찌된 영문인지 이해하기 어렵다. 이는 아마도 「왕력」 작성자(『유사』 찬자이건 그의 조력자이건)가 태조의 이름(諱)을 몰랐거나, 아니면 태조가 건국 창업주니까 아예 일반 왕에게 적용하는 피휘避諱의 대상을 초월한 존재로(태조를 신성대왕神聖大王이라고 일컬었음) 받들었기 때문이었는지도 모를 일

---

28) 『高麗史』 卷2, 世家 2, 惠宗. "惠宗 仁德明孝宣顯義恭大王 諱武 字承乾 太祖長子."
29) 『고려사』 卷1, 世家 1, 太祖 1 "太祖……神聖大王 姓王氏 諱建 字若天 松嶽郡人."

이다. 또는 태조의 할아버지 이름이 작제건作帝建이고 그 아버지가 용건龍(隆)建이며 그 자신의 이름이 왕건王建으로 3대 3건建30)이 피휘하지 않은 가풍 전통을 이어왔으므로, 태조까지는 피휘 이전의 시대로 선을 긋고 제2대 혜종부터 피휘법을 적용시켰을 가능성도 배제할 수는 없다(『유사』「가락국기」의 거등왕 쪽에 '건안建安'의 건建을 피하여 '입안立安'이라 하였는데 이는 극히 드문 사례이다).

그렇다면 「왕력」 상에서 혜종 이후의 역대 왕들 이름에 모두 피휘법이 적용되었어야 할 터인데 반드시 그랬던 것도 아닌 듯하다. 혜종 다음의 3대 왕인 정종定宗은 이름이 요堯인데 「기이」 편의 '고조선古朝鮮'에는 '요堯'를 피휘하여 '고高'로 하고 있으나 「왕력」 (전한 선제 오봉 갑자부터 시작되어 있으므로)에는 국내외를 통해 해당 사실이 보이지 않으며, 다음 제4대 광종光宗(950~975)은 이름이 '소昭'인데 해당 글자가 나와 있음에도 피휘하지 않았다. 「왕력」의 첫면 전한前漢 원제元帝의 연호인 건소建昭의 '소昭'도 피휘하지 않았으며, 신라 제32대 효소왕孝昭王과 39대 소성왕昭聖王 및 당말唐末의 소종昭宗 등은 모두 피휘하지 않고 '소昭'를 그대로 쓰고 있다.

그리고 제6대 성종의 이름이 '치治(광종 다음의 5대 경종은 휘가 주伷임)'인데, 이 '치治' 자는 피휘하여 '이理'로 바꾸어 쓴 듯하다. 「왕력」 맨 앞면의 신라 '제일 혁거세第一 赫居世'의 "이육십년理六十年"과 고려 '제일 동명왕第一 東明王'의 "이십팔년理十八年"을 비롯하여 역대 각국(신라, 고구려, 백제, 가락) 왕들의 재위 기간을 거의 대부

---

30) 『고려사』 앞머리 「高麗世系」(亞細亞文化社 影印本 『高麗史』 上, 1990), pp.5~6.

분 '이理'로 하고 있다.31) 『삼국사기』「연표」에는 아예 매년 햇수 별로 작성되어 마지막 해의 숫자가 표시되어 있으므로 그 재위 기 간을 따로 언급할 필요가 없기 때문에 '치년治年'이라 했는지 '이 년理年'이라 했는지 알 수가 없어서 「왕력」에서의 '이년理年'이 '치 년治年'의 피휘인지를 알기는 어려우나, 『유사』와 『삼국사기』보다 앞서 나온 「가락국기」에는 역대 왕의 재위 기간을 '치治○○년'으 로 하고 있음으로써 '이년'이 '치년'의 피휘였음을 짐작하게 한다.

그러나 이 '이년'도 절대적인 것이 아니고 '치년'으로 쓰고 있는 예외의 경우가 있는데, 가락의 제4대 거질미왕居叱彌王과 6대 좌지 왕坐知王·7대 취희왕吹希王·8대 질지왕銍知王에는 「가락국기」와 같은 '치'로 되어 있다. 그런데 희한한 일은 처음 거질미왕의 바로 앞 제3대 마품왕과 바로 다음의 5대 이품왕伊品王은 '이理'를 쓰고 있으면서도, '치治' 자를 쓰고 있는 거질미왕의 같은 면 바로 위 칸 에 위치한 백제 제9대 책계왕責稽王·10대 분서왕汾西王·11대 비 류왕比流王과 그 바로 위 칸인 고구려의 제14대 봉상왕烽上王32)과 또 그 위의 신라 제14대 유례니질금儒禮尼叱今·15대 기림니질금基 臨尼叱今·16대 걸해니질금乞解尼叱今은 모두(같은 면에 위치한 왕들) '치治'를 쓰고 있다. 그리고 거질미왕의 다음인 가락 5대 이품왕에 는 '이理'로 하고 있는데 그 다음의 6대 좌지왕은 다시 '치治'를 쓰 고 있으며 그 위 칸의 백제 16대 진사왕辰斯王·17대 아신왕阿莘王

---

31) 「왕력」의 두 번째 면 백제 '第一 溫祚王'에는 '理'가 없고 "在位四十五"로 되어 있다.

32) 봉상왕 바로 다음의 15대 미천왕美川王은 똑같은 면이면서도 '治'가 아닌 '理'로 되어 있어서 예외인데, 혹시 본디는 다음 면의 행간에 있던 것을 후대의 간행 때 전왕前王 인 봉상왕의 바로 옆에다 당겨 붙여 놓았기 때문이 아니었는지도 모를 일이다.

·18대 전지왕腆支王과 그 위의 고구려 18대 국양왕國壤王(『삼국사기』에는 고국양왕故國壤王)·19대 광개토왕廣開土王·20대 장수왕長壽王과 그 위 칸의 신라 18대 실성마립간實聖麻立干·19대 눌지마립간訥祇麻立干은 모두 치治로 쓰고 있다. 또 좌지왕을 이은 다음 면의 가락 7대 취희왕과 8대 질지왕에도 '치治'를 쓰고 있는데 이 면 또한 그 위의 백제 19대 구이신왕久爾辛王·20대 비유왕毘有王·21대 개로왕蓋鹵王(그 위의 고구려는 장수왕이 계속되므로)과 맨 위 칸의 신라 20대 자비마립간慈悲麻立干은 모두 치治로 통일되어 있는데, 여기에서는 두 면에 걸쳐 '치治'를 쓰고 있음을 보게 된다.

그 후로 가락과 백제·고구려·신라의 모든 왕들에게 '이理'를 써 왔으나 고구려 제26대 영양왕嬰陽王에서부터 또다시 '치'가 보이고 있다. 영양왕과 같은 면의 행간에는 신라 26대 진평왕眞平王과 백제 왕 28대 혜왕惠王·29대 법왕法王의 재위 기간이 밝혀져 있지 않아서 '이理'와 '치治'가 나타나 있지 않지만, 그 다음 면의 신라 27대 선덕왕善德王·28대 진덕왕眞德王과 고구려 27대 영유왕榮留王·28대 보장왕寶藏王 및 백제 30대 무왕武王·31대 의자왕義慈王 등에는 모두가 '치治' 자로 되어 있다. 또 그 다음 면은 백제와 고구려가 차례로 멸망하여 공란이 되고 신라의 29대 태종무열왕太宗武烈王과 30대 문무왕文武王의 칸만이 남아 있는데 이들 두 왕에도 '치治자를 쓰고 있다.

신라가 통일을 이룩한 문무왕 이후 나라가 망한 56대 경순왕敬順王에 이르기까지는 모든 왕이 다 '이理'로 되어 있으며 '치治'로 쓴 경우는 하나도 없다. 이국理國이나 치국治國은 뜻이 같으므로 이년理年이나 치년治年도 같은 뜻인데 그것이 무슨 중요한 문제라고 장황하게 늘어놓는가 하고 핀잔하는 독자도 있을 수 있다. 그러나 「가락국기」의 경우처럼 국왕의 재위 기간을 치년治年이라 쓰는 관례를 따르지 않고 이년理年으로 썼다면 고려 제6대 성종成宗의 이름 치治를 피휘한 것으로 보지 않을 수 없기 때문이다.

그런데 문제는 이제 본 것처럼 역대 왕의 재위 기간을 모두 한결같이 '이년理年'이라 하지 않고 '치년治年'으로 쓰고 있는 사례도 적지않게 볼 수가 있으므로 '치治'를 피휘해서 '이理'로 쓴 것이라고 단정하기는 어려운 일이라고 할 수도 있을 것이다. 그러나 다른 사례와 견주어 살펴보면 전연 터무니없는 발상이라고만은 할 수 없다. 이제 앞에서 본 바 있는 '치治'로 쓴 사례의 첫면 맨 위의 신라 14대 유례왕儒禮王의 '치년治年'은 「왕력」의 다른 왕 재위 기간과 달리 익년 칭원이 아닌 당년 칭원을 쓰고 있는(「왕력」의 용례대로라면 '14년'이어야 하는데, 여기에는 「연표」와 같은 '15년'임) 착오를 보이고 있으며, 또 나중의 '치년治年'을 쓰고 있는 백제 30대 무왕武王과 고구려 영유왕(建武)이 있는 면 및 그 다음의 신라 태종무열왕太宗武烈王 부자父子(文武王)가 기재된 면에서 '무武'자 피휘가 안 되어 있는 사례를 보게 되는 경우를 통해서라고 할 수 있다.

앞쪽에서 본 바와 같이 이 「왕력」에서만이 아니고 『유사』 전체를 통하여 '무武'를 '호虎'로 바꾸어 쓰는 피휘의 철저함을 보여주고 있는데, 이 '치년治年'을 쓰고 있는 칸에서는 '무武' 자를 하나도 피휘하지 않고 있다는 점이다. 백제의 경우 무왕武王의 앞에 '무武'자를 쓴 왕명으로는 제25대 무녕왕武寧王을 예로 들 수 있는데, 이

「왕력」에서는 분명히 '호녕왕虎寧王'이라 하여 피휘하였고 또 그 아들인 26대 성왕聖王 칸에서도 "名明穠 虎寧王之子(이름이 명농이며, 호녕왕의 아들이다)"라고 하였으며 물론 이(호녕왕虎寧王과 성왕聖王의) 면에서는 그 두 부자 왕만이 아니고 신라·고구려·가락의 왕들에게도 '이년理年'이라 하고 있다. 무왕武王의 칸에는 무왕을 가리켜 "或云武康"이라 하였고 아들 의자왕義慈王(31대) 아래에는 "武王子"라고 하여 '무武' 자가 세 번씩이나 나온다.33)

그리고 무왕武王 위 칸의 고구려 27대 영유왕榮留王 아래에는 '이름을 건무建武라고도 한다'고 하여, 『사기』에 있는 그대로를 써서 '무武' 자에 피휘하지 않았다. 또 그 위 왼쪽 칸의 신라 29대 태종무열왕太宗武烈王과 그 아들 문무왕文武王에서도 '무武'를 그대로 쓰고 있다.34) 그런데 여기에서 그냥 지나칠 수 없는 것은 문무왕의 다음 왕인 31대 신문왕神文王을 다룬 쪽에서는 "부문호왕父文虎王"이라 하여 그 부왕 문무왕을 문호왕文虎王이라 일컫고 있다는 사실이다.

재위 기간을 '치년治年'으로 적고 있는 쪽에서는 동일한 왕을 '문무文武'로 하고 있는데 바로 다음 면에서는 '이년理年'으로 적고 있으면서 또한 그 부왕(문무왕文武王)을 '문호文虎'로 쓰고 있다는 것이다. 그 훨씬 뒤의 신라 45대 신무왕神武王도 신호왕神虎王으로

---

33) 『유사』 권2, 「기이」의 무왕武王 조에서도 피휘하지 않고 '무武'를 네 번씩이나 그대로 쓰고 있다. 또 『유사』의 권3, 「홍법」 편 '법왕금살法王禁殺'에서는 본문에서 한 번, 할주에서 두 번씩 무왕武王이 나오고 있지만 모두 피휘하지 않았다.

34) 『유사』 본문에서는 문무왕文武王을 모두(권1의 '太宗春秋公' 및 권2의 '文虎王法敏' 등) 문호왕文虎王이라 하고 있다.

하고 있는데 이 왕대에는 「왕력」에서 '이년理年'의 쪽을 한결같이 취하고 있는 시대이다.35) 이러한 사례들을 통해서 피휘하지 않고 '치治'로 하고 있는 경우는, '무武'를 피휘하여 '호虎'로 바꾸어 쓰는 「왕력」에서 '무武' 그대로 쓰고 있는 경우와 같이 편자(『유사』 찬자·「왕력」 작성자)의 실수였거나 교정校正의 착오였다고 할 수가 있겠다.

『유사』 본문에서처럼 「왕력」에서도 고려 왕명에 대한 피휘법도 쓰고, 본문과는 달리 왕의 재위 기간은 삼국시대가 아닌 고려 당시의 익년 칭원법을 위주로 「왕력」의 재위 기간을 산정하였다. 그러나 『유사』 본문에서도 그러하듯(앞으로 「기이」 등 본문의 제편을 다룰 때 살펴볼 것이므로 자세한 사례를 여기에서는 생략함) 이 「왕력」에서는 지금까지 본 것처럼 그러한 작성 형식이나 원칙 같은 것이 꼭 그대로 한결같이 지켜진 것은 아니었다. 그러나 이상하게도 틀린(재위 기간이나 피휘 등이 한결같지 않은 실수나 착오된) 경우는 대부분 그 면과 행간을 같이하고 있다는 점을 눈여겨 볼 수가 있다.

그 한결같지 않은 점, 곧 일관성 없이 들쭉날쭉한 부분이나 등장한 인명의 글자가 다르고 재위 연수가 틀리는 등 『유사』 본문과 일치하지 않는 기재 사항이 있다고 해서, 『유사』 찬자와 「왕력」의

---

35) 「왕력」의 이 45대 신호왕神虎王 조에는 실제 '이년理年'의 기록이 없으나 여기에는 "己未四月立 至十一月二十三日崩," 곧 기미년 4월에 즉위하여 그 해 11월 23일에 붕어하였으므로 '이년'으로 적을 만한 기간이 못 되기 때문이지만 그 전후의 모든 왕들은 다 '이년'으로 하고 있다. 그리고 『유사』 본문(권2 「기이」2)에는 아예 소제목에 '신무대왕神武大王'이라 하였으며 그 글의 첫머리에 "第四十五 神武大王……"이라 시작되어 '무武' 자를 피휘하지 않고 있다.

작성자를 별개의 인물로 보거나 또는 「왕력」을 『유사』와는 상관없이 그 이전이나 그 후에 작성된 별록別錄으로서 현재의 위치(『유사』 앞머리)에 붙여진 부록쯤으로 보아서는 안 될 것이다. 사실 지금까지 본 것도 그러했지만 「왕력」은 그 작성의 내용 성격이나 교정의 불철저한 허점 등 덜 세련된 모양새가 『유사』 본편과 너무나 닮아 있다고 할 수 있다.

다음에 「기이」 등 본편을 다룰 때 그 진면목이 드러나겠지만 『유사』의 본문은 거의가 서술문(흥륜사興輪寺 금당십성金堂十聖 같은 예외도 없지 않음)이고 이 「왕력」은 그야말로 '왕력'으로 작성된 표이기 때문에 얼른 보아 서로 다른 저작처럼 보일 수도 있을지 모를 일이다. 그러나 「왕력」 작성이 결코 쉬운 일이라 할 수 없으므로, 얼마쯤의 허점과 실수가 있다고 해서 그 작성자와 『유사』의 찬자를 별개의 인물로 보아서는 안 된다.


## (2) 「왕력」이 지닌 불변의 가치


전문적인 역사학자가 아닌 노선사 보각국사普覺國師가 찬집撰輯한 『유사』이므로 반드시 문하 학승의 도움이 있었을 것이다. 자료를 모으는 일이나 원고를 정서하고 정리하는 일, 특히 「왕력표」를 작성하고 교정하는 일에는 반드시 제자들의 일손과 도움이 필요했을 것이다. 그래서 깔끔하게 정리가 못 된 부분이 있고 또 간혹 서툰 교정으로 인한 착오가 더러 눈에 띈다고 할 수가 있는데, 그렇다고 해서 찬자를 의심하거나 「왕력」이 다른 이의 작성이라고 잘못 단정하거나 나중에 덧붙여진 별개의 책으로 보아서는 안 될 것이다.

『삼국유사고증三國遺事考証』에서는,

> 「왕력」은 원래 독립한 일서一書였던 것을, 편의상 『유사』의 일부분으로서 나중에 덧붙이게 되었으므로……[36]

라고 하였으며, 또

> 본서本書에서는 「왕력」이 본디 독립한 일서一書였던 것을 편의상 『유사』의 일부로서 나중에 부가付加되어진 것이라고 보여지는 것에 감안하여…….
> 최초의 「왕력」 편은 독자獨自의 내용을 지님과 아울러 사료적史料的 가치에 있어서도 높은 것으로 보이고 있다.[37]

라고 하였다. 이들(『삼국유사고증』 집필자들) 일본학자는 「왕력」이 본디 『유사』와 별도로 독자적인 단행 별본이었던 것을 나중에 『유사』의 일부로 그 앞에 덧붙여지게 되었다고 하였으며, 「왕력」의 역사 자료적 가치는 높다고 평가하였다.

이들은 「왕력」의 기재 사항이 『유사』 본문과 일치하지 않는다거나 내용에 문제가 있다고 해서 「왕력」을 '원래 독립한 일서一書

---

36) 三品彰英 遺撰, 『三國遺事考証』 上(東京 : 塙書房, 1975), 「三國遺事解題」(村上四男), p.15.
37) 위의 책, p.35.

(본디 따로 쓰여진 별책)'로 또는 '나중에 『유사』의 일부로 덧붙인', 말하자면 본편이 아닌 부록 같은 것으로 보려고 했던 것은 아니었다. 그들이 「왕력」을 그렇게 보았던 까닭은 『유사』의 권차卷次에 있어서 「왕력」이 본편의 권 밖에 붙여진 일부분으로 보았기 때문이라 할 수 있다. 그래서 그들은 종래 정덕본正德本의 권차와 편목의 처음 부분에 혼란이 있다고 지적하여,

　　三國遺事　王曆
　　三國遺事　卷第一　　紀異第一
　　三國遺事　卷第二　　紀異第二

라고 고쳐 놓았다.38)

그러나 그들은 크게 착각을 한 것 같다. 현존 간본인 정덕본에는 그 첫머리에 '삼국유사 왕력제일王曆第一'이라고 하여 그 편목의 차례를 분명히 밝혀 놓고 있으며, 그 판심板心의 사잇제목(間題)에는 '삼국유사 권일卷一'이라 하여 책이름(書名)과 권수卷次가 밝혀져 있다. 여기에는 권차와 편목의 혼란이 없을 뿐만 아니라 「왕력」을 『유사』에다 나중에 부가한 '독립된 일서一書'로 볼 만한 이유를 찾기 어렵다고 하겠다.

구태여 권차의 혼란이라고 한다면 이 「왕력」 편이 아니라 두 번째 편이 되는 「기이」 편의 시작에서부터라고 할 수 있다. 「기이」

---

38) 앞의 책. 권차와 편목에 관해서는 그 관계 부문에서 언급하기로 하고 여기에서는 생략한다.

편의 시작에는 그 첫머리에 느닷없이 '기이권제일紀異卷第一'이라 하여 책 이름이 빠진 편목 이름(編名) 밑에 '권제1'이라 하였으며, 두 번째 권에서는 '삼국유사 권제이卷第二'라 하여 서명과 권차는 있으나 편목 이름이 없기 때문이다. 그러나 이러한 편차의 문제점은 해당 「기이」 편에 가서 언급하기로 한다.

앞에서 본 바와 같이 '본디는 따로 쓰인 일서一書였던 것을 편의상 나중에 『유사』의 일부분으로 덧붙여지게 되었다'고 보았던 일본 학자들도 '「왕력」은 독자적인 내용을 지님과 아울러 사료적 가치가 높은 것으로 보인다'고 평가하였다.

"일연의 독자적인 자료 수집의 결과라고 생각되지만 「왕력」 편의 사료적 가치는 대단히 높다"고 하였던 이기백李基白은,

결국 「왕력」 편은 강한 왕조사관王朝史觀에 입각해서 편찬된 것이라고 할 수 있다. 이러한 점에서 국가 중심, 국왕 중심으로 우리나라 고대사古代史의 체계화를 시도한 「기이」 편과 그 궤軌를 같이하는 것이라고 할 수가 있다. 다만 「기이」 편은 신이사神異事를 중심으로 편찬했으므로, 현실적인 역사적 사실을 중심으로 편찬한 「왕력」 편과 서로 다르며, 결국은 상호보완 관계에 있다고 할 수가 있다. 「왕력」 편이 『유사』의 단순한 부록인 것으로 치부될 수가 없는 것을 이러한 점에서도 느낄 수가 있게 된다.39)

라고 하였으며, 그 논문의 결론 부분에서 "「왕력」 편은 단순한 『유사』의 부록이 아니라 일연이 의도적으로 하나의 편으로 편찬한 것

---

39) 이기백, 앞의 논문, p.12. 앞쪽 인용은 같은 논문 p.4에서이며, 결론 쪽은 p.13임.

이었다"라고 강조하였다.

거듭 말하거니와 「왕력」은 본디 따로 쓰인 별책이었다가 나중에 『유사』의 일부분으로 덧붙여진 부록은 결코 아니다. 또한 『유사』 본편과 찬자를 달리하는 저작으로 보려고 할 필요도 까닭도 의심할 여지도 없다. 다만 현재 우리가 보는 그대로 『유사』의 첫째 권 첫머리에 들어 있는 『유사』 「왕력 제일」일 뿐이다.

그러한 「왕력」의 기재 내용을 우리글로 옮겨 풀이하고 고증하기에 앞서, 먼저 「왕력」이 자리하고 있는 위상과 그 특성 및 문제점들을 지금까지 살펴보았다. 왕력표王曆表로서의 독자적 특성도 많지만 반면에 작성 기재상의 문제점도 적지않게 보이고 있다. 그러나 그 허점과 문제점들 때문에 「왕력」이 지닌 특성상 가치가 손상된 것은 물론 아니다.

한마디로 말하면 「왕력」으로 인해서 『유사』가 명실공히 삼국의 유문 일사로서의 모습을 갖추게 되었다고 할 수가 있다. '삼국유사(삼국시대의 유문 일사)'라는 책 제목에 어울리는 삼국 역대 왕조의 기사奇事이전異傳을 담고 있는 「기이」 편에는 고구려와 백제의 국명은 따로 항목을 두었으나, 각각 시조왕始祖王의 출생 신화 및 건국 설화만을 전하고 있을 뿐 그 후 역대 왕의 기이 사실은 거의 전하는 바가 없다. 고구려의 경우 시조 동명왕東明王(고주몽高朱蒙) 이후의 왕에 관해서는 아무도 「기이」 편에 보이지 않고 단지 『유사』 권3의 「흥법」 편 '보장봉노寶藏奉老 보덕이암普德移庵' 쪽에 27대 영유왕榮留王과 28대(마지막 왕) 보장왕寶藏王에 관해서만 잠시 보일 뿐이며, 백제의 경우는 「기이」 권1에 '변한卞韓 백제百濟'의 항목이 있으나 시조 온조왕溫祚王 이후의 백제 왕명은 전혀 보이지 않고 오히려 '태종太宗 춘추공春秋公'(신라) 쪽에 백제의 마지막 왕인 의자왕義慈王에 관한 내용이 있으며, 또 「기이」 권2의 '남부여南扶(夫)餘 전백제前百濟' 쪽에 백제 시조 온조왕의 건국 설화가 보이고, 성왕聖王과 다루왕多婁王·사비왕沙沸王·구수왕仇首王·고이왕古爾王 등의 왕명이 보이고 있다.

「기이」만이 아니고 그 뒤의 「홍법」·「탑상」 등 모든 편에 있어서 신라의 고사故事만으로 이루어져 있다시피 되어 있으므로 전체의 내용에서 본다면 '삼국유사'보다는 '신라유사新羅遺事'라고 하는 편이 어울린다고 할 만큼 신라 중심으로 이루어져 있다. 그러나 맨 앞의 첫 번째 편인 「왕력」에서는 신라의 역대 왕과 마찬가지로 고구려와 백제의 역대 왕들이 시조 왕으로부터 마지막 왕에 이르기까지 모두 다루어져 있다. 「기이」 편에는 삼국 이전의 고조선부터 시작되어 있으나 「왕력」에서는 아예 신라·고구려·백제의 순서로 시작하여 후삼국의 끝까지를 삼국시대의 범주로 삼아(가락국도 포함시켜) 각 왕조 역대 왕의 연력年曆을 작성하였으므로, 손색없는 '삼국유사'의 왕력표가 되게 하였다고 할 수 있을 것이다.

그러한 까닭들로 말미암아 「왕력」은 『유사』가 삼국시대 유문일사집遺文逸事集으로서의 체재를 갖추도록 한 역할을 하였다고도 볼 수 있다. 이 글의 첫머리에서 '「왕력」이 『유사』 전체의 대전제이며 그 시대 범주의 기본 틀'이라고 전제했던 것도 바로 이와 같은 뜻에서 한 말이었다. 『유사』의 「왕력」은 그 자체에서 불변의 가치를 지녔다고 다시금 거듭 강조해도 좋을 것이라 믿는다.

# Ⅱ. 「왕력」의 원문과 새김 및 풀이

**【보기】**

- 이 「왕력」은 최남선 편, 『新訂 三國遺事』(『신정본』)의 「王曆」 표를 저본
  으로 하였으나, 정덕판正德板 영인본影印本인 민족문화추진회 간행 『三
  國遺事』(『저본』)의 「왕력」을 바탕으로 삼았으므로 이 책 전질의 경우
  와 마찬가지로 앞 책을 『신정본』이라 하고, 뒤 책을 『저본』이라 일컫
  기로 한다.
- 번역 글은 따로 작성하지 않고 원문 아래에 달아 붙여 썼다.
- 연표 맨 앞 중국 칸은 중국의 왕조·제왕 이름·연호(기간) 외엔 아무
  서술 기록이 없고, 또 당시 중국 왕조와의 시대적 대비를 위한 대조
  표적 성격 외에는 아무 의의가 없으므로, 소리 또는 뜻 옮김(音·意譯)
  하지 않고 한자 그대로를 두었다. 다만 연호 밑에 BC, AD로 연대만을
  밝혀 적었다.
- 필요한 곳엔 모두 주를 달았으며, 자세히 살펴볼 연구의 항목을 따로
  두기가 어려우므로, 부득이 왕력표의 뒤쪽에다가 풀이 글을 함께 싣
  기로 하였다.
- 풀이 글은 모두 일반 주석의 형태를 취하였으나, 중요하고 문제되는
  부분에는 자세히 살펴보는 형식의 풀이 글이 되도록 하였다.

# 삼국유사 왕력 제일1)
### 三國遺事 王曆 第一

| 중국 | 신라 | 고구려 | 백제 | 가락 |
|---|---|---|---|---|
| 前漢宣帝2) | 新羅<br>第一赫居世3) | | | |
| 五鳳甲子四<br>(BC 57～BC 54) | 姓朴 卵生 年十三 甲子卽位 理六十年 妃4)娥伊英・娥英 國號徐羅伐 又徐伐 或斯盧 或鷄林 一5)說至脫解王時 始置鷄林之號 | | | |
| 甘露戊辰四<br>(BC 53～BC 50) | 제1대 혁거세<br>성이 박씨이며 알에서 태어나다. 열세 살 되던 갑자년(BC 57)에 즉위하여, 60년 동안 다스리다. 왕비는 아이영・아영이다. 나라 이름을 서라벌 또는 서벌 혹은 사로・계림이라 하다. 일설에는 탈해왕 때에 이르러 계림이라는 국호를 비로소 쓰게 되었다고도 한다. | | | |
| 黃龍壬申一<br>(BC 49) | | | | |
| 元帝 | | | | |
| 初元癸酉五<br>(BC 48～BC 44) | | | | |
| 永光戊寅五<br>(BC 49～BC 39) | | | | |
| | | 高麗6)<br>고구려 | | |
| 建昭癸未六<br>(BC 38～BC 33,<br>竟寧 1년 포함) | 甲申 築金城<br>갑신년(BC 37)에 금성7)을 쌓다. | 第一東明王<br>甲申立 理十八<br>姓高 名朱蒙 一作鄒蒙 壇君之子<br>제1대 동명왕8)<br>갑신년(BC 37)에 즉위하여 18년 동안 다스리다. 이름은 주몽 또는 추몽이며, 단군의 아들9)이다. | | |

1) 이 왕력표(이하 「왕력」)는 육당 최남선六堂崔南善 편, 『新訂 三國遺事』(京城 : 三中堂 發行, 1943년. 이하 『신정본』이라 함)에 활자화된 것을 저본으로 삼았다. 민족문화추진회가 '韓國古典叢書1'로 1973년에 간행한 영인본 『三國遺事』(이 책에서 『저본』이라 함)에는 「왕력」이 수록되어 있는 현존 고판본古板本을 그대로 영인하였음에도 그 영인 끝에 이 『신정본』의 「왕력」을 옮겨 싣고 있는데, 그 범례 4에서 그 까닭을 다음과 같이 밝혀 놓았다.

"本影印의 臺本에서 王曆表는 板面이 더욱 粗雜하고 脫字와 刊缺이 尤甚하여 不得已 原典의 形狀을 提示하고, 六堂 新訂本의 것을 複寫해서 添付하였다."(『영인본』 범례, p.3)

2) 전한前漢은 한漢 패공沛公 유방劉邦(BC 247~BC 195)이 BC 206년에 세운 한漢나라를 가리키는데, 나중에 후한後漢과 구분하기 위하여 전한이라 일컬었다. 선제宣帝는 한漢의 제9대 황제로서 이름이 유순劉詢이며, 그 재위 기간(BC 73~BC 49)에 연호를 본시本始·지절地節·원강元康·신작神爵·오봉五鳳·감로甘露·황룡黃龍 등을 썼으므로, 오봉(BC 57~BC 54)·감로(BC 53~BC 50)·황룡(BC 49)은 그 재위 후반기의 연호임을 알 수 있다. 그 연호 밑에 있는 갑자·무진·임신은 각각 그 원년의 간지이며, 사四·사四·일一 은 그 기간이 각각 4년·4년·1년임을 명시한 것이다.

『삼국사기』(이하 『사기』) 연표상의 맨 첫 번째 간지 갑자년의 '중국' 칸에는 "前漢 孝宣帝詢 十七年 五鳳元年"이라고, 신라 시조 혁거세왕의 즉위년을 밝히고 있다. 『삼국유사』(이하 『유사』)에는 '선제宣帝'라고만 하였는데, 『사기』에서는 '효선제孝宣帝 순詢'이라고 하였으며, '오봉갑자五鳳甲子'도 '갑자甲子'는 효선제 순의 즉위 17년이 되는 '오봉 원년'이라 하고 있다(『사기』 권29 「연표」 上). 이로부터 중국 왕력 쪽에는 가급적 주를 달지 않기로 한다. 이 「왕력」은 『유사』의 제목 그대로 우리의 옛 삼국시대(신라·고구려·백제 외에 가락과 후삼국까지도 포함된 시대 범주)의 왕조사 연표가 중심이 되어 있으므로, 앞 보기에서 잠시 언급한 바가 있지만 중국 부분은 그 시대 배경과 연대적 기준일 뿐이므로 (BC와 AD의 연대만 밝히고) 번역과 주를 달지 않기로 한다.

3) 이 「왕력」의 왕명에는 모두 무슨 왕(신라의 경우는 차차웅·니사금·마립간·왕)이라는 칭호를 붙이고 있는데, 여기에 첫 번째로 등장하는 임금인 '혁거세'만이 아무런 호칭 없는 이름(혁거세)만을 써 놓았으니, 이 「왕력」의 격에 맞지 않는다고 할 수 있다. 아마도 거기에 '거슬한居瑟邯'이나 '거서간居西干'이 본디는 붙어 있었을 것이나, 나중에 무슨 연유로 간각刊刻에 누락이 되었는지도 모를 일이다.

| 중국 | 신라 | 고구려 | 백제 | 가락 |
|---|---|---|---|---|
| 成帝<br>建始<sub>己丑</sub>四<br>(BC 32~BC 29)<br><br>河平<sub>癸巳</sub>四<br>(BC 28~BC 25)<br>陽朔<sub>丁酉</sub>四<br>(BC 24~BC 21)<br>鴻嘉<sub>辛丑</sub>四<br>(BC 20~BC 17)<br>永始<sub>乙巳</sub>四<br>(BC 16~BC 13)<br>元延<sub>己酉</sub>四<br>(BC 12~BC 9) | | 第二瑠璃王<br><br>一作累利 又孺留 東<br>明子 立壬寅 理三十<br>六年 姓解氏<br>**제2대 유리왕**<br>또는 누리라고 하며<br>또 유류라고도 한다.<br>동명왕의 아들이며,<br>임인년(BC 19)에 즉<br>위하여 36년 동안 다<br>스리다. 성은 해씨[11]<br>이다. | 百濟[10]<br>백제<br><br>第一溫祚王<br>東明第三子 一云第<br>二 癸卯立 在位四十<br>五 都慰禮城 一云蛇<br>川 今稷山<br>**제1대 온조왕**<br>동명왕의 셋째 아들<br>혹은 둘째라고 한다.<br>계묘년(BC 18)에 즉<br>위하여 45년 동안 왕<br>위에 있었다. 위례성<br>에 도읍하였는데, 혹<br>은 사천이라고도 하<br>며 지금의 직산[12]이<br>다. | |
| 哀帝二<br>(BC 8~BC 7)<br>(『史記』엔<br>'綏和癸丑')<br><br>哀帝<br>建平<sub>乙卯</sub>四<br>(BC 6~BC 4)<br>元壽<sub>己未</sub>二<br>(BC 2~BC 1) | | | 丙辰 移都漢山 今廣<br>州<br>병진년(BC 5)에 한<br>산으로 도읍을 옮기<br>다. 지금의 광주. | |

4) 『신정본』과 『저본』에는 '徕'로 되어 있고 일본학자 미시나 아끼히데三品彰英 유찬遺撰, 『삼국유사고증三國遺事考証』 상上(日本 塙書房 刊, 1975), p.41에는 '妹'로 하고 있으나, 『유사』 기이 편의 '新羅始祖 赫居世王' 본문에는 '알영閼英(아리영娥利英)'을 '왕후로 삼았다(爲后)'고 하였으며, 『사기』 권1 始祖 赫居世 본기에는 알영閼英을 '왕비로 삼다(爲妃)'라 하고 또 "妃閼英…"이라 한 사실과, 또한 이 「왕력」 편의 모든 신라 왕들의 기록 사례(妃○○…)로 미루어 '비妃'가 틀림없다고 보고 '妃'자로 고쳤다.

5) 『저본』에는 '일一' 자가 빠졌다.

6) 옛 사료들에는 고구려를 고려라고 많이 썼다. 중국의 고문헌들에서는 '高麗·句麗·高句麗' 등이 보이나 '高麗'라고 쓴 예가 많은 편이며, 일본의 경우는 거의가 '高麗'로 쓰고 있다. 국내의 옛 금석문류에서도 '高麗'로 쓰고 있으나 『사기』에서는 아예 '高句麗'로 통일해 쓰고 있다. 『사기』보다 70년 뒤에 찬술된 고려 각훈의 『해동고승전海東高僧傳』(현전본現傳本)에는 (인용문을 제외하고는) 거의 모두 '句高麗'라 하고 있다. 『해동고승전』보다도 70년 뒤에 이루어진 이 『유사』에서는 「기이」 권1 앞쪽의 '북부여北扶餘' 조목 본문 끝에 "爲卒本扶餘 卽高句麗之始"와 그 다음다음 조목인 '고구려'의 본문 시작에 "高句麗卽卒本扶餘也" 및 그 본문 내용에 "國號高句麗"라고 한 것만을 제외하고는 거의 모두 예외없이 '고려'라 쓰고 있음을 보게 된다(이 『유사』에는 당시의 고려국은 「왕력」에서 '후고려後高麗'라 하고 본문에서는 '본조本朝'라 일컫고 있다). 그러한 『유사』이므로 이 「왕력」에서 '高麗'라고 한 것은 당연하다 할 것이다. 그러므로 『삼국유사고증』(상 p.43)에서 이 '고려'를 "고구려의 별칭"(고구려를 정식 명칭으로 보기 때문에)이라고 한 것은 적절한 풀이라고는 하기 어렵다고 하겠다.

7) 신라의 왕성, 곧 경성京城이다. 갑신년(BC 37) 즉 혁거세왕 21년에 쌓았다는 것이다. 어떤 이는 제5대 바사왕婆娑王 22년(101)에 월성月城을 쌓고 왕이 그리로 옮겨 갔기(王移居月城) 때문에(『사기』 권1) 금성은 혁거세왕 때의 왕성이고, 바사왕 때 월성으로 왕성을 옮긴 것으로 보기도 한다(韓國精神文化研究院, 2002년 간행, 『譯註 三國遺事』, 이하 『정연본』이라 함. Ⅰ, p.22의 '신라' 주5. 여기에서 또 금성을 혁거세 26년 축성으로 하고 있는 것은 21년의 잘못이다).

그러나 그 후에도 금성이 여전히 왕(경)성임을 보여주는 사례가 『사기』 여러 곳에 나와 있고, 특히 제20대 자비왕慈悲王 16년 7월에 명활성明活城을 수즙修葺하고 그 18년 정월에 왕이 명활성에 이거移居하였으며, 또 제21대 소지昭知(비처)왕 10년 정월에 왕이 월성에 이거하였다는 사실들(『사기』 권3)을 보게 되는데, 이로 미루어 월성도 명활성과 마찬가지로 국왕이 일시 또는 얼마 동안 옮겨

| 중국 | 신라 | 고구려 | 백제 | 가락 |
|---|---|---|---|---|
| 平帝<br>元始<sub>辛酉</sub>七<br>(AD 1~7, 居攝 2年을 포함함) | 第二南海次次雄<br>父赫居世 母閼英 姓朴氏<br>妃雲帝夫人 甲子立 理二十年 此王位亦云居西干<br>제2대 남해차차웅13)<br>아버지는 혁거세, 어머니는 알영, 성은 박씨. 왕비는 운제부인. 갑자년(AD 4)에 즉위하여 20년을 다스리다. 이 왕위 또한 거서간이라 한다. | 癸亥 移都國內城 亦云不而城<br>계해년(AD 3)에 도읍을 국내성14)으로 옮기다. 또는 불이성이라고도 한다. | | |
| 孺子<br>初始<sub>戊辰</sub>二<br>(AD 8)<br>新室<br>建國<sub>己巳</sub>五<br>(AD 9~13) | | | | |
| 天鳳<sub>甲戌</sub>六<br>(AD 14~19)<br>地鳳(皇)<sub>丙辰</sub><br>三<br>(AD 20~22) | | 第三大虎神王15)<br>名無恤一作味留 姓解氏 瑠璃第三子 戊寅立 理二十六年 | | |
| 更始<sub>癸未</sub>二<br>(AD 23~24) | 第三弩禮(一作弩)16)尼叱今<br>父南解 母雲帝 妃辭要王之女金氏 甲申立 理三十三年 尼叱今或作尼師今<br>제3대 노례니질금18)<br>아버지는 남해왕이며 어머니는 운제부인. 왕비는 사요왕의 딸 김씨. 갑신년(24)에 즉위하여 33년 동안 다스리다. 니질금은 또한 니사금이라고도 한다. | 제3대 대무17)신왕<br>이름이 무휼이며 또는 미류라고도 한다. 성은 해씨이고, 유리왕의 셋째 아들이다. 무인년(18)에 즉위하여 26년 동안 다스리다. | | |

갔던 곳(移居處)이었을 뿐이며, 왕성이 금성에서 월성이나 명활성 등으로 옮겼던 것은 아니었다고 할 수 있을 것이다.

8) 고구려 시조를 여기에서는 '동명왕'이라 하고 있으나, 이『유사』기이편 권1의 본문에서는 "始祖 東明聖帝"라 하였으며,『사기』권13, 고구려 본기 1과 동권 29 「연표」상에서는 "始祖 東明聖王"이라 하였다.

9) 고구려의 시조 동명성왕東明聖王(주몽朱蒙)이 '단군壇君의 아들'이었다는 이 기록 자체는 매우 희귀한 자료라고 할 수가 있다.『삼국유사고증』(이하『고증』) 상, p.44에는,『유사』권1의 단군신화나 주몽의 설화에 단군과 동명성왕과의 관련이 전혀 전해져 있지 않으므로 "아마도 고려 말·조선왕조 초기의 가필일 것이다"라고 하여 이 "壇君之子"의 사료적 전거에 의문점을 드러내고 있다. 그러나 이『유사』「기이」편의 '고구려' 항목 가운데 주(割註)에 들어 있는「단군기 壇君記」에 단군의 아들을 부루夫婁라 하고 있으며, 그 부루와 주몽이 어머니가 다른 형제(…夫婁與朱蒙 異母兄弟也)라고 되어 있으므로, "단군의 아들(壇君之 子)"이라는 말은 이른바 이「단군기」에 근거한 것이라고 할 수 있겠다. 그리고 『고증』에서는 이「왕력」상의 '壇君'을 '단군檀君'의 잘못된 글자(誤字)라 하고 있으나, 실은『유사』의「기이」편 본문에서는 모두 '단군壇君'으로 되어 있다.

10)『사기』권23 백제 본기 1에는, 백제 시조 온조溫祚가 하남河南 위례성慰禮城에 도읍하였을 적에 열 신하(十臣)로 보익輔翼을 삼았기 때문에 나라 이름을 십 제十濟라 하였는데, 나중에 백성이 즐겨 따랐으므로 국호를 백제百濟라 고치 게 되었다고 하였다.

11) 바로 앞에서 부왕父王 동명왕의 성이 고씨高氏라고 하였는데, 그 아들인 제2대 유리왕瑠璃王의 성은 해씨解氏라 하고 있으니, 부자의 성이 각각 다른 것으로 되어 있다. 중국의 사서들에는 유리왕의 훨씬 후대 고구려 왕의 이름에 高璉 (長壽王)·高湯(平原王) 등이 보이고 있어서 고구려 왕의 성이 고씨임을 알게 하고 있다.『유사』「기이」편 고구려 항목 본문 가운데에 "國號高句麗 因以高 爲氏" 곧 "국호가 고구려이니 그로 말미암아 성씨를 고로 하였다"라고 되어 있 으며, 그 아래에 주를 붙여 "본디 성은 해씨이다(本姓解也)"라고 하였다. 그러 므로 흔히 일컫는 '고주몽高朱蒙'은 성을 고씨高氏로 하고, 해모수(解慕漱)의 자손이기 때문에 유리왕을 해씨解氏로 한 것이라 할 수가 있을 것 같다.

12) 백제의 첫 도읍터인 위례성慰禮城을 여기에서는 지금(고려 당시)의 직산(현재 천안 직산)이라고 하였으나, 정약용丁若鏞은 그의『강역고疆域考』(위례고慰禮 考)에서 삼각산三角山의 동쪽 기슭 지역이었다고 하였다. 그리고 최근에 와서 풍납리風納里 토성土城이 그 유적지라는 설(金廷鶴,「서울近郊의 百濟遺蹟」,

| 중국 | 신라 | 고구려 | 백제 | 가락 |
|---|---|---|---|---|
| 後漢虎帝<br>建虎乙酉三十一<br>(25~55) | | 第四閔中王<br>名色朱 姓解氏 大<br>虎之子 甲辰立 理<br>四年<br>**제4대 민중왕**<br>이름이 색주이며<br>성은 해씨이고 대<br>무신왕의 아들19)<br>이다. 갑진년(44)<br>에 즉위하여 4년<br>동안 다스리다.<br><br>第五慕本王<br>閔中之兄 名愛留<br>一作憂 戊申立 理<br>五年<br>**제5대 모본왕**<br>민중왕의 형20)이<br>며, 이름이 애류<br>또는 우21)이다. 무<br>신년(48)에 즉위<br>하여 5년 동안 다<br>스리다.<br><br>第六國祖王<br>名宮 亦云大祖王<br>癸丑立 理九十三<br>年 後漢傳云 初生<br>開目能視<br>後遜位于母弟次<br>大王 | 第二多婁王<br>溫祚第二子 戊子<br>立 理四十九年<br>**제2대 다루왕**<br>온조왕의 둘째 아<br>들.22) 무자년(28)<br>에 즉위하여 49년<br>동안 다스리다. | 駕洛國23)<br>一作伽倻 今金州<br>24)<br>가락국<br>또는 가야라고도<br>한다. 지금의 금<br>주이다.<br><br>首露王<br>壬寅三月卯生 是<br>月卽位 理一百五<br>十八年 因金卵而<br>生 故姓金氏 開<br>皇曆載<br>**수로왕**<br>임인년(42) 3월에<br>알에서 태어나다.<br>그 달에 즉위하<br>여 158년 동안 다<br>스리다. 금알에서<br>태어났기 때문에<br>성이 김씨이다. 개<br>황력25)에 실려 있<br>다. |

『鄕土서울』39, 1981)을 비롯하여, 중랑천中浪川 유역이라는 설(車勇杰,『鄕土
서울』39, 1981), 이성산성二聖山城이라는 설(尹武柄,『百濟考古學硏究』, 1992)
등이 발표되었다.

13) 이「왕력」표에 보면 고구려·백제·가락의 모든 나라들은 국왕의 이름 밑에
왕王을 붙이고 있는데, 오직 신라만은 제23대 법흥왕法興王 때부터 비로소 왕
이라 일컫고 있다. 앞에서 본 바와 같이 시조 혁거세왕에는 아무런 호칭도 없
었으나 두 번째 왕인 남해에는 '차차웅'이라는 호칭을 붙이고 있다.
『사기』권1에는 남해차차웅 밑에 다음과 같은 주(割註)를 달아 놓았다.
"차차웅, 혹은 자충慈充이라고도 한다. 김대문金大問이 말하기를 (차차웅 또는
자충은) 방언(지방어 또는 향토어)으로 무당(巫)을 이르는 말이다. 세상 사람
들이 무당으로써 귀신을 섬기고 제사를 받들었기 때문에 외경하였는데, 나중
에 존장되는 이를 일컬어 자충이라 하였다(次次雄 或云 慈充 金大問云 方言謂
巫也 世人以巫事鬼神 尙祭祀 故畏敬之 遂稱尊長者 爲慈充)."
그리고 이 '남해차차웅' 조항의 끝에는 이 왕을 '거서간居西干'이라고도 한다
고 하였다. 시조 혁거세왕 외에 남해왕도 거서간이라 한 사실 등에 관해서는
『유사』「기이」편 본문에서 다루게 되므로 생략한다.

14) 국내성은 고구려 두 번째의 도읍터인데, 이 해(유리왕 22년 계해)에 도읍을 이
리로 옮긴 후 장수왕長壽王 15년(427)에 다시 평양으로 옮길 때까지 424년 동
안 고구려의 수도였다. 지금의 만주 길림성吉林省 집안현輯安縣 통구洞溝 지역
으로 알려져 있다.

15) 대무신왕大武神王의 무武가 고려 제2대 혜종(943~945)의 이름 무武와 같으므
로 이를 피(避諱)하여 대호신왕大虎神王이라 하였음.『사기』권14, 고구려 본
기 2에는 '대무신왕'이라 하였다. 이밖에도 이『유사』에는 전편에 걸쳐서 '무
武' 자는 거의 모두 피휘하여 '호虎' 자로 바꾸어 놓았다. 고구려·백제·신라
등 국내의 사례는 말할 것도 없고 중국의 경우도 '무武'는 대부분 '호虎'로 바
꾸고 있는데, 중국 왕력의 '후한 광무제'도 '후한 호제'(광무제의 '광光'이 빠
져 있음)로 하고 있으며 그 연호인 '건무建武'도 '건호建虎'로 고쳐 놓았다. 이
에 붙여서 한마디 하지 않을 수 없는 것은, 혜왕의 이름자인 무武는 피하면서
도 그의 부왕이며 고려 창업주인 태조 왕건의 이름자인 '건建'은 피휘하지 않
았다는 사실이다. 이「왕력」의 전한 연호(지금 본 후한 광무제의 앞쪽)에 '건
소建昭'·'건시建始'·'건평建平'·'건국建國' 등을 그대로 썼을 뿐 아니라 이
제 본 것처럼 광무제의 연호인 '건무建武'도 아들 혜왕의 이름(무武)은 '호虎'
로 바꾸어 놓으면서 그 부왕 태조의 이름(건建)은 피휘하지 않았다는 것이다.

| 중국 | 신라 | 고구려 | 백제 | 가락 |
|---|---|---|---|---|
| 中元丙辰二<br>(56~57)<br><br><br><br><br><br>明帝<br>永平戊午十八<br>(58~75) | 第四脫解一作吐解尼叱今<br>昔氏 父琓夏國含達婆王<br>一作花夏國王 母積女國<br>王之女 妃南解王之女阿<br>老夫人 丁巳立 理二十<br>三年 王崩水葬 未召疏<br>井丘中 塑骨安東岳 今<br>東岳大王<br>**제4대 탈해(혹은 토해)<br>니질금**<br>석씨이며, 아버지는 완<br>하국 함달바왕인데, 또<br>는 화하국왕26)이라고도<br>한다. 어머니는 적녀국<br>왕27)의 딸이며, 왕비는<br>남해왕의 딸 아노부인28)<br>이다. 정사년(57)에 즉<br>위하여 23년을 다스리<br>다. 왕이 별세하자, 미소<br>소정구29) 안의 물 속에<br>장사 지내다. 뼛가루로<br>소상을 빚어 동악에 안<br>치하다. 지금의 동악대<br>왕이다. | 제6대 국조왕<br>이름이 궁이며, 또<br>는 태조왕30)이라고<br>도 하다. 계축년(53)<br>에 즉위하여, 93년<br>동안 다스리다. 『후<br>한전』31)에는 "갓 태<br>어나서 눈을 뜨고<br>사물을 보았다"고<br>하다.<br>나중에 한배 아우<br>인 차대왕에 왕위<br>를 물려주다. | | |
| 章帝<br>建初丙子八<br>(76~83)<br><br>元和甲申三<br>(84~86)<br><br>章和丁亥二<br>(87~88) | 第五婆娑尼叱今<br>姓朴氏 父弩禮王 母辭<br>要王之女 妃史肖夫人<br>庚辰立 理三十二年<br>**제5대 바사니질금**<br>성이 박씨. 아버지는 노<br>례왕이고, 어머니는 사<br>요왕의 딸이며, 왕비는<br>사초부인32)이다. 경진년<br>(80)에 즉위하여 32년<br>을 다스리다. | | 第三己婁王<br>多婁子 丁丑立<br>理五十五年<br>**제3대 기루왕**<br>다루왕의 아들33)<br>정축년(77)에<br>즉위하여 55년<br>을 다스리다. | |

국가적 간행인 '봉선찬奉宣撰'의 『사기』에는 '무武' 자를 원문 그대로 쓰고 있는데, 선사禪師(산승山僧)의 사찬私撰(대선사 일연찬)인 『유사』에는 대부분 '무武' 자의 경우 '호虎'로 바꾸고 있으며, 더욱이 그 부왕 태조의 이름 '건建'에는 피휘하지 않고 있다는 사실이 쉽게 이해가 안 된다고 하겠다.

16) 노례弩禮의 아래 "一作 弩"라고 한 이대로라면 노례를 또는 노弩라고 한다는 것이 되는데, 좀 석연치 않다. 『유사』「기이」편 해당 본문에는 "朴弩禮尼叱今(一作儒禮王)"이라고 주를 달아 놓았으므로, 아마도 '유儒'나 '유례儒禮'의 잘못된 글자가 들어간 것인 듯하다.

17) 원문대로 새기면 '대호신왕'이라야 옳겠지만, 앞 주에서 밝힌 바와 같이 본디 이름이 '대무신왕'이므로 그렇게 원명대로 표기하였다. 이는 『유사』「기이」편에 나오는 '문호왕文虎王'을 본디의 '문무왕文武王'으로 바로잡아 쓰는 경우와 같다고 할 것이다.

18) 『사기』에서는 「신라본기」 1 유리니사금儒理尼師今 및 그 후의 왕명 아래 모두 '니사금尼師今'으로 되어 있을 뿐 니질금尼叱今은 보이지 않는다. 『유사』의 「왕력」에는 '니질금'을 주로 하고 '니사금'은 '혹은' '또는'(或作)으로 부연하고 있다.

19) 여기에서는 민중왕이 대무신왕의 아들로 되어 있으나, 『사기』 권14, 「고구려본기」 '민중왕'에는 "대무신왕의 동생(大武神王之弟也)"으로 되어 있다. 뿐만 아니라 『사기』에서는 이에 이어, "대무신왕이 세상을 떠나자, 태자가 어려 다스리는 일이 어려웠으므로 국인이 (그를) 추대하여 (임금으로) 세웠다(大武神王薨 太子幼少不克卽政 於是國人推戴以立之)"라고 하여, 태자가 있는데도 동생(王弟)이 왕위에 오르게 된 연유까지를 밝혀 놓고 있다. 아마도 『유사』는 (『사기』와는) 다른 사료를 근거한 듯하다.

20) 여기에서는 모본왕을 민중왕의 형이라 하고 있으나, 『사기』「고구려본기」에서는 "대무신왕의 원자(大武神王 元子)"라고 하였다. 그러므로 『사기』의 기록에 의한다면 모본왕이 민중왕의 형이 아니고 조카가 된다. 대무신왕과 민중왕과의 관계는 위의 주19)에서 밝힌 바가 있다.

21) 모본왕의 이름도 『사기』「고구려본기」 '모본왕' 조항에는 "이름이 해우이며, 혹은 해애루라고도 한다(諱解憂 一云解愛婁)"라고 되어 있다.

22) 여기에서는 둘째 아들이라 하고 있으나, 『사기』「백제본기」 1에는 다루왕을 "온조왕의 원자(溫祚王之元子)"라 하고 있다.

23) 이 「왕력」 표에서 신라·고려·백제 그리고 가락의 차례로 역대 왕력을 편성하면서, 앞의 삼국의 경우는 나라 이름 밑에 '국國'이 없는데, 오직 맨 나중의

| 중국 | 신라 | 고구려 | 백제 | 가락 |
|---|---|---|---|---|
| 和帝<br>永元<sub>己丑</sub>十七<br>(89~104)<br><br>殤帝<br>元興<sub>乙巳</sub><br>(106)<br>安帝<br>延平<sub>丙午</sub><br>(105)<br>永初<sub>丁未</sub>七<br>(107~113)<br><br>元初<sub>甲寅</sub>六<br>(114~119)<br><br><br>永寧<sub>庚申</sub><br>(120)<br><br>建光<sub>辛酉</sub><br>(121)<br><br><br>延光<sub>壬戌</sub>四<br>(122~125) | 第六祇磨尼叱今<br>一作祇味　姓朴氏　父婆<br>娑王　母史肖夫人　妃磨<br>帝國王之女　□禮夫人　一<br>作愛禮　金氏　壬子立　理<br>二十三年　是王代滅音質<br>國今安康　及押梁國今梁<br>山<br>**제6대 기마니질금**<br>또는 기미34)라고도 한<br>다. 성은 박씨이며, 아버<br>지는 바사왕이고 어머<br>니는 사초부인. 왕비는<br>마제국왕 딸 □례부인<br>또는 애례부인35) 김씨.<br>임자년(112)에 즉위하여<br>23년을 다스리다. 이 왕<br>대에 음질국36)(지금 안<br>강) 및 압량국(지금 양37)<br>산)을 멸망시키다.38) | | | |

가락만이 '가락국駕洛國'으로 '국國' 자를 붙여 놓았다.

그리고 현재 볼 수 있는 옛 사료(『유사』「가락국기」 이전)에서는 '가락'이라는 국명을 볼 수가 없고, 다만 그와 유사한 가라加羅를 볼 수 있다. 예를 들면 '고구려 광개토왕릉비'(『조선금석총람朝鮮金石總覽』 上, p.4)와 중국의 『남재서南齋書』 권58, 열전 제39의 「동남이전東南夷傳」(가라국加羅國) 및 일본의 『일본서기』 권9·18·19 등 여러 군데에서 '가라加羅'·'남가라南加羅'의 국명이 보이고 있으나 '가락駕洛'은 보이지 않는다. 그러므로 국내외의 옛 문헌에 나와 있는 '가라'가 곧 '가락'이라 볼 수 있지 않을까 싶다. 이 가락 국명에 관해서는 『유사』의 「가락국기」 해당 사항에서 자세히 살펴보기로 한다.

『사기』에서는 이 '가락'(주로 '가야伽耶'·'가라加羅'로 일컫고 있음)의 '본기'도 없을 뿐 아니라 「연표」에도 전혀 다루지 않았다. 이런 점에서도 이른바 『유사』다운(『사기』와 다른) 면모를 보게 된다.

24) '금주金州'는 지금의 김해金海. 『사기』 권34, 잡지 3 지리 1의 '금관소경金官小京' 조항에는 "(신라) 경덕왕이 김해경金海京으로(이전엔 금관군金官郡) 고쳤으나 지금(당시 고려)은 금주이다(…景德王改名金海京 今金州)"라고 하였다.

25) '개황력開皇曆'은 이 『유사』「기이」편에 수록된 「가락국기」의 '거등왕居登王' 조항에 인용한 문헌 이름으로 보인다. '구형왕仇衡王' 조의 '개황록開皇錄'과 같은 책으로 보이지만 자세한 것을 알 수가 없다.

26) 여기에서는 탈해왕이 태어난 나라(그 부왕국父王國)를 완하국琓夏國 또는 화하국花夏國이라 하고 있으나, 『유사』「기이」편(제4 탈해왕) 본전에서는 "본디 용성국 사람(本龍城國人)"이라 하고는 그 밑에 할주를 달아 "또는 정명국이라 하며 혹은 완하국이라고도 하는데, 완하국을 또 화하국이라고도 한다. 용성국은 왜倭의 동북쪽 1천 리에 있다(亦云正明國 或云琓夏國 琓夏或作花厦國 龍城在倭東北一千里)"라고 하였다. 여기서의 '화하국花厦國'은 이 「왕력」에서의 '화하국花夏國'과 다른 한 자를 쓰고 있다.

그런데 『사기』 권1 「신라본기」에서는, "탈해는 본디 다바나국에서 태어났다(脫解 本多婆那國所生也)"라고 하였다.

27) 탈해왕의 어머니에 관해서도 『유사』에는 "적녀국왕의 딸"로 되어 있으나, 『사기』(위와 같음)에서는 "여자 나라 왕의 딸(女國王女)"로 되어 있다.

28) 여기에서는 '아노부인阿老夫人'이라 하였으나, 『유사』「기이」편에서는 '아니부인阿尼夫人'으로 되어 있으며, 『사기』 본기에서는 '아효부인阿孝夫人'이라 하고 있다.

| 중국 | 신라 | 고구려 | 백제 | 가락 |
|---|---|---|---|---|
| 順帝<br>永建<sub>丙寅</sub>六<br>(126~131)<br>陽嘉<sub>壬申</sub>四<br>(132~135)<br><br>永和<sub>丙子</sub>六<br>(136~141)<br><br><br>漢安<sub>壬午</sub>二<br>(142~143)<br>建康<sub>甲申</sub><br>(144)<br><br><br>冲帝<br><br>永嘉<sub>乙酉</sub><br>(145)<br><br>質帝<br>本初<sub>丙戌</sub><br>(146)<br><br>桓帝<br>建和<sub>丁亥</sub>三<br>(147~149)<br><br>和平<sub>庚寅</sub><br>(150)<br><br>元嘉<sub>辛卯</sub>二<br>(151~152) | 第七逸聖尼叱今<br>父弩禮王之兄　或云祇<br>磨王 妃□禮夫人 日知<br>葛文王之父　□□禮夫<br>人 祇磨王之女　母伊刊<br>生夫人　或云□□王夫<br>人 朴氏 甲戌立 理二十<br>年<br>**제7대 일성니질금**<br>아버지는 노례왕의 형<br>이며, 또는 기마왕이라<br>고도 한다39). 왕비 □<br>례부인은 일지갈문왕<br>의 딸40)이며, □□례<br>부인은 기마왕의 딸이<br>다.41) 어머니는 이간생<br>부인, 혹은 □□왕부<br>인이라고도 하며, 박씨<br>이다.42) 갑술년(134)에<br>즉위하여 20년을 다스<br>리다. | 第七次大王<br>名遂 國祖王母弟<br>丙戌立 理十九年<br>**제7대 차대왕**<br>이름이 수43)이며,<br>국조왕의 동복아<br>우이다. 병술년(146)<br>에 즉위하여 19<br>년을 다스리다. | 第四蓋婁王<br>己婁子 戊辰立 理<br>三十八年<br>**제4대 개루왕**<br>기루왕의 아들.<br>무진년(128)에<br>즉위하여 38년을<br>다스리다. | |

29) 탈해왕의 장지를 『사기』 본기(탈해왕 24년 8월)에서는, "성의 북쪽 양정구(葬城北壤井丘)"라고 하였다.
  『유사』의 탈해왕 본전에서는 "소천구의 가운데에 장사지내다(葬疏川丘中)"라고 하였으므로, 이 「왕력」에 보인 '미소의 소정구'와 '소천구疏川丘'는 같은 곳이라고 하겠다.

30) 대조왕大祖王이라 되어 있으나, 『사기』 권15 본기에는 "太祖大王 或云 國祖王"이라 되어 있다. 옛 문헌에는 대大와 태太를 같은 뜻으로 쓰는 경우가 많으므로 여기에서는 '태조왕'이라 번역해 썼다.

31) 『후한전後漢傳』은 중국의 『후한서後漢書』 권115, 열전 제75 동이東夷 고구려高句麗 조항을 가리킨다.

32) 여기에서는 '사초부인史肖夫人'인데, 『사기』 본기(바사니사금婆娑尼師今)에는 '사성부인史省夫人'이라 하였다.

33) 여기에서는 다루왕의 아들(多婁子)로만 되어 있으나, 『사기』 권23 「백제본기」에는 다루왕의 원자元子로 되어 있다.

34) 『신정본』에는 '지祇'로 되어 있으나 『저본』과 『사기』에서는 '기祇'로 하고 있으므로 여기에서도 '기마祇磨' 또는 '기미祇味'로 하였다. 『사기』에서는 '기마祇磨'를 '기마祇摩'로 하여 '마摩' 자를 다르게 쓰고 있다.

35) 여기에서는 기마왕비를 "磨帝國王之女 □禮夫人 一作愛禮 金氏"라 하고 있으나, 『사기』 본기(기마니사금祇摩尼師今)에는 즉 "왕비 김씨 애례부인은 갈문왕 마제의 딸이다(妃金氏愛禮夫人 葛文王摩帝之女也)"라고 하였다.

36) 이 '음질국音質國'을 『사기』 본기(바사왕 23년)에는 '음집벌국音汁伐國'이라 하였다.

37) 여기에서는 '압량국押梁國'을 '지금의 양산今梁山'이라 하고 있으나, 『사기』 권34 잡지 3(지리 1) 장산군獐山郡 조항에는 "今章山郡"으로 하고 있는데, 이 압량押梁(督)은 고려 때 양산梁山이 아니라 장산章山(지금 경산慶山)이 옳다.

38) 신라가 음질(집벌)국과 압량국을 멸망시킨 것이 여기에서는 이 기마왕祇磨王 때의 일이라 하고 있지만, 『사기』 본기 바사왕婆娑王 23년 8월의 기록 가운데에서는 "왕(바사왕)이 노하여 군사로 음집벌국을 치니 그 군주와 무리들이 항복하였다. 실직·압독(압량) 두 나라 왕이 항복해 왔다(…王怒 以兵伐音汁伐國 其主與衆自降 悉直押督二國王 來降)"라고 하였다.
  그리고 또 바로 앞 주37)에서 본 『사기』 권34의 장산군 조항에는 "기미왕祇味王 때 압량(압독) 소국小國을 쳐서 그 곳에 군군을 두었다"고 하였으며, 또 같은 권 지리지地理志의 의창군義昌郡 조항에서는 "바사왕 때 음집벌국을 취하

| 중국 | 신라 | 고구려 | 백제 | 가락 |
|---|---|---|---|---|
| 永興癸巳二<br>(153~154)<br>永壽乙未三<br>(155~157) | 第八阿達羅尼叱今<br>又興44)倭國相□□□<br>□嶺45) 立峴今彌勒大<br>院東嶺是也<br>**제8대 아달라니질금**46)<br>계립현(鷄立峴)47)은<br>지금의 미륵큰절(大彌<br>勒寺) 동쪽 재(嶺)이<br>다. | 乙巳 國祖王年百十<br>九歲 兄弟二王俱見<br>弑于新王<br>을사년(165)에 국<br>조왕이 119세.48)<br>형제 두 왕이 모두<br>신왕에게 시해되<br>다.49) |  |  |
| 延熹戊戌九<br>(158~166)<br>永康丁未<br>(167)<br><br>靈帝<br><br>建寧戊申四<br>(168~171) |  | 第八新大王<br>名伯固　一作伯句<br>乙巳立 理十四年<br>**제8대 신대왕**<br>이름이 백고 또는<br>백구. 을사년(165)<br>에 즉위하여 14년<br>을 다스리다. | 第五肖古王<br>一作素古 盖婁<br>子 丙午立 理<br>五十年<br>**제5대 초고왕**<br>또는 소고라고<br>도 하는데, 개<br>루왕의 아들이<br>다. 병오년(166)<br>에 즉위하여 50<br>년50)을 다스리<br>다. |  |
| 熹平壬子六<br>(172~177)<br>光和戊午六<br>(178~183)<br><br>中平甲子五<br>(184~188) | 第九伐休尼叱今<br>**제9대 벌휴니질금** | 第九故國川王<br>名男虎　或云夷謨<br>己未立　理二十年<br>國川亦曰國壤 乃葬<br>地名<br>**제9대 고국천왕**<br>이름이 남무(男武)51)<br>혹은 이모52). 기미<br>년(179)에 즉위하<br>여 20년을 다스리<br>다. 국천은 또 국양<br>이라고도 하는데,<br>곧 장지를 이름한<br>것이다. |  |  |

여 (안강安康)현縣을 두었다"고 하였다. 앞의 「신라본기」에서는 음집벌국과 압량(독)국을 없앤 것이 바사왕 23년의 일이라 하였는데, 이 지리지에서는 압량국을 없앤 것을 기미(마)왕 때의 일로 하고 있다.

39) 『사기』 본기(일성니사금逸聖尼師今)에는 "유리왕의 맏아들. 혹은 일지갈문왕의 아들이라고도 한다(儒理王之長子 或云 日知葛文王之子)"라고 하여, 이 「왕력」의 기록과 상당한 차이를 보인다.

40) 『저본』과 『신정본』 등에는 모두 '부父'로 되어 있으나, '여女'의 오자로 볼 수가 있다. 그래서 우리말 옮김에는 딸이라 하였다.

41) 여기에 있는 대로라면 일성왕의 부인이 둘이 되는 셈이다. 각각 '예부인禮夫人'이라는 뒤쪽 이름만 보이고 이름 앞쪽 글자가 남아 있지 않다. 『사기』(일성니사금)에서는 "왕비 박씨는 지소례왕의 딸이다(妃朴氏 支所禮王之女)"라고만 되어 있다.

42) 『사기』에서는 일성왕의 어머니에 관한 언급이 없다.

43) 『사기』 「고구려본기」(차대왕次大王)에는 왕의 이름을 '수성遂成'이라 하고 있다. 아마도 『유사』의 「왕력」은 '성成' 자가 빠진 듯하다.

44) 이 『신정본』에서는 '홍興'으로 되어 있으나, 『저본』 등에는 '여與'로 보이고 있다. 단절된 글귀이므로 완전한 뜻을 알기는 어려우나 현재 볼 수 있는 이대로라면 '여與' 자가 옳을 것 같다.

45) '우又'에서부터 '령嶺'에 이르는 이 대목은 빠진 글자가 많아서 글 뜻이 통하지 않으므로 번역하지 않았다.

46) 『저본』과 『신정본』 등에 공란으로 되어 있는 이 아래에 일본의 『금서본今西本』을 축사인행縮寫印行한 『경대본京大本』의 「왕력」에는 다음과 같이 그 공란을 메우고 있다.
"父逸聖王 無嗣 伐休立 甲午立 理三十一年 無嗣" 즉 아달라왕의 아버지가 일성왕逸聖王이며, (아달라왕을) 이을 왕자가 없어서 벌휴왕伐休王이 즉위하였고, 왕(아달라)은 갑오년에 즉위하여 31년을 다스렸으나 이을 왕자가 없었다는 것이다. 이 부분을 전재轉載하여 다루고 있는 『고정考証』(상, p.87)에서는 이 조항을 원판 그대로의 형태로 보기에는 의문점이 있다고 보고 있다. 아마도 본디 있었던 기사가 고본에서 마멸되어 비어 있는 자리에 누군가가 가필한 것으로 볼 수 있다는 것이다.

47) 이 '입立'의 앞에 '계鷄' 자가 있어야 마땅할 것이므로, (빠진 것으로 보고) 뜻을 옮기면서 계립현鷄立峴으로 적었다. 곧 중원中原의 대미륵사大彌勒寺 동쪽 산이 계립령鷄立嶺(峴)이므로 '계립현鷄立峴'이 옳다고 하겠다. 이 계립현을

| 중국 | 신라 | 고구려 | 백제 | 가락 |
|---|---|---|---|---|
| 洪農又獻帝<br>永漢己巳<br>(189)<br><br>初平庚午四<br>(190~193)<br><br>興平甲戌二<br>(194~195)<br><br>建安丙子二十<br>四<br>(196~219)<br><br><br>曹魏文帝<br>黃初庚子七<br>(220~226)<br><br><br><br><br>明帝<br><br>大和丁未六<br>(227~232)<br><br>靑龍癸丑四<br>(233~236)<br><br><br><br><br>景初丁巳三<br>(237~239) | 第十奈解尼叱今<br>제10대 나해니질금<br><br><br><br><br><br><br><br><br><br>第十一助賁尼叱今<br>제11대 조분니질금 | 第十山上王<br>제10대 산상왕<br><br><br><br><br><br><br><br>第十一東川王<br>제11대 동천왕 | 第六仇首王<br>一作貴須　肖古<br>王之子　甲午立<br>理二十一年<br>제6대 구수왕<br>또는 귀수라고도<br>쓴다. 초고왕의 아<br>들. 갑오년(214)<br>에 즉위하여 21<br>년을 다스리다.<br><br><br>第七沙沸王<br>一作沙□□　仇<br>首之子立卽廢<br>제7대 사반왕54)<br>또는 사□□55)라<br>고도 쓴다. 구수<br>왕의　아들이며,<br>즉위하여 곧 폐<br>위되다.56) | 第二居登王<br>首露子 母許皇<br>后 己卯立 理<br>五十五年 姓金<br>氏<br>제2대 거등왕<br>수로왕의 아들<br>이며, 어머니는<br>허황후. 기묘<br>년(199)에 즉<br>위하여 55년53)<br>을 다스리다.<br>성은 김씨. |

마목현麻木峴 또는 마골산麻骨山이라 하는데, 이는 계립鷄立이(닭이 서다는 뜻이 아니고) 겨릅(마목麻木·마골麻骨)의 지방어 '계립·기릅·지릅대'를 한자로 소리 옮겨 쓴 말이기 때문이다. 그러므로 계립현(령) 또는 마목·마골현은 오늘의 표준어로 말한다면 '겨릅재'(조령鳥嶺이 새재이듯)가 된다.

48) 『사기』「고구려본기」(차대왕 20년 3월)에 "태조(국조)대왕이 별궁에서 별세하니 나이 119세였다(太祖大王薨於別宮 年百十九歲)"라고 했으므로, 이 「왕력」에서는 국조(태조)왕의 죽음(薨)이 빠진 것으로 볼 수 있다.

49) 위와 같은 해(차대왕 20년) 10월에 "연나조의椽那皂衣인 명림답부明臨答夫가 폭정에 시달리는 백성을 위해 왕을 시해하였다"라고 한 것을, 이 「왕력」에서는 잘못 보고 태조대왕(국조왕)과 차대왕 형제 두 왕이 모두 시해된 것으로 기록한 것인 듯하다. 여기서의 '신왕新王'은 차대왕의 다음인 고구려 제8대 신대왕新大王을 가리킨 것인데, 신대왕이 앞 대의 왕을 시해한 것이 아니고 신하인 명림답부가 폭정을 견디다 못해 왕을 시해한 것이었다. 그간의 사정은 「고구려본기」4 신대왕 쪽에 자세히 보인다.

50) 여기에는 초고왕이 50년 동안 다스린 것으로 되어 있으나, 『사기』「백제본기」(초고왕肖古王)에는 초고왕이 그 49년 10월에 별세한 것으로 되었다.

51) 여기에는 '남호男虎'로 되어 있으나, 앞에서 이미 본 바와 같이 '호虎'는 '무武'의 피휘이므로 남무男武로 바로잡아 적었다.

52) 여기에는 '이모夷謨'인데, 『사기』「본기」(고국천왕故國川王)에는 '이이모伊夷謨'로 되어 있다.

53) 여기에서는 55년을 다스린 것으로 되어 있는데, 본 『유사』권2의 끄트머리에 수록된 「가락국기」(거등왕居登王)에는 "治三十九年"으로 되어 있어서 무려 16년의 차이가 난다.

54) '사반왕沙泮王'을 『사기』「백제본기」에는 따로 항목을 두지 않고 제8대 고이왕古爾王 조항 앞쪽에 "구수왕仇首王이 재위在位 21년에 별세하자 장자 사반沙伴이 왕위를 이었으나 어려서 다스릴 수가 없었으므로 초고왕의 동복 아우인 고이古爾가 즉위하다"라는 한마디 속에 언급하고 있을 뿐인데, 여기에는 이름의 사반에 '반伴'(『유사』「왕력」에서는 '반泮')을 쓰고 있다.
또 『유사』의 「기이」제2권 '남부여南扶餘 전백제前百濟' 본전의 끄트머리에는 '사비왕沙沸王'이라 쓰고 있다.

55) 위의 글 '사비왕' 아래 "一作沙伊王"이라 주를 달아 놓았는데, 지금 이 「왕력」사반왕沙泮王 밑의 "一作沙□□"의 없어진 두 글자가 바로 "一作沙伊王"의 '이왕伊王' 두 글자일 것으로 여겨진다.

| 중국 | 신라 | 고구려 | 백제 | 가락 |
| --- | --- | --- | --- | --- |
| 齊王<br>正始庚申九<br>(240~248)<br><br>嘉平己巳五<br>(249~253)<br><br>高貴鄉公<br><br>正元甲戌二<br>(254~255)<br><br>甘露丙子四<br>(256~259)<br><br>陳留王<br>景元庚辰四<br>(260~263)<br><br>咸熙甲申<br>(264)<br><br>西晉虎帝<br>泰始乙酉十<br>(265~274)<br><br>咸寧乙未五<br>(275~279) | 第十二理解尼叱今<br>一作詁解王 昔氏 助賁<br>王之同母弟也 丁卯立<br>理十五年 始與高麗通<br>聘<br>제12대 이해니질금57)<br>또는 첨해왕이라고도<br>하는데 석씨이며, 조분<br>왕의 동복아우. 정묘년<br>(247)에 즉위하여 15년<br>을 다스리다. 비로소<br>고구려와 국교를 트다.<br><br><br>第十三未鄒尼叱今<br>一作味炤 又未祖 又未<br>召 姓金氏 始立 父仇道<br>葛文王 母生乎 一作述<br>禮夫人 伊非葛文王之<br>女 朴氏 妃諸賁王之女<br>光明娘 壬午立 理二十<br>二年<br>제13대 미추니질금<br>또는 미조라고 하며 또<br>미조·미소라고도 한<br>다.59) 김씨 성이 처음<br>으로 즉위하다. 아버지<br>는 구도갈문왕이며, 어<br>머니는 생호 또는 술례<br>부인이라 하는데, 이비<br>60)갈문왕의 딸이고 박<br>씨이다. 왕비는 제분왕<br>61)의 딸 광명랑. 임오<br>년(262)에 즉위하여 22<br>년을 다스리다. | 第十二中川王<br>제12대 중천왕<br><br><br><br>第十三西川王<br>名藥盧 又若友<br>庚寅立 理二十<br>年<br>제13대 서천왕<br>이름이 약로 또<br>는 약우. 경인년<br>(270)에 즉위하<br>여 20년62)을 다<br>스리다. | 第八古爾王<br>肖古之母弟<br>甲寅立 理五<br>十二年<br>제8대고이왕<br>초고왕의 동<br>복아우. 갑인<br>년(234)에 즉<br>위하여 52년58)<br>을 다스리다. | 第三麻品王<br>父居登王 母泉<br>府卿申輔之女<br>慕貞夫人 己卯<br>立 理三十二年<br>제3대 마품왕<br>아버지는 거등왕<br>이며 어머니는 천<br>부경 신보의 딸<br>모정부인. 기묘<br>년(259)에 즉위<br>하여 32년63)을<br>다스리다. |

56) 「기이」권2의 사비왕沙沸王에 관한 부분은 대략 다음과 같다.

"사비왕은 구수왕이 붕어하여 왕위를 계승하였으나 유소幼少하여 다스릴 수가 없었으므로 곧 폐하고 고이왕古爾王이 즉위하였다. 혹은 낙초樂初 2년 기미(실제 이 무렵에 낙초樂初라는 연호가 없고 경초景初가 해당되는데, 경초도 무武의 경우처럼 피휘하여 樂으로 바꾸어 썼는지는 모르지만 설령 경초景初라고 하더라도 기미년己未年은 2년이 아닌 경초景初 3년 239년에 해당됨)에 붕어하였으므로 고이왕이 즉위하였다고도 한다(或云至樂初二年己未乃崩 古爾方立)."이 혹운或云대로 기미년에 사반(비)왕이 세상을 떠나고 나서 고이왕이 즉위하였다면 사반(비)왕은 6년 동안 왕위에 있은 것이 된다.

57) 『사기』「신라본기」에는 이 왕의 이름을 '점해니사금沾解尼師今'으로 쓰고 있다.

58) 『사기』「백제본기」(2 고이왕)에는 고이왕이 53년 11월에 별세한 것으로 되어 있다.

59) 미추왕의 미 자가 이 「왕력」에는 '미未'이고, 『사기』의 미추왕에서는 '미味'이다. "一作味炤"의 조炤를 기존 역주본들에는 대부분 '소'(밝을 소昭 자와 같은 글자)로 보고 '미소'로 번역하고 있으나, 실은 『사기』(미추니사금)에서의 "一云味照"의 '조照'(비출 조)와 같은 뜻의 글자이므로 '미조'로 읽어야 옳은 것이다. 또 『유사』「기이」'미추왕未鄒王 죽엽군竹葉軍'에서는 이 미추왕을 "一作未祖 又未古"라고 하고 있어서, '未古'라는 용례 하나를 더 보게 된다.

60) 이 '이비伊非'갈문왕은 『사기』「본기」(미추니사금)에서는 '이칠伊柒'갈문왕으로 되어 있다("母朴氏 葛文王伊柒之女").

61) 이 제분왕諸賁王은 앞에 나온 제11대 조분니질금助賁尼叱今이다.

62) 『사기』「고구려본기」(서천왕西川王)에는 서천왕이 23년간 다스린 것으로 나온다.

63) 「가락국기」의 '마품왕麻品王(一云 馬品)'에는 "治三十九年" 곧 39년을 다스린 것으로 하고 있어서 「왕력」쪽보다 7년을 더 오래 다스린 것으로 되어 있다. 뿐만 아니라 여기에서는 기묘년에 즉위한 것으로 되어 있는데, 「가락국기」에서는 계유년(253)에 즉위한 것으로 되어 있다. 이 문제는 부왕(거등왕)의 치년治年과 더불어 이미 앞 Ⅰ장에서 잠시 언급한 바가 있고 또 「가락국기」의 해당 본문에서 좀 더 자세히 보기로 한다.

64) 『사기』「본기」에는 이 왕의 조항 첫머리 "儒禮尼師今立" 아래에 할주를 달아, "고기古記에는 제3대와 제14대의 두 왕이 같은 이름(同諱)으로 유리儒理 혹은 유례儒禮라고 하였으니, 누가 옳은지 알 수가 없다"고 하였다.

65) 바로 위의 『사기』유례니사금의 할주에 이어 "조분왕의 장자長子이며, 어머니 박씨는 갈문왕 나음의 딸이다"라고 하였다.

| 중국 | 신라 | 고구려 | 백제 | 가락 |
|---|---|---|---|---|
| 大康庚子十一<br>(280~290)<br><br>惠帝<br><br>元康辛亥九<br>(291~299)<br><br>永寧庚申二<br>(300~301)<br><br>大安壬戌二<br>(302~303) | 第十四儒禮尼叱今<br>一作世里智王 昔氏 父諸<br>賁王 母□召夫人朴氏 甲<br>辰立 治十五年 補築月城<br>**제14대 유례니질금**64)<br>또는 세리지왕이라고도<br>하며 석씨이다. 아버지는<br>제분왕이고 어머니는 □<br>소부인 박씨65). 갑진년<br>(284)에 즉위하여 15년<br>을 다스리다. 월성을 보<br>축하다.<br><br>第十五基臨尼叱今<br>一作基立王 昔氏 諸賁王<br>之第二子也 母阿爾兮夫<br>人 戊午立 治十二年<br>丁卯年定國號曰新羅 新<br>者德業日新　羅者網羅四<br>方之民云 或系智證法興<br>之世<br>**제15대 기림니질금**<br>또는 기립왕이라고도 하<br>며 석씨이다. 제분왕의<br>둘째 아들67)이고 어머니<br>는 아이혜부인.68) 무오<br>년(298)에 즉위하여 12<br>년을 다스리다.<br>정묘년(307)에 국호를<br>신라로 정하다.69) ‘신’은<br>덕업이 날로 새로워진다<br>는 뜻이며, ‘라’는 사방<br>의 백성을 망라한다는<br>것이라 하다. 혹은 지증<br>왕과 법흥왕 때의 일이<br>라고 한다.70) | 第十四烽上王<br>一云雉葛王 名相<br>夫　壬子立 治八<br>年<br>**제14대 봉상왕**<br>혹은 치갈왕이라<br>고도 하며, 이름<br>은 상부.66) 임자<br>년(292)에 즉위<br>하여 8년을 다스<br>리다.<br><br>第十五美川王<br>一云好攘73)　名乙<br>弗　又憂弗　庚申<br>立 理三十一年<br>**제15대 미천왕**<br>혹은 호양왕이라<br>고도 하며, 이름<br>은 을불 또는 우<br>불이라고도 한다.<br>경신년(300)에<br>즉위하여 31년을<br>다스리다. | 第九責稽王<br>古爾子　一作<br>青替 誤 丙午<br>立 治十二年<br>**제9대 책계왕**<br>고이왕의 아들.<br>또는 청체라고<br>도 하나 잘못<br>된 것이다. 병<br>오년(286)에<br>즉위하여 12년<br>을 다스리다.<br><br>第十汾西王<br>責稽子　戊午<br>立 治六年<br>**제10대 분서<br>왕**<br>책계왕의 아<br>들. 무오년(298)<br>에 즉위하여 6<br>년을 다스리다. | 第四居叱<br>旀71)王<br>一作今勿<br>父麻品 母<br>好仇 辛亥<br>立 治五十<br>五年<br>**제4대 거질<br>미왕**<br>혹은 금물이<br>라고도 한<br>다. 아버지는<br>마품왕이며<br>어머니는<br>호구. 신해<br>년(291)에<br>즉위하여<br>55년72)을<br>다스리다. |

66) 『사기』「고구려본기」(烽上王)에는 이름이 상부(諱相夫)라고 한 밑에 주를 달아, "혹은 삽시루歃矢婁라고도 한다"라고 하였다.

67) 『사기』「신라본기」(基臨一云基立 尼師今)에는 "조분니사금助賁尼師今의 손자이며, 아버지는 걸숙용찬乞淑用湌이다(또는 걸숙乞淑을 조분왕助賁王의 손자라고도 한다)"라고 하였다. 기림왕의 아버지인 걸숙이 조분왕의 손자라면 기림왕은 조분왕의 증손자가 되는 셈이니, 기림왕이 '제(助)분왕諸(助)賁王의 둘째 아들'이라는 이 「왕력」편의 기록과는 더욱 거리가 멀어진다고 할 수 있다.

68) 기림왕의 어머니가 아이혜부인이라는 이 사실도, 『사기』에서처럼 기림왕이 조분왕의 손자나 증손자임이 확실하다면 이는 터무니없는 오기誤記가 될 것이니, 할머니나 증조모를 어머니로 삼은 격이 될 것이기 때문이다.

69) 여기에서는 "국호를 신라로 정하다(定國號曰新羅)"라고 하였으나, 『사기』「본기」(基臨尼師今)에서는 그 '정묘년'에 해당하는 기림왕의 10년(307)에, "다시 국호를 신라로 하다(復國號新羅)"라고 하였다. 얼핏 보면 같아 보이지만 "定國號"와 "復國號"는 전혀 그 뜻이 다르다. '부국호復國號'는 그 전에 쓰다가 안 쓰고 있던 국호를 다시 쓰게 된 것으로도 볼 수 있겠으나, 앞의 신라 시조 혁거세왕의 첫 연표에 보인 것처럼 국호를 서라벌·서벌·사로·계림 등으로써 오다가 이 기림왕基臨王 10년에 이르러 '다시 국호를 신라라 한 것'으로 풀이할 수 있다. 그러므로 『사기』쪽의 "復國號新羅"가 이 「왕력」의 "定國號曰新羅"보다는 사실에 가까운 표현이라고 할 수 있을 것 같다. 오히려 다음에서 보게 될 제22대 지증왕智證王 4년에 국호를 '신라'로 확정한 사실이 '정국호定國號…'에 해당된다고 할 수 있다.

70) 여기에서의 "新者德業日新 羅者網羅四方之民"이란 글귀는,『사기』권4「신라본기」4, 지증마립간智證庥立干 4년(503) 조항에서 끌어온 것처럼 거의 같은 내용이다. 글귀 전체가 모두 똑같은데 다만 맨 끄트머리의 '민民' 한 자가『사기』에서는 '의義' 자로 되어 있는 차이가 있을 뿐이다.『사기』지증왕 4년 10월 조에는 대략 다음과 같은 사실을 전하고 있다.
신하들이 왕에게 아뢰기를, "시조께서 창업하신 이래로 나라 이름이 정해지지 않아서(國名未定) 사라·사로·신라 등으로 일컬어 왔습니다. 신들은 '덕업이 날로 새로워진다는 뜻의 신新과 사방을 망라한다는 뜻의 라羅(新者德業日新 羅者網羅四方之義)', 곧 신라로 국호를 삼음이 마땅하리라 여기옵니다. 또 살피건대 자고로 국가에서는 모두 제왕의 칭호가 있었사온대 우리의 시조께서 나라를 세운 지 22대에 이르도록 방언方言의 칭호로써 바른 존호가 없으므로 지금 신하들이 한 뜻으로 신라 국왕의 호를 삼가 올리나이다"라고 하니, 지증왕

| 중국 | 신라 | 고구려 | 백제 | 가락 |
|---|---|---|---|---|
| 永興<sub>甲子</sub>三<br>(304~305)<br><br>光熙<sub>丙寅</sub><br>(306)<br><br>懷帝<br>永嘉<sub>丁卯</sub>六<br>(307~312)<br><br>愍帝<br>建興<sub>癸酉</sub>四<br>(313~316)<br><br>東晋中宗<br>建虎<sub>丁丑</sub><br>(317)<br>大興<sub>戊寅</sub>四<br>(318~321)<br><br>明帝<br>永昌<br>(322)<br><br>大寧<sub>癸未</sub>三<br>(323~325) | 第十六乞74)解尼叱今<br>昔氏 父于老音角干 卽<br>奈解王第二子也 庚午<br>立 治四十六年 是王代<br>百濟兵始來侵<br>제16대 걸해니질금<br>석씨. 아버지는 우노<br>음75)각간이니 곧 나해<br>왕의 둘째 아들이다.<br>경오년(310)에 즉위하<br>여 46년을 다스리다.<br>이 왕대에 백제 군사<br>가 처음으로 쳐들어왔<br>다. | | 第十一比流王<br>仇首第二子 沙<br>泮之弟也 甲子<br>立 治四十年<br>제11대 비류왕<br>구수왕의 둘째<br>아들이며, 사반<br>왕의 아우이다.76)<br>갑자년(304)에<br>즉위하여 40년<br>을 다스리다. | |
| 顯宗<br>咸和<sub>丙戌</sub>九<br>(326~334)<br>咸康<sub>乙未</sub>八<br>(335~342) | 己丑始築碧骨堤　周□<br>萬七千二十六步　□□<br>百六十六步　水田一萬<br>四千七十□<br>기축년(329)에 비로소<br>벽골제를 쌓다.77) 둘<br>레가 □만 7천 26보,<br>□□ 166보, 논 1만 4<br>천 70□이다.78) | 第十六國原王<br>名釗　又斯由　或云岡上<br>王 辛卯立 理四十年 甲<br>午增築平壤城 壬寅八月<br>移都安市城　卽丸都城<br>제16대 국원왕79)<br>이름은 쇠, 또는 사유이<br>며, 혹은 강상왕80)이라<br>고도 한다. 신묘년(331)<br>에 즉위하여 40년을 다<br>스리다. 갑오년(334)에<br>평양성을 증축하고, 임<br>인년(342) 8월에 도읍<br>을 안시성으로 옮기니,<br>곧 환도성이다. | | |

이 이에 따랐다는 것이다.

그러므로 시조왕 이래로 여러 국호를 써 왔으나 기림왕 10년(307)에 와서 다시 신라를 국호로 썼으며, 지증왕 4년(503)에 이르러 신라의 국호를 확정하고, 거서간·차차웅·니사금(니질금)·마립간 등의 방언적 칭호를 버리고 바른 존호로서 왕을 일컫게 되었다는 것이다. 그러한 역사 사실을 미루어 "或系智證法興之世"라고 적혀 있는 「왕력」의 글 가운데 법흥왕의 때(世)는 거기에 해당되지 않으며, 또한 "新者… 羅者…"의 글은 지증왕 때의 사실에 해당된다고 할 수가 있다.

71) 앞의 「가락국기」에는 "居叱彌王"으로 되어 있으므로 이 글자는 '미彌'로 보아야 할 것이다.

72) 위의 「가락국기」에는 "治五十六年"으로 되어 있다.

73) 여기에는 "好攘"으로 되어 있으나 『사기』「고구려본기」에는 "好壤"으로 되어 있다.

74) 걸해니질금의 '걸乞' 자를 『사기』 권2(訖解尼師今)에서는 '흘訖'로 썼다.

75) 여기에서는 '우노음于老音'으로 되어 있으나, 『사기』 흘해왕 조항 및 그 앞 전前 왕대의 여러 곳에서 '우로于老'로 쓰고 있다. 성이 석昔씨인 이 우로를 『사기』 권45 「열전」 5에서는 '석우로昔于老' 전을 두고 있다.

76) 『사기』(비류왕)에도 구수왕의 둘째 아들로 되어 있는데, 그것이 사실이라면 비류왕은 매우 장수한 왕이었다고 할 수 있다. 곧 그 부왕이 되는 구수왕이 즉위 21년(234)에 죽고, 그로부터 70년 뒤가 되는 분서왕 7년 갑자(304)에 즉위하여 41년이나 왕위에 있었다는 것이기 때문이다. 구수왕이 별세할 무렵에 비류왕이 둘째 아들로 태어났다고 하더라도 70여 세에 등극한 것이 되고 다시 41년을 왕위에 있었으므로, 110여 세를 산 셈이 된다고 하겠다.

77) 기축년은 걸해왕 20년(329)인데, 『사기』「신라본기」에는 흘해왕 21년(330)의 일(二十一 年 始開碧骨池)이라 하고 있다.

78) 『사기』에서는 또 위의 벽골지碧骨池 시개始開의 글에 이어, "언덕(벽골지) 길이가 1천 8백 보"라고만 하고 있다.

79) 여기에는 '국원왕'으로 되어 있으나 『사기』 권18 「고구려본기」에는 '고국원왕故國原王'으로 되어 있다.

80) 이 '강상왕' 또한 위의 『사기』에서는 "一云 國岡上王"이라 하여 앞에 '국國' 자 하나가 더 있다.

81) 계왕의 '계契'는 사람 이름 '설' 자이기도 하므로 '설'로 발음할 수 있으나, 중국 고대 은나라 시조의 이름이 '설(契)'이기 때문에 중복을 피해서 우리 발음

| 중국 | 신라 | 고구려 | 백제 | 가락 |
|---|---|---|---|---|
| 康帝<br>建元癸卯二<br>(343~344) | | | 第十二契王<br>汾西元子 甲辰立<br>理二年<br>**제12대 계왕**[81]<br>분서왕의 맏아들.<br>갑진년(344)에<br>즉위하여 2년을<br>다스리다. | |
| 孝宗<br>永和乙巳十二<br>(345~356)<br><br>昇平丁巳五<br>(357~361)<br><br>哀帝<br>隆和壬戌<br>(362)<br><br>興寧癸亥三<br>(363~365)<br><br>廢帝<br>大和丙寅五<br>(366~370) | 第十七奈勿麻立干<br>一作□□王 金氏 父仇<br>道葛文王　一作未召王<br>之弟未仇角干　母休禮<br>夫人金氏 丙辰立 理四<br>十六年　陵在占星臺西<br>南<br>**제17대 내물마립간**[82]<br>또는 □□왕[83]이며, 김<br>씨. 아버지는 구도갈문<br>왕이며, 또는 미소왕[84]<br>의 아우 미구각간이라<br>고도 한다.[85] 어머니는<br>휴례부인 김씨. 병진년<br>(356)에 즉위하여 46년<br>다스리다.　왕의 능은<br>점성대[86] 서남쪽에 있<br>다. | | 第十三近肖古王<br>比流第二子 丙午<br>立 理二十九年<br>**제13대 근초고왕**<br>비류왕의 둘째 아<br>들. 병오년(346)<br>에 즉위하여 29<br>년을 다스리다. | 第十五伊品<br>王<br>父居叱旀 母<br>阿志 丙午立<br>理六十年<br>**제5대 이품**<br>**왕**[87]<br>아버지는 거<br>질미왕이며,<br>어머니는 아<br>지 다. 병오<br>년(346)에<br>즉위하여 60<br>년[88]을 다스<br>리다. |
| 簡文帝<br>咸安辛未二<br>(371~372) | | 第十七小獸林<br>王<br>名丘夫 辛未立<br>理十三年<br>**제17대 소수림**<br>**왕**[89]<br>이름은 구부.<br>신미년(371)에<br>즉위하여 13년<br>을 다스리다. | 辛未 移都北漢山<br>신미년(371)에<br>도읍을 북한산으<br>로 옮기다.[90] | |

대로 하였다.

82) 『사기』(「신라본기」 3, 내물니사금)에서는 '마립간'이 아니라 '니사금'으로 되어 있다.

83) 비어 있는 두 글자는, 『사기』 내물니사금 조항 첫머리 '내물' 밑에 주를 달아 "一云那密"이라 한 것과 같은 '나밀那密'로 볼 수 있다.

84) 미추왕을 가리킨다.

85) 『사기』(같은 내물왕 조)에는 이 「왕력」에서와는 달리, "구도갈문왕의 손자이며, 아버지는 말구각간이다(仇道葛文王之孫也 父末仇角干)"라고 하였다.

86) 지금의 첨성대瞻星臺.

87) 여기에는 '이품왕'으로 되어 있으나, 「가락국기」에는 '이시품왕伊尸品王'으로 되어 있다.

88) 『사기』 「백제본기」(근초고왕)에는 근초고왕 26년(371)에 "한산漢山에 도읍을 옮기다"라고 하였다.

89) 『사기』 「고구려본기」에는 소수림왕 아래에 "一云 小解朱留王"이라고 주를 달았다.

90) 「가락국기」에는 "62년을 다스리다(治六十二年)"라고 하고 있다.

91) 『사기』 「고구려본기」에는 '고국양왕故國壤王'이라 하고 있다.

92) 『사기』 「고구려본기」에는 "諱伊連"이라 하고, 그 아래에 "或云於只支"라 주를 달았다.

93) 『사기』 「연표」에도 임진년(392) 즉위라고 되어 있으나, 현존하는 「광개토왕비廣開土王碑」에는 '신묘년'(391)에 즉위한 것으로 되어 있다. 광개토대왕이 세상을 떠난 직후에 세운 비석 글이므로 즉위년은 이 해(391)가 옳을 것이다.

94) 『사기』 「백제본기」에도 '아신왕' 밑에 "或云 阿芳"이라 하였으며, 『일본서기』 제9권·10권에는 '아화왕阿花王'이라 하고 있다. 이를 미루어 아신왕의 '신莘'은 '화華' 자의 오기가 아닌가 싶다. '화華'는 '화花'와 통하는 글자이며 '방芳'과도 관련이 되기 때문이다.

95) 여기에서는 아신왕을 진사왕의 아들이라 하고 있으나, 『사기』 「백제본기」에는 "枕流王之元子 … 王薨時年少 故叔父辰斯繼位 八年薨 卽位" 곧 아신왕은 침류왕의 맏아들인데, 그 부왕이 세상을 떠나자 그때 그가 어려서 숙부인 진사왕이 즉위하였다가 8년에 세상을 떠나고 (阿莘王이) 즉위하게 되었다는 것이다.

96) 여기에는 '마립간麻立干'으로 되어 있으나, 『사기』 「신라본기」에서는 이 실성왕實聖王까지는 '니사금尼師今'으로 되어 있으며, 다음 대의 눌지왕대訥祗王代부터 마립간이라 하고 있다.

| 중국 | 신라 | 고구려 | 백제 | 가락 |
|---|---|---|---|---|
| 烈宗<br>寧康癸酉<br>(373~375) | | | 第十四近仇首王<br>近肖古之子也 乙亥<br>立 理九年<br>**제14대 근구수왕**<br>근초고왕의 아들.<br>을해년(375)에 즉위<br>하여 9년을 다스리<br>다. | |
| 大元丙子二十<br>一<br>(376~396) | | 第十八國壤王<br>名伊速 又於只支 甲<br>申立 治八年<br>**제18대 국양왕91)**<br>이름은 이속92)이며,<br>또는 어지지라고 한<br>다. 갑신년(384)에<br>즉위하여 8년을 다<br>스리다. | 第十五枕流王<br>近仇首子 甲申立<br>**제15대 침류왕**<br>근구수왕의 아들.<br>갑신년(384)에 즉위<br>하다. | |
| 安帝<br>隆安丁酉五<br>(397~401) | | 第十九廣開土王<br>名談德 壬辰立 治二<br>十一年<br>**제19대 광개토왕**<br>이름은 담덕이며, 임<br>진년(392)93)에 즉위<br>하여 21년을 다스리<br>다. | 第十六辰斯王<br>枕流王弟 乙酉立 治<br>七年<br>**제16대 진사왕**<br>침류왕의 아우. 을유<br>년(385)에 즉위하여<br>7년을 다스리다.<br><br>第十七阿莘王<br>一作阿芳 辰斯子 壬<br>辰立 治十三年<br>**제17대 아신왕**<br>또는 아방94)이라고<br>도 하며, 진사왕의 아<br>들.95) 임진년(392)에<br>즉위하여 13년을 다<br>스리다. | |

97) 『사기』(실성니사금)에는 ‘실주왕’이나 ‘보금’에 관해서는 전혀 언급이 없다.

98) 『사기』「백제본기」(전지왕)에는 “或云 直支”라 하였는데, 『일본서기』제10권에도 ‘왕자직지王子直支’ 또는 ‘직지왕直支王’으로 되어 있으므로, 원문의 ‘진지眞支’는 ‘직지直支’의 오자인 것 같다.

99) 여기에서는 이 왕의 이전부터 마립간이라 쓰고 있으나, 『사기』「본기」(눌지마립간)에서는 이 눌지왕 때부터 비로소 ‘마립간’이라 쓴 것으로 되어 있으며, 그 아래에 다음과 같은 할주를 달아 ‘마립간’을 설명하고 있다.

    “김대문이 말하기를, 마립이란 이 지방(신라) 말로 말뚝을 이른다. 말뚝은 화동和同하여 다잡는 것을 말하는데, 자리(지위)에 준거하여 두는 것으로 곧 왕궐王橛이 주가 되고 신궐臣橛이 그 아래에 열립列立하여 있으므로 일컫게 된 것이라 하였다(金大問云 麻立者 方言謂橛也 橛謂誠操 准位而治 則王橛爲主 臣橛 列於下 因以名之).”

100) 『사기』(장수왕 본기)에는 이름을 ‘거련’ 또는 ‘연’이라 한다(巨連一作璉) 하였으므로, 이 ‘신(臣)’은 ‘거(巨)’의 오자로 보아 이름을 ‘거련’으로 하는 것이 옳을 것 같다.

101) 『가락국기』(좌지왕)에는 “一云 金叱”이라 하여, 금질왕金叱王으로 하고 있으므로, 『저본』원문의 ‘金吐王’을 ‘金叱王’의 잘못으로 보고 여기에 ‘금질왕’으로 고쳐 옮겼다.

102) 『유사』「가락국기」에는 “治十五年”으로 되어 있다.

103) 『사기』「신라본기」(자비마립간)에는 “母金氏 實聖之女也”로 되어 있다.

104) 『사기』「신라본기」 자비왕 4년 2월조에는 “왕이 서불한 미사흔의 딸을 받아들여 왕비로 삼다(王納舒弗邯未斯欣女爲妃)”라고 되어 있다.

105) 『사기』「백제본기」(비유왕)에는 “久爾辛王之長子”라고 한 아래에 각주를 달아, “혹은 전지왕의 서자라고도 하는데 어느 것이 옳은지 모르겠다(或云 腆支王庶子 未知孰是)”라고 하였다.

106) 『사기』「백제본기」(개로왕)에는 왕명 밑에 주를 달아, “或云 近蓋婁王”, 곧 근개루왕이라고도 한다고 하였다.

107) 여기에서는 “一云 金喜” 곧 금희라 하고 있으나, 「가락국기」(취희왕)에서는 “一云 叱嘉” 곧 질가라 하고 있다.

108) 「가락국기」에는 “治三十一年”으로 되어 있다.

109) 「가락국기」(질지왕)에는 “治四十二年” 곧 42년 동안 다스린 것으로 되어 있다.

110) 『신정본』에는 ‘문주文州’로 되어 있으나 『저본』에는 ‘문명文明’으로 되어 있으며, 『사기』「백제본기」(문주왕)에는 “或作 汶州”라고 쓰고 있다.

| 중국 | 신라 | 고구려 | 백제 | 가락 |
|---|---|---|---|---|
| 元興<sub>壬寅</sub>三<br>(402~404) | 第十八實聖麻立干<br>一作實主王 又寶金 父<br>未鄒王弟大西知角干<br>母禮生夫人 昔氏 登也<br>阿干女也 妃阿留夫人<br>壬寅立 治十五年 王卽<br>鵄述之父<br>**제18대** 실성마립간96)<br>또는 실주왕이라 하며,<br>또 보금이라고도한다.97)<br>아버지는 미추왕의 아<br>우 대서지각간이며, 어<br>머니는 예생부인 석씨<br>인데, 등야아간의 딸<br>이다. 왕비는 아류부인.<br>임인년(402)에 즉위하<br>여 15년을 다스리다.<br>왕은 곧 치술의 아버<br>지이다. | | 第十八腆支王<br>一作眞支王  名<br>映 阿莘子 乙巳<br>立 治十五年<br>**제18대** 전지왕<br>또는 진지왕98)<br>이라 하며, 이름<br>은 영이고 아신<br>왕의 아들이다.<br>을사년(405)에<br>즉위하여 15년<br>을 다스리다. | |
| 義熙<sub>乙巳</sub>十四<br>(405~418) | 第十九訥祇麻立干<br>一作內只王 金氏 父奈<br>勿王 母內禮希夫人金<br>氏 未鄒王女 丁巳立 治<br>四十一年<br>**제19대** 눌지마립간99)<br>또는 내지왕이라 하며,<br>김씨이다. 아버지는 내<br>물왕이며, 어머니는 예<br>희부인 김씨인데, 미추<br>왕의 딸이다. 정사년<br>(417)에 즉위하여 41<br>년을 다스리다. | 第二十長壽<br>王<br>名臣連 癸丑<br>立 治七十九<br>年<br>**제20대** 장수<br>왕<br>이름은 신련100)<br>계축년(413)<br>에 즉위하여 79<br>년 을 다스리<br>다. | | 第六坐知王<br>一云金叱王  父<br>伊品 母貞信 丁<br>未立 治十四年<br>**제6대** 좌지왕<br>또는 금질왕101)<br>이라고도 하며,<br>아버지는 이품,<br>어머니는 정신<br>이다. 정미년(407)<br>에 즉위하여 14<br>년102)을 다스리<br>다. |
| 恭帝<br>元熙<sub>己未</sub><br>(419) | | | | |

111) 이 '웅천'을 『사기』(문주왕 원년 10월)에는 '웅진熊津'으로 하고 있으나 같은 지역(현재의 공주)이다.

112) 여기에 의하면 명활성을 처음으로 쌓은 것이 기미, 곧 자비왕 22년(479)으로 되어 있다. 그러나 『사기』「신라본기」(자비마립간)에는 "자비왕 16년(473) 7월에 명활성을 수리하였다(十六年 秋七月 葺明活城)"라고 하였으며, 18년(475) 정월에 왕이 명활성으로 옮겨간 것(十八年 春正月 王移居明活城)으로 되어 있다. 그러므로 "기미년(22년)에 왜국병이 내침하므로 비로소 명활성을 쌓고 들어가 피하였다(始築明活城 入避)"는 것에는 문제가 있다고 하겠다. 자비왕은 그 해(22년 기미) 2월 3일에 별세한 것으로 되어 있다(『사기』 권3 「신라본기」 3, 자비마립간).

113) 여기에서는 앞의 사항과 연결되어 있는 것으로 보기 쉬우나, 이 "來圍梁州二城 不克而還"의 글귀는 『사기』 자비왕 6년 2월의 "倭人猷良城 不克而去 … 王以倭人屢侵疆場 緣邊築二城"의 사실을 초록해서 뒤에 붙인 게 아닌가 싶다. 『고증考証』(상, p.157·159)에서는 '양주성梁州城'으로 보고 양주와 성 사이의 이二(이성二城)를 몰랐기 때문에 해석이 달라진 것같이 보인다.

114) 『사기』「신라본기」(소지마립간)에는 자비왕의 맏아들(慈悲王 長子)로 되어 있다.

115) 『사기』「신라본기」 소지왕 조항에서는 "母金氏 舒弗邯未斯欣之女" 곧 왕모 김씨는 서불한 미사흔의 딸이었다는 것이다.

116) 『사기』「신라본기」 소지왕 조항에서는 왕비 선혜부인은 내숙이벌찬의 딸(妃善兮夫人 乃宿伊伐湌女也)이라고 하였다.

그리고 『저본』에는 이(期寶葛文王之女) 다음 칸에 "幼有孝行 謙恭自守 庚午初開市肆以通貨" 곧 어려서부터 효행이 있었고, 스스로 겸양과 공손함을 간직하였다. 경오년(소지왕 12·490년)에 처음으로 시장을 개설하여 화물을 통하게 하였다." 라고 작은 글씨로 적혀 있는데, 이는 나중에 누군가가 『사기』 소지炤知왕의 앞쪽 글 "炤知幼有孝行 謙恭自守 人咸服之"와 그 12년 쪽의 "初開京師市肆 以通四方之貨"의 두 글 줄에서 초록해 옮겨 적은 것으로 볼 수가 있다.

117) 『사기』「백제본기」(삼근왕)에는 "임글왕이라고도 한다(或云 壬乞)"라고 각주를 달았다. 『일본서기』 권14(웅략천황雄略天皇 23년)에는 '문근왕文斤王'이라 되어 있다.

118) 『사기』「백제본기」(동성왕)에는 "이름 모대諱牟大" 밑에 "혹은 마모라고도 한다或作 摩牟"라고 주를 달았다.

119) 위의 같은 조항에서는 동성왕을 문주왕의 아우 곤지昆知의 아들(文周王弟 昆支之子)이라 하였으므로, 문주왕의 장자인 삼근왕은 문주왕의 동생 곤지의 아들

| 중국 | 신라 | 고구려 | 백제 | 가락 |
|---|---|---|---|---|
| 宋武帝<br>永初庚申二<br>(420~422)<br><br>小帝<br>景平癸酉<br>(423)<br><br>文帝<br>元嘉甲子二十<br>九<br>(424~452)<br><br>世祖<br>大初癸巳<br>(453)<br>孝建甲午三<br>(454~456)<br><br>大明丁酉八<br>(457~464) | 第二十慈悲麻立干<br>金氏 父訥祇 母阿老夫<br>人 一作次老夫人 實聖<br>王之女 戊戌立 治二十<br>一年 妃巴胡葛文王女<br>一作未叱希角干 一作<br>未欣角干女<br>**제20대 자비마립간**<br>김씨. 아버지는 눌지<br>왕이며, 어머니는 아<br>노부인 또는 차노부인<br>으로 실성왕의 딸.103)<br>무술년(458)에 즉위하<br>여 21년을 다스리다.<br>왕비는 파호갈문왕의<br>딸, 또는 미질희각간<br>또는 미흔각간의 딸104)<br>이라고도 한다. | 丁卯 移都<br>平壤城<br>정묘년<br>(427)에<br>도읍을 평<br>양성으로<br>옮기다. | 第十九久爾辛王<br>腆支子 庚申立 治<br>七年<br>**제19대 구이신왕**<br>전지왕의 아들. 경<br>신년(420)에 즉위<br>하여 7년을 다스리<br>다.<br><br>第二十毗有王<br>久爾辛子 丁卯立 治<br>二十八年<br>**제20대 비유왕**<br>구이신왕의 아들.105)<br>정묘년(427)에 즉<br>위하여 28년을 다<br>스리다.<br><br>第二十一盖鹵王<br>一云近盖鹵王 名慶<br>司 乙未立 治二十<br>年<br>**제21대 개로왕**<br>또는 근개로왕106)이<br>라고도 하며, 이름<br>이 경사이다. 을미<br>년(455)에 즉위하<br>여 20년을 다스리<br>다. | 第七吹希王<br>一云金喜　父坐<br>知王 母福壽 辛<br>酉立 治三十年<br>**제7대 취희왕**<br>또는 금희107)라<br>고도 하며, 아버<br>지는 좌지왕, 어<br>머니는 복수이다.<br>신유년(421년)<br>에 즉위하여 30년<br>을 다스리다.108)<br><br>第八銍知王<br>一云金銍　父吹<br>希 母仁德 辛卯<br>立 治三十六年<br>**제8대 질지왕**<br>또는 금질이라고<br>도 하며. 아버지<br>는 취희왕, 어머<br>니는 인덕이다. 신<br>묘년(451)에 즉<br>위하여 36년109)<br>을 다스리다. |

인 동성왕에게는 사촌형이 되는 것이다.

120) 『사기』「신라본기」(지증마립간)에는 '정訂'이 아닌 '증證'으로 되어 있다.

121) 위의『사기』같은 조항에는 "諱智大路"라 하고, 그 밑에 "或云 智度路 又云 智哲老"라고 주를 달았다.

122) 위의『사기』같은 항에서는 지증왕의 아버지를 '습보갈문왕習寶葛文王'이라 하였다(智證麻立干 … 奈勿王之曾孫 習寶葛文王).

123) 위의『사기』같은 항에는 '조생부인鳥生夫人'(오鳥가 아닌 조鳥)으로 되어 있다.

124) 위와 같은 조항에는 '영迎' 자가 아닌 '연延'(연제부인)으로 되어 있다.

125) 위와 같은 항에는 "登欣伊湌女"라 하였다.

126) 『저본』에는 이(…爲中古) 다음에 "壬午禁殉葬 分命州郡勸農 始用牛耕 始定國號 甲申制喪服"의 글이 더 적혀 있는데, 이는 이「왕력」의 본래 글에는 없던 것으로 나중에 누군가가『사기』「신라본기」지증왕의 3년·4년·5년의 기사 중에서 초록하여 덧붙인 부분이다.

127) 『사기』「고구려본기」(문자명왕)에서는 그 왕명 밑에 "一云 明治好王"이라 주를 달았다.

128) 위의 문자명왕 조항에서는 "諱羅雲"이라 하였다.

129) 이 '호虎' 자는 본디 '무武'(무녕왕)이다.

130) 『사기』「백제본기」(무녕왕)에는 "이름은 사마(諱 斯摩)" 밑에 "혹은 융이라 한다(或云 隆)"라고 주를 달았다.

131) 이는『남사南史』권79, 열전 69「동이전東夷傳·백제百濟」조항에 있는 "…王餘隆…"을 가리킨 것이다.

132) '보장왕'은 고구려의 마지막 왕이므로 옳지 않으며, 여기에는 '의자왕'이라고 써야 옳은 것이다.

133) 여기서의『당사唐史』란『당서唐書』를 가리키는 것이니,『구당서舊唐書』권199 상, 열전 149「東夷傳·百濟」조항에 "…義慈及太子隆", "…前百濟太子司稼正卿扶餘隆爲熊津都督" 등 백제 의자왕의 태자 융에 대한 기록이 보인다.

134) 「가락국기」(겸지왕)에는 왕명 아래 "一云 金鉗王"이라 하였다.

135) 위의 겸지왕 조항에는 "治三十年"이라 하고 있다.

136) 『책부원구』는 송나라의 왕흠약王欽若 등이 景德 2년(1005)에 진종제眞宗帝의 명으로 편찬에 착수하여 대중상부大中祥符 6년(1013)에 완성한 1천 권의 방대한 책이다.『태평어람太平御覽』과 아울러 송대宋代를 대표하는 유서類書로서,『진서晉書』「갈홍전葛洪傳」의 "紬奇冊府 總百代之遺編"과,『상서尙書』「대우모大禹謨」의 "昆命于元龜"의 두 글귀('책부冊府'와 '원구元龜')를 따와서 책 이

| 중국 | 신라 | 고구려 | 백제 | 가락 |
|---|---|---|---|---|
| 大宗<br>泰始乙巳八<br>(465~472)<br><br>後廢帝<br>元徽癸丑四<br>(473~476) | | | 第二十二文周王<br>一作文州 盖鹵子 乙卯立 移都熊川 理二年<br>**제22대 문주왕**<br>또는 문주(文州)110)라고도 하며, 개로왕의 아들이다. 을묘년(475)에 즉위하여 도읍을 웅천111)으로 옮겼으며, 2년을 다스리다. | |
| 順帝<br>昇明丁巳二<br>(477~478) | 始與吳國通 己未年倭國兵來侵 始築明活城入避 來圍梁州二城 不克而還<br>비로소 오나라와 통교하다. 기미년(479)에 왜국 군병이 침범해 오다. 처음으로 명활성을 쌓고 들어가 피하였다.112) 양주의 두 성113)을 포위했으나 이기지 못하고 돌아갔다. | | 第二十三三斤王<br>一作三乞王　文周子丁巳立 理二年<br>**제23대 삼근왕**<br>또는 삼걸왕117)이라고도 하며, 문주왕의 아들이다. 정사년(477)에 즉위하여 2년을 다스리다. | |
| 齊大祖<br>建元己未四<br>(479~482) | 第二十一毗處麻立干<br>一作炤知王 金氏 慈悲王第三子　母未欣角干之女己未立 理二十一年 妃期寶葛文王之女<br>**제21대 비처마립간**<br>또는 소지왕. 김씨이며, 자비왕의 셋째 아들.114) 어머니는 미흔각간의 딸.115) 기미년(479)에 즉위하여 21년을 다스리다. 왕비는 기보갈문왕의 딸.116) | | 第二十四東城王<br>名牟大 一云麻帝 又餘大　三斤王之堂弟己未立 理二十二年<br>**제24대 동성왕**<br>이름은 모대, 또는 마제118)라고 하고, 또 여대라고도 한다. 삼근왕의 사촌동생이다.119)<br>기미년(479)에 즉위하여 22년을 다스리다. | |

름으로 삼은 것인데, 모두 31부部 1104문門으로 짜여져 있다.

137) 이 ‘진秦’이 『사기』「신라본기」(법흥왕)에는 ‘태泰’로 되어 있다.

138) 앞의 지증왕 항에서 본 바와 같이 『사기』(법흥왕)에서는 아버지가 ‘지증왕’이고 어머니가 ‘연제부인’이다.

139) 앞의 지증왕 항에는, “법흥왕의 아버지 지증왕이 세상을 떠나자(15년 7월) 지증 이라 시호하였는데, 신라의 시호법이 이에서 비롯되었다(諡曰智證 新羅諡法始 於此)”고 하였다.

뿐만 아니라 이 「왕력」을 담고 있는 『유사』 권1의 ‘지철노왕智哲老王’ 본전에 도 대강 『사기』에서와 같은 내용을 전하고 있다.

“제22대 지철로왕은 성이 김씨이며 이름이 지대로 또는 지도로이다. 시호를 지 증이라 하였으니 시호가 이에서 비롯되었다(第二十二智哲老王 姓金氏 名智大路 又智度路 諡曰智證 諡號始于此).”

여기에서는 ‘지증’도 『사기』를 따르고 있다.

140) 『사기』(법흥왕)에는 왕비를 “朴氏 保刀夫人”이라 하였다.

141) 『유사』 권3, 「흥법」 3 ‘원종흥법原宗興法’에는 법흥왕비(파도부인)의 출가 법명 이 묘법妙法으로 되어 있다. 곧 “왕비 또한 영흥사를 창건하여 사씨(모례毛禮의 누이로 아도我道화상에 의해 출가하여 신라 최초의 비구니가 되었다고 전해지 는 사씨니史氏尼)의 유풍을 흠모하여 법흥왕과 함께 머리를 깎고 비구니가 되 어 이름을 묘법이라 하고 영흥사에 살았다(王妃亦創永興寺 慕史氏之遺風 同王 落彩爲尼 名妙法 亦住永興寺).”

142) 여기에서 “처음으로 율령을 행하고 비로소 10재일을 시행하여 살생을 금하였다 (始行律令 始行十齋日禁殺)”는 것은, 『사기』「신라본기」, 법흥왕 7년 정월의 “頒 示律令 始制百官公服朱紫之秩”과 16년의 “下令禁殺生”이 여기에 해당된다고 할 수 있다. “살생을 금하는 영을 내렸다(下令禁殺生)”는 사실은 『해동고승전海東 高僧傳』(권1, 석법공전釋法空傳)에도 글자 그대로 보이고 있다. 그러나 십재일 (始行十齋日)에 관해서는 아무데에도 언급이 없다. 그러므로 이 「왕력」에서 보 게 되는 “비로소 10재일을 실시하여 살생을 금하였다”라는 사실은 법흥왕의 살 생을 금한 내용을 어느 정도 이해하게 하는 중요한 자료가 된다.

다시 말해서 법흥왕이 무조건 살생을 금한 것이 아니고 불교 신앙을 생활 속에 서 실천하는 십재일에 살생을 못하게 했다는 것이다. 10재일十齋日이란 불교인 들이 매달 1·8·14·15·18·23·24·28·29·30일의 열흘에 8재계八齋 戒(몸가짐을 바르게 하고 마음을 청정하게 하는 여덟 가지 계행)를 실천하는데, 그 열흘을 가리켜 일컫는 말이다. 처음으로 신라에 불교를 받아들여 불법佛法

| 중국 | 신라 | 고구려 | 백제 | 가락 |
|---|---|---|---|---|
| 永明癸亥十一<br>(483~493)<br><br>廢帝<br><br>高宗<br>建虎甲戌四<br>(494~497)<br>永泰戊寅<br>(498)<br>永元己卯二<br>(499~500)<br><br>和帝<br>中興辛巳一<br>(501) | 第二十二智訂麻立干<br>一作智哲老　又智度路<br>王　金氏　父訥祗王弟<br>期寶葛文王　母烏生夫<br>人　訥祗王之女　妃迎<br>帝夫人　儉攬代漢只登<br>許 '一作□□'角干之<br>女　庚辰立　理十四年<br>已上爲上古　已下爲中<br>古<br>제22대　지정120)마립<br>간<br>지철로라고도　하며,<br>또는　지도로왕121)이<br>라고도　한다. 김씨.<br>아버지는　눌지왕의<br>아우　기보갈문왕122)<br>이며,　어머니는　오생<br>부인123)인데,　눌지왕<br>의　딸이다. 왕비는　영<br>제124)부인으로　검람<br>대한지등허(또는 □<br>□)각간125)의　딸. 경<br>진년(500)에　즉위하<br>여　14년을　다스리다.<br>이상은　상고시대이며,<br>이하는　중고　시대이<br>다.126) | 第二十一文咨<br>明王<br>名明理好　又个<br>雲　又高雲　壬申<br>立　理二十七年<br>제21대　문자명<br>왕<br>이름은　명리호이<br>며127)　또　개운,<br>또는　고운128)이<br>라고도　한다. 임<br>신년(492)에　즉<br>위하여　27년을<br>다스리다. | 第二十五虎129)<br>寧王<br>名斯摩　卽東城弟<br>二子　辛巳立　理<br>二十二年　南史云<br>名扶餘隆　　誤矣<br>隆乃寶藏王之太<br>子　詳見唐史<br>제25대　무녕왕<br>이름은　사마.130)<br>곧　동성왕의　둘째<br>아들이다. 신사년<br>(501)에　즉위하<br>여　22년을　다스<br>리다.『남사』에는<br>이름을　부여융131)<br>이라　하였으나　틀<br>린　것이다. 융은<br>보장왕132)의　태자<br>이니『당사』에　자<br>세히　보인다.133) | 第九鉗知王<br>父銍知王　母<br>邦媛　壬申立<br>理二十九年<br>제9대　겸지<br>왕134)<br>아버지는　질<br>지　왕이며,<br>어머니는　방<br>원. 임신년<br>(492)에　즉<br>위하여　29년<br>135)을　다스<br>리다. |

을 크게 일으켰으므로 법흥왕이라 시호했던 그 왕 때에 10재일의 신행이 살생
을 금하는 칙령과 더불어 일반화되었음을 보여주는 중요한 사례라 할 수 있다.

143) "백성들을 출가시켜 승니가 되게 하였다(度人爲僧尼)"는 것은, 법흥왕 때의 일
이 아니고 다음 왕인 진흥왕 때의 일인 듯하다.
『사기』「신라본기」(진흥왕)에는 진흥왕 5년 3월에 "사람들의 출가를 허락하여
승니가 되어 부처님을 받들게 하였다(許人出家爲僧尼奉佛)"라고 되어 있기 때
문이다. 『해동고승전』권1 석법운전釋法雲傳에도 이 사실이 보이지만 여기서는
진흥왕 7년의 일로 되어 있다. 즉 "七年 興輪寺成 許人出家爲僧尼"(『사기』에 있
는 '봉불奉佛'이 여기에는 없다)가 그것이다. 그리고 『유사』권3, 「탑상」4(미
륵선화彌勒仙花 미시랑未尸郎 진자사眞慈師)에서도 "第二十四眞興王 … 一心奉
佛 廣興佛寺 度人爲僧尼"라고 간략하게 이 사실을 전하고 있다.

144) 이 '건원'은 법흥왕이 쓴 연호로, 신라 최초의 연호로 알려져 있다.

145) 『사기』「고구려본기」(안원왕)에는 여기서의 이름 보영을 '보연(諱寶延)'이라
하였다.

146) 『일본서기』19권 등 일본의 문헌에는 성왕聖王을 '성명왕聖明王'이라 하였다.
성왕의 즉위년이 『저본』에는 '계사'로 되어 있으나 『사기』연표에는 '계묘'이
며 즉위 연수에도 맞으므로, 새김에는 '계묘년'으로 고쳐 놓았다.

147) 『사기』「백제본기」(성왕)에는 성왕의 16년(538) 봄에 도읍을 사비泗沘에 옮겼
다고 한 그 밑에 "一名 所夫里" 곧 사비를 '소부리'라고도 한다고 주를 달아 놓
았다. 『사기』에는 비沘로 쓰고 있으나 『유사』에서는 본문에도 자泚로 쓰고 있
으므로 원문대로 따랐다.

148) 『저본』과 『신정본』에는 구충왕仇衝王으로 되어 있으나, 이 책 「가락국기」에 구
형왕仇衡王으로 되어 있어서 그에 의거하여 구형왕으로 고쳤다. 『사기』권4 법
흥왕 19년조에는 김구해金仇亥로 되어 있고, 『사기』「열전」 김유신金庾信 상上
에도 구해仇亥로 되어 있다.

149) 「가락국기」의 겸지왕 조항에는 겸지왕(구형왕의 아버지)의 왕비(곧 구형왕의
어머니)를 출충각간의 딸 숙(出忠角干女 淑)이라 하였다. 그러므로 이 '여女' 앞
에 비어 있는 글자는 '숙淑'으로 보는 것이 좋을 듯하다.

150) 『신정본』의 「왕력」에는 이 부분의 원문이 "理四十三年"으로 되어 있으나 이는
잘못된 것이므로, 『저본』에 "理十二年"으로 되어 있는 원문을 옮겨서 바로잡았다.
「가락국기」에는 "治四十二年"으로 되어 있으나 이는 가락국의 멸망을 북주北周
의 보정保定 2년(진陳 문제文帝 천가天嘉 3년) 임오(562)의 일로 계산했기 때
문이다. 「왕력」의 "中大通四年壬子" 곧 법흥왕 19년(532)이 옳다. 이 문제의 자

| 중국 | 신라 | 고구려 | 백제 | 가락 |
|---|---|---|---|---|
| 梁高祖<br>天監<sub>壬午</sub>十八<br>(502~519)<br><br><br><br><br>普通<sub>庚子</sub>七<br>(520~526)<br><br><br><br><br><br>大通<sub>丁未</sub>二<br>(527~528)<br><br><br><br><br><br><br><br><br><br>中大通<sub>己酉</sub>六<br>(529~534) | 第二十三法興王<br>名原宗 金氏 冊府元龜<br>云姓募 名秦 父智訂 母<br>迎帝夫人 法興謚 謚始<br>乎此 甲午立 理二十六<br>年 陵在哀公寺北 妃巴<br>刀夫人 出家名法流 住<br>永興寺 始行律令 始行<br>十齋日禁殺 度人爲僧<br>尼<br>**제23대 법흥왕**<br>이름은 원종이며, 김씨<br>이다.『책부원구』136)에<br>는 성을 모라 하고 이름<br>을 진137)이라 하다. 아<br>버지는 지정왕이요, 어<br>머니는 영제부인.138)<br>법흥은 시호이니, 시호<br>가 여기에서 비롯되<br>다.139) 갑오년(514)에<br>즉위하여 26년을 다스<br>리다. 능은 애공사의<br>북쪽에 있다. 왕비는 파<br>도부인140)인데, 출가하<br>여 법류141)라 이름하고<br>영흥사에서 살았다. 처<br>음으로 율령을 행하고,<br>비로소 10재일을 시행<br>하여 살생을 금하였으<br>며,142) 백성들을 출가<br>시켜 승니가 되게 하<br>다.143) | 第二十二安藏<br>王<br>名興安 己亥立<br>理十二年<br>**제22대 안장왕**<br>이름은 홍안.<br>기해년(519)에<br>즉위하여 12년<br>을 다스리다.<br><br><br><br><br><br><br><br>第二十三安原<br>王<br>名寶迎 辛亥立<br>理十四年<br>**제23대 안원왕**<br>이름은 보영.145)<br>신해년(531)에<br>즉위하여 14년<br>을 다스리다. | 第二十六聖王<br>名明穠 虎寧王子<br>癸巳立 理三十一<br>年<br>**제26대 성왕**146)<br>이름은 명농이며,<br>무녕왕의 아들이<br>다. 계묘년(523)<br>에 즉위하여 31<br>년을 다스리다. | 第十仇衡王<br>鉗知子 母□<br>女 辛 丑 立<br>理十二年 中<br>大通四年壬<br>子 納土投羅<br>自首露王壬<br>寅至壬子合<br>四百九十年<br>**제10대 구**<br>**형왕**148)<br>겸지왕의 아<br>들. 어머니는<br>□녀.149) 신<br>축년(521)에<br>즉위하여 12<br>년150)을 다<br>스리다. 중<br>대통 4년 임<br>자(532)에<br>신라에 국토<br>를 바치고 항<br>복하다.<br>수로왕 임인<br>년(42)으로<br>부터 임자년<br>에 이르기까<br>지 합쳐 490<br>년이다. |
| 大同<sub>乙卯</sub>十一<br>(535~545) | 建元丙辰<br>是年始置 年號始此<br>건원144) 병진년(536).<br>이 해에 처음 시행하니<br>이로부터 연호가 시작<br>되다. | | 戊午<br>移都泗沘 稱南扶<br>余<br>무오년(538)<br>도읍을 사자로 옮<br>기고147) 남부여<br>라 일컫다. | 國除<br>가락국이 없<br>어지다. |

세한 것은 「가락국기」 본문에서 보기로 한다.

151) 원문에 "深□"으로 되어 있으나 『사기』 「본기」(진흥왕)에 "諱彡麥宗" 아래에
"或作深麥夫"라 했으므로 여기에도 '심맥부深麥夫'가 옳을 것으로 보고 결락된
부분을 채웠다.

152) 『사기』 「본기」(진흥왕)에는 진흥왕의 어머니가 김씨이며 법흥왕의 딸이라고 하
였다. 또 『유사』 「기이」 진흥왕 조항에서도 "太后乃法興王之女子 立宗葛文王之
妃" 곧 태후(진흥왕의 어머니)는 법흥왕의 딸이며 입종갈문왕(진흥왕의 아버
지)의 부인이라고 하였다. 그러므로 이 지소부인을 법흥왕의 딸로 볼 수가 있다.
이 「왕력」에는 진흥왕의 어머니가 법흥왕의 딸이라는 언급이 없고 오히려 "一
作息道夫人朴氏"라 하고 있는데, 이에 관해서는 다음 주에서 보겠지만 진흥왕
의 왕비 박씨와 혼동된 것으로 보아야 할 것 같다.

153) 이 부분(一作息道夫人朴氏 牟梁里英失角干之女)은 다음 왕이면서 그들의 아들인
제25대 진지왕 쪽에 나오는 "父眞興 母朴英失角干之女 息途 一作色刀夫人朴氏"
에서의 진지왕 어머니의 경우와 너무나 같음을 보게 된다. 다시 말해서 진흥왕
의 어머니는 '지소부인'이라 해 놓고 그 밖에 또 '모량리 영실각간의 딸인 식도
부인 박씨'라고도 한다고 했는데, 이 또 다른 하나의 설(一作)에 등장하는 진흥
왕의 어머니와 그 아들 진지왕의 어머니가 같은 인물로 보이고 있다는 사실이
다. '식도息道'나 '식도息途'는 글자만 다를 뿐 발음이나 뜻이 같으므로 동일인
이라 볼 수 있는데다가 그(모후의) 아버지라는 인물도 똑같은 '모량리 영실각
간'(이름 앞에 '박朴'이 있고 없는 차이가 있지만 '박씨'임은 같음)이므로 더 의
심할 여지가 없다고 할 것이다.
그리고 『사기』 진흥왕 쪽에는, "어머니는 김씨인데 법흥왕의 딸(母夫人金氏 法
興王之女)"이라는 글에 이어 "왕비는 박씨인데 사도부인이다(妃朴氏 思道夫人)"
라고 되어 있다. 그들의 뒤를 이은 아들 진지왕 쪽에서도 "어머니는 사도부인이
다(母思道夫人)"라고 되어 있다. 뿐만 아니라 『유사』 권3(「흥법」 3 원종흥법原
宗興法)에서는 진흥왕의 왕비를, "사도부인 박씨는 모량리 영실각간의 딸(妃思
刀夫人朴氏 牟梁里英失角干之女)"이라고 분명하게 밝혀 놓았다.
이러한 근거들에 의하여 眞興王의 왕비 곧 진지왕의 어머니는 사도부인 박씨인
데, 식도부인 색도부인이라고도 일컬어졌으며 모량리에 살았던 영실각간의 딸
이었음을 명확하게 알 수 있게 되었다. 이 「왕력」의 진흥왕 쪽에 그 어머니에
관해서는 "一作…"의 이설까지 넣고 있으면서 정작 부인에 관한 언급은 빠져
있는데, 이는 「왕력」 작성자의 착오로 '비妃'를 써야 할 자리에 '일작一作'을 써
넣었기 때문이라고 볼 수 있다.

| 중국 | 신라 | 고구려 | 백제 |
|---|---|---|---|
| 中大同丙寅<br>(546)<br><br>大淸丁卯三<br>(547~549)<br><br><br><br>簡文帝<br>大寶庚午<br>(550)<br><br>候景<br>大始辛未<br>(551)<br>承聖壬申四<br>(552~554)<br><br>敬帝<br>紹泰乙亥<br>(555)<br>大平丙子一<br>(556)<br><br>陳高祖<br>永定丁丑三<br>(557~559)<br><br>文帝<br>天嘉庚辰六<br>(560~565)<br><br><br>天康丙戌<br>(566) | 第二十四眞興王<br>名彡麥宗 一作深□ 金氏<br>父卽法興之弟立宗葛文王<br>母只召夫人　一作息道夫<br>人朴氏　牟梁里英失角干<br>之女 終時亦剃髮而逝 庚<br>申立 理三十七年<br>**제24대 진흥왕**<br>이름은 삼맥종 또는 심맥<br>부이며,151) 김씨이다. 아<br>버지는 곧 법흥왕의 아우<br>입종갈문왕이며, 어머니<br>는 지소부인152)으로, 식<br>도부인 박씨라고도 하는<br>데, 모량리 영실각간의 딸<br>이라고 한다.153) 임종 때<br>에 머리를 깎고 세상을<br>떠나다. 경신년(540)에<br>즉위하여 37년을 다스리<br>다.<br><br>開國辛未十七<br>개국(연호)은 신미년<br>(551)으로부터 17년 동안<br>이다. | 第二十四陽原王<br>一云陽崗王 名平成 乙丑<br>立 理十四年<br>**제24대 양원왕**<br>또는 양강왕154)이라고도<br>하며, 이름은 평성이다.<br>을축년(545)에 즉위하여<br>14년을 다스리다.<br><br><br><br><br><br><br><br><br><br><br><br><br><br><br><br><br><br>第二十五平原王<br>一作岡 名陽城 南史云高<br>陽 己卯立 理三十一年<br>**제25대 평원왕**<br>또는 평강왕155)이라 한<br>다. 이름은 양성이며,156)<br>『남사』157)에는 고양이라<br>하다. 기묘년(559)에 즉<br>위하여 31년을 다스리다. | 第二十七威德王<br>名昌　又明　甲戌<br>立 理四十四年<br>**제27대 위덕왕**<br>이름은 창,158) 또<br>는 명. 갑술년<br>(554)에 즉위하<br>여 44년을 다스리<br>다. |

154) 『사기』「고구려본기」(양원왕)에는, "或云 陽岡上好王"이라 주를 붙여 놓았다.

155) 『사기』「고구려본기」(평원왕)에는 "或云 平岡上好王"이라 주를 달았다.

156) 『사기』위의 평원왕 조항의 "諱 陽成" 아래에 "隋唐書 作湯"이라고 주를 달았는데, 곧『수서隋書』와『당서唐書』에는 평원왕을 '탕湯'이라 하고 있다는 것이다.

157) 중국의『남사』권79, 열전 69「동이전·고구려」조항 끝에 평원왕의 부왕인 양원왕(평성)을 '성成'이라 하여 거기에서 끝나 있으므로, 평원왕(南史云 高陽)은 보이지 않는다. 오히려『북사北史』(권94, 열전 82 고려등전高麗等傳)에는 평원왕을 '탕湯'이라 하고 있으며, 안원왕과 양원왕은『남사』에서와 같이 각각 '연延'과 '성成'이라 하고 있다.

158) 『사기』「백제본기」(위덕왕)에도 '창昌'이라 하였고,『일본서기』권19, 흠명欽明 16년 8월조에는 이 위덕왕을 '여창餘昌'이라 하고 있는데, 이는 곧『일본서기』에서는 백제왕의 이름 앞에 '여餘'를 붙여 성으로 썼으므로 이름은 창昌이 된다.

159) 『사기』「신라본기」(진지왕)에서도 "諱舍輪 或云 金輪"이라 하여「왕력」편에서와 같다. 금륜이란 불교 경전인『중허마하제경衆許摩訶帝經』·『인왕반야경仁王般若經』등에 나오는 네 가지 전륜왕(四種 轉輪聖王 : 금륜金輪·은륜銀輪·동륜銅輪·철륜鐵輪)의 첫 번째에 해당하는 이름이다. '사륜'과 '금륜'의 이름에 대한 좀 더 자세한 문제는『유사』의 해당 본문에서 다루기로 한다.

160) 『사기』진흥왕·진지왕 쪽과『유사』원종흥법原宗興法 쪽에서 진지왕의 어머니를 '사도부인思道夫人'으로 하고 있는 사실에 관해서는 이미 앞의 주 153)에서 본 바가 있다.

161) 『사기』진지왕 쪽에는 지도부인知道夫人으로 되어 있는데, '도刀'와 '도道'는 비록 글자는 다르나 같은 인명으로 쓰였음을 보게 된다.

162) 『사기』진지왕 쪽에서는, 진지왕이 세상을 떠나자 "영경사 북쪽에 장사지냈다(葬于永敬寺北)"라고 하였다. 그리고 이『신정본』에는 무덤을 '묘墓'라 하고 있으나『석남필사본石南筆寫本』에는 '능陵'으로 되어 있다.

163) 백정은 석가불 출가 전 싯다르타 태자 적의 아버지 이름(정반왕淨飯王 또는 백정왕白淨王)과 같다. 이에 관한 자세한 설명 또한『유사』의 해당 본문에서 하기로 한다.

164) 『사기』「본기」(진평왕)에는 "母金氏 萬呼" 아래에 "一云 萬內夫人"이라 하여「왕력」의 '만녕萬寧'과 '내內'가 다름을 보게 된다.

165) 마야부인摩耶夫人은 싯다르타 태자(석가)를 낳은 어머니 이름과 같다. 이 문제 또한『유사』의 해당 본문에서 좀 더 자세히 보자.

| 중국 | 신라 | 고구려 | 백제 |
|---|---|---|---|
| 光大<sub>丁亥</sub>二<br>(567~568)<br><br>宣帝<br>大建<sub>己丑</sub>十四<br>(569~582) | 大昌戊子四<br>대(태)창 연호는 무자년(568)부터 4년 동안이다.<br><br>鴻濟壬辰十二<br>홍제는 임진년(572)부터 12년 동안이다.<br><br>第二十五眞智王<br>名舍輪 一作金輪 金氏 父眞興<br>母朴英失角干之女 息途一作色<br>刀夫人 朴氏 妃知刀夫人 起烏<br>公之女 朴氏 丙申立 理四年<br>墓在哀公寺北<br>제25대 진지왕<br>이름은 사륜 또는 금륜159)이며 김씨이다. 아버지는 진흥왕이고, 어머니는 박영실각간의 딸로 식도 또는 색도부인 박씨160)이며, 왕비는 지도161)부인으로 기오공의 딸 박씨이다. 병신년(576)에 즉위하여 4년을 다스리다. 무덤은 애공사 북쪽에 있다.162)<br><br>第二十六眞平王<br>名白淨 父銅輪 一云東輪太子<br>母立宗葛文王之女萬呼 一云萬<br>寧夫人 名行義 先妃摩耶夫人<br>金氏 名福肹口 後妃僧滿夫人<br>孫氏 己亥立<br>제26대 진평왕<br>이름은 백정.163) 아버지는 동륜 또는 동륜태자이며, 어머니는 입종갈문왕의 딸 만호 또는 만녕부인164)으로 이름은 행의이다. 먼저 왕비는 마야부인165) 김씨인데 이름은 복힐구166)이며, 나중 왕비는 승만부인 손씨이다. 기해년(579)에 즉위하다. | | |

166) 마야부인 곧 진평왕의 첫 왕비(先妃) 이름을 '복힐구'라고 했는데, 『사기』 「신라본기」(진평왕)에는 진평왕의 왕비를 "金氏摩耶夫人 葛文王福勝之女"라 하고 있다. 아마도 마야부인의 이름으로 되어 있는 '복힐구'는 왕비의 이름으로 보기는 어렵고, 『사기』의 '갈문왕葛文王 복승福勝'(마야부인 아버지 이름)을 옮기면서 생긴 착오로 잘못 기재된 듯하다.

167) 이 부분의 원문 모두는 『저본』에 없으며, 『신정본』에서 복원한 것이다.

168) 『저본』에는 "名" 밑에 여러 글자가 빠진 빈자리가 있고 "又建歲"라 씌어 있다. 이 '건세建歲'의 '세歲'는 '무武'의 잘못된 글자로 보아야 마땅하므로, 『신정본』 등에서 '무武'로 고쳐 쓴 것 같다. 이 해당부분을 『사기』 「고구려본기」(영류왕)에서는 "諱建武 一云 成"이라 하였다.

169) 『사기』 「백제본기」(惠王)에는 혜왕이 위덕왕의 아들이 아닌 동생이라 하고 있다. 곧 혜왕을 "명왕(聖王)의 둘째 아들"이라 한 것이다.
『일본서기』 권19, 흠명 16년 2월 조항에는, "百濟王子餘昌 遣王子惠" 곧 "백제의 왕자인 여창(위덕왕이 즉위하기 전의 일컬음)이 왕자인 혜를 파견하였다"라고 한 아래에 "왕자 혜는 위덕왕의 아우이다(王子惠者 威德王之弟也)"라고 주를 달아 놓았다.

170) 법왕이 혜왕의 아들이라는 사실은 『사기』 「본기」(법왕)에서도(惠王之長子) 밝혀져 있으나, 『수서隋書』 권81(열전 46 동이전 백제)에서는 법왕(선宣)을 위덕왕(창昌)의 아들(昌死 子餘宣立)이라 하고 있다.

171) 원문에는 '혹운或云'이라 하여 "武康 獻丙"의 두 이름 사이에 '일운一云'이나 '우又'의 구분이 없다. 그러나 '무강'은 무왕의 이칭異稱이므로 '무강왕武康王'이라 하는 것이 옳고, '헌병'이 잘못된 글이 아니라면 무왕의 이름(諱)으로 보는 것이 마땅하리라 싶다. 그래야 왕명(무왕武王), 또 다른 왕명(무강왕武康王), 왕의 이름(헌병獻丙), 어릴 적 이름(일기사덕一耆篩德)으로 차례의 격이 맞을 것이다. 『유사』 권2 무왕전武王傳에는 그 제목(무왕) 밑에 "고본에는 무강武康이라 썼으나 옳지 않다. 백제에는 무강왕이 없다(古本作武康 非也 百濟無武康)"라고 주를 달았다. 그러면서도 이 「왕력」에 "或云 武康"이라 한 것은 「고본」에 있는 그대로를 인용했기 때문인 듯하다. 그런데 일찍이 중국에서 이루어진 『관세음응험기觀世音應驗記』에는 이 무왕을 "百濟 武廣王"이라 일컫고 있다.
『사기』나 「연표」 등에 백제에는 무왕이 있을 뿐 무강왕이 없으므로 「왕력」 찬자는 본전에서 그렇게 주를 달았던 것이나, 당시에 무왕을 무강왕이라고 일컬은 고본이 있었으므로 「왕력」에 '혹운'이라 하여 인용했던 것으로 볼 수 있다.

| 중국 | 신라 | 고구려 | 백제 |
| --- | --- | --- | --- |
| 至德癸未四<br>(583~586)<br>禎明丁未三<br>(587~589)<br><br>隋文帝<br>開皇庚戌十一<br>(590~600)<br>仁壽辛酉四<br>(601~604)<br><br><br><br><br><br><br><br><br>煬帝<br>大業乙丑十二<br>(605~616)<br><br>恭帝<br>義寧丁丑<br>(617)<br><br>唐大祖<br>武德戊寅九<br>(618~626) | 建福甲辰五十<br>건복은 갑진년(584)<br>부터 50년 동안이<br>다.167) | 第二十六嬰陽王<br>一云平陽 名元 一云大元<br>庚戌立 治三十八年<br>**제26대 영양왕**<br>또는 평양왕이라고도 하<br>며, 이름은 원 또는 대원<br>이다. 경술년(590)에 즉위<br>하여 38년을 다스리다.<br><br><br><br><br><br><br><br><br><br><br><br><br><br><br><br><br><br><br><br><br><br><br>第二十七榮留王<br>名□□ 又建武 戊寅立 治<br>二十四年<br>**제27대 영류왕**<br>이름은 □□ 또는 건무이<br>다.168) 무인년(618)에 즉<br>위하여 24년을 다스리다. | 第二十八惠王<br>名季 一云獻王 威德子<br>戊午立<br>**제28대 혜왕**<br>이름은 계이며, 또는<br>헌왕이라고도 한다. 위<br>덕왕의 아들.169) 무오<br>년(598)에 즉위하다.<br><br>第二十九法王<br>名孝順 又宣 惠王子 己<br>未立<br>**제29대 법왕**<br>이름은 효순 또는 선이<br>며, 혜왕의 아들170)이<br>다. 기미년(599)에 즉<br>위하다.<br><br>第三十武王<br>或云武康 獻丙 或小名<br>一耆篩德 庚申立 治四<br>十一年<br>**제30대 무왕**<br>혹은 무강왕,171) 헌병<br>이라고도 한다. 혹은<br>어릴 적 이름172)을 일<br>기사덕이라고 한다. 경<br>신년(600)에 즉위하여<br>41년을 다스리다. |

아울러 일찍이 중국에서는 무왕을 '무광왕武廣王'이라 일컬었다는 것이므로, 국내 고본에서의 '무강왕'이 결코 잘못된 일컬음으로만 볼 수가 없다고 할 것이다.

172) 여기에는 어릴 적 이름(小名)을 일기사덕이라 하고 있으나, 앞에서 본 『유사』 본전(권2 무왕)에서는 어릴 적 이름을 서동"小名 薯童"이라고 하였다.

173) 『사기』에서는 「본기」나 「연표」에서 이 선덕여왕뿐 아니라 신라의 여왕 세 사람 모두에게 여왕임을 왕명 끝에 붙여 밝히지 않았는데, 이 「왕력」에서는 모두 여왕임을 드러내고 있다.

174) 선덕여왕의 남편이 되는 '음갈문왕'에 관해서는 이 「왕력」 외에 아무데서도 찾아보기가 어렵다. 현재 유일한 자료라고 할 수 있다. 『영인본』에서는 이 원문의 아래 여백에 "庚子遣子弟於唐 請入國學" 즉 "경자년(선덕여왕 9년, 640년)에 귀족의 자제들을 당나라에 보내어 國學에 들어가 배우게 하기를 (당에) 청했다"라는 글귀를 붓글씨로 적어 놓았다. 이는 아마도 판간板刊(정덕본) 이후의 후대에 누군가가 『사기』 「본기」의 善德王 9년조에 있는 것을 그대로 써넣은 듯하다.

175) 여기에는 인평 갑오에 즉위한 것으로 되어 있으나, 실은 건복 49년 임진(632)에 즉위하여 인평 14년 곧 즉위 16년 정미(647)에 승하하였으므로 재위 기간은 14년이 아니고 16년이 된다[『사기』 年表는 물론이고, 「기이」 '선덕왕지기삼사善德王知幾三事'에서도 임진(632)에 즉위하여 16년을 다스린 것으로 되어 있다.]. 그러므로 인평 갑오에 즉위하여 14년을 다스렸다는 것은 잘못된 것이다. 인평 갑오는 선덕왕 즉위 3년 곧 인평 원년(634)이 되는 해이기 때문이다.

176) 승만은 불교경전 『승만경勝鬘經』에 나오는 승만부인勝鬘夫人의 이름에서 따온 듯하다. 석가세존 재세 시에 인도의 사위국舍衛國 바사익 왕의 딸이며, 아유사국阿踰闍國(또는 阿踰陀國) 우칭왕友稱王의 왕비였던 승만부인(Śrīmālā)은 불법佛法에 깊이 귀의하여 대승불교大乘佛敎의 가르침을 펼친 여성 불교인이었다.

177) 『사기』 「신라본기」(진덕왕)에는 진덕왕의 아버지를 "국반 또는 국분(國飯 一云 國芬)갈문왕"이라고 하였다.

178) 『신정본』 등에는 '노奴'와 '추追' 사이가 붙어 있으나, 『저본』에는 그 사이에 한 글자 간격이 비어 있다. 그래서 한 칸을 떼어놓았고 '추追' 다음에는 세 글자가 있으나 판독하기가 어렵다. 『신정본』에는 '奴'와 '追' 사이에도 간격을 두지 않고 붙여 놓았고, '追' 다음의 세 글자도 '□□□'로 처리하였다. 그래서 모든 역주본들에서는 그대로 따르고 있으며, 이 책에도 그대로 따랐다. 그러나 『원판본(正德板本)』에는 얼른 보아 판독하기가 어렵지만 자세히 살피건대 '雞肅夫

| 중국 | 신라 | 고구려 | 백제 |
| --- | --- | --- | --- |
| 大宗<br>貞觀丁亥廿三<br>(627~649) | 第二十七善德女王<br>名德曼 父眞平王 母麻耶夫人<br>金氏 聖骨男盡 故女王立 王之<br>匹飮葛文王 仁平甲午立 治十<br>四年<br>**제27대 선덕여왕**173)<br>이름은 덕만. 아버지는 진평<br>왕이며 어머니는 마야부인<br>김씨이다. 성골의 남자가 없<br>었기 때문에 여왕을 세우다.<br>왕의 남편은 음갈문왕.174)<br>인평 갑오년(634)에 즉위하<br>여 14년을 다스리다.175)<br><br><br>**第二十八眞德女王**<br>名勝曼 金氏 父眞平王之弟國<br>其安葛文王 母阿尼夫人朴氏<br>奴□追□□□葛文王之女也<br>或云月明 非也 丁未立 治七年<br>**제28대 진덕여왕**<br>이름은 승만,176) 김씨이다. 아<br>버지는 진평왕의 아우 국기<br>안177)갈문왕이며, 어머니는<br>아니부인 박씨인데, 노□추<br>□□□178) 갈문왕의 딸이다.<br>혹은 월명이라고도 하나 아<br>니다.179) 정미년(647)에 즉위<br>하여 7년을 다스리다. | 第二十八寶藏王<br>壬寅立 治二十七年<br>**제28대 보장왕**<br> 임인년(642)에 즉<br>위하여 27년을 다스<br>리다. | 第三十一義慈王<br>武王子 辛丑立 治<br>二十年<br>제31대 의자왕<br>무왕의 아들. 신축<br>년(641)에 즉위하<br>여 20년을 다스리<br>다. |
| 高宗 | 大和戊申六<br>已上中古聖骨 已下下古眞骨<br>대화180)는 무신년(648)부터 6<br>년이다.181) 이 위는 중고 시<br>대로 성골이며, 이 아래는 하<br>고 시대로서 진골이다.182) | | |

(天)’(계숙부 또는 천) 석 자가 아닌가 한다. 이는 인간印刊의 과정에서 생긴 홈
으로 인해 글자가 그렇게 일그러진 것이 아니었던가 싶다.

179) 여기에는 진덕왕 어머니를 ‘월명’이라고도 하지만 “잘못된 것(…非也)”이라고
하였으나, 『사기』(진덕왕)에는 “母朴氏 月明夫人”이라고 하였다.

180) 진덕여왕 때의 연호인 ‘대화大和’를 『사기』(본기와 연표)에서는 ‘태화太和’로
하고 있다.

181) 여기에서는 무신년 곧 진덕왕 2년(648)부터 대화의 연호를 쓴 것으로 하고 있으
나, 『사기』「본기」에는 진덕왕 원년 7월에 태화라는 연호를 쓴 것으로 곧 “元年
… 秋七月 遣使入唐謝恩 改元太和”라고 되어 있다. 그러나 같은 『사기』 권31의
「연표」(하)에는 “무신년 진덕왕 2년(648)에 태화로 개원”한 것이라 쓰여 있다.
또 같은 『사기』 권41, 열전 1(김유신 상)에도 “眞德王 大和元年 戊申”이라고 되
어 있다. 『사기』「본기」 진덕왕 4년(650) 조에는 “이 해(650)에 비로소 중국의
영휘 연호를 시행하다(是歲 始行中國永徽年號)”라고 했다.
그러한 사실 때문에 일본의 『고증』(상, p.215)에서는 이 문제(진덕왕 원년의 개
원태화改元太和와 동왕同王 4년의 시행영휘연호始行永徽年號)를 거론하여 『유
사』「왕력」의 “太和 戊申 六”의 사실성 여부에 관해 논하고 있다. 또 근자에
간행된 한국정신문화연구원의 『譯註 三國遺事』(이하 『정문연본』) Ⅰ, pp.90∼
91에서는 한발 더 나아가서 아예 「왕력」의 기재(大和 戊申六)를 뜯어 고쳐서
“太和 戊申二”로 하고 있다. 주기註記에서 문제점을 지적하고 잘못된 부분을 바
로잡는 것은 당연하지만 뚜렷한 오자가 아닐 경우 함부로 원전의 자구를 변경
기재하는 일은 삼가야 할 것이다. 여기에서 비단 ‘육六’을 ‘이二’로 고친 것만이
아니고 ‘대大’를 ‘태太’로 고쳐 쓴 것도 그렇다. 설령 ‘태화’가 확실하다 하더라
도 ‘태화’를 쓰고 있는 같은 『사기』「열전」(김유신 상)에서도 ‘대화’로 쓰고 있
을 뿐 아니라 옛 문헌들에서 ‘태’를 쓸 곳에 ‘대’를 쓰는 경우가 허다하므로 이
를 구태여 오자로 취급하여 원형을 바꾸어 놓을 필요까지는 없다.
「왕력」에서 진덕왕 2년 무신(648)을 대화 원년으로 한 것은 이 ‘왕력표’ 작성에
참고를 많이 한 것으로 보이는 기존의 국내 연표인 『사기』의 「연표」에 따른
것으로 볼 수 있다. 앞에서도 보았지만 『사기』의 「연표」에서는 분명히 2년 무
신에 ‘태화로 개원’했다고 하고 있다. 거기에다가 진덕왕이 7년을 다스렸다고
쓴 「왕력」이므로 그 나머지 6년 동안 대화 연호를 사용한 것으로 보고 ‘무신부
터 6년’이라 하였던 것이 아니었을까 여겨진다.

182) 앞의 신라 제22대 지정마립간 쪽에서는 지정(증)왕으로부터 윗대 곧 시조 혁거
세왕까지는 상고上古이며 그 아래 곧 지증왕 이하부터 중고中古로 한다고 했다.

| 중국 | 신라 | 고구려 | 백제 |
| --- | --- | --- | --- |
| 永徽庚戌六<br>(650~655)<br><br><br><br><br><br>現慶丙辰五<br>(656~660)<br><br><br><br><br><br><br><br><br><br>龍朔辛酉三<br>(661~663)<br><br><br><br><br><br><br><br><br><br>麟德甲子二<br>(664~665)<br>乾封丙寅二<br>(666~667)<br>總章戊辰二<br>(668~669) | 第二十九太宗武烈王<br>名春秋 金氏 眞智王子龍春 卓文<br>興葛文王之子也 龍春一作龍樹<br>母天明夫人 諡文貞太后 眞平王<br>之女也 妃訓帝夫人 諡文明王后<br>庾信之妹 小名文熙也 甲寅立 治<br>七年<br>**제29대 태종무열왕**<br>이름은 춘추이며, 김씨. 진지왕<br>의 아들 용춘 문흥갈문왕183)의<br>아들인데, 용춘은 또 용수184)라<br>고도 한다. 어머니는 천명부인<br>으로 시호는 문정태후이며 진평<br>왕의 딸이다. 왕비는 훈제부인<br>이며 시호는 문명왕후인데 유신<br>의 누이이다. 어릴 적 이름은 문<br>희이다.185) 갑인년(654)에 즉위<br>하여 7년을 다스리다.<br><br>第三十文武王<br>名法敏 太宗之子也 母訓帝夫人<br>妃慈義 一作訥王后 善品海干之<br>女 辛酉立 治二十年 陵在感恩寺<br>東海中<br>**제30대 문무왕**<br>이름은 법민. 태종의 아들이며,<br>어머니는 훈제부인.186) 왕비는<br>자의 또는 자눌왕후이며, 선품<br>해간의 딸187)이다. 신유년(661)<br>에 즉위하여 20년을 다스리다.<br>능은 감은사 동쪽 바다 가운데<br>있다.188) | 戊辰國除<br>自東明甲申至戊辰 合<br>七百五年<br>무진년(668)에 나라가<br>없어지다.<br>동명왕의 갑신년(ＢＣ<br>37)으로부터 무진년<br>(668)에 이르기까지 합<br>쳐 705년이다. | 庚申國除<br>自溫祚癸卯至<br>庚申 六百七十<br>八年<br>경신년(660)에<br>나라가 없어지<br>다.<br>온조왕 계묘년<br>(ＢＣ 18)으로부<br>터 경신년(660)<br>에 이르기까지<br>678년이다. |

지금 여기에서는 제28대 진덕왕을 경계로 하여 그 위로는 중고로서 성골聖骨이
며, 그 아래(태종무열왕)부터는 하고下古이며 진골眞骨이라고 하여 신라 왕조
의 시대와 그 성격(골품骨品)을 구분하였다.

다시 말해서 이「왕력」표에서는 신라 왕조의 시대 구분을 첫 임금 혁거세왕으
로부터 22대 지증왕까지를 상고, 23대 법흥왕으로부터 28대 진덕왕까지를 중고,
29대 태종무열왕으로부터 마지막 임금 경순왕까지를 하고로 하고 있다. 그리고
여기에서는 중고를 성골 시대, 하고를 진골 시대로 하고 있으나, 중고 이전의
상고 시대 왕들도 모두 성골이었음은 물론이다.

상고 : 제1대 혁거세왕(BC 57－AD4)～제22대 지증왕(500－514) : 聖骨

중고 : 제23대 법흥왕(514－540)～제28대 진덕왕(647－654) : 聖骨

하고 : 제29대 태종무열왕(654－661)～제56대 경순왕(927－935) : 眞骨

『사기』「신라본기」의 진덕왕 8년이 끝나는 맨 뒤쪽에서 신라 왕족의 성골과
진골에 관해서 다음과 같이 언급하고 있다.

"시조 혁거세로부터 진덕왕까지의 28왕을 성골이라 하고, 무열왕으로부터 마지
막 임금에 이르기까지를 진골이라고 한다(… 始祖赫居世至眞德二十八王 謂之聖
骨 自武烈之末王 謂之眞骨)."

그리고『사기』「본기」경순왕 조항의 끄트머리에 신라의 삼대三代에 관해 다
음과 같이 썼다.

"신라 사람들은 시조로부터 경순왕에 이르기까지를 삼대로 나누었다. 처음부터
진덕왕에 이르기까지의 28왕을 상대라 하고, 무열왕에서 혜공왕까지의 8왕을
중대라 하며, 선덕왕에서 경순왕까지의 20왕을 하대라 한다(國人 自始祖至此分
爲三代 自初至眞德二十八王 謂之上代 自武烈至惠恭八王 謂之中代 自宣德至敬順
二十王 謂之下代云)."

상대 : 제1 혁거세왕(BC 57－AD4)～제28 진덕왕(647－654).

중대 : 제29 무열왕(654－661)～제36 혜공왕(765－780).

하대 : 제37 선덕왕(780－785)～제56 경순왕(927－935).

성골과 진골은「왕력」과 같고 또 신라 왕조 전체를 고古(상·중·하고)와 대代
(상·중·하대)의 명칭 차이만 있을 뿐 셋으로 나눈 것도 같다. 그러나 그 구분
의 왕대王代가 서로 같지 않다.

183) 『사기』「본기」태종무열왕 원년 4월 조에는 "왕의 아버지(용춘龍春 또는 용수
龍樹)를 문흥대왕으로 추봉하였다(追封王考爲文興大王)"라고 하였으며,『유사』
권1 '태종춘추공太宗春秋公'에도 "追封文興大王"이라 했는데, 여기(「왕력」원
문)에는 "卓文興葛文王"이라고 하였다. 추봉追封 왕이기 때문에 '갈문왕'이라고

| 중국 | 신라 |
|---|---|
| 咸亨庚午四<br>(670~673) | |
| 上元甲戌二<br>(674~675) | |
| 儀鳳丙子三<br>(676~678) | |
| 調露己卯<br>(679) | |
| 永隆庚辰<br>(680) | |
| 開耀辛巳<br>(681) | 第三十一神文王<br>金氏 名政明 子日炤 父文虎王 母慈訥王后 妃神穆王后 金運公之女 辛巳立 理十一年<br>**제31대 신문왕**<br>김씨, 이름은 정명이며 자는 일조[189]이다. 아버지는 문무왕이며, 어머니는 자눌왕후이다. 왕비는 신목왕후로 김운공의 딸이다.[190] 신사년(681)에 즉위하여 11년을 다스리다. |
| 永淳壬午<br>(682) | |
| 虎后<br>洪道癸未<br>(683) | |
| 文明甲申<br>(684) | |
| 垂拱乙酉四<br>(685~688) | |
| 永昌乙丑<br>(689) | |
| 周<br>天授庚寅二<br>(690~691) | 第三十二孝昭王<br>名理恭 一作洪 金氏 父神文王 母神穆王后 壬辰立 理十年 陵在望德寺東<br>**제32대 효소왕**<br>이름은 이공 또는 이홍이며[191] 김씨이다. 아버지는 신문왕이며 어머니는 신목왕후이다. 임진년(692)에 즉위하여 10년을 다스리다. 능은 망덕사 동쪽에 있다. |
| 長壽壬辰二<br>(692~693) | |

한 것은 다소 이해가 가지만 그 앞에 '탁卓' 자가 붙은 것은 아무래도 잘못 붙여
진 글자(衍字)인 듯하다. 지금까지 국내 역주본들은 거의 대부분 '탁문흥갈문왕'
이라 하고 있으나, 여기서는 '탁'을 새기지 않고 '문흥갈문왕'이라고만 하였다.
일본 학자들은 이에 의견을 달리하고 있음을 보게 되는데,『新羅史の諸問題』의
저자 스에마쓰 야스카즈末松保和는 "탁卓은 혹시 시諡의 와오訛誤일 것으로 추
정된다"고 하였으며,『고증』(상, p.218)에서는 "…龍樹(龍春)角干追封文興大王
之子라고 있는 것에서 판단하여, '탁'이 아니고 '용춘각간'의 '각간'으로 볼 수
는 없을까"라고 하였다. 즉『고증』에서는「왕력」의 원문 "…龍春卓文興葛文
王…",『유사』「기이」(태종춘추공) 본문 "龍樹(龍春)角干…"을 끌어와서 '탁'
을 '용춘'의 밑에다 붙여 '각간'(용춘각간)의 오자로 보려고 하였다.

184) 우연의 일치인지는 몰라도 용수라는 이름은 2·3세기 무렵에 생존하여 인도의
대승불교를 크게 일으킨 성사聖師로서 제2의 석가라고까지 추앙되었던 나가르
쥬나Nāgārjuna를 한자로 옮긴 이름(용수龍樹)과 같다.

185)『사기』「본기」(태종무열왕)에는 훈제부인이란 말은 없고 단지 "妃文明夫人 舒
玄角湌女也"라고 하였다.

186)『사기』「본기」(문무왕 상)에는 "母金氏文明王后 蘇判舒玄之季女 庾信之妹也",
곧 "어머니 김씨 문명왕후는 소판 서현의 작은 딸이며 유신의 누이다"라고 하
였다.

187) 이「왕력」의 다음 왕인 신문왕에서는 그 어머니(문무왕비)를 '자눌왕후慈訥王
后'라고 하였으며,『사기』「본기」(문무왕 상)에는 "妃 慈儀王后 波珍湌 善品之
女也"라고 하였다. 다음 대의 신문왕(문무왕 아들) 쪽에서는 '자의慈儀'를 '자의
慈義'로도 쓴다고 하였다(『사기』「본기」 8 신문왕).

188) '대왕바위(大王岩)'라고도 일컬어지는 '문무대왕해중릉文武大王海中陵'은 현재
경상북도 경주시 양북면 봉길리 앞바다에 위치하고 있다.

189)『사기』「본기」(神文王)에는 "諱政明" 밑에 "名之字日怊"라고 주를 달아 놓았으
나, 이 '초怊'는 '소炤'가 옳다.

190)『역주 삼국유사』 1권(정신문화연구원본, 이회출판사), p.100의 주4)에는 "神穆
王后 金運公之女: (史)(『史記』)에는 '소판 欽突의 딸'이라고 하였다"라고 되어
있는데, 이는 신문왕의 왕비 신목왕후가 누구인지 전혀 모르고 있는 것이라 할
수 있다.
『사기』 권8「신라본기」 8의 신문왕 쪽에 의하면, 왕비 김씨는 소판蘇判 흠돌欽
突의 딸인데, 신문왕이 태자 적에 비로 들였으나 오랫동안 자식이 없는데다가,
뒷날 그 아버지(김흠돌金欽突)가 모반을 일으켜 신문왕 원년 8월에 죽음을 당

| 中國 | 신라 |
| --- | --- |
| 延載<sub>甲午</sub><br>(694) | |
| 天冊<sub>乙未</sub><br>(695) | |
| 通天<sub>丙申</sub><br>(696) | |
| 神功<sub>丁酉</sub><br>(697) | |
| 聖曆<sub>戊戌</sub>二<br>(698~699) | |
| 久視<sub>庚子</sub><br>(700) | |
| 長安<sub>辛丑</sub>四<br>(701~704)<br><br>中宗<br>神龍<sub>乙巳</sub>二<br>(705~706)<br><br>景龍<sub>丁未</sub>三<br>(707~709)<br><br>睿宗<br>景雲<sub>庚戌</sub>二<br>(710~711)<br><br>玄宗<br>先天<sub>壬子</sub><br>(712) | 第三十三聖德王<br>名興光 本名隆基 孝昭之母弟也 先妃陪昭王后 諡嚴貞 元大阿干之女也 後妃占勿王后 諡炤德 順元角干之女 壬寅立 理三十五年 陵在東村南 一云楊長谷<br>**제33대 성덕왕**<br>이름은 흥광이며 본명은 융기이다.192) 효소왕의 동복아우이다. 먼저 왕비는 배소왕후인데 시호가 엄정이며 원대아간의 딸이다.193) 나중 왕비는 점물왕후인데 시호가 소덕이고 순원각간의 딸이다.194) 임인년(702)에 즉위하여 35년을 다스리다. 능은 동촌의 남쪽에 있는데, 양장곡이라고도 한다. |
| 開元<sub>癸丑</sub>十九<br>(713~741) | 第三十四孝成王<br>金氏 名承慶 父聖德王 母炤德大后 妃惠明王后 眞宗角干之女 丁丑立 理五年 法流寺火葬 骨散東海<br>**제34대 효성왕**<br>김씨, 이름은 승경이다. 아버지는 성덕왕, 어머니는 소덕태후이다. 왕비는 혜명왕후인데 진종각간의 딸이다.195) 정축년(737)에 즉위하여 5년을 다스리다. 법류사에서 화장하고 동해에 유골을 뿌리다. |

한 역적이었으므로, (왕비도) 대궐에서 쫓겨나게 되었다는 것이다. 그 뒤 왕의
3년 2월에 일길찬一吉湌 김흠운金欽運의 딸을 부인(왕비)으로 맞아들이게 되었
는데, 이 부인이 바로 신목왕후이다. 이러한 사실은 신문왕의 아들이며 다음 왕
인 (『사기』) 효소왕 쪽에서도 보게 된다. "어머니는 성이 김씨이며 신목왕후인
데, 일길찬 김흠운의 딸이다(母姓金氏 神穆王后 一吉湌金欽運一云雲女也)"라고
하였으므로, 이 「왕력」에 "妃神穆王后 金運公之女"로 되어 있는 '김운공金運公'
은 곧 '김흠운공金欽運公'의 '흠欽' 자가 빠진 것으로 볼 수가 있다.

객담 같지만 '일길찬 김흠운'은 『사기』 권47(열전 7)에 나오는 '金歆運'과 동일
인물일 것으로 추정된다. 즉 내밀(물)왕 8세손인 김흠운金歆運은 태종무열왕 2
년(655)에 백제와의 싸움에서 용감하게 싸워 장렬하게 전사하였으므로 일길찬
에 추증되었는데, 그 일길찬 김흠운과 일길찬 김흠운金欽運은 동일 인물일 것
이다.

191) 『사기』 「본기」 효소왕 쪽에서는 이름의 순서가 「왕력」과는 달리 "諱理洪 一作
恭"(이름이 이홍 또는 이공)이라고 하였다.

192) 『사기』 「본기」 성덕왕 쪽에서는, "이름이 홍광이다. 본명은 융기였으나 당나라
현종의 이름(융기隆基)과 같았으므로 선천(712) 연중에 (홍광으로) 고친 것이다
(諱興光 本名隆基 與玄宗諱同 先天中改焉)"라고 하였으며, 그 아래에 "唐書言 金
志誠"이라 주를 달아 놓았다. 이에 의한다면 『당서』에는 신라의 성덕왕 이름이
본디 융기였으나 당 현종의 이름과 같으므로 김지성으로 고쳤다는 것이 된다.
당시 신라에서는 '홍광'으로 고쳤는데 『당서』에서 '김지성'으로 되어 있다면
잘못된 것이라고 할 수 있다.

실은 김지성은 성덕왕 때 중아찬重阿湌으로 경주 남월산南月山에 감산사甘山寺
를 세우고 미륵존(석)상을 조성한 귀족이었는데, 그에 관해서는 개원 7년 곧 성
덕왕 18년(719) 2월 15일에 기록한 「금당주미륵존상화광후기金堂主彌勒尊像火
光後記」(『조선금석총람』 상, p.34)에 전하고 있다.

『유사』의 「탑상」 '南月山' 조항에 전하고 있는 「화광후기」에는 "重阿湌金忘誠"
이라 했으나, 이는 '김지성金志誠'의 잘못이다. 김지성과 그의 감산사 및 미륵·
미타존상 조성과 당시 국왕이나 가족 관계 등에 관해서는 해당 본문에서 다루
기로 한다.

193) 『사기』 「본기」 (성덕왕)에 의하면, 왕의 3년 5월에 승부령乘府令 소판 김원태金
元泰의 딸을 왕비로 삼았으나, 15년 3월에 그 성정成貞(또는 엄정嚴貞)왕후를 궁
에서 내보낸(출궁出宮) 것으로 보인다. 이 성정成貞 곧 엄정嚴貞왕후가 이 「왕력」
에서는 선비先妃 배소왕후陪昭王后임을 알 수가 있으며 따라서 여기서의 원대아

| 중국 | 신라 |
|---|---|
| 天寶<sub>壬午</sub>十四<br>(742~755)<br><br>肅宗<br>至德<sub>丙申</sub>二<br>(756~757)<br><br>乾元<sub>戊戌</sub>二<br>(758~759)<br><br>上元<sub>庚子</sub>二<br>(760~761)<br><br>寶應<sub>壬寅</sub>一<br>(762)<br><br><br>代宗<br>廣德<sub>癸卯</sub>一<br>(763~764) | 第三十五景德王<br>金氏 名憲英 父聖德 母炤德大后 先妃三毛夫人 出宮无後 後妃滿月夫<br>人 諡景垂王后 垂一作穆 依忠角干之女 壬午立 理二十三年 初葬頃只<br>寺西岑 鍊石爲陵 後移葬楊長谷中<br>**제35대 경덕왕**<br>김씨, 이름은 헌영이다. 아버지는 성덕왕이고, 어머니는 소덕태후이<br>다. 먼저 왕비는 삼모부인으로 후사(後嗣)가 없어서 궁에서 폐출되<br>다.196) 나중 왕비는 만월부인인데, 시호가 경수 또는 경목왕후이며 의<br>충각간의 딸이다.197) 임오년(742)에 즉위하여 23년을 다스리다. 처음<br>경지사198) 서쪽 봉우리에 장사지내고 돌을 다듬어 능을 만들었으나,<br>나중에 양장곡 안으로 이장하다. |
| 永泰<sub>乙巳</sub><br>(765)<br><br><br>大曆<sub>丙午</sub>十四<br>(766~779) | 第三十六惠恭王<br>金氏 名乾運 父景德 母滿月王后 先妃神巴夫人 魏正角干之女 妃昌昌<br>夫人 金將角干之女 乙巳立 理十五年<br>**제36대 혜공왕**<br>김씨, 이름은 건운이다. 아버지는 경덕왕이며 어머니는 만월왕후이다.<br>먼저 왕비 신파부인은 위정각간의 딸이며, 왕비 창창부인은 금장각간<br>의 딸이다.199) 을사년(765)에 즉위하여 15년을 다스리다. |
| 德宗<br>建中<sub>庚申</sub>四<br>(780~783)<br><br><br>興元<sub>甲子</sub><br>(784) | 第三十七宣德王<br>金氏 名亮相 父孝方海干 追封開聖大王 卽元訓角干之子 母四召夫人<br>諡貞懿大后 聖德王之女 妃具足王后 狼品角干之女 庚申立 理五年<br>**제37대 선덕왕**<br>김씨, 이름은 양상이다. 아버지 효방해간200)을 추봉하여 개성대왕이<br>라 하니, 곧 원훈각간의 아들이다. 어머니 사소201)부인의 시호가 정의<br>태후이니, 성덕왕의 딸이다. 왕비 구족왕후는 낭품각간의 딸이다.202)<br>경신년(780)에 즉위하여 5년을 다스리다. |

간元大阿干과 소판 김원태는 동일 인물이라고 할 수가 있다. 그러나 성덕왕의
전 부인인 배소왕후(엄정부인)가 왕후의 자리에서 쫓겨난 까닭은 알 수가 없다.
194) 성덕왕의 후비後妃에 관해서는 『사기』「본기」(성덕왕)에 다음과 같이 썼다. 곧
“성덕왕 19년 3월에 이찬伊湌 순원順元의 딸을 들여 왕비로 삼았으며, 6월에 왕
비를 왕후로 책봉하였다. 그 왕후(소덕 곧 후비)가 왕의 23년 12월에 세상을 떠
났다(三月 納伊湌順元之女爲王妃 六月 冊王妃爲王后 炤德王妃卒)”라고 하였다.
점물왕후占勿王后란 이름은 『사기』에는 보이지 않는다.
195) 『사기』「본기」 9에는 효성왕 3년 3월에 “이찬 순원의 딸 혜명을 왕비로 삼다”라
고 했으며, 4년 3월에 “당唐에서 사신을 보내어 부인 김씨를 왕비로 책봉하다”
라고 하였다. 「왕력」에는 “眞宗角干之女”로 되어 있는데, 이 『사기』에는 “伊湌
順元女”로 되어 있어서 서로 다르다.
196) 여기에는 삼모부인三毛夫人으로 되어 있으나, 『유사』 권2의 경덕왕 쪽에는 선
비先妃가 누구라는 말도 없고 대뜸 “無子廢之 封沙梁夫人” 곧 자식이 없어서 폐
출하여 사량부인으로 봉하였다고 하였다. 이어서 “後妃…”가 나오므로 선비임
을 알게 된다. 그렇다면 이 「왕력」에서의 “出宮無後”는 글자 그대로 “궁에서 쫓
겨나 후사가 없다”가 아니고 “후사 곧 자식을 못 낳았으므로 대궐에서 폐출되
었다”고 해야 옳겠다. 대궐에서 쫓겨난(出宮) 이유가 ‘무자無子(무후無後)’이기
때문이다.
197) 『사기』 권9 「본기」 경덕왕 쪽에는 그 첫줄 끝에 “妃伊湌順貞之女也”(왕비는 이
찬 순정의 딸이다)라고 쓰여 있으며, 그 2년 4월 조에는 “納舒弗邯金義忠女爲王
妃”(서불한 김의충의 딸을 왕비로 삼다)라고 쓰여 있는데, 앞의 왕비가 선비이
고 뒤의 왕비가 후비라고 하겠다. 그러므로 선비인 삼모부인 곧 사량부인의 아
버지가 이찬 순정이며, 후비 만월부인의 아버지가 서불한 김의충이라고 할 수
있다. 이 『사기』의 혜공왕 쪽에도 “어머니 김씨 만월부인은 서불한 김의충의
딸이다(母金氏滿月夫人 舒弗邯金義忠之女)”라고 하였다. 『유사』의 「왕력」에는
만월부인의 아버지를 ‘의충각간依忠角干’이라 하였고, 『사기』에는 ‘서불한舒弗
邯 의충義忠’이라 하였는데, ‘각간’이나 ‘서불한’은 같은 벼슬이며 ‘의충依忠’이
나 ‘의충義忠’은 모두 ‘의충’으로 발음이 같은 동일인이라 할 수 있다.
　『유사』 권2의 경덕왕 이야기에서는 앞에서 본 “無子廢之 封沙梁夫人”에 이어,
“후비인 만월부인은 시호가 경수태후이며 의충각간의 딸이다(後妃滿月夫人 謚
景垂太后 依忠角干之女也)”라고 하여 「왕력」에서 쓴 바와 같다.
198) 『사기』 경덕왕 24년 끝에는 경덕왕을 장사지낸 곳을 “毛祇寺 西岑”이라고 하였
다. 아무튼 ‘경지사頃只寺’와 ‘모지사毛祇寺’는 같은 절이라고 하겠는데, 그 절

| 중국 | 신라 |
|---|---|
| 貞元乙丑二十<br>(785~804) | 第三十八元聖王<br>金氏 名敬愼 一作敬信 唐書云敬則 父孝讓大阿干 追封明德大王 母仁□<br>一云知烏夫人 諡昭文王后 昌近伊己之女 妃淑貞夫人 神述角干之女 乙<br>丑立 理十四年 陵在鵠寺 今崇福寺 有也致遠所□碑<br>**제38대 원성왕**<br>김씨, 이름은 경신이다.203) 『당서』에는 경칙이라 한다. 아버지는 효양<br>대아간인데 추봉하여 명덕대왕이며, 어머니는 인□ 또는 지오부인으로<br>시호가 소문왕후이니 창근이기의 딸이다.204) 왕비는 숙정부인으로 신<br>술각간의 딸이다.205) 을축년(785)에 즉위하여 14년을 다스리다. 능은<br>곡사 지금의 숭복사에 있으며, 최치원이 지은 비가 있다.206)<br><br>第三十九昭聖王<br>一作昭成王 金氏 名俊邕 父惠忠大子 母聖穆大后 妃桂花王后 夙明公女<br>己卯立而崩<br>**제39대 소성왕**<br>소성왕(昭成王)이라고도 쓴다. 김씨, 이름은 준옹이다. 아버지는 혜충<br>태자이며,207) 어머니는 성목태후이다. 왕비는 계화왕후이며 숙명공의<br>딸이다.208) 기묘년(799)에 즉위하였으나 (이듬해) 세상을 떠나다. |
| 順宗<br>永貞乙酉<br>(805) | 第四十哀莊王<br>金氏 名重熙 一云淸明 父昭聖 母桂花王后 辛卯立209) 理十年 元和四年<br>己丑七月十九日 王之叔父憲德興德兩伊干所害而崩<br>**제40대 애장왕**<br>김씨, 이름은 중희 또는 청명이다.210) 아버지는 소성왕이며, 어머니는<br>계화왕후이다. 경진년(800)에 즉위하여 10년을 다스리다. 원화 4년 기<br>축(809) 7월 19일에 왕의 숙부 헌덕211) 흥덕212) 두 이간에게 해를 입어<br>세상을 떠나다. |
| 憲宗<br>元和丙戌十五<br>(806~820)<br>穆宗<br>長慶辛丑四<br>(821~824)<br>敬宗<br>寶曆乙巳二<br>(825~826) | 第四十一憲德王<br>金氏 名彦升 昭聖之母弟 妃貴勝娘 諡皇娥王后 忠恭角干之女 己丑立<br>理十九年 陵在泉林村北<br>**제41대 헌덕왕**<br>김씨, 이름은 언승213)이며 소성왕의 동복아우이다. 왕비는 귀승랑으로<br>시호가 황아왕후이며 충공각간의 딸이다.214) 기축년(809)에 즉위하여<br>19년215)을 다스렸으며, 능은 천림촌 북쪽216)에 있다.<br><br>第四十二興德王<br>金氏 名景暉 憲德母弟 妃昌花夫人 諡定穆王后 昭聖之女 丙午立 理十<br>年 陵在安康北比火壤 與妃昌花合葬<br>**제42대 흥덕왕**<br>김씨, 이름은 경휘217)이며 헌덕왕의 동복아우이다. 왕비는 창화부인218)<br>이고 시호는 정목왕후이며 소성왕의 딸이다. 병오년(826)에 즉위하여<br>10년을 다스리다. 능은 안강의 북쪽 비화양에 있는데, 왕비 창화부인과<br>합장하였다. |

이름에는 무슨 연유가 있는 듯하다.

199) 『사기』「본기」 혜공왕의 말년(16년) 끄트머리에, "처음 왕비인 신보왕후는 이 찬 유성의 딸이며, 다음 왕비는 이찬 김장의 딸이나 그 입궁의 연월은 역사에 전함이 없다(元妃新寶王后 伊湌維誠之女 次妃伊湌金璋之女 史失入宮歲月)"라고 하였다. 이에 의하면 혜공왕의 전 왕비(先妃・元妃)는 여기에서 '신보왕후新寶 王后'이고「왕력」에서는 '신파부인神巴夫人'인데, 신라의 옛 인명에 '파巴'와 '보寶'(保)를 동일인에게 쓰는 사례가 보이는데다가 '신新'과 '신神' 또한 발음 이 같으므로 '신파부인'과 '신보왕후'를 같은 이름으로 볼 수가 있으나, 그 아버 지의 이름들은 각각 다르게(위정각간魏正角干과 이찬유성伊湌維誠) 보이고 있 다. 다음 왕비에 관해서는『사기』에서 "伊湌金璋之女"로만 되어 있으나, 이「왕 력」에서는 '창창부인昌昌夫人'이라 이름이 밝혀져 있다. 그 아버지의 이름이 한 쪽은 '금장각간金藏角干' 또 한쪽은 '이찬금장伊湌金璋'으로 각각 다르게 보이 고 있으나 그 발음이 같은 '금장'인 점을 미루어(이찬이 각간으로 추서될 수도 있으므로) 같은 인물로 보는 것은 크게 무리가 없을 듯하다.

200) 『사기』「본기」 선덕왕 쪽에는 그 이름을 '良相'이라 하였으며, 그 아버지도 '해 찬海湌 고방考芳'이라 하고 있다.

201) 『사기』(선덕왕)에는 그 어머니를 "金氏 四炤夫人"이라 하였다.

202) 『사기』(선덕왕)에는 왕비에 관해서 "妃具足夫人 角干良品之女也(一云 義恭阿湌 之女)"라고 하였다.「왕력」쪽의 '낭품狼品'보다는 '양품良品'이 옳을 듯하다.

203) 여기에는 "名敬愼 一作敬信"이라 하였으나,『사기』「본기」 원성왕 쪽에서는 "諱 敬信"이라고만 하였다.

204) 『사기』(원성왕)에는 "어머니는 박씨이며 계오부인이다(母朴氏繼烏夫人)"라고만 하였다. 여기서의 이기伊己(창근이기)는 이간伊干의 잘못인 듯하다.

205) 『사기』 위의 글에 이어 왕비도 "김씨, 신술각간의 딸(妃金氏 神述角干之女)"이 라고만 되어 있다.

206) 이 숭복사비崇福寺碑는 신라 최치원崔致遠이 지은 네 곳 비문의 하나인데, 그 비신碑身은 파손되어 쌍귀부雙龜趺만 남아 현재 경주국립박물관에 보존되어 있으며, 비문은 전북 순창군 구암사龜岩寺에 소장된 필사본이 있어서『조선금 석총람』 상(pp.120~124) 등에 수록되어 있다.

207) 『사기』「본기」 소성왕 쪽에는 왕의 아버지를 "원성왕태자元聖王太子 인겸仁謙 의 아들"이라 하였다. 인겸仁謙은 바로 혜충태자惠忠太子의 이름이다. 원성왕은 원년에 그 아들 인겸을 태자로 삼아 혜충태자라 하였으나 그 7년에 죽고, 다음 아들 의영義英을 태자(헌평태자憲平太子)로 삼았으나 또한 그 10년에 죽었다.

| 중국 | 신라 |
|---|---|
| 文宗<br>大和<sub>丁未</sub>九<br>(827~835)<br>開成<sub>丙辰</sub>五<br>(836~840)<br><br><br><br><br><br><br><br><br><br><br><br><br><br><br><br><br><br><br><br>虎宗<br>會昌<sub>辛酉</sub>六<br>(841~846) | 第四十三僖康王<br>金氏 名愷隆 一作悌顒 父憲貞角干 諡興聖大王 一作翌成　禮英匝干子<br>也 母美道夫人 一作深乃夫人 一云巴利夫人 諡順成大后 忠衍大阿干之<br>女也 妃文穆王后 忠孝角干之女 一云重恭角干 丙辰年立 理二年<br>**제43대 희강왕**<br>김씨, 이름은 개륭[219] 또는 제옹이다. 아버지는 헌정각간이며 시호가<br>흥성대왕 또는 익성이라고도 하며 예영잡간의 아들이다.[220] 어머니는<br>미도부인 또는 심내부인 또는 파리부인이라고도 하며 시호는 순성태후<br>이니 충연대아간의 딸이다.[221] 왕비는 문목왕후이니 충효각간 또는 중<br>공각간의 딸이라고 한다.[222] 병진년(836)에 즉위하여 2년을 다스리다.<br><br>第四十四閔(一作敏)哀王<br>金氏 名明 父忠恭角干 追封宣康大王 母追封惠忠王之女貴巴夫人 諡宣<br>懿王后 妃无容皇后 永公角干之女 戊午立 至己未正月二十二日崩<br>**제44대 민애왕**<br>김씨, 이름은 명이다. 아버지는 충공각간인데 추봉하여 선강대왕이며,<br>어머니는 추봉된 혜충왕의 딸인 귀파부인이니 시호는 선의왕후이<br>다.[223] 왕비 무용황후는 영공각간의 딸이다.[224] 무오년(838)에 즉위하<br>여 기미년(839) 정월 22일에 세상을 떠나다.<br><br>第四十五神虎王<br>金氏 名佑徵 父均貞角干 追封成德大王 母貞矯夫人 追封祖禮英爲惠康<br>大王 妃貞從 一作繼大后 明海□之女 己未四月立 至十一月二十三日崩<br>**제45대 신무왕**[225]<br>김씨, 이름은 우징이다. 아버지는 균정각간인데, 추봉하여 성덕대왕이<br>며, 어머니는 정교부인이다.[226] 조부 예영을 혜강대왕이라 추봉하다.<br>왕비는 정종 또는 계태후라고도 하는데 명해□의 딸이다.[227] 기미년<br>(839) 4월에 즉위하여 11월[228] 23일에 세상을 떠나다.<br><br>第四十六文聖王<br>金氏 名慶膺 父神虎王 母貞從大后 妃炤明王后 己未十一月立 理十九年<br>**제46대 문성왕**<br>김씨, 이름은 경응이다. 아버지는 신무왕이고, 어머니는 정종태후[229]이<br>며, 왕비는 소명왕후이다.[230] 기미년(839) 11월에 즉위하여 19년을 다<br>스리다. |

그래서 그 이듬해 혜충태자의 아들(곧 왕손인) 준옹俊邕을 태자로 삼았다.

208) 여기에는 "妃桂花王后 夙明公女"라 하였는데, 『사기』(소성왕)에는 "妃金氏 桂花
夫人 大阿湌叔明女也" 곧 계화왕후가 대아찬 숙명(『사기』에는 '숙叔', 「왕력」
에서는 '숙夙')의 딸이라는 것이다.

209) 원문에는 애장왕이 신묘(辛卯)에 즉위한 것으로 되어있으나, 애장왕의 재위기간
에는 신묘년이 없을 뿐 아니라 『사기』 연표에는 경진(庚辰)년에 즉위한 것으로
되어 있으므로, 이에 의해 새김글에는 경진으로 고쳐 놓았다.

210) 『사기』 「본기」 애장왕 쪽에는 "諱 淸明"만 있을 뿐 '중희重熙'는 없다.

211) 제41대 왕이 된 언승彦昇 헌덕왕憲德王을 가리킨다.

212) 제42대 왕인 수종秀宗(경휘景暉) 곧 흥덕왕興德王을 가리킨다.

213) 여기에는 '언승彦升'인데 『사기』 「본기」 헌덕왕 쪽에는 '언승彦昇'으로 '승升'
과 '승昇'의 차이가 있다.

214) 『사기』(헌덕왕)에는 왕비를 "貴勝夫人 禮英角干女也"라고만 하였다.

215) 즉위한 해를 원년으로(當年稱元) 하였기 때문에 원년(809) 7월에 즉위하여 18년
(826) 10월까지 재위하였으므로 19년을 다스린 것이 아니고, 18년이라야 옳다.

216) 『사기』(헌덕왕 18년 10월)에는 "천림사의 북쪽에 장사지내다(葬于泉林寺北)"라
고 하였다.

217) 『사기』 「본기」 흥덕왕 쪽에는 "이름이 수종이고 나중에 고쳐서 경휘이다(諱秀
宗 後改爲景徽)"라고 하였다. 「왕력」에는 '수종'도 보이지 않고 '경휘'도 휘 자
는 '휘徽'가 아닌 '휘暉'이다.

218) 『사기』(흥덕왕)에는 '장화부인章和夫人'이라 하였다.

219) 『사기』 「본기」 희강왕 쪽에는 "諱 悌隆" 곧 '개恺'가 아니라 '제悌'로 되어 있다.

220) 위의 희강왕 쪽에서는 "元聖大王孫 伊湌憲貞(一云 草奴)之子也"라고 하여, 왕의
아버지가 원성왕의 손자 헌정이찬(초노라고도 함)이라고만 하였다. 그리고 그
이듬해(왕의 2년) 그 아버지를 추봉하여 '익성대왕翌成大王'으로 하였다고 되
어 있다.

221) 『사기』(희강왕)에서는 그 어머니에 대하여 단지 "母包道夫人"이라는 한마디만
보이고 있을 뿐이며, 그 2년 정월에 아버지의 추봉과 아울러 어머니를 순성태후
(母朴氏爲順成太后)로 봉하였다고 하였다.

222) 『사기』(희강왕)에서는 "妃文穆夫人 葛文王忠恭之女"로만 되어 있다.

223) 『사기』 「본기」 민애왕 쪽에서는 그 어머니를 "朴氏 貴寶夫人爲宣懿太后"라고
하였다. 여기에서 '귀파부인貴巴夫人'의 '파巴'와 '귀보부인貴寶夫人'의 '보寶'
가 동일 인물에 같이 쓰인다는 사례는 앞에서도 언급한 바 있지만 그 시호가

| 중국 | 신라 |
|---|---|
| 宣宗<br>大中<sub>丁卯</sub>十三<br>(847~859) | 第四十七憲安王<br>金氏 名誼靖 神虎王之弟 母昕明夫人 戊寅立 理三年<br>**제47대 헌안왕**<br>김씨, 이름은 의정이다.231) 신무왕의 아우이며,232) 어머니는 혼명부인233)이다. 무인년(858)에 즉위하여 3년234)을 다스리다. |
| 懿宗<br>感通<sub>庚辰</sub>十四<br>(860~873) | 第四十八景文王<br>金氏 名膺廉 父啓明角干 追封義(一作懿)恭大王 卽僖康王之子也 母神虎王之女光和夫人 妃文資皇后 憲安王之女 辛巳立 理十四年<br>**제48대 경문왕**<br>김씨, 이름은 응렴이다. 아버지 계명각간을 추봉하여 의공대왕이라 하였는데 곧 희강왕의 아들이다. 어머니는 신무왕의 딸 광화부인235)이며, 왕비는 문자황후236)이니 헌안왕의 딸이다. 신사년(861)에 즉위하여 14년을 다스리다. |
| 僖宗<br>乾符<sub>甲午</sub>六<br>(874~879)<br><br>廣明<sub>庚子</sub><br>(880)<br><br>中和<sub>辛丑</sub>四<br>(881~883) | 第四十九憲康王<br>金氏 名晸 父景文王 母文資皇后 妃懿明夫人 一云義明王后 乙未立 理十一年<br>**제49대 헌강왕**<br>김씨, 이름은 정이다. 아버지는 경문왕이며 어머니는 문자황후237)이다. 왕비는 의명부인 또는 의(義)명왕후이다. 을미년(875)에 즉위하여 11년을 다스리다. |
| 光啓<sub>乙巳</sub>三<br>(885~887) | 第五十定康王<br>金氏 名晃 閔哀王之母弟 丙午立而崩<br>**제50대 정강왕**<br>김씨, 이름은 황이며 민애왕의 동복 아우이다.238) 병오년(886)에 즉위하여 그 해에 세상을 떠나다.<br><br>第五十一眞聖女王<br>金氏 名曼憲 卽定康王之同母妹也 王之匹魏弘大角干 追封惠成大王 丁未立 理十年 丁巳遜位于小子孝恭王 十二月崩 火葬 散骨于牟梁西岳 一作未黃山 |
| 昭宗<br>文德<sub>戊申</sub><br>(888)<br><br>龍紀<sub>己酉</sub><br>(889) | **제51대 진성여왕**<br>김씨, 이름은 만헌이다.239) 곧 정강왕의 동복 누이이다.240) 왕의 남편 위홍대각간241)을 추봉하여 혜성대왕이라 하다. 정미년(887)에 즉위하여 10년을 다스리다. 정사년(897)에 소자 효공왕242)에게 양위하다. 12월에 별세하므로 화장하여 모량리 서악 또는 미황산에 유골을 뿌리다.243) |

또한 같은 '선의宣懿'이므로 동일 인물임을 의심할 여지가 없다. 그러나『사기』
에서는 그 성을 박씨로 하고 있는데(母朴氏…),「왕력」에서는 김씨로 하고 있
는 점에서 문제가 있다고 할 것이다.

『사기』에서는 분명히 '박씨'라 하였으나, 실은「왕력」쪽에서 왕의 어머니를
'김씨'라고 언명하지는 않았다. 그러나 선의태후의 아버지가「왕력」에서는 추
봉된 혜충왕(母追封惠忠王之女 貴巴夫人 諡宣懿王后)이라고 하였다. 이 혜충왕
이 바로 38대 원성왕의 첫 번째 태자였으며 제39대 소성왕의 아버지였던 인겸
태자인데, 그 아들 소성왕이 할아버지(원성왕)의 뒤를 이어 즉위한 원년 5월에
혜충대왕으로 추봉(追封考惠忠太子 爲惠忠大王)한 것이다. 그러므로 선의태후
는 김씨왕인 원성왕의 손녀이며 태자 김인겸  곧 추봉된 혜충왕의 딸이며 소성
왕의 누이가 되므로 틀림없는 김씨이다.

224)『사기』(민애왕)에는 "妻金氏 爲允容王后"라고만 되어 있어서,「왕력」의 이 기록
    이 없었다면 민애왕비가 '우용황후无容皇后'로 일컬어졌는지 또 누구의 딸인지
    도 알 수 없었을 것이다.『사기』쪽에서 다른 왕들의 경우처럼 '비'라 하지 않고
    '처'라 하고 있는 것은 특이한 사례라고 할 수 있는데, 아마도 왕이 되기 전의
    처 김씨를 왕위에 오른 뒤에 '윤용왕후允容王后'로 했다는 것으로 풀이해야 하
    지 않을까 싶다. 그리고「왕력」의 '우용无容'과『사기』의 '允容'이 그 글자 모
    양의 비슷한 점으로 미루어 어느 한쪽의 글자가 오자일 것으로 추정된다.

225) 이 또한 원문에는 '신호왕神虎王'으로 되어 있지만 '신무왕神武王'이 옳으므로
    이대로 썼다.

226)『사기』「본기」신무왕 쪽에는, "어머니 박씨 진교부인을 헌목태후로 하다(母朴
    氏 眞嬌夫人爲憲穆太后)"라고 하였다.「왕력」에는 '헌목태후'도 안 보이지만
    '정교貞嬌'로 되어 있어서『사기』에서의 '진교眞嬌'와 다른데, 이 정貞과 진眞
    또한 비슷한 글자에서 온 차이인 것 같다.

227)『사기』(신무왕)에는 신무왕의 왕비에 관해서는 전혀 언급이 없고 신무왕의 아
    들이며 다음 왕인 46대 문성왕대에서 그 모후로 이름을 보이고 있다. 여기서는
    "貞繼夫人 一云 定宗太后"라고 하였다.

228)『사기』신무왕 쪽에는 '7월'로 되어 있다.

229) 앞 주227)에서 본 바와 같이 문성왕의 어머니 '정계부인貞繼夫人'을 '정종태후定
    宗太后'라고 했다는 것이므로,「왕력」의 '정종貞從'과는 발음은 같으나 글자는
    전혀 다르다.

230)『사기』문성왕 쪽에는 그 왕비에 관해서 첫머리 및 원년 부분에서는 언급이 없
    고, 그 3년 7월 당 무종의 칙책勅冊 끄트머리에 "…新羅王 妻朴氏爲王妃"라고

| 중국 | 신라 | 후고려 | 후백제 |
|---|---|---|---|
| 大順庚戌二<br>(890~891)<br><br>景福壬子二<br>(892~893)<br><br>乾寧甲寅四<br>(894~897)<br><br><br><br>光化戊午三<br>(898~900) | 第五十二孝恭王<br>金氏 名嶢 父憲康王 母文資王后<br>丁巳立 理十五年 火葬師子寺北<br>骨藏于仇知堤東山脇<br>**제52대 효공왕**<br>김씨, 이름은 요이다. 아버지는 헌강왕이며, 어머니는 문자왕후이다.244) 정사년(897)에 즉위하여 15년을 다스리다. 사자사 북쪽에 화장하여 구지제 동쪽 산기슭에 뼈를 묻다.245) | 弓裔<br>大順庚戌 始投北原賊<br>良吉屯 丙辰都鐵圓城<br>(今東州也) 丁巳移都<br>松岳郡<br>궁예<br>대순 경술년(890)246)에 처음으로 북원의 도적 양길의 진영으로 들어가다. 병진년(896)에 철원성(지금의 동주임)에 도읍하다. 정사년(897)에 도읍을 송악군으로 옮기다.247) | 甄萱<br>壬子 始都光州<br>견훤<br>임자년(892)에 비로소 광주에 도읍하다.248) |
| 天復辛酉三<br>(901~903) | | 辛酉 稱高麗<br>신유년(901)에 고려라 일컫다.249) | |
| 景宗<br>天祐甲子三<br>(904~906)<br><br>朱梁<br>開平丁卯四<br>(907~910) | | 甲子 改國號摩震 置<br>元虎泰<br>갑자년(904)에 국호를 고쳐 마진이라 하고 연호를 무태(武泰)라 하다.250) | |
| 乾化辛未四<br>(911~914) | 第五十三神德王<br>朴氏 名景徽 本名秀宗 母貞花夫人 夫人之父順弘角干 追諡成虎大王 祖元弒角干 乃阿達羅王之遠孫 父文元伊干 追封興廉大王 祖文官海干 義父銳謙角干 追封宣成大王 妃資成王后 一云懿成又孝資 壬申立 理五年 火葬 藏骨于箴峴南 | 甲戌 還鐵原<br>갑술년(914)에 철원으로 돌아가다.251) | |

보이며, 4년 3월에 "이찬 위흔의 딸을 왕비로 삼다(納伊湌魏昕之女爲妃)"라고
하였다. 이 두 왕비 중에서 누가 '소명왕후'인지 알 수가 없다.

231) 『사기』 헌안왕 쪽에서는 이름 밑에 "一云 祐靖"이라 주를 달았다.

232) 『사기』(헌안왕)에는 신무왕의 이복동생이라 하였다.

233) 『사기』(헌안왕)에는 "어머니 조명부인은 선강왕의 딸(母照明夫人 宣康之女)"이
라고 하였다.

234) 여기에는 "理三年" 곧 3년을 다스린 것으로 되어 있으나, 『사기』(헌안왕)에는
헌안왕이 5년(861) 정월 29일에 세상을 떠난 것으로 되어 있다.

235) 『사기』 경문왕 쪽에는 "母曰 光和(一云 光義)夫人"으로 되어 있다.

236) 『신정본』에는 "妃文(皇)資后"로 되어 있으나, 바로 다음인 그 아들 헌강왕 칸에
서 "母文資皇后"로 있으므로 '황皇'과 '자資'의 자리가 바뀐 것임을 알 수 있다.
『저본』에는 '文資'와 '后' 사이에 글자 자리가 비어 있다. 그러나 『사기』(위와
같음)에서는 "妃金氏 寧花夫人"으로만 되어 있다.

237) 『사기』 헌강왕 쪽에는 그 어머니를 문의왕후(母文懿王后)라고 하였다.

238) 『사기』 정강왕 쪽에는 경문왕의 둘째 아들(景文王之第二子也)로 되어 있다.

239) 『사기』 진성왕 쪽에는 왕의 이름을 '만曼'(諱曼) 한 자만으로 쓰고 있다.

240) 『사기』(진성왕)에서는 "憲康王의 女弟也"라 하였다. 앞의 『사기』 정강왕 쪽에서
본 것처럼 정강왕이 경문왕의 둘째 아들(第二子)이라면 경문왕의 태자였던 헌
강왕은 그 친형이므로 진성여왕이 정강왕의 '동모매同母妹'(「왕력」)라거나 헌
강왕의 '여제女弟'(『사기』)이거나 간에 경문왕의 딸임에는 똑같다고 하겠다. 그
렇다면 앞의 「왕력」에서 정강왕을 '민애왕의 모제母弟'라고 한 것은 잘못된 것
이라 할 수 있다.

241) 여기서는 위홍魏弘을 진성여왕의 남편(王之匹)으로 쓰고 있으나, 『사기』 진성왕
쪽에서는 "왕이 평소에 각간 위홍과 사통하였다(王素與角干魏弘通)"라고 되어
있을 뿐 부부 사이였다는 말은 보이지 않는다.

242) 『사기』에는 진성왕 9년 10월에 "헌강왕의 서자 요를 세워 태자로 삼다(立憲康王
庶子嶢爲太子)"라고 하였으며, 11년 6월에 "태자 요에게 선위하다(禪位於太子
嶢)"라고 하였다.

243) 『사기』(진성왕)에는 화장하여 산골하였다는 말은 보이지 않고 단지 "황산에 장
사지냈다(葬于黃山)"라고만 하였다.

244) 이 「왕력」의 제49대 '헌강왕' 쪽에서 "父景文王 母文資皇后"로 되어 있음을 이
미 보았다. 그런데 지금 이 '효공왕' 쪽에서는 "父憲康王 母文資王后"로 되어 있
다. 신라 때에는 '황후'를 일반적으로 잘 쓰지 않고 '왕후'로 통용되어 있었다.

| 중국 | 신라 | 고려 | 후백제 |
|---|---|---|---|
| | **제53대 신덕왕**<br>박씨, 이름은 경휘이나 본디 이름은 수종이다.252) 어머니는 정화부인이며, 부인의 아버지는 순흥각간인데 추시하여 성무대왕이며, 할아버지는 원린각간으로 아달라왕의 원손이다.253) 아버지는 문원이간인데 추봉하여 흥렴대왕이다. 할아버지는 문관해간이며, 의부는 예겸각간인데 추봉하여 선성대왕이다.254) 왕비는 자성왕후이며 또 의성 또는 효자왕후라고도 한다.255) 임신년(912)에 즉위하여 5년을 다스리다. 화장하여 잠현 남쪽에 뼈를 묻다.256) | | |
| 末帝<br>貞明乙亥六<br>(915〜920)<br><br><br><br>龍德辛巳二<br>(921〜922) | 第五十四景明王<br>朴氏 名昇英 父神德 母資成妃長沙宅 大尊角干 追封聖僖大王之子 大尊卽水宗伊干之子丁丑立 理七年 火葬皇福寺 散骨于省等仍山西<br>**제54대 경명왕**<br>박씨, 이름은 승영이다. 아버지는 신덕왕, 어머니는 자성왕후이다.257) 왕비는 장사댁258)인데 성희대왕으로 추존된 대존각간의 딸이며, 대존각간은 곧 수종이간의 아들이다. 정축년(917)에 즉위하여 7년을 다스리다. 황복사에서 화장하여 성등잉산의 서쪽에 유골을 뿌리다.259) | 太祖<br>戊寅六月裔死 太祖卽位于鐵原京 己卯 移都松岳郡 是年 創法王慈雲王輪內帝釋舍那 又創大禪院<卽普濟>新興文殊圓通地藏… 前十大寺 皆是年所創 庚辰乳岩下立油市 故今俗利市云乳下 十月創大興寺 或系壬午<br>**태조**<br>무인년(918) 6월에 궁예가 죽다. 철원경에서 태조가 즉위하다. 기묘년(919)에 도읍을 송악군으로 옮기다. 이 해에 법왕사·자운사·왕륜사·내제석사·사나사를 짓고, 또 대선원(곧 보제사)260)·신흥사·문수사·원통사261)·지장사를 세우다. 앞의 10대사262)는 모두 이 해에 창건되었다. 경진년(920)에 유암 아래에 유시를 세우다. 그래서 지금 항간에는 이시를 유하라고 한다. 10월에 대흥사를 지었는데 혹은 임오년(922)의 일이라고도 한다.263) | |

그러므로 '문자황후'는 곧 '문자왕후'와 같다고 할 수 있는데, 그 '문자왕후'가 앞쪽에서는 효공왕의 아버지 되는 49대 헌강왕의 어머니로 되어 있고 이제 여기에서는 그 헌강왕의 아들(서자)인 효공왕의 어머니로 되어 있다는 것이다. 아버지인 헌강왕의 어머니가 되는 문자왕(황)후는 효공왕에게는 할머니가 되고, 아들인 효공왕의 어머니는 그 아버지 헌강왕의 부인이 된다. 어느 쪽인가 크게 잘못된 것이다.

『사기』「본기」 효공왕 쪽에는 헌강왕의 서자인 효공왕의 어머니를 처음에는 "母金氏"라고만 했다가 2년 정월에 "어머니 김씨를 높여 의명태후로 삼았다(尊母金氏爲義明太后)"라고 하였다.

헌강왕의 서자로 태어난 효공왕 요嶢의 출생 및 진성왕의 태자로 책봉되어 선위를 받아 왕위에 오른 이야기는 『사기』 권11(「신라본기」 11, 진성왕)에 보인다. 아무튼 '문자왕후'는 효공왕의 어머니는 아닌 듯하다.

245) 『사기』 효공왕 쪽에서는 단지 "葬于師子寺北" 곧 "사자사의 북쪽에 장사지냈다"고만 되어 있다.

246) 『사기』 권31, 「연표」 하에는 대순 2년 신해(891)에 "弓裔始起投賊"이라고 하였다.

247) 위의 「연표」에는 광화光化 원년 무오(898)에 "궁예가 송악군에 도읍했다"고 하였다.

248) 이 「왕력」에서는 신유년(901)에 "稱高麗" 했다고 있으나, 「연표」에서는 이 해에 "궁예가 스스로 왕이라 일컫다(弓裔自稱王)"라고 하였다.

249) 「연표」에서는 "國號摩震 年號武泰"라고 하였다. 「왕력」에서는 "年號武泰"를 "置元虎泰"라고 하였다. 여기에서도 '무武'를 '호虎'로 바꾸어 놓았다.

250) 『사기』「연표」에는 "갑술년(914)에 '정개政開'라 연호를 고쳤으며(改元政開), 태조(왕건을 가리킴)를 백선장군百船將軍으로 삼았다"라고 할 뿐 "還鐵原"에 관한 것은 없다.

「연표」에서는 광화 원년 무오(898)에 송악군에 도읍했던 궁예가 천복天復 원년 신유(901)에 '왕이라 자칭'하였으며, 천우天祐 원년 갑자(904)에 '국호를 마진摩震'이라 하고 '연호를 무태武泰'라 하였고, 그 이듬해(을축, 905)에 궁예가 "철원으로 도읍을 옮겨(移都鐵圓) 연호 무태를 고쳐 성책聖冊 원년으로 하였다"는 것이다. 그러므로 「왕력」에서의 "還鐵原" 했다는 갑술년(914)보다 앞서 을축년(905)에 이미 철원으로 도읍을 옮겼음을 알 수가 있다.

그리고 이 「연표」에서는 궁예가 신미년(911) 곧 스스로 칭왕稱王한 지 11년 되는 해에 국호를 '태봉泰封'으로 고치고 연호를 '영덕만세 永德萬歲'라 했으나, 그로부터 7년 뒤(918)에 나라를 잃고 죽음을 당했다는 것이다.

| 중국 | 신라 | 고려 | 백제 |
| --- | --- | --- | --- |
| 後唐<br>同光癸未三<br>(923~925)<br><br><br><br><br><br>明宗<br>天成丙戌四<br>(926~929)<br><br>長興庚寅四<br>(930~933)<br><br><br><br>閔帝 末帝<br>淸泰甲午二<br>(934~935)<br><br><br><br><br><br><br><br>石晋<br>天福丙申八<br>(936~943) | 第五十五景哀王<br>朴氏 名魏膺 景明之母弟也<br>母資成王后 甲申立 理二年<br>**제55대 경애왕**<br>박씨, 이름은 위응이다. 경명왕의 동복아우. 어머니는 자성왕후이다.264) 갑신년(924)에 즉위하여 2년을 다스리다.<br><br><br>第五十六敬順王<br>金氏 名傳 父孝宗伊干 追封<br>神興大王 祖官□角干 追封懿<br>興大王 母桂娥大后 憲康王之<br>女也 丁亥立 理八年 乙未納<br>土歸于大祖 大平興國三年戊<br>寅薨 陵在□□東向洞<br>自五鳳甲子至乙未 合九百九<br>十二年<br>**제56대 경순왕**<br>김씨, 이름은 부이다. 아버지는 효종이간인데 추봉하여 신흥대왕이며,265) 할아버지는 관□각간으로 추봉하여 의흥대왕이다. 어머니는 계아태후이니 헌강왕의 딸이다.266) 정해년(927)에 즉위하여 8년을 다스리다. 을미년(935)에 국토를 태조에게 바치고 귀순하였다. 태평흥국 3년267) 무인(978)에 별세하다. 능은 □□동향동에 있다.<br>오봉 갑자년(BC 577)으로부터 을미년(935)에 이르기까지 합쳐 (신라는) 992년이다. | 壬午又創日月寺 或系<br>辛巳 甲申 創外帝釋神<br>衆院興國寺 丁亥創妙<br>□寺 己丑 創龜山 庚<br>寅安(以下闕佚)<br>임오년에 또 일월사를 세웠는데 혹은 신사년(921)의 일이라고도 한다. 갑신년(924)에 외제석원 · 신중원 · 흥국사를 창건하고,268) 기축년(929)에 구산사를 세우다.269) 경인년(930)에 안270)(이하 빠졌음)<br><br><br><br><br><br>丙申統三<br>병신년(936)에 세 나라(後三國)를 통합하다. | 乙未<br>萱子神劍簒271)父自立<br>을미년(935).271)<br>견훤의 아들 신검이 부왕의 자리를 빼앗아 자립하다.<br><br><br>是年國除<br>自壬子至此 四十四年而亡<br>이 해(병신, 936)에 나라가 없어지다. 임자년(892)으로부터 이 해에 이르기까지 44년272)만에 멸망하다. |

251) 「연표」에서는 "甄萱 自稱王" 곧 견훤이 후백제의 왕임을 일컬었다고만 있다.

252) 시조 혁거세왕으로부터 시작하여 제4대 탈해왕만이 석씨昔氏였을 뿐 줄곧 박씨
왕이 계승하다가 제8대 아달라왕阿達羅王 이후로는 석씨 그리고 김씨 왕통으로
이어져, 단절되다시피 했던 박씨 왕통이 신라 제53대 신덕왕에 의해 다시 부활
된 셈이라고 할 수 있다. 그런데 이 박씨 왕의 이름에 문제가 있음을 보게 된다.
『사기』 신덕왕 쪽에는 "이름 경휘(諱 景暉)"라고 하였으니 「왕력」 쪽의 '경휘
景徽'와는 발음이 같으므로 동일 인물임에는 틀림이 없으나 어느 쪽의 글자(暉
·徽)가 오자일 것이라고 간단하게 보아 넘길 수가 있다. 그러나 그렇게 간단하
게 넘어갈 문제는 아니다. 왜냐하면 53대 왕이며 박씨인 신덕왕과 42대 왕인
김씨 흥덕왕의 이름이 서로 같기 때문이다.
앞의 「왕력」 흥덕왕 쪽에서는 "金氏 名景暉"이고, 『사기』 신덕왕 쪽에서는 "姓
朴氏 諱景暉"이다. 왕이 다르고 성이 다를 뿐, '경휘(景暉)'라는 이름은 글자 하
나 틀리지 않고 똑같다. 그리고 또 『사기』의 흥덕왕 쪽에서는 "諱秀宗 後改爲景
徽"라고 하였는데, 「왕력」의 신덕왕 쪽에서는 "名景徽 本名秀宗"으로 되어 있
다. 이들 두 왕(흥덕·신덕)의 「왕력」과 『사기』에 기록된 이름들을 서로 견주
어 보면 '경휘景暉'와 '경휘景徽·수종秀宗'이 너무나도 똑같음에 놀라지 않을
수 없다. 두 왕의 이름을 우연의 일치로 보기보다는 아무래도 어느 쪽 기재의
착오로 볼 수 있겠다.

253) 『사기』 신덕왕 쪽에서는 왕의 어머니에 관해 "母貞和夫人"이라 하였고, 그 원년
5월에 부모를 추존하면서 그 아버지를 '선성대왕宣聖大王' 어머니를 '정화태후
貞和太后'로 하였다고만 있을 뿐이다. 그런데 이 「왕력」에서는 '정화부인貞花
夫人'이라 쓰여 있어서 발음이 같으면서도 글자가 다른 '화花'와 '화和'의 차이
가 있는 정도로 별 문제가 없어 보이는 듯하나, 실은 그(정화부인) 다음에 이어
진 글에서 문제가 있음을 보게 된다. 왕의 어머니(母貞花夫人)를 일컫고 이어서
"부인의 아버지는 순홍각간이고… 할아버지는 원린(元仏)각간이며, 아달라왕
의 원손(夫人之父順弘角干…乃阿達羅王之遠孫)"이라고 하여, 그 아버지 계통
(父系)은 아직 밝히지 않았는데, 어머니 쪽 가계부터 밝히고 있다는 점이 지금
까지 「왕력」 기록의 성격으로 보아 좀 특이한 점이라 하겠다. 원린각간元仏角
干의 仏은 麟린의 옛글자이다.

254) 여기에서는 신덕왕의 아버지를 문원이간이라 하고 추봉하여 흥렴대왕이라 하였
다고 했으나, 『사기』 신덕왕 쪽에서는 그러한 이름과 추봉 존호가 보이지 않고,
단지 "父乂兼(一云 銳謙)"이라 있고 원년 5월에 추봉하여 선성宣聖대왕이라 하
였다고 되어 있다. 여기에서 희한하게도 『사기』 쪽의 아버지 이름 및 추봉존

<table>
<tr><th>중국</th></tr>
<tr><td>前漢　高惠小文景虎昭宣元成哀平孺[1]</td></tr>
<tr><td>後漢　光明章和殤安順沖質桓靈農獻[2]</td></tr>
<tr><td>魏　晋　宋　齊　梁　陳　隋[3]</td></tr>
<tr><td>李唐　高大高則中睿玄肅代德順憲穆敬文虎宣懿僖昭景[4]</td></tr>
<tr><td>朱梁　後唐　石晋　劉漢　郭周[5]</td></tr>
<tr><td>大宋</td></tr>
</table>

---

1) 전한前漢의 역대 제왕 : 고조高祖·혜재惠帝·소제少帝(공恭·홍弘)·문제文帝·경제景帝·무제武帝·소제昭帝·선제宣帝·원제元帝·성제成帝·애제哀帝·평제平帝·유자영孺子嬰.

2) 후한後漢 : 광무제光武帝·명제明帝·장제章帝·화제和帝·상제殤帝·안제安帝·순제順帝·충제沖帝·질제質帝·환제桓帝·영제靈帝·홍농왕弘農王·헌제獻帝.

3) 5호 16국이나, 북위 등 이민족 국가는 제외되었다.

4) 이당李唐 : 고조高祖·태종太宗·고종高宗·측천무후則天武后(실은 대주성신황제大周聖神皇帝)·중종中宗·예종睿宗·현종玄宗·숙종肅宗·대종代宗·덕종德宗·순종順宗·헌종憲宗·목종穆宗·경종敬宗·문종文宗·무종武宗·선종宣宗·의종懿宗·희종僖宗·소종昭宗·경종景宗.

5) 당唐이 망하고 그 뒤를 이은 다섯 왕조(후량後梁·후당後唐·후진後晋·후한後漢·후주後周)를 오대五代라고 하는데, 여기에서는 후당後唐(李氏)을 제외하고는 모두 그 건국자의 성을 따서 주량朱梁·석진石晋·유한劉漢(『신정본』에는 앞뒤가 바뀌었음)·곽주郭周라고 하였다.

호와 「왕력」 쪽의 의부義父 이름과 추봉 존호가 한글로 표기하면(예겸銳謙의 경우는 한자도 같음) 선성대왕으로 똑같다는 사실을 보게 된다.

그리고 또 『사기』 쪽에서는 신덕왕이 아달라왕의 먼 자손(遠孫)으로 되어 있는데, 「왕력」 쪽에서는 그 아버지 쪽으로는 아달라왕의 원손이라는 말이 없고 앞 주에서 본 바와 같이 그 어머니 가계가 아달라왕의 원손이라고 밝혀져 있다.

255) 『사기』 신덕왕 쪽에서는 "妃金氏… 妃爲義成王后", 즉 왕비 김씨를 의성왕후라 하였다고만 되어 있다.

256) 『사기』(신덕왕)에는 "葬于竹城"(죽성에 장사지냈다)이라고만 하였다.

257) 『사기』 경명왕 쪽에는 "母義成王后"로 되어 있다.

258) 왕비의 택호(長沙宅)가 나와 있는 것도 이상한데 그 이름이나 시호가 보이지 않는다. 『사기』(경명왕)에도 경명왕 왕비의 이름이 나와 있지 않다. 무슨 까닭인지 알 도리가 없다. 또 왕비 장사택을 "성희대왕으로 추봉한 대존각간의 아들(大尊角干追封聖僖大王之子)"이라 하였는데, 이 아들(子)은 딸(女)의 잘못으로 보아야 할 것이다.

259) 『사기』(경명왕)에서는 "황복사 북쪽에 장사지내다(葬于黃福寺北)"라고만 되어 있다.

260) 『저본』에서는 "又創天禪院(卽普賹)"이라 되어 있으나, 이 『신정본』에는 "又創大禪院(卽普濟)"로 되어 있는데, 이는 여러 고본을 참고로 하여 바로잡은 듯하다.

261) 『저본』에는 '원圓'이 없고 '통通'만 있다.

262) 이 10대사大寺에 관해서는 『고려사』 「세가」 권1, 태조 1의 2년 3월 조항에 "법왕사 왕륜사 등 열 곳의 절(十寺)을 도성 안에 세우다(創法王王輪等十寺于都內)"라고, 10사찰 창건의 사실을 보이고 있다. 그러나 법왕사와 왕륜사 두 절 이름만을 들고는 '등 열 곳의 절'이라고 하여 10사寺에서 8사寺는 생략해 버렸다. 그러므로 현재 시점에서 우리가 고려 태조 창건의 이른바 개경 10사의 이름 모두를 알 수 있는 유일한 문헌 자료가 이 「왕력」에서의 해당 기록이라고 할 수 있을 것이다.

263) 바로 위의 『고려사』에는 태조 4년 10월 정묘에 "오관산에 대흥사를 세우고 승 이언僧利言을 맞아들여 사사師事하였다(創大興寺于五冠山 迎置僧利言師事之)"라고 하였다. 그런데 이 「왕력」에서는 "庚辰 乳岩下立油市……十月創大興寺 或系壬午"라고 하여 경진년(920)에 유시油市를 세운 그 해의 10월(혹은 임오·922)에 대흥사를 세운 것으로 보도록 되어 있으나, '유시'의 사실은 경진년의 일이고 실은 대흥사를 세웠다는 '10월'의 앞에 신사辛巳가 빠져 버린 것으로 보는 것이 타당할 것이다. 그러므로 『고려사』에 있는 그대로 태조 4년 신사(921)

10월에 대흥사를 세웠는데, 혹은 그 이듬해(임오·922)에 세웠다는 설도 있다
는 것으로 보는 것이 옳을 듯하다.

264) 『사기』 「신라본기」 경애왕 쪽에서는 왕모王母에 관해서 언급이 없다. 이는 '경
명왕의 동모제同母弟'임을 밝혔기 때문에 경명왕과 어머니(의성왕후)가 같으니
까 다시 언급하지 않은 것으로 볼 수 있다.

265) 『사기』 경순왕 쪽에서는 그 아버지 이름(효종이찬孝宗伊湌)에 앞서 "文聖大王之
裔孫"이라 하여 제46대 문성왕의 후손임을 밝히고 있으며, 그 할아버지(추봉 의
흥대왕)에 관해서는 언급한 바가 없다.

266) 『저본』에는 "母桂娥" 아래로는 결락된 글자가 많아서 중요한 부분을 다 이해하
기가 어렵다. 『신정본』에서는 여러 자료들을 종합해서 잘 보완해 놓았다고 할
수 있다.

267) 『사기』 경순왕 쪽에서는 "太平興國三年戊寅"을 "大宋興國四年戊寅"으로 하고
있는데, 이는 「왕력」 쪽이 옳다. 연호도 '태평흥국'이며 무인년(978)은 4년이
아니라 3년이기 때문이다.

268) 위의 『고려사』 태조 5년 임오(922)에 일월사를 세우고 7년 갑신(924)에 외제석
원과 신중원을 창건하였다는 사실은 보이지만, 이 해(924)에 흥국사를 세운 사
실은 보이지 않는다.

269) 위와 같은 『고려사』의 태조 12년 기축(929) 6월에 "인도의 삼장법사 마후라가
왔으므로 왕(태조)이 예의를 갖추어 맞이했는데 그 이듬해 구산사에서 죽다(天
竺國三藏法師 摩睺羅來 王備儀迎之 明年死于龜山寺)"라고 되어 있으나, 그 해에
구산사를 세웠다는 말은 보이지 않는다.

270) 여기에서는 "庚寅安…"으로 끝나고 다음 칸이 비어 있어서 연결된 문장이 결락
된 것임을 알 수 있다. 그 앞 글들의 사례로 미루어 이 부분도 절 창건에 관한
기록이었을 것으로 짐작된다.
경인년(930)은 태조 13년이므로 그 해에 지어진 '안安'을 첫 글자로 하는 절 이
름이 첫 글자만을 남기고 빠져 버린 것으로 볼 수 있다. 『고려사』에는 "태조
13년 경인 8월에 안화선원安和禪院을 세워 대광 왕신의 원당으로 삼았다(八月
創安和禪院 爲大匡王信願堂)"라고 하였다. 왕신王信은 태조(왕건)의 사촌동생으
로, 태조 8년 10월에 후백제(견훤)와의 강화講和를 위해 그쪽 볼모(진호眞虎)와
의 교환 볼모(交質)로 가 있었는데, 이듬해(9년) 4월에 후백제의 볼모(質子) 진
호가 병으로 죽자 그에 격분한 견훤이 왕신을 죽였다. 그의 죽음을 애통해한 태
조가 13년(930) 8월에 안화선원을 세워 대광 왕신의 명복을 비는 절(원당願堂)
로 삼게 하였다는 것이다(『고려사』 세가 권1, 태조 1, 8~13년).

그러므로 여기서의 "庚寅安…"은 "경인년에 안화선원을 세우다"[日本의 國書刊行會復刊本(『遺事』제2판·1973)에는 '안安' 자 아래에 '화선원和禪院' 세 자를 보입補入하였다.]였을 것으로 볼 수도 있다. 그러나 앞의 절들을 세운 사례들은 거의 모두가 창건의 해와 절 이름 사이에 '창創'이 들어 있는데, 여기에는 '경인庚寅과 안安' 사이에 '창創'이 없으므로 그 확실함을 단정하기가 어렵다. 혹시 그 바로 앞(創龜山)에 '창創' 자가 나와 있으므로 생략한 것인지 아니면 '안安' 앞에 '창創'이 누락된 것인지 알 수가 없다.

271) 『저본』에는 『신정본』의 찬纂자가 '찬簒'으로 되어 있다. 『신정본』을 비롯한 거의 모든 활자 현행본에는 '찬簒'으로 되어 있으나 옳지 않고 여기에는 '찬纂'이 맞는 글자이다. 이 대목의 글(萱子神劍 纂父自立) 뜻이 "견훤의 아들 신검이 아비(의 자리 곧 王位)를 찬탈하여(빼앗아) 스스로 왕위에 오르다"이므로, 빼앗다(찬탈하다)의 뜻글자인 '찬纂(簒은 그 속자)이 옳기 때문이다.

272) 『사기』권31 「연표」하와 동 권50 「열전」 10(견훤) 및 『유사』권2 「後百濟 甄萱」에는 후백제가 45년에 멸망한 것으로 되어 있다. 『사기』(견훤전甄萱傳)에는 "甄萱起唐景福元年 至晋天福元年 共四十五年而滅" 즉 "견훤이 당나라의 경복 원년에 일어나 진나라 천복 원년에 이르기까지 모두 45년 만에 멸망하였다"는 것이다. 『유사』의 견훤전 쪽에서도 『사기』쪽과 똑같은 내용으로 "甄萱起… 共四十五年"까지는 글자 하나 틀리지 않고 그대로이나, 맨 끝의 "而滅"이 『유사』에서 "而" 자리에 "丙申"이 들어가 "…共四十五年 丙申滅"(병신년에 멸망함)"로 끝나는 것이 다를 뿐이다.

둘째, 「기이紀異」 편 (Ⅰ)

# Ⅰ. 「기이」 편 제목 풀이

이 「기이紀異」 편을 전반적으로 살펴보기에 앞서 제목부터 풀이하고자 한
다. 먼저 한 편의 제목을 전체적으로 풀이하고, 다음에 작은 항목들의 제목
을 낱낱이 간략하게 설명하기로 한다.


## 1. 큰 제목(篇目) 풀이

### (1) 권제일卷第一이라 한 까닭

현존 판본의 「기이」 편 첫머리에는 분명히 "紀異卷第一"[1]이라
되어 있다. 앞에서 본 「왕력」 편 첫머리(『유사』 전체의 맨 앞머리이
기도 함)에는 "三國遺事 王曆第一"이라고 하였다. 그리고 1권의 끄
트머리에 "三國遺事 卷第一"이라 하였고, 장을 달리하여 "三國遺事
卷第二"라고 하여 두 번째 권이 시작되어 있다.

---

1) 정덕본正德本의 영인인 민족문화추진회 발행, 『삼국유사』(이하 『저본』), p.31.
   최남선 편, 『신정 삼국유사』(이하 『신정본』), p.33 등.

세 번째 권의 경우는 "三國遺事 卷第三"이라 하고 있다. 권제4와 권제5의 경우도 권제3의 경우처럼 첫 번째 줄에 권수(제 몇 권)가 책 이름(삼국유사) 밑에 밝혀져 있고, 줄을 바꾸어서 편제篇題(유목 類目의 제목)와 그 차례 숫자가 적혀 있다. 그러한 전반적 편제 사례로 볼 때 첫 번째 사류事類인 「왕력」 편에서 '삼국유사 권제1'이라 하여 권의 차례를 밝혀 놓고 줄을 바꾸어 '왕력 제1'이라 하고, 다음의 두 번째 편에서도 역시 '삼국유사 권제1' 아래 '기이 제2'라고 하는 것이 합당하다고 할 것이다.

그러나 앞에서 본 바와 같이 맨 첫째 편에 책 이름(삼국유사)은 나와 있으나 그 밑에 권차卷次가 없이 '왕력 제1'이라 하였으며, 둘째 편엔(편목 이름) '기이' 아래 불쑥 '권제1'이 나와 있다. 그리고 두 번째 권에서는 '삼국유사 권제2'로 되어 있으나, 줄을 바꾸어 따로 편목이 없고 바로 항목 이름(文虎王 法敏)이 앞세워져 있다. 그래서 최남선崔南善은 그 「해제解題」의 이 대목에서,

이로써 前後를 檢하건대 '紀異卷第一'의 前에 書名을 著한 것이 없으니 그 卷首가 아님을 살필 것이오 書名이 「王曆」의 上에 出하고 兼하야 '王曆 第一'이라 하야 序數함이 분명하니 王曆이 또한 類目中의 一이오 그것이 第一卷의 首編됨을 의심할 이유가 없은즉 대개 九類의 中에 王曆이 第一을 作하고 紀異는 第二에 當하는 것이어늘 王曆이 통상 長行의 文이 아닌故 같음으로 인하야 「紀異」를 第一로 冒錄하야 '卷'이란 字 衍加하기에 至하얏스며 그러나 本無하고 또 當無할 第二를 紀異의 外에 更立할 것 아님에 드디어 시방과 같이 紀異와 興法의 間에 序數가 一을 空하게 된 것일지라. 第二의 없는 一邊에 王曆과 紀異가 한 가지 第一을 冒하므로써 이 推斷이 實에 近함을 알가하노라.2)

라고 하였으며, 그『신정본』의 목차에서 권제1에 왕력 제1과 기이 제2로 하고 권제2는 그대로 「기이」편의 계속인 두 번째 권으로 하였다.[3]

앞 편(「왕력」)에서 잠시 본 일본 학자의 『考証』에서는 「왕력」이 '본디 독립한 일서—書였던 것을 편의상 『유사』의 일부로 나중에 부가付加되어진 것'으로 보았기 때문에 「왕력」은 그 권 밖으로 두고 「기이」부터 『유사』의 첫째 권으로 하여 「기이」를 1·2로 나누어서,

三國遺事　王曆

三國遺事　卷第一

　　　　紀異　第一

三國遺事　卷第二

　　　　紀異　第二[4]

라고 하였다. 그러고는 이 '기이 권제1'을 풀이하여,

이 표제表題는 쓰는 방식(書式)이 변칙으로서, 번각飜刻·개판改版의 제際에 탈락 또는 변칙적인 생략을 한 것이다. 제3권 이하의 표제에 준하여, 『삼국유사』 권제1 기이 제1이라고 해야 할 것을 생략한 것일 것이다. 기이는 제1·제2의 2부로 나뉘어 제1·제2 양권에 걸친 것으로, 그

---

2) 앞의 『신정본』, 「三國遺事 解題」(이하 「해제」)(二, 篇目), pp.3~4.
3) 위의 『신정본』, 목차 pp.1~3.
4) 三品彰英 遺撰, 『三國遺事考証』(이하 『考証』) 上, p.35.

내용은 신라 멸망 이전의 역사로서 주로 『사기』와는 다른 소전所傳을
집록集錄한 것이다.[5]

라고 하였다. 그들(『遺事考証』의 저자들)은 이를 일러 권차 편목 앞
부분의 혼란이라 하였고 또 서식의 변칙적 생략이라고 하여 그와
같이(『三國遺事』 卷第1, 紀異 第1이라) 고쳐 놓은 것이라 할 수 있다.

현존 판본에 있는 '기이 권제1' 이대로 본다면 물론 문제가 있
다. '삼국유사'라는 서명도 나오지 않고 느닷없이 편목인 '기이'가
앞에 나오고 이어서 '권제1'이라 하였기 때문이다. 권제1이라는 권
차가 나오면 당연히 그 앞머리에 책 이름이 나와야 하는데, 불쑥
편목만 나와 있으니 무언가 잘못된 것으로 볼 수가 있다.

그러나 자세히 살펴보면 전혀 엉뚱한 것만은 아니다. 앞쪽에서
잠시 본 것처럼 맨 앞 편(「왕력」)에 '삼국유사 왕력 제1'이라 하였
으므로 두 번째 편이 되는 「기이」 앞에는 책 이름이 생략될 수도
있는 일이라 하겠다. 『삼국유사』 가운데 하나의 권 안에 여러 편
목이 들어 있는 경우인 다섯 번째 권을 예로 들어 본다면, 권의 시
작인 '삼국유사 권제5'의 다음 줄에 찬자가 밝혀져 있고(현존『유
사』의 5권 중에서 오직 이 권에서만 찬자가 명시되어 있다) 다시 줄을
바꾸어 '신주 제6'이라 하였으며, 같은 5권에 속하는 그 뒤의 나머
지 편목들은 책 이름(삼국유사)이 앞에 놓이지 않고 각각 편목명만
내세워져 '감통 제7·피은 제8·효선 제9'로 되어 있다. 또 「기이」
의 경우처럼 한 권에 두 편목이 들어 있는 권제3에도 '삼국유사

---

5) 앞의 책, p.296.

권제3' 아래에 '홍법 제3'과 '탑상 제4'(이 '제4'는 현존본에 지워져 있고 '탑상' 두 글자만이 편목의 위치에 남아 있다)가 들어 있는데, 책 이름과 권수는 첫 편목 앞에만 나와 있다. 이러한 사례는 다른 고전에서도 볼 수 있는 일이다.

「기이」는 「왕력」 제1에 이어 『유사』의 두 번째 편목이 확실하므로 당연히 「기이」 제2가 되어야 한다. 그런데도 '제2'의 자리에 '권제1'이 들어가 있기 때문에 문제가 된다고 하겠다. 무엇보다도 '권제1'이라는 권차卷次가 어째서 두 번째 편목의 위치(제2)에 자리하고 있는가 하는 것이다.

「왕력」은 권차의 앞에 덧붙여 놓은 연표이므로 '권제1'이라 하지 않고 「기이」 편이 실질적인 『유사』의 시작이 되므로 '권제1'이라 하였던 것이라고 할 수도 있으며, 그래서 '삼국유사 권1 기이 제1'을 생략하여 '기이 권제1'이라 한 것으로 볼 수도 있을지 모른다. 그러나 「왕력」 편에는 따로 줄(行)을 달리하여 '권제1'이라고 하지는 않았으나(아마도 표의 작성에서 별항別行을 두지 않았기 때문인 듯) 서명(삼국유사)이 가장 앞머리에 나와 있고 거기에 첫 번째의 편목(왕력 제1)이 이어져 있을 뿐만 아니라, 그 판심版心에 분명히 '삼국유사 권1'이라는 간제間題가 있으므로 「왕력」이 권제1에 들어가 있다는 사실을 의심할 여지가 없다고 할 것이다. 그러므로 '기이 권제1'은 『유사』의 권제1이 여기에서 시작된다는 뜻도 아니고, 또한 '기이 제1'을 '기이 권제2'로 잘못 쓴 것도 아니라고 할 수 있다.

그렇다면 '기이' 밑에 있는 이 '권제1'을 어떻게 해석해야 옳을 것인가. 이 문제 또한 그리 어렵게 생각하지 않아도 될 듯싶다. 왜 냐하면 「기이」 앞편이 「왕력」 제1이고 「기이」 다음 편이 「홍법」 제3이므로 당연히 「기이」는 제2가 되기 때문이다.

그럼에도 불구하고 '기이 제2'라 하지 않고 '권제1'이라 하였으 니 여기에도 반드시 무슨 까닭이 있으리라 여겨진다. '제2'라고 써 야 할 자리에 잘못(초간 때 아니면 뒷날의 인간印刊 때) '권제1'이라 썼을 것으로 볼 수도 있고, 또 『고증』의 경우처럼 '삼국유사 권제1 기이 제1'이라고 해야 할 것을 생략한 것으로도 볼 수 있다고 하 겠다. 그러나 이는 모두 사리에 맞지 않는다.

앞에서 언급한 것처럼 이미 첫째 편인 「왕력」에서 『삼국유사』 '왕력 제1'이라 하였는데, 같은 권1인 「기이」(「왕력」과 「기이」 권제 1의 판심이 모두 똑같이 '삼국유사 권1'로 되어 있음)에서 또 '삼국유 사 권제1'이라 할 리가 만무하며, 「기이」가 두 번째 편인데 '기이 제1'이라 하는 것도 옳지 않기 때문이다. 물론 '제2'를 써야 할 곳 에 '권제1'이라 하였으니 잘못 쓴 것은 틀림이 없으나, 이 또한 까 닭을 찾을 수 없는 것은 아닌 듯하다. 이미 앞편에서 '제1'이 나왔 으므로 「기이」는 '제2'가 당연하지만 이 둘째 편은 워낙 분량이 많아서 한 권에 다 싣지 못하고 두 권으로 나누어야 했기 때문에 앞부분을 '권제1'이라 하고, 두 번째 권을 『삼국유사』 '권제2'라고 권수만을 (편명인 「기이」는 앞에 나와 있으므로) 밝혀놓은 것이라고 할 수 있을 것이다.

그와 같이 본다면 현존본의 권차卷次나 편목 서수序數의 앞부분 (왕력 제1과 기이 권제2)이 얼핏 보기에 착란 또는 문제가 있는 것 같으나 실은 그리 모순되지 않는다. 단지 첫째 편(왕력 제1)의 앞에 권수가 밝혀져 있지 않다는 것과 그 다음의 둘째 편(기이 제2)에 '제2' 대신 '권제1'이 있으므로, 『유사』 전체의 권차나 편목의 차례를 정확하게 파악하지 못한 사람에게는 상당히 갈피잡기가 어려울 수도 있을지 모르겠다. 그러나 앞에서도 누차 언급했다시피 「왕력」이나 「기이」 편의 판심이 똑같이 '삼국유사 권1'이라 되어 있고, 그 첫 번째 권의 끄트머리에 '삼국유사 권제1'이라 명시되어 있으며, 따라서 두 번째 권 첫머리와 끄트머리에 '삼국유사 권제2'라 있고, 세 번째 권(권제3)에는 편목 차례(홍법 제3)가 밝혀져 있는 점 등을 통해서 「기이」가 두 번째 편(제2)임을 의심할 여지가 없다고 할 것이다.

이러한 『유사』의 편차에 관한 이해를 위하여 중국 최초의 고승전이라 할 양나라의 『고승전梁高僧傳』(이하 『양승전梁僧傳』) 편차를 예로 들어 참고하고자 한다. 『양승전』은 전체 10과科 14권이다.

『양승전』은 첫째 편인 「역경譯經」이 상중하로 각각 권제1에서 3에 수록되어 있고, 두 번째인 「의해義解」는 1~5로 권제4에서 8에 들어 있으며, 셋째 편 「신이神異」는 상하로 권9와 10에, 네 번째의 「습선習禪」과 다섯 번째의 「명률明律」은 각각 제4와 제5라 하여 함께 권제11에 수록하였으며, 여섯째 편과 일곱째 편도 각각 「망신亡身」 제6·「송경誦經」 제7이라 하여 권제12에, 여덟 번째의 「홍복興福」 제8과 아홉째의 「경사經師」 제9 및 마지막의 「창도唱導」 제10은 모두 권13에 수록되어 있다.

여기에서 『유사』와 견주어 보고자 하는 부분은 분권分卷에 따른 편목(分科)의 차례(序數)에 관해서이다. 10과로 나누었으면서도 그 과목(또는 편목)마다 『당고승전唐高僧傳』과 『송고승전宋高僧傳』에서와 같은 '편篇'(역경 편·의해 편)이 명시되어 있지 않고『유사』의 경우(흥법·의해·신주)처럼 편이나 과科가 붙지 않고「역경」·「의해」·「신이」 등 명칭만 명시되어 있다. 그러한 과목 이름 아래에「역경」의 경우는 세 권으로 나뉘어 상·중·하로 되어 있고,「의해」는 다섯 권에 1~5로 나뉘어 있으며, 세 번째「신이」는 두 권에 상·하로 되어 있고,「습선」과「명률」은 하나의 권(권제11) 속에 있는데 여기에서 각각 '습선 제4'·'명률 제5'라 하였으며, '망신 제6'과 '송경 제7'도 하나의 권(권제12)에 들어 있고, '흥복 제8'·'경사 제9'·'창도 제10'의 세 가지는 모두 한 권(권제13)에 수록되어 있다.

이『양승전』의 편차에서 우리는 한 과科(편목)의 수록 분량이 두 권일 경우 상·하, 세 권이면 상·중·하, 세 권 이상이면 1·2·3·4의 숫자로 표시하였으며, 한 권 이내의 분량에는 반드시 그 편목 아래에 전체 편목의 차례 숫자를 적어서 제 몇 번째임(습선 제4·명률 제5 등)을 밝혀 놓았다. 그러므로 분량이 적은「습선」이후의 사례를 통해서 비로소 그 편목의 차례가 분명하게 드러난다고 할 수 있다. 그러한 단편이 없었다면 처음 시작의「역경」이나 그 다음「의해」의 경우처럼 상·중·하 또는 1·2·3 등의 불규칙적인 나뉨(分篇)만 보게 될 뿐인데, 나중의 서수序數를 보게 됨으로써「역경」이 제1이며「의해」가 제2,「신이」가 제3임을 알 수 있게 되었다고 할 것이다.

이 『양승전』의 편차 사례를 봄으로써 『유사』에서의 편차가 혼
란[6]이나 착란된 것이 아님을 알 수 있다. '제1'이 앞에 있고 '제삼'
이 다음에 있으므로 그 사이의 「기이」는 당연히 '제2'가 된다. 9개
의 편목 가운데에서 유일하게 분량이 많아 두 권으로 나누어야 하
므로 첫째 권에 수록된 「기이」를 '권제1'이라 하고 두 번째 권의
것을 '권제2'라고 하였으니, 중국 『고승전』(『당승전』·『송승전』 포
함)의 편목차제들보다 훨씬 정연하므로 그 사례들과 견주어 보지
않더라도 분명히 「기이」는 '제2'임을 알 수 있다.

## (2) 기이의 뜻

이제 「기이」가 둘째 편(제2)이지만 두 권으로 나뉜 가운데 첫
번째 권이기 때문에 '권제1'이라 하였음을 알 수 있었다. 그러므로
「왕력」이 첫째 편의 제목인 것과 마찬가지로 「기이」는 『유사』 둘
째 편의 제목임이 틀림없다.

이 「기이」 편에 관하여 이재호李載浩는, "기이紀異 권은 신이神異
한 사적에 관한 것이다"[7]라고 하였으며, 이기백李基白은 "역사적인
신이사神異事를 적은 기이紀異……"[8]라 하였고, 또 정신문화연구원
『역주본』(이하 『정문연본』)에서는 "기이紀異……신이神異를 기록한

---

6) 앞에서 본 『고증』, p.15에는 "권차와 편목과의 관계에 대하여 처음의 부분에 혼란이
   있다"라고 하였으며, 이기백, 『韓國史學의 方向』(일조각, 1978, p.43의 주10)에는 "현존
   판본의 혼란된 편목을……"라고 하였다.
7) 이재호 역, 『삼국유사』(『이재호본』, 광문출판사, 1967), p.69.
8) 이기백, 「三國遺事의 史學史的意義」(『韓國史學의 方向』), p.43.

다는 뜻이다"[9]라고 「기이」 편 이름의 뜻풀이를 간략하게 하였다.

이들이 「기이」 편을 '신이한 사적에 관한 것'이라거나, '역사적인 신이사神異事를 적은 것' 또는 '신이를 기록한다는 뜻'이라고 한 것은, 이 「기이」 편의 시작 앞머리에 있는 '서왈叙曰'의 내용과 연관이 깊다. 특히 그 결론 부분에, "삼국의 시조들이 모두 신이한 데서 나왔음을 어찌 괴이하다 하겠는가? 이것이 「기이」 편을 다른 편의 앞에 둔 까닭이며, 그 뜻이 여기에 있는 것이다"[10]라고 한 것과, 또 "此紀異之所以……"의 '기이紀異'를 『신정본』에서 '신이神異'[11]로 하고 있는 것이 직접적인 작용을 하게 되었던 것이 아닌가 여겨진다.

그러나 실제 「기이」 편만이 아니고 『유사』 전반에 걸쳐서 신이적神異的인 내용으로 이루어져 있다시피 되어 있는데,[12] 하필 「기이」 편만을 유독 '신이한 사적에 관한 것' 또는 '신이를 기록한다는 뜻'으로 '기이'라는 편명을 붙인 것이라고 한다면 딱 들어맞는 해석은 아닌 것이다. 전체적으로 『유사』는 신이적神異的인 면이 없는 편篇이 거의 없다고 할 만큼 신이적인 요소가 매우 많다. 그러

---

9) 『역주 삼국유사』 Ⅰ, p.136의 주1)(이회문화사, 2002).

10) 『저본』, pp.31~32. "……三國之始祖 皆發乎神異 何足怪哉 此紀異之所以漸諸篇也 意在斯焉."

11) 『신정본』, p.33.

12) "역사적인 신이사를 적은 기이"라고 하였던 이기백도 그 논문(『韓國史學의 方向』, 「三國遺事의 史學史的 義意」, p.43)에서, "……불교 관계 기사들도 바로 신이의 기록 그것인 것이다. ……불교 관계 부분이 곧 신이의 기록이라고 한다 하더라도 이것은 결코 지나친 표현일 수가 없다. 이렇게 보면 결국 『삼국유사』 전체가 신이의 기록이라는 이야기가 된다"라고 하였다.

면서도 특히 신이神異·주력呪力·비법秘法 및 영이 감응靈異感應에 관한 이야기만을 따로 모아 「신주」 또는 「감통」이라는 제목으로 여섯째 편과 일곱째 편에 묶어 놓았다.

그 편(「신주」 제6 및 「감통」 제7)에 가서 자세히 언급하겠지만 이제 앞에서 본 바 있는 『양승전梁僧傳』에는 「의해」 다음에 「신이」 편이 들어 있는데,[13] 이 「신이」와 『유사』의 「신주」는 그 내용 성격이 거의 같다. 뿐만 아니라 「의해」 다음에 「신이」와 「신주」가 다루어져 있는 것도 『양승전』과 『유사』의 경우가 똑같다고 할 수 있다. 그와 같이 전반적으로 신이적인 요소를 많이 담고 있는 『유사』에서 또 그 신이 영응神異靈應과 비밀 주술적秘密呪術的인 사실들만을 특히 중점적으로 묶어 놓은 「신주」와 「감통」 편이 따로 있는데, 방만한 분량의 「기이」 편을 가리켜 '신이한 사적에 관한 것', '역사적인 신이사를 적은 것', 또는 '신이를 기록한다는 뜻'이라고 한 것 등은 적확한 풀이라고 할 수 없을 것이다.

그렇다면 '기이紀異'의 정확한 뜻은 무엇일까. 한마디로 말해서 정사正史 본기本紀와는 다르게 전하는 사실(異傳史實)이라고 할 수 있다. 곧 '기紀'는 정사 본기를 가리키는 것이므로 여기에서는 『삼국사기』가 되는데, 이 『사기』(주로 본기)에서 전하는 내용과는 다르게 전해진 사실(별이別異의 소전所傳)이기 때문에 한 자로 줄여서 '이異'라 한 것으로 볼 수 있다.

'기紀'를 기록한다는 뜻으로 보고 '이異'는 신이神異를 줄인 글로

---

보았기 때문에 앞에서 본 『정문연본』에서는 '기이'를 풀이하여 '신이를 기록한다는 뜻'이라고 한 것이라 할 수 있다. '기이'를 구태여 글자 그대로 풀이한다면 '기사이전紀史(事)異傳' 곧 '본기(정사)의 전하는 바(史實)와 다르게 전하는 것' 또는 '기외이전紀外異傳' 즉 '정사 밖에 별이別異하게 전하는 사실'이 된다. 실제 이 「기이」 편에는 첫째 편 「왕력」에서 보인 그 시대 범주 안에 들어가는 국고사실國故事實 가운데 『사기』에 빠졌거나 다르게 전해진 왕조사王朝事 관계 내용을 주로 집록하고 있다.

다시 말하면 두 번째 편에 집록되어 있는 내용과 그 제목은 그대로 어김없이 「기이」의 뜻에 잘 부합되어 있다고 할 수 있다.


## 2. 작은 항목들

「기이」 편에는 모두 59항목이 들어 있다. 첫째 권에 36, 둘째 권에 23[14]항목이 각각 수록되어 있는데, 이 책에서는 우선 36항목만을 보고 23항목은 다음 책(권제2)에서 보기로 한다.


### ① 고조선古朝鮮 — 왕검조선王儉朝鮮

「기이」의 맨 앞에 자리한 고조선古朝鮮의 앞에 이 편 전체의 머리말 격인 '서왈敍曰'이 있다. 중국 상고 시대 제왕帝王의 발흥에

---

14) 『신정본』의 「解題」, p.3에는 24편이라 하였다. 그 책의 목차에는 분명히 스물세 가지로 바르게 나와 있으니, 24는 오기이다.

신이神異로웠던 자취들을 간략하게 이끌어 우리 삼국 시조의 발상과 견주어서 「기이」가 다른 편의 앞자리에 놓이게 된 까닭을 한마디로 드러냈다.

우리 역사에서 가장 먼저 세워진 나라가 조선朝鮮이다. 조선이라 일컬었던 옛 나라들(기자箕子 · 위만조선衛滿朝鮮) 중에서 가장 앞에 세워졌던 오래된 조선이기 때문에 '고조선古朝鮮'이라 한 것이며, 단군왕검檀君王儉이 세운 나라라고 해서 '왕검조선王儉朝鮮'이라고도 하였다. 이 때문에 '고조선' 아래에 '왕검조선'이라 부제副題한 것이다.

이 항목에는 환인桓因(천제석天帝釋)의 서자 환웅桓雄이 태백산정太白山頂에 내려와 신단수神檀樹 아래에 신시神市를 베풀어 인간 세상을 다스렸으며, 웅녀熊女와의 사이에 태어난 아들 단군왕검이 최초의 임금이 되어 비로소 조선이라 일컬었다는 등의 이야기가 전해져 있다. 끝으로 기자箕子를 조선에 봉하고, 한漢이 삼군三郡(또는 사군四郡)을 나누어 설치했다는 언급도 들어 있다.


② 위만조선衛滿朝鮮

『전한서前漢書』「조선전朝鮮傳」을 전거로 한 위만조선의 전말을 전하고 있다. 연인燕人 위만이 무리를 이끌고 망명하여 왕을 내쫓고 스스로 조선왕이 되어 왕검성王儉城에 도읍했으며, 손자 우거右渠대에까지 이르렀다. 우거는 한나라 군사와 싸워 항거했으나 신하에 의해 죽임을 당하고, 한나라는 조선을 평정하여 진번眞番 · 임둔臨屯 · 낙랑樂浪 · 현도玄菟의 4군을 두었다는 내용이다.

③ 마한馬韓

위만이 조선을 침공했을 때 조선왕 준準(기준箕準)이 남쪽의 한韓
땅에 가서 나라를 세우고 마한馬韓이라 하였음을 간략하게 전하고,
끝으로 4이四夷·9이九夷·9한九韓·예맥穢貊 등에 관하여 다루었
다. 그러나 4이四夷 이하는 마한과 별개의 항목임이 분명한데도 한
항목으로 잘못 편집된 듯하다.


④ 2부二府

전한前漢 소제昭帝 때 조선의 옛 땅에 평주도독부平州都督府와 동
부도위부東部都尉府를 둔 사실을 전하고 있다.『저본』에 주석을 포
함해 모두 석 줄밖에 안 되는 분량이다.


⑤ 72국七十二(八)國

『통전』운通典云이라 하여, "조선의 유민遺民이 70여 국으로 나뉘
어 있었다" 하였으며,『후한서』운後漢書云이라 하여, "서한西漢은
처음 4군을 두었고 나중에 2부府를 두었으나 뒤에 78국으로 나뉘
어 각각 1만호萬戶씩이었다"고 하였다. 그리고 주를 달아 서쪽의
마한은 54개의 소읍小邑이 모두 나라라 일컬었고, 동쪽의 진한辰韓
은 12개의 소읍을 모두 각각 나라라고 하였으며, 변한卞韓도 12개
의 소읍을 모두 나라라고 일컬었다는 것이다. 그러므로 원문 제목
의 72국은 78국의 잘못임을 알 수 있다.


⑥ 낙랑국樂浪國

전한前漢 때에 설치한 낙랑군樂浪郡을 비롯하여 『신당서新唐書』
·『국사國史』 등 문헌에 보이는 낙랑에 관한 사례史例들을 전하고
있다.


⑦ 북대방北帶方

낙랑과 마찬가지로 한나라가 설치했던 군의 하나였는데, 나중에
낙랑처럼 나라로 일컬었다가 두 나라가 함께 신라(제3대 노례왕弩
禮王 4년)에 항복해 왔다는 짤막한 내용이다(대방이 남쪽에 또 있었
으므로 이를 북대방이라 한 것이다).


⑧ 남대방南帶方

조위曹魏 때 지금의 남원부南原府에 처음 남대방군을 두었다는
간략한 내용이며, 주를 달아서 후한의 건안建安 중에 마한의 남쪽
거친 땅을 대방군帶方郡으로 삼아 왜倭와 한韓을 소속시켰다고 한다.


⑨ 말갈靺鞨(勿吉이라고도 함) 발해渤海

『통전通典』·『고탐군국지賈耽郡國志』·『사기』·『동명기東明記』
·『지장도指掌圖』 등 문헌에 의거하여 말갈과 발해의 역사를 기록
하고 있다. 발해는 본래 속말말갈粟末靺鞨이었는데 추장 조영祚榮의
대에 이르러 나라를 세워 진단震旦이라 하였다. 또 고구려의 구장
舊將 대조영大祚榮이 고구려 잔병을 모아 태백산太白山 남쪽에 나라
를 세워 국호를 발해渤海라 하였다고 한다. 끝으로 옥저沃沮에 관
해 잠시 언급되어 있다.

⑩ 이서국伊西國

지금의 경북 청도군淸道郡에 있던 이서국이 신라 노례왕弩禮王 14년에 금성金城을 침공해 왔다고 한다.


⑪ 5가야五伽耶

아라가야阿羅伽耶(지금의 함안咸安)·고녕가야古寧伽耶(지금의 함녕咸寧)·대가야大伽耶(고령高靈)·성산가야星山伽耶(경산京山 또는 벽진碧珍)·소가야小伽倻(고성固城)라고 다섯 가야의 명칭만 열거하였다. 또 『본조사략本朝史略』에서 말하고 있는, 5가야의 이름 즉 금관金官·고녕古寧·비화非火·아라阿羅·성산星山을 들고 있다.


⑫ 북부여北扶餘

전한前漢의 선제宣帝 때 천제天帝가 오룡거五龍車를 타고 흘승골성訖升骨城에 내려와 도읍을 세우고 왕이라 일컬어 국호를 북부여라 하였다. 스스로 이름을 해모수解慕漱라 하였으며, 아들을 낳아 이름을 부루夫婁라 하고 성은 해씨解氏였다. 부루가 왕이 되고 나중에 상제上帝의 명으로 동부여에 도읍을 옮겼으며, 동명제東明帝가 이어서 북부여를 일으켜 졸본주卒本州에 도읍을 세워 졸본부여卒本扶餘라 하였는데 곧 고구려의 시조가 되었다.


⑬ 동부여東扶餘

북부여의 왕 해부루解夫婁의 대신 아란불阿蘭弗의 꿈에 천제天帝가 내려와서 이곳에 천제의 자손이 나라를 세울 것이니 피하라는 말을 듣고, 동해 가의 기름진 땅으로 옮겨가서 동부여를 세웠다. 부루왕이 늙도록 아들이 없다가 금색 개구리 모양의 어린애 금와金蛙를 바윗돌 속에서 얻어 키워 태자로 삼았고, 그 금와왕金蛙王(곧 금개구리왕)의 뒤를 아들 대소帶素가 이었으나 나중에 고구려의 대무신왕大武神王에 의해 대소왕도 죽고 나라도 망했다는 것이다.

⑭ 고구려高句麗

고구려 곧 졸본부여의 시조 동명성제東明聖帝(고주몽高朱蒙)의 출생과 고구려 건국에 이르기까지의 이야기를 전하고 있다.

하백河伯(강하江河의 신)의 딸 유화柳花와 천제天帝의 아들 해모수의 사이에(처음엔 알卵로) 태어난 이야기와 그 성장 및 왕자와 신하들의 모해를 피하여 졸본卒本으로 가서 도읍을 정하고 나라(고구려)를 세웠다는 내용이다. 다른 항목들에 비해 설화성說話性이 풍부하고 내용이 다양한 편이다.

⑮ 변한卞韓·백제百濟

사마천의 『史記』,『후한서』,『신·구당서』 등 옛 중국의 문헌에 등장하는 변한에 관한 짤막한 기록들을 뽑아 백제와의 관계를 논하고 있다.

⑯ 진한辰韓

중국 진秦나라의 망명인들이 한나라(韓國)에 와서 마한의 동쪽 땅에 자리 잡았다고 하여 진한秦韓이라고도 하였다 하며(『후한서』),

각각 만호萬戶씩의 열두 소국小國으로 나뉘어 있었다는 것이다.

또 진한辰韓은 본시 연燕나라 사람들이 피난와서 탁수涿水의 이름을 취하였기 때문에 사는 마을(邑里)을 사탁沙涿·점탁漸涿 등이라 하였다고도 한다(최치원의 말).

이어서 신라가 전성하였을 때의 서울 안의 호戶·방坊·리里의 수와 서른다섯 군데 큰 저택(35金入宅)의 이름을 하나하나 들고 있다(이 대목은 '진한'과 관계가 없고 실은 다음의 별항으로 되어 있는 '우 사절유택又四節遊宅'과 연결된 한 항목으로 보아야 할 것 같다).


⑰ 우 사절유택又四節遊宅[15]

봄·여름·가을·겨울의 네 계절에 귀족들이 놀이하는 집, 곧 사철의 놀이 저택 이름을 열거하였으며, 줄을 바꾸어 49대 헌강왕憲康王 때 서울 성안에는 초가집이 없고 담장이 서로 이어져 있어서 노래와 풍류가 길에 가득 차고 밤낮으로 끊이지 않았다는 사실을 전하고 있다.


⑱ 신라 시조 혁거세왕赫居世王

신라의 시조 혁거세왕 탄생 이전의 여섯 마을 사정과, 혁거세왕 및 그 부인 알영閼英왕후의 출생 신화를 중심으로 하여 신라 개국

---

15) 원문에는 "又四節遊宅"이라고 하여 '우又'가 '사절유택四節遊宅'의 앞에 붙어 있다. 그러나 『신정본』을 비롯한 근래의 『유사』 역주본 등의 목차에는 모두 '又'를 없애고 '사절유택'만을 제목으로 삼고 있다. 그러나 원문에서는 '又' 자가 앞에 나온 그대로를 쓰고 있다. 이 항목에는 문제점이 없지 않으나 그 해당 항목에서 다시 살펴보기로 한다.

의 역사적 설화를 전하고 있다(신라 건국 신화의 자세한 이야기를 담고 있으며, 내용 부피가 많은 편에 속한다).


⑲ 제2 남해왕南解王

혁거세왕과 알영왕후를 부모로 하여 태어나 신라 제2대 왕이 된 남해거서간南解居西干 또는 남해차차웅南海次次雄에 관해 전하고 있다. 여기에는 특히 신라 역대 왕들의 여러 가지 칭호에 관한 언급이 있으며, 이 왕 때에 낙랑국樂浪國이 쳐들어왔다가 패하여 돌아가고, 고구려에 속한 일곱 나라가 항복해 왔음을 전하고 있다.


⑳ 제3 노례왕弩禮王

박노례니질금朴弩禮尼叱今 또는 유례왕儒禮王이라 한다는 말로 시작하며, 매부인 탈해脫解에게 왕위를 사양하다가 이(齒)가 많은 사람이 덕德이 있다는 말에 따라 왕위에 올랐기 때문에 니질금尼叱今(『사기』에는 니사금尼師今)의 일컬음이 비롯되었다는 것과, 6부六部를 고쳐 6성六姓을 내리고, 도솔가兜率歌를 비로소 지었으며, 또 쟁기를 만들고 얼음창고 및 수레를 만들었다는 사실 등을 전하고 있다.


㉑ 제4 탈해왕脫解王

탈해이질금脫解齒叱今[16] 또는 토해니사금吐解尼師今이라고도 하는 그의 도래渡來 설화와 신라 왕이 된 이야기를 비교적 흥미롭게 전

---

16) 여기에서는 니질금尼叱今의 니尼를 이 치齒자로 하고 있음이 주목된다.

하고 있다. 그는 처음에 용성국龍城國 왕비의 몸에서 큰 알(大卵)로 태어났으나 불길하다 하여 궤짝에 넣어 배에 싣고 바다에 띄웠는데, 그 배가 신라에 닿아 알에서 사내아이가 나와 나중에 신라 왕의 사위가 되고 또 국왕이 되었으며, 석씨昔氏 왕통의 시조가 되었다는 것이다. 말하자면 석탈해왕昔脫解王은 먼 바다 저쪽 나라에서 건너온 외래인(渡來人) 출신의 왕이었다.


### ㉒ 김알지金閼智 탈해왕대脫解王代

신라 김씨金氏의 시조가 되는 김알지의 출생 신화를 내용으로 하고 있다. 황금 궤 속에서 나왔다는 그는 왕위에 오르지 않았으나 그 7세손 되는 미추왕未鄒王이 비로소 왕위에 올라 신라 김씨의 왕통이 이어지게 되었다는 등의 사실을 전하고 있다.


### ㉓ 연오랑延烏郎 세오녀細烏女

신라 제8대 아달라왕阿達羅王 때 동해가에 살다가 우연히 일본日本에 건너가 그곳 왕이 되고 또 왕비가 되었다는 연오랑과 세오녀 부부의 이야기이다. 이들 부부가 해와 달의 정기(精)였으므로 그들이 일본으로 가 버린 뒤 신라에는 해와 달이 빛을 잃었는데, 세오녀가 짠 비단을 보내와서 하늘에 제사지냄으로써 해와 달이 전처럼 밝아졌으며, 하늘에 제사지낸 곳을 영일현迎日縣 또는 도기야都祈野라고 하였다는 이야기를 전하고 있다.


### ㉔ 미추왕未鄒王 죽엽군竹葉軍

신라 김씨 시조 김알지의 후손으로는 처음으로 왕이 된 제13대 미추왕에 관한 이야기이다.

왕의 사후 14대 유리왕儒理王 때 이서국伊西國 군사가 금성金城에 쳐들어와 위기에 직면했을 때 갑자기 죽엽군竹葉軍(대잎 귀걸이를 한 군사)들이 나타나 적군을 물리쳤는데, 죽엽군은 간 곳이 없고 대잎만 미추왕릉 앞에 쌓여 있어서 미추왕의 도움으로 보고 그 능을 죽현릉竹現陵이라 하였다는 것이며, 그 뒤 37대(36대가 옳음) 혜공왕惠恭王 때 김유신金庾信의 호국護國 혼백이 죽현릉으로 들어가 미추왕의 혼령과 대화하였다는 내용의 이야기 등이 전해져 있다.


㉕ 내물왕奈勿王 · 김제상金堤上

신라 17대 내물왕이 왜국倭國 사신의 꼬임에 속아 열 살이 된 왕자 미해美海를 왜국으로 보냈는데 그 후 30년이 지나도록 돌아오지 못했다. 그 뒤 19대 눌지왕訥祗王(내물왕의 아들) 때 고구려 장수왕長壽王의 요청으로 아우 보해寶海를 고구려로 보냈는데 고구려 또한 보해를 돌려보내 주지 않았으므로, 왕의 간절한 당부를 받은 삽라군歃羅郡 태수 제상堤上이 고구려에 들어가 왕제 보해를 구해 왔으며, 또 왜국으로 건너가 왕의 아우 미해를 무사히 탈출시키고 자신은 죽음을 당했다는, 용감하고도 충성스러우며 장렬한 이야기를 전하고 있다. 그리고 김제상의 부인이 치술령鵄述嶺에 올라 왜국을 바라보며 남편을 그리다가 통곡하며 생을 마쳐 치술령의 신모神母가 되었다는 애절한 전설도 함께 전한다.17)

㉖ 제18 실성왕實聖王

실성왕은 내물왕奈勿王의 태자 눌지訥祗가 덕망이 있음을 시기하여 그를 해치려고 고구려 병사들에게 부탁하였으나, 도리어 고구려 병사가 실성왕을 죽이고 눌지가 국왕이 되게 하였다는 짤막한 내용이다.


㉗ 사금갑射禁匣

제21대 비처毗處 또는 소지왕炤知王 때 있었다는 정월 첫 해亥(돼지)날·첫 자子(쥐)날·첫 오午(말)날(상해上亥·상자上子·상오일上午日)에 온갖 일을 조심하고 삼가야 하는 풍습과, 정월 보름날 오기일烏忌日의 유래 및 서출지書出池의 전설 등 괴이한 이야기를 전하고 있다.


㉘ 지철로왕智哲老王

22대 지철로왕(지증왕智證王)은 음경이 너무 커서 장가들기가 어려웠으나 배필을 잘 만났다는 이야기와, 또 박이종朴伊宗18)을 시켜 우릉도于陵島를 항복받게 하였다는 내용을 전하고 있다.


㉙ 진흥왕眞興王

---

17) 김제상의 이야기는 『사기』의 「본기」와 「열전」(제5 박제상)에도 전하고 있으나, 성이 각각 박씨(『사기』)와 김씨(『유사』)로 다르며 그 내용에도 상당한 차이가 있다. 자세한 것은 해당 본문에서 보기로 한다.

18) 『사기』의 「본기」4 지증왕 및 「열전」4에는 이사부異斯夫(태종苔宗)라고 하였으며, 울릉도도 우산국于山國이라 하였다.

24대 진흥왕의 즉위와 그 부모 및 임종 때 삭발하여 법복을 입고 세상을 떠났다는 극히 간략한 언급이 있으며, 또 백제의 군사가 진성珍城에 침입하여 남녀 3만 9천 명과 말 8천 필을 약탈해 갔는데 이는 앞서 신라가 백제의 요청을 거절하였기 때문에 앙심을 품고 쳐들어왔던 것이라고 하였다.


⑳ 도화녀桃花女·비형랑鼻荊郞

25대 사륜왕舍輪王 곧 진지왕眞智王은 황음무도하여 나라를 다스린 지 4년 만에 폐위되었다. 폐위되기 전 왕은 사량부沙梁部 서민의 여인으로 도화랑桃花娘이라 일컬었던 미녀를 궁중으로 불러들여 관계를 맺고자 하였다. 그러나 도화랑은 남편이 있는 몸이라며 끝내 허락하지 않았으므로 왕은 여인의 정절을 꺾지 못하고 세상을 떠났고, 그 뒤 여인의 남편도 죽었다. 그 후 어느 날 밤에 왕은 생시 때의 모습으로 여인의 방에 와서 7일을 머물다 홀연히 사라졌는데, 그로부터 여인은 잉태하여 아들을 낳았고 이름을 비형鼻荊이라 하였다. 26대 진평왕眞平王이 그 아이를 거두어 키웠으며 15세가 되어 집사 자리를 맡겼는데, 밤만 되면 월성月城을 날아 넘어가 황천荒川 언덕에서 귀신 무리들을 거느리고 놀다가 새벽이 되면 돌아오곤 하였다. 그는 귀신 무리들을 부려서 큰 돌다리(귀교鬼橋)를 하룻밤 사이에 완성했다는 등의 이야기를 내용으로 하고 있다.


㉛ 천사옥대天賜玉帶

26대 백정왕白淨王 곧 진평왕眞平王에 관한 이야기이다.

키가 11척이나 된다는 진평왕이 내제석궁內帝釋宮 곧 천주사天柱寺에 행차했을 때 돌계단을 밟는데 계단 돌 두 개가 한꺼번에 부러졌으므로, 왕은 그 돌을 치우지 말고 그대로 두게 하였다는 부동석不動石 이야기와, 진평왕의 즉위 원년에 하늘 임금(天帝)이 내려준 옥띠(玉帶) 이야기를 전하고 있다. 이 옥띠가 이른바 '진평왕의 천사옥대天賜玉帶'로서 신라 호국삼보護國三寶의 하나이다.

## ㉜ 선덕왕善德王 지기삼사知幾三事

우리 민족 역사상 최초의 여왕인 27대 선덕왕善德王 덕만德曼에 관한 이야기이다. 특히 그의 선견지명先見之明 세 가지(지기삼사知幾三事)를 내용으로 하는데 대략 다음과 같다.

첫 번째는 당나라에서 붉은색·자주색·백색의 모란꽃 그림과 씨앗을 보내왔을 때(그림에 나비가 없는 것을 보고) 모란꽃이 향기가 없음을 알아맞췄다. 두 번째는 영묘사靈廟寺의 옥문지玉門池에서 겨울에 개구리 떼의 울음소리를 듣고 급히 장병을 왕성 서쪽의 여근곡에 보내어 매복해 있던 백제군을 모두 소탕하게 하였다. 세 번째는 어느 날 선덕왕이 신하들에게 "짐이 모년 모월 모일에 죽게 될 것이니, 도리천忉利天 가운데(낭산狼山 남쪽)에 장사지내 달라"고 당부하였는데, 그 죽음의 날짜가 어김없이 딱 들어맞았을 뿐만 아니라, 나중에 그 무덤 아래에 문무왕文武王이 사천왕사四天王寺를 세움으로써 그 위 곧 선덕왕릉 있는 곳이 도리천임이 확인되었다는 것이니, 도리천은 사천왕 하늘의 바로 위에 있는 하늘이기 때문이라는 것이다.

㉝ 진덕왕眞德王

28대 진덕여왕이 직접 태평가太平歌를 지어서 당나라 황제에게 보냈다는 내용과, 그 왕대의 알천공閼川公·유신공庾信公 등 대신大臣 제공諸公에 대한 간략한 언급 및 신라 네 곳 영지靈地 등에 관하여 전하고 있다.


㉞ 김유신金庾信

유신공庾信公이 국선國仙이었을 적에 고구려 첩자의 꼬임에 빠져 위험하게 되었을 때 여인의 몸으로 나타나 구해 주었던 내림奈林·혈례穴禮·골화骨化 등 세 군데의 호국신護國神 이야기와, 고구려 복술사卜術士 추남楸南이 억울하게 죽은 한을 품고 신라 김유신으로 태어났다는 설화 및 재매곡財買谷·송화방松花房의 유래 등을 전하고 있다.


㉟ 태종 춘추공太宗 春秋公

제29대 태종대왕太宗大王 춘추공春秋公의 가족 관계, 특히 김유신의 누이 문희文姬 곧 문명황후文明皇后가 그 언니 보희寶姬로부터 김춘추金春秋와 결혼하게 될 조짐의 꿈을 사게 된 이야기(매몽설화買夢說話) 및 그 밖의 이야기들, 그리고 국왕이 되어 삼국 통일의 위업을 달성할 수 있도록 한 일 등, 태종왕의 주변 일들을 앞쪽에 전하고 있다. 이어서 백제 마지막 왕인 의자왕義慈王과 백제 멸망 당시의 이야기, 나당羅唐 연합군에 의해 백제가 항복한 사실, 또「신라별기新羅別記」·「고기古記」·「백제고기百濟古記」·「신라고전新羅

古傳」등을 인용하여 백제의 멸망과 고구려와의 전쟁과 김유신의
신술구급神術救急, 그리고 신문왕神文王 때 당나라 황제의 문책을
받고도 태종太宗의 묘호를 끝내 바꾸지 않았다는 이야기 등 다양
한 내용을 담고 있다.『유사』전체를 통해('가락국기' 제외) 이 항목
이 가장 분량이 많다.


㊱ 장춘랑長春郎 파랑罷郎

황산黃山의 전투에서 백제군과 싸우다가 전사한 장춘랑과 파랑
의 넋이 태종왕의 꿈에 나타나 호소하였으므로, 그 넋을 위해 불
경佛經을 설하고, 한산주漢山州에 장의사壯義寺를 세워 명복을 빌게
하였다는 간략한 이야기를 전하고 있다.


이상이 「기이紀異」 앞편에 들어 있는 소제목(36항목)이다.

# Ⅱ. 「기이」 앞편

## 1. 원문

紀異卷第一

敍曰 大抵古之聖人 方其禮樂興邦 仁義設敎 則怪力亂神 在所不語.
然而帝王之將興也 膺符命 受圖籙 必有以異於人者 然後能乘大變 握大
器 盛大業也. 故河出圖 洛出書 而聖人作 以至虹繞神母而誕羲 龍感女
登而生[1]炎 皇娥遊桑之野 有神童自稱白帝子 交通而生少[2]昊 簡狄呑卵
而生契 姜嫄履跡而生棄 胎孕十四月而生堯 龍交大澤而生沛公 自此而
降 豈可殫記. 然則三國之始祖 皆發乎神異 何足怪哉 此紀[3] 異之所以
漸[4] 諸篇也 意在斯焉.

---

1) 『영인본』(이하 『저본』이라 함)에는 ‘注’로 되어 있으나, ‘生’이 옳다.
2) 『저본』에는 ‘小’로 되어 있으나 ‘少’가 옳다.
3) 『신정본』에는 ‘紀’가 ‘神’으로 되어 있다.
4) 『저본』에는 ‘漸’이 ‘斬’으로 되어 있다.

## 2. 새김글

### 기이 (제2의) 권제1[5]

대체로 옛날의 성인이 예절과 음악으로 나라를 일으키고 인덕仁
德과 도의道義로 가르침을 베푸는 데 있어서, 괴탄怪誕함과 난폭한
힘과 어지럽고 문란함이나 귀신스러움은 말하지 않았다.[6] 그러나
임금(천자)이 처음 일어나려고 할 때에는 부명符命[7]을 받고 도록圖
錄[8]을 얻게 되어 반드시 여느 사람과는 다름이 있으니, 그러한 뒤
에 능히 큰 변화를 타서 큰 기틀을 잡고 나라 세우는 큰 일을 이
루게 되었다. 그러므로 황하黃河로부터 그림[9]이 나오고 낙수洛水에
서 글[10]이 나옴으로써 성인이 출현하였던 것이다.

무지개가 신모神母를 휘감아서 복희씨伏羲氏[11]가 태어나고, 용이

---

5) 『저본』에는 '기이 권제1'로 되어 있으나, 실제는 『유사』의 두 번째 편인 「기이」 제2
의 첫 권(卷第一)이므로 생략된 부분 '제2'를 괄호 속에 넣었다.

6) 이 대목은 『논어論語』 「술이述而」 편의 "子不語怪力亂神"(공자는 怪・力・亂・神에
관한 것은 말하지 않았다)에서 따온 말이다.

7) 천자(帝王)가 될 사람에게 하늘이 상서로움을 내려 천명天命을 징험하게 하는 일을
부명符命이라 한다.

8) 도록은 도참圖讖과 같은 말로 미래의 길흉화복을 예언한 기록이다.

9) 하도河圖라고 하는데, 중국 상고 시대의 복희씨伏羲氏 때 황하에서 나온 용마의 등에
그려진 그림을 일컫는다. 복희씨는 그 그림을 근거로 해서 『주역周易』의 팔괘八卦를
그렸다고 한다.

10) 낙서洛書라고 하며, 우왕禹王이 홍수를 다스릴 때 낙수에서 나온 신비로운 거북의
등에 쓰인 글을 말한다. 우왕은 그 「낙서」를 근거로 하여 『서경書經』의 「홍범구주洪
範九疇」를 만들었다고 한다.

11) 원문에 희羲로 되어 있으나 이는 중국 상고 시대 최초의 천자로 전해지는 태호太昊
복희씨伏羲氏(庖犧氏라고도 함)를 가리키는 것인데, 사마천의 『史記』 권130, 「보사기

여등女登12)에게 감응하여 염제炎帝13)를 낳았으며, 황아皇娥14)는 궁상窮桑15)의 들에서 놀다가 스스로 백제白帝16)의 아들이라 일컫는 신동神童과 서로 사귀어 소호少昊17)를 낳았다. 간적簡狄18)은 제비 알19)을 삼키고서 설契20)을 낳았으며, 강원姜嫄21)은 거인의 발자국

---

補史記 삼황본기三皇本紀」에는 "태호포희씨太暤庖犧氏……"로 시작되어 그에 관해 전하고 있다. 포희씨라고도 하는 그는 뱀의 몸에 사람의 머리(蛇身人首) 모습이었으나 그의 성덕聖德은 해와 달의 밝음을 상징하였다고 하여 태호太暤(太昊)라고 하며, 그는 삼황三皇의 으뜸이었고 백성들에게 고기잡이와 목축을 가르쳤으며 처음으로 팔괘와 서계書契를 만들었다고 한다.

12) 안등安登이라고도 하는 여등女登은 중국 상고 시대 유와씨有媧氏의 딸이며, 염제炎帝인 신농씨神農氏의 어머니다.

13) 염炎 곧 염제 신농씨에 관해서는 사마천의 『史記』「보사기 삼황본기」에 전해진다. 여등의 아들인 염제는 사람의 몸에 소의 머리(人身牛首)를 하였으며, 화덕왕火德王이므로 염제炎帝라 했는데 농업과 의료 및 교역 등을 가르쳤다고 한다.

14) 황아는 소호少昊 금천씨金天氏의 어머니이며, 일설에는 황제黃帝의 부인 누조嫘祖라고도 한다.

15) 궁상은 중국 산동성 곡부曲阜에 있는 지명으로, 소호少昊가 살았던 곳이라고 전해진다.

16) 백제는 다섯 천제天帝의 하나로서, 오행으로는 금이 백白이며, 계절로는 가을에 해당되고 서쪽을 맡은 신이다.

17) 앞 주에서도 나왔지만 중국 상고 시대의 임금으로 황제의 아들이며, 금천씨 또는 금덕왕金德王이라고도 하고 현효玄囂·지지(帝摯)라고 이름하였는데, 태호 복희씨의 법을 계승하였다고 해서 소호少昊라 일컬었다 한다.

18) 간적은 유융씨有娀氏의 장녀인데 제곡帝嚳의 둘째 왕비였다. 목욕을 하다가 제비(玄鳥)가 떨어뜨린 알을 삼키고는 임신하여 아들 설(契)을 낳았다 한다.

19) 『유사』 원문에 "簡狄呑卵而生契"이라 하였으므로 '알을 삼켰다'고 번역하는 것이 당연하다. 그러나 간적이 알을 삼켜 아들을 낳았다는 이야기를 전하고 있는 사마천의 『史記』 권3 「은본기殷本紀」에는 그 알이 현조玄鳥(제비)의 알임이 밝혀져 있기 때문에, 막연히 알(卵)이라고만 하는 것보다는 본디의 전거에 있는대로 '제비의 알'이라고 하는 편이 뜻에 맞다고 할 것이다.

20) 설(契)은 앞 주에서 본 것처럼 간적에게서 태어났으며 제곡의 아들이다. 순임금 때 사구司寇가 되었다가 우임금을 도와 치수에 공을 세우고 상후商侯로 봉해져 은殷나라의 시조가 된 인물이다.

21) 강원은 유태씨有邰氏의 딸이며 제곡의 왕비(元妃)인데, 들에 나갔다가 거인의 발자국

을 밟아서 기棄[22]를 낳았고, 요堯 임금[23]은 잉태된 지 14개월 만에 태어났으며, 패공沛公[24]은 (그 어머니가) 큰 못가에서 용과 교합하여 낳기에 이르렀다. 이로부터 내려오면서의 일을 어찌 다 기록하겠는가.

그러기에 삼국(신라 · 고구려 · 백제)의 시조가 모두 신비롭고 기이한 데서 비롯되었다고 하여 어찌 괴탄하다고만 하랴. 이것이 기이紀異 편을 여러 편의 앞쪽에 두게 된 까닭이며 그 뜻이 여기에 있다.


## 3. 머리말에 보인 엮은이의 뜻


첫째 편인 「왕력王曆」표 다음에 『삼국유사』 본편의 서술문으로 이 「기이」 편이 맨 앞에 자리하였다. 『유사』의 전체 아홉 편(「왕력」 포함) 중에서 오직 이 「기이」 편에서만 그 앞머리에 '서왈敍曰'이 놓여 있다. 그러므로 이 '서왈' 곧 머리말은 『유사』 전체의 머리글이 아니고 「기이」 편의 머리말임을 알 수 있다. 다른 편에는 없는

---

을 밟은 뒤에 잉태하여 아들 기棄(后稷)를 낳았다 한다.

22) 기棄는 순임금의 신하이며 뒷날 주周나라의 시조가 된 후직后稷을 일컫는다. 그 어머니 강원이 거인의 발자국을 밟고 임신하여 낳았으므로 상서롭지 못하다고 처음에 버렸기 때문에 이름을 기棄라고 하였다 한다(사마천, 『史記』 권4 「주 본기周本紀」).

23) 중국 상고 시대의 임금인 도당씨陶唐氏를 요임금이라 일컫는다. 후세 중국뿐만 아니고 우리나라에서도 순임금과 아울러 요순堯舜시대라고 하여 성군聖君의 표본 또는 이상적인 태평성대의 대명사로 부른다. 그가 잉태된 지 14개월 만에 태어났다는 이야기는 진晉의 황보밀皇甫謐이 찬한 『제왕세기帝王世記』에 전해지고 있다.

24) 패공은 한나라 고조高祖 유방劉邦을 가리킨다. 패공의 출생 이야기는 『史記』 권8 「고조본기高祖本紀」에서 전한다.

머리말을 왜 하필 이 편에만 썼을까. 찬자는 머리말을 통해 간략하게 그 까닭을 밝히고 있다.

① 옛(중국 고대) 성현들이 예악禮樂과 인의仁義로써 국가를 일으키고 정교政敎를 폄에 있어서, 괴상함(怪)·난폭한 힘(力)·어지럽고 질서가 문란함(亂)·신이함(神)은 말하지 않았다고 하였다.

② 그러나 제왕帝王이 발흥發興할 때에는 반드시 신이神異한 일이 있은 뒤에 대업大業이 이루어진다고 하여 하도河圖 낙서洛書의 출현 및 고대 제왕 이인異人들의 출생 신화를 예로 들었다.

③ 그러므로 우리 옛 삼국의 시조가 모두 신이한 데서 발원發源되었다는 것이 괴이怪異한 일이 못 된다는 것이다.

④ 그러한 까닭에 이 「기이」 편을 다른 편의 앞자리에 놓았으며 그 뜻이 여기에 있는 것이라고 하였다.

이를 다시 요약해 말한다면, 앞의 제목 풀이에서 본 바와 같이 기이紀異는 정사正史 본기本紀의 이전異傳, 곧 제왕帝王의 역사를 기록한 본기本紀와는 다른 내용 또는 본기에는 다루지 않은 신이한 이야기 및 누락된 사실들을 수록하고 있다는 것, 그러한 이문異聞 일사逸事이면서도 본기의 수록 범위 곧 제왕의 발흥과 왕조王朝의 사실史實들을 수록하고 있기 때문에 다른 편목들(「왕력」 표를 제외한) 보다는 먼저 놓이게 되었음을 밝히고자 한 것이라고 할 수가 있다.

「기이」편의 첫 항목 앞에 '서왈'이 있으므로 먼저 간략하게 살
펴보았다.

# 고조선—왕검조선

# Ⅰ. 원문과 새김글

## 1. 원문

### 古朝鮮－王儉朝鮮

魏書云 乃往二千載 有壇君王儉 立都阿斯達(經云無葉山 亦云白岳在白州地 或云在開城東 今白岳宮是) 開國號朝鮮 與高同詩. 古記云 昔有桓因(謂帝釋也) 庶子桓雄 數意天下 貪求人世 父知子意 下視三危太伯 可以弘益人間 乃授天符印三箇 遣往理之 雄率徒三千 降於太伯山頂(即太伯 今妙香山) 神壇樹下 謂之神市 是謂桓雄天王也 將風伯雨師雲師 而主穀主命主病主刑主善惡凡主人間三百六十餘事 在世理化. 時有一熊一虎 同穴而居 常祈于神雄願化爲人 時神遺靈艾一炷 蒜二十枚曰 爾輩食之 不見日光百日 便得人形. 熊虎得而食之 忌三七日 熊得女身 虎不能忌 而不得人身 熊女者無與爲婚 故每於壇樹下 呪願有孕 雄乃假化而婚之 孕生子 號曰壇君王儉. 以唐高卽位五十年庚寅(唐堯卽位元年戊辰 則五十年丁巳 非庚寅也 疑其未實) 都平壤城(今西京) 始稱朝鮮 又移都於白岳山阿斯達 又名弓(一作方)忽山 又今彌達 御國一千五百年 周虎王卽位己卯 封箕子於朝鮮 壇君乃移於藏唐京 後還隱於阿斯達爲山神 壽一千九百八歲. 唐裴矩傳云 高麗本孤竹國(今海州) 周以封箕子爲朝鮮 漢分置 三郡 謂玄菟樂浪帶方(北帶方) 通典亦同此說(漢書則眞臨樂玄四郡 今云三郡 名又不同 何耶).

## 2. 새김 글

### 고조선 – 왕검조선

『위서魏書』[1]에 이러하다.

2천 년 전 옛날에 단군왕검檀君王儉[2]이 도읍을 아사달阿斯達[3]에 세우고 나라를 열어 조선朝鮮이라 일컬었다. 옛 중국의 요堯 임금[4]과 같은 때이다.

『고기古記』[5]에는 이러하다.

옛적에 환인桓因[6](제석帝釋을 이름)의 서자인 환웅桓雄이 자주 하

---

1) 『위서』는 현재 밝혀지지 않은 문헌이다. 중국 왕조사의 대집록인 『25사』에 들어 있는 『위서』는 북제北齊 위수魏收 찬이며 북위北魏의 역사를 기록한 책으로, 모두 130권이 었으나 그 중에 29권이 결락 또는 훼손되었다. 이 『위서』의 현존본에는 '단군왕검檀君王儉'에 관한 글이 없다. 아마 현존하지 않는 『위서』나 그(없어진) 부분에서 인용한 듯하다.

2) 앞의 원문에서는 '壇'으로 하였으나 새김 글에서는 '檀'으로 썼다. 『제왕운기帝王韻紀』 및 『세종실록世宗實錄』의 「지리지地理志」에서 인용한 『단군고기檀君古記』(이하 『단군고기』) 등에는 '檀'으로 하고 있다. 이하의 '壇'도 마찬가지이다.

3) 여기에 엮은이는 다음과 같이 주석을 붙였다.
   "『경經』(어떤 문헌인지 알 수 없다)에는 무엽산無葉山이라 하였고 또는 백악白岳이라고도 하였는데, 백주白州(황해도 배천白川) 땅에 있다. 혹은 개성開城 동쪽에 있는 지금의 백악궁白岳宮이라고도 한다."

4) 원문에는 '高'(與高同時)로 되어 있으나, 실은 고려 제3대 정종定宗의 이름인 요堯를 피(避諱)하여 '高' 자로 바꾸어 놓았기 때문이다.

5) '고기古記'는 글자 그대로 '옛글'·'옛 기록'이라 할 수도 있겠지만, 여기에서의 '고기' 는 범칭적인 '옛 기록'이 아니고 『제왕운기』에 보인 『단군본기檀君本紀』나 『세종실록지리지世宗實錄地理志』에 인용된 『단군고기檀君古記』를 가리키는 것으로 볼 수가 있다. 설령 바로 그 『고기』가 아니더라도 단군의 이야기를 기록한 그 계통의 옛 문헌 이라고 할 수가 있을 것이다. 이 『고기』가 『단군고기』라고 단정하는 학자도 있다.

6) 『저본』에 '桓国'으로 되어 있으나 이는 '桓因'이 옳다. '国'은 '因' 곧 '因' 자의 잘못 새겨진 글자로 보아야 한다. 이 글 아래에 "제석을 이름(謂帝釋也)"이라 주석하여서

늘 아래에 뜻을 두어 인간 세상을 못내 탐내었다. 그 아버지(환인)는 아들의 뜻을 알고 삼위산三危山과 태백산太伯山7)을 내려다보니 인간 세상을 널리 이익되게 할 만하였다. 이에 천부인天符印8) 세 개를 주어 (그곳으로) 가서 (세상 사람을) 다스리게 하였다.

환웅은 무리 3천 명을 거느리고 태백산(지금의 묘향산) 아래로 내려왔으니, (이곳을) 신시神市라 일컫고 그를 환웅천왕9)이라 하였다. 환웅천왕은 바람과 비와 구름을 맡은 부서10)를 거느리고, 곡식·생명(삶)·질병·형벌·선악을 주관하며 인간의 360여 가지에 이르는 일들을 관장하여 인간 세상을 다스리며 선도善導하였다.

그때 곰 한 마리와 범 한 마리가 같은 굴에서 살았는데, 늘 신웅神雄11)에게 사람이 되게 해달라고 빌었다. 그래서 신웅은 약쑥 한

더 의심할 나위가 없다.

불교 경전에서는 석제환인釋帝桓因 또는 천제석天帝釋을 두 글자로 줄여서 환인桓因·제석帝釋·천제天帝라고도 한다. 이는 삼계三界(욕계欲界·색계色界·무색계無色界) 중에서 욕계의 두 번째 하늘인 도리천忉利天(33천天이라고도 함)의 하늘 임금(天王)을 가리킨다.

7) 원문 '三危太伯'을 기존 번역들에는 거의 모두가 소리대로 옮겨 '삼위태백'이라 하여 뜻을 모호하게 하였으나, 『제왕운기』와 『동국여지승람』 등에(구월산을 삼위산이라고도 하고, 태백산은 지금의 묘향산이라는 것 등을) 근거하여 산의 이름임을 분명하게 하였다. 이가원, 『삼국유사 신역』에서는 이와는 전혀 다른 해석을 하고 있으나 다음의 해당 살펴보기에서 좀더 자세히 보기로 한다.

8) 천부인은 하늘의 신성한 권위와 위력과 덕성德性을 상징하는 부명符命과 인신印信으로 볼 수 있다.

9) 환웅천왕을 『제왕운기』와 『단군고기』 인용에는 '단웅천왕檀雄天王'이라 하였다.

10) 원문에는 풍백風伯(바람을 맡은 신)·우사雨師(비를 맡은 신)·운사雲師(구름을 맡은 신)를 환웅천왕이 데리고 온 것으로 되어 있는데, 신시神市에서 인간 세상을 다스리는 천왕이 거느렸다는 것이므로 귀신의 이름보다는 그 주관하는 부서로 보는 것이 실정에 맞을 듯하다.

11) 환웅을 여기서는 신웅神雄이라 하였다.

줌과 마늘(달래)12) 스무 개를 주면서, "너희들이 이것을 먹고 백일 동안 햇빛을 보지 않으면 곧 사람의 모습을 얻게 될 것이다"라고 하였다. 곰과 범이 그것을 받아먹고 금기한 지 스무하루(三七日)만 에 곰은 여자의 몸이 되었으나, 범은 금기를 지키지 못하여 사람 의 몸이 되지 못하였다.

곰이었다가 사람이 된 여자(웅녀熊女)는 혼인할 상대가 없었으 므로 매일 신단神壇의 나무 아래에 가서 잉태할 수 있게 해달라고 축원하였다. 환웅이 이에 방편으로 사람이 되어 그와 혼인하니, (웅녀는) 잉태하여 아들을 낳았다. 그를 이름하여 단군왕검이라 하 였다.13)

단군은 요임금(당요唐堯)14)이 즉위한 지 50년이 되는 경인庚寅15) 에 평양성(지금의 서경西京)16)에 도읍하고 비로소 (나라 이름을) 조 선朝鮮이라 일컬었다. 다시 도읍을 백악산 아사달阿斯達17)로 옮겼

---

12) 蒜이 달래산 자이기도 하지만 환웅천왕이 머물렀던 신단수神檀樹 아래와 같은 언덕 이나 산기슭에 흔히 자생하는 달래는 쑥과 더불어 잘 어울리는 점에서 마늘보다는 '달래'가 더 태고太古스럽지 않을까 싶다. 지금까지의 모든 역주서譯註書가 다 '마늘' 로 새겨왔기에 눈에 익은 대로 우선 마늘이라 썼지만 실은 달래 쪽이 옳을 듯하다.

13) 원문("孕生子 號曰壇君王儉," 잉태하여 낳은 아들을 이름하여 단군왕검이라 하다)대 로 본다면, '단군왕검'이 갓 태어난 아기의 이름으로 여기기가 쉽다. 그러나 단군왕 검은 아기 이름이 아니고 그가 나중에 임금이 되고난 뒤의 이름이다.

14) 앞의 주4)와 같이 당요唐堯를 당고唐高라 하였다.

15) 경인 밑에 다음과 같은 주석을 달았다.
  "요임금의 즉위 원년이 무진이니 그 50년은 정사이므로 경인이 아니다. 아마도 그것 (五十年庚寅)은 확실치 않은 듯하다."

16) 여기서의 '지금'은 『유사』를 엮은 당시이며, 당시의 고려에서는 평양을 서경西京이 라 하였다.

17) 『제왕운기』나 『동국여지승람』 등 여러 자료에서 구월산을 아사달산阿斯達山이라 하고 있는데, 『고려사』 권58, 지리지 3의 유주儒州 조에도 '구월산' 아래에 "世傳阿斯

다. 그곳을 또 궁홀산弓忽山[18] 또는 금미달今彌達이라고도 하였다. 그는 1500년 동안 나라를 다스렸다.

주周나라 무왕武王[19]이 즉위한 기묘년(BC 1122)에 기자箕子를 조선에 봉하였으므로,[20] 단군은 장당경藏唐京[21]으로 옮겨 갔다. 나중에 돌아와 아사달에 은거하여 산신령이 되었다. 그 수명이 1,908세였다고 한다.

당나라 「배구전裴矩傳」[22]에는, "고구려[23]는 본디 고죽국孤竹國(지금의 해주海州)[24]이었는데, 주나라가 기자를 조선에 봉하였다. 한漢

---

達山" 곧 "세간에서는 구월산을 아사달산이라 전한다"라고 주를 달아 놓았다. 그러므로 아사달은 산 이름이며 지금의 황해도 구월산임을 알 수가 있다. 그렇다면 원문에 있는 "白岳山 阿斯達"은 '백악산의 아사달산'이 되어 산이 겹치게 된다. 그러나 '달達'은 산의 뜻만이 아니고 '따'(땅) 또는 '들'의 뜻으로도 쓰이므로 이런 경우는 '백악산의 아사따(땅) 또는 아사들'로 보는 것이 옳을 것이다. 그와 같이 본다면 '아사달산'도 '아사산산 또는 아사달산의 산'이라는 이중성의 모순에 걸리지 않고 '아사따(땅·들)산' 곧 '아사땅(들)에 있는 산'으로 쉽게 이해될 수가 있다.

18) 원문에는 '궁弓' 자에 주를 달아 '방方'이라고도 한다 하였으므로, 아사달을 궁홀산 또는 방홀산이라고 하였음을 알 수 있다. 지금의 구월산은 궁홀산의 변음으로도 볼 수가 있다.

19) 원문에는 역시 '호虎'로 피휘하고 있으나, 본디의 '무武'로 옮겨 놓았다.

20) 한漢 사마천 찬, 『史記』 권38, 「송미자세가宋微子世家」 및 후한後漢 반고班固 찬, 『전한서前漢書』 권28 하, 「지리법地理法」 등에 보인다.

21) 앞 주16) (『고려사』 지리지, 유주) 구월산 다음에 '장장평莊莊坪'을 들고는 그 아래에, "세간에는 단군의 도읍터라 전한다. 곧 당장경의 와전된 것이다(世傳檀君所都 卽唐莊京之訛)"라고 하였다. 『세종실록지리지』와 『동국여지승람』 권42 등에도 그와 똑같이 기록되어 있다.

22) 원문이 '唐裴矩傳'이므로 '당나라의 배구전'이라 옮겼으나, 배구는 당나라 사람이 아니고 수隋나라의 공신이다. 『유사』에서 『수서隋書』의 '배구전裴矩傳'을 취하지 않고 『당서唐書』(당서에는 신·구 당서가 있는데, 여기에는 『구당서』)에서 인용한 것임을 알 수 있다.

23) 원문에는 '고려'로 되어 있으나 '고구려'를 가리킨 것이다.

24) 『고려사』 권58, 지志 12 지리 3에는, "해주의 별호가 대녕 서해大寧西海이며, 또 고죽이라 일컬었다"고 하였다. 이같은 기록은 또 『세종실록지리지』 권152와 『여지승람』

나라는 (이를) 세 군郡으로 나누어 두었으니 이른바 현도玄菟·낙
랑樂浪·대방帶方(북쪽 대방)이다"라고 하였다. 『통전通典』25)에도
또한 이 말과 같다(『한서』에는 진번·임둔·낙랑·현토의 4군으로 되
어 있는데, 여기에서는 3군이라 하여 그 이름도 같지 않으니 어째서인
가).26)

<hr>

권43, 황해도黃海道 해주목海州牧 쪽에도 있다.
25) 『통전』에도 또한 이와 같다(通典亦同此說)라고 하였으나, 당나라 두우杜佑(735~812)
    의 방대한 찬술인 『통전』 300권 가운데에는 그러한 사실(漢分置三郡……)이 보이지
    않는다고 한다(『고증』 상, p.341).
26) 이 괄호 안의 글은 앞의 원문에서도 편의상 괄호 처리를 하였지만, 원본 『유사』에서
    는 찬술자가 두 갈래의 주(割註)를 달아 놓은 부분이다.

# Ⅱ. 내용 살펴보기

　　첫 번째 항목인 단군왕검의 고조선을 다루기에 앞서 「기이」 편의 맨 앞자리에 놓인 머리말부터 살펴보았다.

　　이제 이 항목에서는 원문의 새김글과 간략한 주석에 이어, 본문의 내용을 대체적으로 나누어서 중요한 부분과 문제점들을 자세히 살펴보고자 한다.

　　우선 고조선 본문 전체를 대략 다음과 같이 나누어 볼 수 있다.

　　첫째, 옛 조선(古朝鮮) 개국開國의 역사 사실. 이는 우리 민족 최초의 나라였던 조선이 세워진 역사 사실을 밝힌 전제부분이다.

　　둘째, 환인桓因의 아들 환웅천왕이 인간 세상에 내려온 연유와 신시神市에서 인간의 세상을 다스린 이야기.

　　셋째, 곰이었다가 사람의 여인이 되어 아들 단군을 낳은 사연.

　　넷째, 단군이 즉위하여 도읍을 정하고 비로소 국호(조선)를 일컬었으며, 1908년을 살면서 나라를 다스리다가 아사달에 숨어 산신이 되었다는 전설.

　　다섯째, 단군 이후의 일을 당나라 「배구전」에서 간략하게 인용한 것.

이상의 다섯 갈래로 단원을 나누어 볼 수가 있는데, 차례에 따라 '고조선' 항목의 내용을 살펴보기로 한다. 특히 중요한 문제는 여러 자료를 원용하고 참고하여 가급적이면 역사적 객관성을 가지고 풀이해 밝히려고 한다.


## 1. 단군왕검이 나라를 열다


'고조선' 항목의 전체 내용을 앞에서 다섯 부문으로 나누어 보았는데, 그 첫 분단이 바로 '조선 개국'의 역사 사실이다. 이 부문은 매우 간략한 한 대목이지만 '고조선'이라는 한 단원 전체의 대전제라고 할 수 있다.

이 분단에서는 먼저 "위서 운魏書云"이라 하여 그 전거典據부터 들고 있다. 이는 곧 엮은이가 지은 이야기도 아니고 또 막연히 뜬소문으로 들은 맹랑한 전설도 아니라는 뜻이 함축되어 있는 것으로도 볼 수 있다. 말하자면 단군의 건국이 역사적 사실이라는 근거를 먼저 밝혀 놓은 것이다.

그러므로 단군이 아사달에 도읍을 세우고 나라를 열어 조선이라 일컬었다는 2천 년 전 옛날(乃往二千載)은 그 전거인 『위서』에서 말한 2천 년 전이며, 그때가 바로 요임금(帝堯)과 같은 시기라는 것이다. 여기에서 단군이 세운 도읍(아사달)과 나라 이름(조선), 그리고 그 때(『위서』 찬술 당시로부터 2천 년 전 요임금과 같은 시기)가 분명하게 밝혀졌다고 할 수 있다. 그와 같은 확실한 역사적 사실

이 중국의 역사 문헌인 『위서』에 전해져 있음을 앞머리에 전제하
였다.

이 대목에서 좀 더 자세한 풀이가 필요한 문제는 ① 『위서』, ②
2천년 전(乃往二千載), ③ 단군왕검檀君王儉, ④ 도읍한 아사달阿斯達,
⑤ 국호 조선朝鮮의 다섯 가지라고 할 수 있다(단군왕검에 관해서는
다음의 『고기古記』에 전하는 단군왕검의 대목에서 자세히 보기로 한다).


### (1) 『위서魏書』


단군 조선 개국의 전거로 삼고 있는 이 『위서』 또는 『위서』류
에 관해서는 앞의 주1)에서 간략하게 본 바가 있으므로 여기에서
는 가급적이면 중복을 피할 생각이다.

현재 중국의 『이십오사二十五史』에 수록되어 있는 현존본 『위서』
에는 앞 주에서 본 바와 같이 '단군 개국'에 관한 기록이 전혀 보이
지 않는다. 물론 현존본인 북제北齊 위수魏收(?~572) 찬술의 이 『위
서』는 상당 부분이 결락되어 있으므로 그 없어진 부분에 '단군'의
이야기가 들어 있을지 모를 일이나 현재로서는 확인할 수가 없다.
그래서 어떤 학자는 문제의 이 『위서』를 언급한 다음, "아마도 이
『위서』는 그 후 망일亡佚된 것인가, 혹은 『유사』의 저자가 인용서
를 잘못 기술한 것일까"라고 하였다[27]

그러나 『유사』의 엮은이가 인용서를 잘못 적었다기보다는 그
원전 자료가 현재 전하지 않기 때문에 확인할 도리가 없을 따름이

---

27) 『고증』 상, p.302.

라고 해야 할 것이다. 이 『위서』에 관해서는 종래 많은 학자들이
비상한 관심을 보였으나 현재 그 전거를 확인할 수 없는 것이 사
실이다.

현대 한국사학의 개척자이며 『유사』 연구의 선구자라 할 수 있
는 육당 최남선은 일찍이 그의 「삼국유사 해제三國遺事解題」(이하 「해
제」)에서 특히 이 『위서』를 하나의 항목으로 다루어 자세히 논급
한 바 있다. 『위서』를 주제로 삼은 소논문이라고도 할 수 있는 이
글은 이 문제 고찰의 한 전형典型으로도 볼 수 있으므로 좀 지루한
감이 있을지 모르나 여기에 그 전문의 대부분을 옮겨 참고로 삼고
자 한다. 옛 문장이기 때문에 난해한 바가 많으므로 본디의 글 뜻을
살리는 범위 안에서 약간 쉬운 글로 풀이하여 옮겨 보고자 한다.


혹 수록한 사실의 괴탄怪誕함과 함께 인용서 종류의 진망眞妄에 대하
여 의심을 가지는 자가 있다. 우선 단군사실壇君事實에 관한 의난疑難을
듯건대 첫째 '위서운魏書云'이라 한 첫머리의 글이 현존한 위서魏書에
보이지 아니한다 함이오, 둘째 '고기운古記云'이란 것도 무엇인지 모를
것인 대개 허구의 것이라 함이니, 이는 특히 일본의 학자의 통설通說하
는 바라.

그러나 (一) 위서魏書 반드시 금본今本인 위수魏收의 찬뿐이 아니라
앞쪽으로 등연鄧淵 최호崔浩 이하의 편년編年과 이표李彪 형만邢蠻 이하
의 기전紀傳 등이 있고, 나중으로는 위담魏澹이 다시 쓴 것과 장태소張太
素의 별찬別撰이 잇서 태평어람太平御覽에 인용한 것만 해도 제가諸家를
아울러 취하얏스니 위수의 찬만을 위서魏書로 인정할 것 아니오.

(二) 설사 위수의 위서만으로 인정할지라도 현행하는 『위서』는 송宋
에 유서劉恕 범조우范祖禹의 교정校正과 또 중흥서목中興書目에 보인 것

같이 다시 후인의 보철補綴을 거친 것인즉 『위서』의 면목을 다만 현본現本으로 논할 것 아니오. (三) 다시 번득여 생각하면 『위서』가 또한 탁발위사拓跋魏史의 전명專名이 아니라 시방 삼국지三國志 중의 위지魏志도 본대 『위서』라 칭하여 『위서』를 후위서後魏書라 함이 이미 이와 구별할 필요에서 나온 것이니 『위서』를 반드시 위수魏收 기타의 탁발씨 사拓跋氏史로만 볼 것이 아니오. (四) ……이제 이 『위서』도 일반적이랄 수는 없스되 탁발위拓跋魏와 고구려와는 관계가 밀접할 뿐 아니라 특히 불법의 동류東流는 위魏로부터 비롯하였다 함은 진방震邦 고래의 전신傳信임이 『해동고승전』 내지 본서에도 기재한 것과 같고, 또 범어梵語에 관한 경론經論의 주註와 음의音義의 해석에는 '위언魏言'으로 무엇 무엇이라 하여 적어도 위자魏字가 승도僧徒에게 있어서는 한당漢唐과 견줄 만치 중국의 대명代名으로 이목에 익은 것인즉 『위서』라고 범칭한 것이 널리 어느 중국 문적文籍을 부른 것으로 실상 전후의 두 『위서』에만 한하는 것 아니라고 생각할 수 있는 것이라. 대개 『삼국유사』의 『위서』를 다만 현행본인 후위서後魏書만으로 표준하려 함이 반드시 정견正見이 아님을 먼저 생각할 것이니라.

이러나저러나 이미 실물實物이 없고 다시 증빙이 없는 바에 이 『위서』란 것을 반드시 어느 것이리라고 단정함은 마치 현행 후위서後魏書에 보이지 아니한다 하여 응당 허구리라 하는 論과 같이 다 무단武斷인즉 학자는 모름지기 이 두 가지의 단견斷見에서 한 가지 벗어날지니라. 그리하고 삼국유사 찬술의 동기 및 태도와 다른 전 내용의 통성예투通性例套에 비추어서 여기라고 반드시 무슨 기계적 농간弄奸이 있을 리가 없음을 알고 의심하기 위함의 의심을 하려하지 말지니 이미 본국의 문헌을 주로 하여 국고國故의 전승傳承을 힘쓰는 삼국유사에 여기 한번 더 위서魏書를 내세움이 무슨 끔찍한 일로 생각되얐스랴. ……진실로 냉정히 생각하면 고기古記 및 급위서及魏書를 무엇인가고 의심까지 할 수는 있으려니와 망칭妄稱과 허구虛構로 단정치 못할 것을 누구든지 생각할 것이요. 더구나 이러한 이유로써 전하는 사실 그것의 전통적 근거를 의심하려 함은 고의가 아니면 부견膚見이라 할지니라.

인因하여 위서魏書란 말의 근거에 대한 가상적 긍정점肯定點을 약간 부기附記하겠노라.

(一) 먼저 이것을 탁발씨拓跋氏의 『위서』라 하건대 지나정사支那正史의 중에 고구려의 세계 원위世界原委를 가장 소석昭析하게 기재한 자는 실로 탁발 위서拓跋魏書를 꼽을지니 대개 지족地族이 한가지 상근相近하고 교통交通이 심밀深密하였음일지니라.……

(二) 숭문총목崇文總目에 위담魏澹의 위서魏書는 기기 일권一卷과 장태소張太素의 위서魏書는 지지 이권二卷이 겨우 남아있음을 말하고……당송간唐宋間에 있어서 경적經籍의 보존이 도리어 중국 본토 보담 성전盛全한 고려에는 오히려 위 고문魏古文의 떨어진 조각과 내지는 제가 위서諸家魏書의 전전본全傳本이 있을 수 있었을지니 신라 고려의 사이에 이곳 사람들의 한적漢籍 수입이 어떻게 성대盛大하였음과 당말唐末 상란喪亂의 후에 내외의 전적典籍이 많이 고려로부터 저 땅으로 역수입逆輸入된 여러 실례를 참고할지니라.

(三) ……(高麗) 성종세가成宗世家의 경인구년庚寅九年(990)조에 보인 서경西京의 수서원修書院 이하로 문덕전文德殿 장령전長齡殿 어서방御書房 비서각秘書閣 등과 고려도경高麗圖經에 보인 수만권의 서장書藏인 임천각臨川閣 청연각淸燕閣 등의 고부古富한 비본秘本의 중에는 지나支那(중국)의 일서佚書도 물론 많았을 것이 분명하니 우리의 사행使行과 그들의 상여商旅의 출입마다 수입된 서적書籍은 수數로도 엄청나거니와 질질質로도 놀랄 것이 있음은 사첩史牒에 적힘과 같으니라(註記는 생략했음).

(四) 이것을 전위서前魏書라 할진대 현행現行하는 진찬陳撰에도 홀로 동이東夷의 사정을 재전載傳함이 전후 제서에 상절詳絶하니……그런데 진수陳壽의 지지는 왕침王沈 등의 사십사권본四十四卷本 위서魏書와 어환魚豢의 위략魏略과 손성孫盛의 위씨춘추魏氏春秋 등을 수합하여 성서成書

함일 것인데, 어환魚豢의 서書는 이름을 략略이라 하대 무제武帝 문제文帝 명제明帝 겨우 삼대三代의 사사事를 기記한 것으로, 당서 경적지唐書經籍志를 의거하면 그 부질이 오히려 삼십팔권三十八卷에 상上하고……이제 그 서書가 일佚하였스되 구당서舊唐書와 사통史通이 차서此書를 정사류正史類에 들어간 것과 배송지裴松之가 삼국지주三國志注에 인용한 일문逸文으로써 보건대 사이四夷의 열전列傳까지지도 겸해兼該한 것이 분명하며 더욱 동이전東夷傳의 소전所傳을 보건대 우선 기자箕子의 일만 하여도 그 상세함이 타의 비할 바가 아니니 이럴진대 그 이전의 단군壇君의 일이 『위략』 같은 책 안에 보이지 말란 법이 없고 특히 현행『위서魏書』에는 인용될 조항이 없기 때문에 절록節錄될 기회를 가지지 아니하였을 따름 아닌가. 그런데『위략魏略』이 당대唐代에까지 전한 것은 대개 사실이요 또 그 산절문刪節文은 다른 책 가운데 혹 다른 방법으로 그 후에도 전하였을지니 이로써 생각하여도『위략魏略』이 고려高麗의 사고書庫나 혹 그 문헌 중에 보임이 있었으리라 함이 아주 터무니없다고는 못할 것이다. 만일『위략魏略』 중에 이러한 문구가 있었다 하면 그것이 진역震域에는 큰 요문要門인 만큼 그 전서全書를 떠나서 어떻게든지 유전流傳되었을 것은 물론이니라.

（五） 만일 더 자유롭게 생각하여 이른바『위서魏書』가 혹시 범연泛然히 중국의 어느 문적을 가리킨 것이라 하면 수나라 황태부黃台符의『해동삼국통력海東三國通歷』, 최이崔頤의『동정고려기東征高麗記』, 또『동번풍속기東蕃風俗記』, 당 배구裴矩의『고구려풍속기高句麗風俗記』, 당 영호징令狐澄의『신라국기新羅國記』, 고음顧愔의『신라국기新羅國記』및『봉사고려기奉使高麗記』……등, 이름만 남아있는 것 외에도 적지 않게 이름이 실물이 다 없어진 재적載籍을 상정想定할 수 있으리니 저 단군壇君의 기사記事가 그 하자何者에 출出하얏슴을 누가 알 것이랴. 학자가 경계할 것은 경망輕妄한 예단預斷이라 할 것이다.

（六）（五 다음에 六이어야 옳은데 원문에는 七로 되어 있으나, 여기에

서는 六으로 고쳐 놓았음) 이상은『삼국유사三國遺事』‘고조선古朝鮮’에
인용한『위서魏書』란 것이 분명히 어느 책임을 논정論定하려 한 것 아니
라 다만 일기一己 혹 일시一時의 좁은 소견으로 고문古文을 망녕되이 단
정치 못할 이유를 약거略擧한 것에 그치며 더욱『삼국유사』와 같은 것은
본래부터 어느 엄절嚴切한 목적을 위한 용의적 찬술用意的撰述이 아닌
만큼 부질없이 작자作者의 심사心事를 의심함이 불가不可함을 개시慨示
한 것이로다.[28](이하 참고문은 생략함)

육당은 현존본인 위수의『위서』에 보이지 않는다고 하여『유사』
에 들어 있는 단군 사실 전거를 의심하거나 부정해서는 안 된다는
견해를 보이고 있다.『위서』를 현행본 하나에만 국한시켜서는 안
된다고 강조한 그는『삼국지三國志』의「위지魏志」(진수陳壽 찬)와
어환魚豢의『위략魏略』까지도『위서』의 범주에 넣었으며, 더 나아
가서 삼국 신라 고려 때 전래됨직한 중국인 찬술의 옛 문헌들마저
도 그 영역에 포함시킬 수 있다고 하였다. 그는 광범위하게 역사
적 전거의 긍정적 가능성을 논급하여 학자의 경망한 예단을 경계
하였다.

## (2) 2천 년 전(乃往二千載)

그런데 오늘날 우리가 주목해야 할 문제는 “위서운魏書云” 바로
다음에 나오는, “2천 년 전에 단군왕검이 있어서(乃往二千載 有壇君王
儉……)”라고 한 이 ‘2천 년 이전’의 시점이다. 다시 말해서 이『위

---

28) 崔南善,「三國遺事解題」13 魏書(『신정본』, pp.42~47).

서』에서 말한 2천 년 이전은 바로 요임금의 때이므로, 결국은 요임금이 생존했던 때로부터 2천여 년 후에 문제의『위서』가 찬술되었다고 볼 수 있기 때문이다.

현존본인 위수가 찬술한『위서』는 북제北齊 문제선文宣帝의 천보天保 2년(551)에 칙명에 의해 찬술된 것으로 보인다.29) 요임금의 즉위년으로 전해지는 무진년戊辰年은 기원전 2333년이므로『위서』가 찬술되기 시작한 해인 천보 2년은 요임금 즉위로부터 대략 2880여 년 뒤의 일이 된다. 그리고 현재까지 전해진『위서』라는 이름의 책 중에서 가장 오래된 것으로 알려진『위서』는 조위曹魏의 정원正元 연간(254~255)에 왕침王沈(?~266)이 순의筍顗(?~274) · 완적阮籍(210~263) 등과 함께 찬술한 것인데,30) 요 임금의 즉위년(2333)으로 쳐서 2580여년 뒤의 일이 된다.

위魏를 없애고 들어선 서진西晉의 개국 초인 태시泰始 2년(266)에 죽은 왕침 등의『위서』는 물론 현재 전해지지 않지만 이는 삼국 시대(중국)의 위나라 곧 조위曹魏의 역사이며, 현존본인 위수의『위서』는 탁발씨拓跋氏가 세운 북위北魏의 역사를 기록한 책이므로 앞의『위서』(왕침 등 찬)와 구별하여『후위서後魏書』로 통칭되기도 하였다. 그 찬술의 연대 차이는 300년의 차이가 나므로 앞『위서』는 요대堯代로부터 2500여 년 뒤의 찬술이 되고, 나중의『위서』는 요임금 시대보다 2800여 년 뒤가 된다. 두 책이 모두 2천 년대(2천 년~3천 년)권에 들어 있기는 하나 "지금으로부터 2천여 년 이전에

---

29)『北齊書』권37, 列傳 29 魏收傳. "天保……二年 詔撰魏史……."
30)『晋書』권39, 列傳 9 王沈傳. "正元中……與荀顗 阮籍 共撰魏書."

(乃往二千載)”라고 할 경우에 뒤의 『위서』(2800여 년)보다는 앞의 『위서』(2500여 년) 쪽이 더 가능하지 않겠는가 여겨진다.

두 『위서』 말고도 수나라 때 위담魏澹이 찬술한 『위서』와 당나라 때 장대소張大素가 찬술한 『위서魏書』, 배안시裴安時가 찬술한 『원위서元魏書』 등이 있었다고 하나, 현재 전하지 않을 뿐 아니라 모두 위수의 『위서』보다도 후대에 속한다. 이름만이라도 전해지는 『위서』가 그와 같이 대여섯 가지가 있으니 그 책들 가운데 어느 『위서』라도 해당될 것이므로 구태여 이름이 다른 책들에서까지 그 범위를 넓힐 필요는 없을 듯하다. 『진서晉書』에 전하는 대로라면 『위서』로는 왕침 등이 찬술한 것이 가장 일찍 이루어진 것으로 볼 수가 있으며, 따라서 “지금으로부터 2천여 년 이전에……”라고 하였다는 『위서』도 바로 이 왕침 등의 『위서』일 가능성이 크다고 하겠다.

설령 그렇지가 않고 『유사』의 찬자가 위수의 『위서』(결락된 부분)를 인용했다고 하더라도 위수는 자신보다 300여 년 앞선 왕침의 『위서』에서 그 부분을 옮겨 왔을 수도 있을 것이다. 아무튼 『유사』에서 인용하고 있는 『위서』는 어느 『위서』이든 간에 중국 옛 사서史書인 『위서』임에는 틀림이 없고, 또한 단군의 개국 사실을 전하고 있는 귀중한 역사적 전거임을 추호도 의심해서는 안 된다.


※ 한 분단으로 다루어야 할 이 단군왕검檀君王儉에 관해서는 다음의 『고기』에서 전하는 내용 가운데에 따로 한 분단이 설정되어 있으므로 그 쪽에 가서 살펴보기로 한다. 살펴보는 차례로도 그 할아버지 환인桓因과 아버지 환웅桓雄을 먼저 본 다음에 단군을 보는 것이 순서이기도 하다.

## (3) 도읍 아사달阿斯達

앞의 주3)에서 아사달에 관한 엮은이 주석을 옮겨 보았다.

또『제왕운기』에는 이 아사달을 아사달산阿斯達山이라 하여 지금(고려 당시)의 구월산九月山이며, 일명 궁홀산弓忽山 또는 삼위산三危山이라 한다고 하였다.31)

『단군고기檀君古記』 인용문에서는 아사달을 '지금(고려)의 문화현 구월산今文化縣九月山'이라고 하였다.32)

그리고『여지승람輿地勝覽』에도 구월산을 아사달이라고 하며, 또한 궁홀산·삼위산이라고도 한다 하였다.33)

그러므로 이 '고조선' 항목『위서』운云의 주3)과, 다음에서 보게 될『고기』운의 관계 부분 글들을 종합해서 보면, 아사달은 무엽산無葉山·백악산白岳山·궁(방)홀산弓(方)忽山·삼위산三危山·금미달今彌達 등으로 불렸으며, 지금의 구월산이었음을 알 수 있다.

그러나 여기에 얼른 지나칠 수 없는 문제 하나가 눈에 띤다. '『위서』운魏書云'에서는 단군왕검이 '아사달에 도읍을 세우다(立都阿斯達)'라고 하였는데, 다음에 보게 될 '『고기』운古記云'에서는 단군왕검이 평양성에 도읍하고 또 백악산 아사달에 도읍을 옮겼다(又移都於白岳山阿斯達)는 사실이다. 앞에서는 아사달에서 도읍한 것으로

---

31) 高麗 頭陀山居士 李承休,『帝王韻記』下,「東國君王開國年代」.

32)『校正 世宗實錄地理志』平壤府, '檀君古記云'(中樞院, 1938), p.294.

33)『東國輿地勝覽』권42, 文化縣 山川 九月山.

되어 있는데, 뒤에서는 평양성에 도읍하고 다음에 옮긴 곳이 백악산 아사달로 되어 있다. 『위서』가 외국 문헌이므로 처음 도읍인 평양을 빠트리고 나중의 도읍인 아사달만을 기록한 것으로 볼 수도 있다. 그러므로 여기에서는 아사달이 첫 도읍(立都)인가 옮긴 도읍(移都)인가 보다는 '백악산 아사달'이라는 데에 문제가 있다고 할 것이다.

아사달이 백악산이며 지금의 구월산이라고 하였는데, 백악산의 아사달이라고 한다면 '구월산의 구월산'이 되기 때문이다. 앞에서 보았지만 『제왕운기』 등에서는 '아사달산'이라고 하였는데 그렇다면 더욱 '백악산의 아사달산'이 된다고 하겠다. 그래서 이 원문 (移都於白岳山阿斯達, 백악산의 아사달에 도읍을 옮기다)대로 본다면 아사달은 구월산 곧 백악산이 아니고 구월산(백악산) 아래에 있는 도읍을 세울 만한 넓은 땅으로 보아야 옳다.

민세民世 안재홍安在鴻(1891~1965)은 그의 『조선상고사감朝鮮上古史鑑』에서 다음과 같이 적고 있다(철자법과 띄어쓰기는 현대어의 표기법을 따랐다).


아사달阿斯達은 단군檀君 이전의 여계시대女系時代의 혈족 씨족 등 생활공동체의 말미암아 있던 곳으로 오인吾人 일찍부터 아사달 또는 아씨 땋으로 하여 한역漢譯하면 성모산聖母山 성모역聖母域 혹은 또 성녀산聖女山 신모악神母岳 등으로 따지는 바로 일개의 고대사회적 품격과 운치(韻意)를 품은 역사적 명칭인 것이니 연린 민족聯隣民族인 훈(匈奴)족이 황후皇后로써 알씨閼氏[34]라고 하는 것은 우리 말 아씨와 동일한 자로 동언어同言語의 유래 오램을 알 것이며, '개국호조선開國號朝鮮'은 그때부터 새로이 조선朝鮮이란 국호를 지어서 일컬었다는 뜻이다. 그런데 그 아사달이 '역운백악亦云白岳'으로 백악白岳 혹 백악산白岳山이라는 일명一名을 가졌다. 바꾸어 말하자면 '백악白岳에다가 서울을 정하고 새로 나라를 이룩하였으되 그 나라는 조선朝鮮이라고 하였다'는 뜻으로도 된다. 이에서 (1) 백악白岳과 아사달阿斯達이 같은 토지명土地名인 것이 하나. (2) 조선朝鮮의 첫 서울이 백악白岳인데 일명一名에는 아사달阿斯達이라고도 한다는 뜻으로도 됨이 또 하나이다. 즉 '아사달阿斯達이 조선朝鮮나라 개창開創되던 최초의 서울인데 그를 백악白岳이라고도 한다'는 것이 원문의 글 뜻이다.

　(註) 알씨閼氏는 아시이니 아사阿斯 그대로이다.[35]


　이 글에 의하면 아사달이 조선朝鮮 최초의 서울로서 백악白岳이라고도 한다고 하면서도, 『고기』에서 최초의 도읍을 평양성平壤城으로 하고 백악산 아사달은 그 다음에 옮긴 도읍(移都)이라고 한 것에 대해서는 언급이 없다. 그러다가 그는 그 대목의 뒤쪽에 가면서 이 문제에 대해 언급하였다.


　'都平壤城……又移都於 白岳山阿斯達'이라고 한 것은 일개의 평양平壤과 일개의 백악산白岳山 아사달阿斯達은 그 실제의 지구로서 서로 분별된 자가 있음을 보이는 채로 한 편으로는 도성都城인 그것이 어느 곳으로 이동하거나를 묻지 않고 그 명호名號에서는 즉 백악白岳이요 평양平壤이요 그리고 아사달阿斯達로 되어 있는 것을 결론케 하는 것이다.……

---

34) 이 '閼氏'를 우리 발음으로 읽으면 알씨 또는 어씨가 되는데, 민세는 아씨·아시·阿斯라 하고 있다. 그러나 이는 원래가 흉노족의 왕인 선우單于의 왕비를 일컫는 호칭이므로 '연지'로 읽어야 한다.

35) 安在鴻, 『朝鮮上古史鑑』 상권, 「阿斯達과 白岳, 平壤, 夫餘辨」(民友社, 1947), p.69.

‘평양성은 즉 아사달, 아사달은 즉 백악’으로 되는데 그 실제의 지점地點만이 갑소甲所와 을처의 구별이 있다는 의미로 보일 뿐이다.

그리고 그는 그 다음 장에서도,

그 수도인 아사달阿斯達은 또 백악白岳이라고도 하고 혹 평양성平壤城으로도 부른다.

라고 하였다.36) 백악산 아사달과 평양성은 분명히 다른 지역이지만 수도로서의 명칭은 아사달과 백악과 평양이 똑같다는 논지이다.

안재홍은 아사달이 본디 ‘아시달’ 또는 ‘아씨땅’인데 한자로 써서 아시달阿斯達이며, 한문 뜻으로 옮기면 성모산聖母山 성모역聖母域 혹은 성녀산聖女山 신모악神母岳 등이 된다고 하였다. 그는 아사阿斯를 훈(흉노)족의 왕후 칭호인 연지(閼氏)와 같은 말로 보고 아시 또는 아씨라고 하였다. 그래서 아사달은 아씨땅(聖母域·神母岳)이라는 뜻이 된다는 것이다.

이병도李丙燾는 아사달의 아사阿斯를 지금 말의 아침으로 보고 그 변천 과정을 아사→아즉→아직→아춤→아침으로 가정하였으며, 달達은 “원래 산악山岳의 뜻이지만 곡지谷地 내지 따(地)의 의義로도 쓰인 듯하니 ‘陽돌’(양지쪽)·‘陰돌’(음지쪽)·‘빗돌’(傾斜地) 둘이 즉 그것이다”라고 하였다. 그리하여 그는,

---

36) 앞의 책, pp.71~72.

묶어 말하면 아사달阿斯達은 즉 조산朝山·조광朝光의 지地·음지陽地·양강陽岡·양원陽原·양곡陽谷의 뜻이 되는 동시에, 위에 말한 백악白岳(붉뫼)과 상통되는 말임을 더욱 알 수 있다.

라고 하였으며, 그는 또 "아사달을 한자로 아역雅譯한 것이 조선朝鮮, 아사달을 한문류漢文流로 번역(譯)하여 조선이라고 한 것이 아닌가 생각된다"라고 하여, 아사달이 곧 '조선의 원의原義일 것'으로까지 보았다.[37] 그리고 그는, "평양의 일명一名이 백아강白牙岡 즉 백악白岳이라면, 백악의 유의어類義語요 상수어相隨語인 아사달은 평양과 실상 동일 처소의 이명異名(前後名)으로 보지 않으면 안 되겠다"고 하여, 이 평양 곧 백악 아사달을 '구도아사달舊都阿斯達'로 보고 구월산 일대를 '신도아사달新都阿斯達'로 보아 '아사달 사회에는 구도舊都와 신도新都의 구별이 있다'고 하였다.[38]

일본학자 三品彰英(미시나 아끼히데)은 아사달을 참위가讖緯家가 주장하는 상상想像의 성지를 말하며, 신이 태어난 산의 뜻으로 풀이할 수 있다고 하였다.

그래서 아사달의 달達은 산이며, 아사는 아지阿只 곧 소동小童을 의미하는 것으로 신라의 신자神子 알지거사간閼智居西干·김알지金

---

37) 李丙燾, 『韓國史－古代篇』 제2편 西北行列의 社會와 그 변천, 二. 檀君說話의 解釋과 阿斯達社會(震檀學會편, 乙酉文化社, 1959), pp.80~91.
　　이 부분의 글은 다음 책들에도 실려 있다.
　　李丙燾, 『朝鮮史大觀』, 1948 ; 『韓國古代史硏究』, 1976.
　　李丙燾, 「檀君說話의 解釋과 阿斯達 問題」(이은봉 편, 『檀君神話硏究』, 온누리, 1986).
　　丙燾 譯註, 『三國遺事』, p.180 註2).
38) 李丙燾, 『韓國史－古代篇』, pp.81~86.

閼智와 같은 말이라고 하였다.[39]

위에서 우리는 '아사달'이라는 하나의 낱말을, ① 아씨따(땅)―
(聖母山·聖母域·神母岳). ② 아침산(돌·따)―(朝山·朝光의 땅·陽地
·陽谷). ③ 아기(神子)산의 세 가지 유형으로 해석되고 있음을 보
았다. 그러나 그러한 말뜻이 있다는 풀이로 그쳐야지 조선이란 말
과 같고 백악 또는 평양이라는 말과 뜻이 같으므로 아사달은 곧
조선이며 평양이요 백악이라고 해서는 안 된다. 어디까지나 문헌
상으로 나타난 그대로 조선은 나라 이름이고, 평양은 성城(도성)
이름이며, 백악은 산 이름이고, 아사달은 지역 이름으로 나타나 있
는 그대로를 보아야 할 것이다.


## (4) 국호 조선朝鮮


우리 민족이 세운 국가 중에서 역사상 최초의 나라가 조선이다.
이 나라를 여기서 고조선古朝鮮이라 한 것은 이 뒤를 이은 또 다른
조선 왕조가 있었기 때문이라고 짐작할 수 있다. 『제왕운기』에는
기자조선을 후조선後朝鮮이라[40] 하였으며, 이 『유사』에는 고조선
다음 항목의 제목이 '위만조선衛滿朝鮮'이므로 그래서 '왕검조선'을
고조선이라 한 것으로 볼 수가 있다.

『고려사高麗史』「지리지地理志」와 『세종실록 지리지』에는 평양
이 본디 세 조선의 옛 도읍이었다고 하여, 단군이 세운 나라를 전

---


39) 三品彰英 遺撰, 『三國遺事考證』 上(東京; 塙書房, 1975), p.304.
40) 앞의 주31)과 같음. "後朝鮮祖 是箕子……."

조선前朝鮮이라 하고, 기자의 나라를 후조선後朝鮮이라 하며, 중국 연인燕人 위만이 차지한 나라를 위만조선이라 한다고 하였다.[41]

그렇기 때문에 『유사』에서는 이 세 개의 조선 중에서 가장 먼저의 근본 조선이라는 뜻으로 항목의 이름을 '고조선'이라 하고, 거기에 부제를 붙여서 '왕검조선'이라 하였던 것이라 하겠다. 다시 말해서 민족 고대사를 정리하던 후대(신라 또는 고려)에 와서 옛 조선(古朝鮮)이라고 할 때 기자나 위만의 조선도 거기에 해당될 수가 있으므로, '단군왕검의 나라'임을 밝혀서 구분하기 위하여 '왕검조선'이라고 부제를 붙였던 것으로 볼 수가 있다.

최초의 국호 '조선'이 갖는 의의와 그에 관한 학자들의 견해는 다음 『고기古記』의 해당 단원에서 자세히 보기로 한다.


## 2. 환인桓因이 아들 환웅桓雄을 인간계로 보내어 신시 神市에서 인간을 다스리게 하다

이 대목은 단군의 출현과 건국 및 최초의 나라 조선의 전말을 신화 형식으로 전하고 있는 『고기』에서 옮긴 내용 가운데 가장 중요하고도 그 시발점이 되는 이야기 부분이다. 그러므로 우리 민족이 국가를 형성하게 된 까마득한 첫새벽의 이야기라 할 수 있다.

---

41) 『高麗史』 권58, 志 권12 地理 3 西京.
　　『世宗實錄地理志』 平安道 平壤府.
　　"平壤府 本三朝鮮舊都……國人立爲君 都平壤 號檀君 是爲前朝鮮. 周武王克商 對箕子于
　　此地 是爲後朝鮮.……有燕人衛滿亡命……都于王儉城(卽平壤府) 是爲衛滿朝鮮."

『고기』에서 전하는, '옛적에 환인의 아들 환웅이(昔有桓因 庶子桓雄)……'로부터 '……세상을 다스리며 선도하였다(在世理化)'에 이르기까지가 이 소단원의 범위이다. 이미 새김글에서 중요한 낱말들에는 간략하게 주석을 붙였지만 여기에서는 좀 더 자세한 설명을 필요로 하는 다음의 문제들, 곧 첫째,『고기』, 둘째, 환인과 환웅, 셋째, 삼위와 태백, 넷째, 홍익인간과 천부인, 다섯째, 신단수와 신시, 여섯째, 환웅천왕이 다스린 내용의 여섯 분단으로 나누어 차례로 살펴보고자 한다.


### (1)『고기古記』


이『고기』에 관해서는 앞의 주5)에서 본 것 이상의 설명은 현재로서는 어려운 일이다. 어떤 이는『고기』를『단군고기檀君古記』로 보는 이도 있고, 또 현재 전하는『단군고기』의 인용문과 그 내용에 차이가 있는 점을 들어서 동일한 기록이 아니라는 이도 있다. 그러나 최남선은 일찍이「단군 및 그 연구(壇君 及 其研究)」에서 이『고기』를 망설임 없이『단군고기』라 불렀다.『고기』가『단군고기』와 같다거나 다르다거나 한마디의 언급도 없이 '단壇' 자를 써서 당연하다는 듯『단군고기』라 하였다.42)

여기에서는 그에 관해 문제삼지 않고 다만 이『고기』가 옛 조선의 역사를 이해하는 데 얼마만큼 값어치가 있는 기록인가, 또는

---

42) 崔南善,「壇君及其研究」(『別乾坤』 3의2, 1928 ;『六堂崔南善全集』 2, 1973).

단군의 이야기를 어떤 형태로 후세에 전하고 있는 문헌인가 하는 문제에만 중점을 두고자 한다.

『고기』가 전하는 내용은 고조선의 역사이기도 하지만 그보다도 한 편의 단군 이야기 곧 신화스러운 단군 전설을 담은 설화 기록이라 할 수 있다. 설화 형태의 이『고기』에는 가장 먼저 주인공인 단군의 할아버지(환인)가 등장한다. 거기에 이어 그 아버지(환웅)가 등장하여 할아버지의 배려로 인간 세계에 내려와 신시神市를 중심으로 세상을 다스린다. 이것이 단군 탄생의 원류요 조선이라는 나라가 열리게 된 시발점이 되는 첫새벽의 신화이다.

이 신화의 세계에 동물(곰)을 끌어들여 인간 사회 속에 동화시키면서 인간의 나라를 건설할 주인공을 탄생시킬 준비를 한다. 이 또한 신화의 세계에 속하면서도 신과 인간을 맺어 주는 연결고리 역할을 하고 있다. 이 시기는 신화의 이른 새벽을 지나 먼동이 트면서 태양이 솟아오르기 직전까지에 해당된다고 하겠다.

단군왕검이 지상에 출현하여 나라를 세우고 1천 5백 년을 다스렸다는 지극히 요약된 이야기는 바로 신화의 세계를 벗어난 인간 사회의 역사 전개라고 할 수 있다. 그러나 단군의 수명이 1,908세였고 아사달의 산신山神이 되었다는 것에서 다시 신화의 세계로 되돌아간 듯한 느낌도 있으나, 실은 여기에서 신화의 세계가 인간 사회 구원久遠의 고향이요 오늘의 현실과 아련히 연결되어 있음을 보여주고 있는 것으로 해석되어질 수도 있다.

한마디로 말해서 이『고기』는 역사 기록으로서는 너무나 소략하지만 관찬官撰 역사서에서 다루지 않은 역사 이전의 신화를 통

해 상고의 역사를 전해 주고 있다는 점에서 매우 귀중한 사료라고
할 수가 있다.


### (2) 환인과 환웅


### 1) 환인 곧 제석

현행 판본(정덕본)에는 '『고기』운古記云'의 첫마디가 "석유환국昔
有桓国"[43]으로 시작된다. 앞의 주6)에서 '국国'은 '인因'의 잘못 쓰
인 글자임을 간략하게 밝힌 바가 있지만, 그 다음에 이어지는 "서
자 환웅이 자주 하늘 아래(天下)에 뜻을 두어 인간 세상을 못내 탐
내었다. 그 아버지가 아들의 뜻을 알고……"의 말을 통해서도 환
국桓国이 나라(器世間) 이름이 아닌 사람 곧 환웅의 아버지 이름(인
명 또는 천신명天神名)임을 쉽게 알 수가 있다. 뿐만 아니고 그 '환
국' 밑에 "제석帝釋을 일컬음이다"라고 주석을 붙였으므로 '국国'
이 아닌 '인因' 자임이 더욱 분명하다. 제석이 곧 환인桓因이기 때
문이다.

제석이라는 설명을 붙이지 않았더라도 "옛적에 환인이 있어(昔
有桓因)"만으로는 그냥 옛날의 사람 이름으로 볼 수가 있으나, 그
아래의 내용을 보면 환웅이 일반 사람의 아들이 아닌 천왕天王 ·
천신天神으로 되어 있으니 그 아버지 환인桓因은 인명人名이 아니
고 천신 · 천제天帝(천왕의 아버지니까) · 천주天主(아들에게 명하여

---

43) 『저본』, p.32에서는 이 '국国' 자에, 『제왕운기』 및 『세종실록지리지』에는 '인因'(환
  인)으로 쓰고 있다는 주(頭註)를 붙였다.

하늘의 부인符印을 가지고 인간 세상에 내려가 다스리게 한 권능이 있으므로)의 이름임을 쉽게 알 수 있다. 우리의 삼국 시대나 통일신라 시대에 많이 지송 신봉하였던 대표적인 경전들에서 도리천忉利天의 주인(천주·천제)으로 석제환인釋帝桓因의 이름을 많이 보게 되는데, 이를 두 글자로 줄여서 환인이라고 한다. 이 환인이 곧 제석천帝釋天(제석)이기 때문에 환인 밑에 "제석을 가리킨다(謂帝釋也)"라고 주석을 붙인 것이다.

『유사』를 편찬할 당시인 고려 때에는 불교가 국가적으로 신봉되어 널리 서민들에게도 신앙이 보편화되어 있었으나, 불경佛經을 직접 읽어 보지 못한 일반인들에게는 석제환인 또는 환인이 생소할 수 있었을 것이다. 그래서 엮은이는 비교적 널리 알려진 제석帝釋과 동일 명칭임을 주를 달아서 밝힌 것이라 하겠다. 그런데 현행 판본에서는 '국国'으로 잘못되어 있기 때문에 『저본』에서는 다른 문헌의 '환인桓因'을 예로 끌어와서 '환국桓国'의 주석으로 삼았다.

다른 문헌을 끌어오지 않더라도 현행 『유사』 판본에는 잘못된 글자가 더러 있지만 비슷한 글자의 잘못 새겨진 사례는 매우 많다. 우선 '고조선' 항목 바로 앞의 머리말(叙曰)에서도 보았지만, '生炎'의 '生'이 '注'로 되어 있고, '少'는 '小'로 '漸'은 '慚'으로 되어 있는 등, 이 항목 다음의 전편을 통해서도 하나하나 그 예를 다들 수가 없다. 단지 여기서 문제가 된 '국國'과 '인因'이 서로 바뀐 사례를 바로 다음 항목인 '위만조선衛滿朝鮮'에서 보게 되는데, 이 항목 첫머리의 『전한서』를 인용한 부분 할주割註44)에 '연국燕國'의 '국國'이 '인因' 곧 '연인燕因'으로 되어 있다.

환인桓因이 곧 제석帝釋이라는 사실이 많은 불전佛典에서 입증되므로 실은 이러한 고증이 부질없는 짓이다. 그럼에도 구구하게 오자의 사례를 들추어 보는 까닭은 고전 판본에 해박한 대가들이 國을 因의 잘못된 글자로 보지 않고 고집스럽게 '환국桓国'으로 이해하고 있기 때문이다.

① 최남선의 착각 – '환국론桓國論'

『유사』 연구의 선구자라 할 최남선은 일찍이, 「단군기의 글귀따라 풀이함(壇君記 逐句解)」의 첫 번째에 '석유환국昔有桓國(謂帝釋也)'을 들고 있다. 여기에서 그는 "여기 환국桓國이란 것은 곧 천상天上인 '환'의 대자對字니, 시방 말의 '한울' 곧 '환'의 유어類語 혹 전어轉語입니다"라고 하였다.

　　할주割注의 '謂帝釋也'는 『삼국유사』 찬자의 삽입揷入이니, 제석帝釋은 Sakradeva- nam의 대자對字인 석제환인釋帝桓因의 약어로 능천주能天主라 번역하는 것이요, 베다吠陀의 신계神界에서 가장 웅대雄大하고 위망威望이 있고, 인도印度 국민의 보호신保護神인 인도의 '한우님'이며, 불교에서는 호법護法의 대신大神이 되어 불교성전佛敎聖典의 가운데 많이 보이는 이름입니다. 환국桓國은 국어國語 '한' 또는 '한울'의 대자對字요, 본디 불교로 더불어 풍우마風馬牛[45)인 것이어늘, 여기 제석으로써 견준 것은 자음字音과 한가지 신격적神格的 지위가 유사함에서 나온 연상일 뿐입니다. 다만 허다한 자음字音 중에 특히 '환桓'자를 골라 쓴 것은 혹시 불교

---


44) 『前漢書』 卷95, 「西南夷兩粵朝鮮傳」 65의 朝鮮傳(師古曰 戰國時燕國略得此地).
45) '풍마우風馬牛'란 '전혀 상관이 없다'는 뜻이다.

적 필자의 손에서 나왔을는지 모를 것입니다.[46)

최남선은 이처럼 지나치게 환국에 집착하였기 때문에, 제석에 관한 사전의 해석을 옮기면서 석제환인釋帝桓因을 요약한 말이 제석帝釋이라고 하면서도 정작 환인은 거들떠보지도 않았다. 그러면서 그는 두 번째의 문제인 '庶子桓雄 數意天下 貪求人世'의 대목을 시 작하는 첫머리에서부터,

　　환국桓國은 이미 일국토一國土이매 거기 군신君臣 같은 국제國制와 부자父子 같은 윤리倫理가 있는 줄 생각되었읍니다. 그러나 국토 그대로 인격을 가져서 '환국桓國' 주장主長의 뜻으로 되니, 이 국토 인격관人格觀의 후세까지 전승된 것이 국군國君을 '나랏님'이라 합니다. 여기의 환국은 광명천계光明天界의 의義를 표하고, 겸하여 그 주장主長되는 이, 곧 천주天主·천지주天地主를 표시하는 말로 '환나라님', 시방 말로 '한우님'에 해당하는 것입니다.[47)

라고 하여, 환국桓國을 일국토一國土라고 하면서도 인격을 부여하여 끝내는 국토인격관國土人格觀을 주창하였다. 그래서 그는 '환국'은 광명천계光明天界의 뜻을 나타내고 겸하여 그 주장 되는 이, 곧 천주天主·천지주天地主를 표시하는 말로 '환나라님'이며 요즘말로 '한우님'에 해당한다고까지 논리를 비약시키고 있다. 그는 또,

---

46) 최남선, 「壇君神典의 古義」(1928년 1월 1일~2월 28일 『동아일보』에 연재했던 글을, 『六堂崔南善全集』 2권에 수록하였음.) 이하 『육당전집』, p.191.
47) 최남선, 위의 책, pp.191~192.

……『삼국유사』에 전하는 것이 '桓旺'이니 환국桓國이 곧 천天을 의미하는 것임을 고전古傳 전체의 대의大意로써도 이회理會되는 것이요, ……. 어째 불교의 영상影像을 환각幻覺한 자는 이러한 환桓을 환인桓因의 환桓에 견주고, 이 억견臆見을 강하게 하기 위하여 『삼국유사』에 분명히 '桓旺'으로 판각된 것을 '桓因'이라고 망녕되이 고치기를 사양치 아니하기까지 하였다. ……더욱 일연一然과 같은 불자佛者로는 그 너무 교묘한 부합과 아울러 그 불문섭입佛門 攝入의 풍부한 가능성에 미증유未曾有를 탄탄하여 얼른 '桓旺'의 아래 '謂帝釋也'라는 각주를 붙였음을 또한 아니라 못할 것이며, ……그러나 桓旺의 桓이, 자字는 혹시 제석帝釋에서 빌려온 것일는지 모르겠지마는, 그것이 근거없는 것을 온통 거짓으로 꾸몄을진대, 그야말로 아직 환인桓因을 습용하였겠지 桓旺이라고 고쳤을 필요가 없을 것이요, 더욱 인토人土를 서로 혼돈하여 축전竺傳의 인물인 것을 구차히 기계器界로 화化하였을 이유가 없었으리니, 설사 환자桓字는 제석의 명호 중에서 따온 것이라 할지라도, 그는 인人임에 대하여 이는 토土요……48)

라고 하였다. 이 글에서 그는 크게 망발을 하고 있다. 『유사』 연구의 선구자이며, 그의 「삼국유사 해제」는 『유사』 연구자의 길잡이 구실을 하였다고 할 수 있는데, 이렇게 실수 망발을 하고 있으니 참으로 실망스럽다.

첫째, 그는 '旺' 자를 전혀 모르는 상태에서 '국國' 자와 혼동하고 있다. 그는 『유사』에 분명히 '桓旺'으로 판각되어 있다고 하였다. 이 논문(「단군론」)에는 오자로 보기에는 '旺' 자가 너무 여러 번 나오고 있어서 그의 『신정 삼국유사』 해당 부분을 확인해 보았

<hr>

48) 최남선, 「壇君論」(『全集』 2), p.97 하단.

더니 마찬가지로 '桓囝'이다. 뿐만 아니라 바로 앞쪽에서 예로 든바 있는 '위만조선' 항목의 '국國'이 잘못된 그 '인因' 자도 '囝'으로 써 놓았다. 실제 현행 판본『정덕본』에서는 '환국桓国'으로 되어 있다. '国'은 말할 것도 없이 '國'의 속자이다. 아마 최남선이 저본으로 삼은『유사』판본에는 '국国'이 아닌 '囝'으로 되어 있었는지 모를 일이다. 그의 글에서 '桓囝'이라 해 놓고 곧 '桓國'이라 읽고 있는 것으로 보면 그는 '囝'을 '國'으로 보고 '國'이 '囝'의 정자인 것으로 이해한 것 같다.

그러나 '囝' 자와 '国'(國)자는 전혀 다른 글자이다. 이 '囝'은 '뜻을 잘 모르는(義未詳) 글자'로 그 음音이 참墋이라는 것 외에는 알수가 없다. 그래서 국내의 자전字典류에는 찾아보기가 어렵고, 금金나라 한효언韓孝彦 편찬인『편해篇海』에 "義未詳 音墋"이라 하고있다. '참墋'은 '모래흙 참'·'모래땅 참' 자로 '흐리다'는 뜻으로도쓰인다. 그러므로 이 글자는 국國 자와는 전혀 다른 '囝' 자이며,그 뜻을 자세히 알 수 없는 글자이다. 이런 엉뚱한 글자를 붙들고(환인桓因은 말도 안 되는 것이라 하여) 환국桓國을 전적으로 옳게 믿고 국토인격론까지 주창하였으니, 이것이 최남선 환국론桓國論의실망스러운 망발 그 첫 번째라고 할 수 있다.

둘째, 그는 판본의 환국桓国이 환인桓因의 오각誤刻임을 끝내 깨닫지 못하고 도리어 이를 "불교의 영상影像을 환각幻覺한 자는 이러한 환桓을 환인桓因에 비의比擬하고, 이 억견臆見을 강강케 하기위하여『유사』에 분명히 '桓国'으로 판각된 것을 '桓因'이라고 망의妄意 개찬改竄하기를 사양치 아니하기까지 하였다"고 뒤집어 씌우

고 있다. 이 또한 지나치게 환국桓國(그는 囧자로 착각하고 있었지만)
의 억견에 사로잡힌 소치라고 할 수 있다.

셋째, 그는 자신이 인명人名(또는 인칭人稱)인 환인桓因을 환국桓國
(국토國土 또는 기세간器世間)으로 혼동하고 있으면서도 도리어(환인
일 경우) 인물과 국토가 서로 혼동된다고 하였다. 곧 그는 "더욱
물과 국토를 서로 혼동하여 불전佛典의 인물인 것을 구차하게 기
계(器界, 器世界 즉 國土)로 화하였을 이유가 없었으리니, 설사 환자桓
字는 제석의 명호 중에서 따온 것이라 할지라도, 그는 사람임에 대
하여 이는 국토요, 또 일연一然이 제석임을 추상하면서도 의문을
두는 것으로 그친 것은, 첫째는 외형은 여하간에 설화의 근원이
다른 것을 숨길 수 없고 또 오랜 세월과 많은 민중의 관념에 인존
印存한 바에, 그대로 모두 불교로 융섭해버리지 못할 관계가 있기
때문이 아닐 수 없을 것이며, ……"라고 하여, 논리에도 맞지 않는
비약으로 환국桓國을 무리하게 합리화하고자 하였다. 그는『유사』
와 거의 같은 시대의『제왕운기』에 나오는 '환인'을 전혀 인정하
려 하지 않고(어쩌면 보지 못한 듯) 병적으로 환국에 집착하고 있다.

아마도 그가 이러한 억견과 집착에 빠지게 된 것은 당시 일본
학자들의 이른바 '단군말살론檀君抹殺論(그는 '단군말삭론檀君抹削論'
이라 하였음)에 대한 격분과 반박 심리에서 민족사관民族史觀을 확
립코자 하는 열정의 소치가 아니었던가 싶다. 또는 그가 이미 학
명을 떨친 대석학이었다고 하나 아직 이 방면의 연구에는 깊이가
덜한 시기(1926~1928)였기 때문이었는지도 모를 일이다.

그리고 근자에 간행된 이가원의『삼국유사 신역』에도 "제석帝釋

의 이름이다"라는 주석을 그대로 붙여 놓은 채로, "환국桓國"49)이
라 하였다.『유사』와 같은 시대의『제왕운기』나 그 후의『세종실
록지리지』등에서 환인이라 한 것을 참고도 하고, 또 불교 경전에
서 직접 환인의 이름을 확인하게 되며, 또한 현행『유사』판본의
사례(오각 사례) 등을 고증함으로써 지금은 거의 대부분의 학자가
桓国이라 쓰지 않고 환인桓因이라 한다.

근세에 와서 단군, 곧 고조선(저자는 조선이라 하지 않고 단국檀國
이라 하고 있음)의 역사를 재구성한 기서奇書라 할『규원사화揆園史
話』에는 환인을 일대주신一大主神이라 하여 다음과 같이 언급하고
있다.


일대주신이 있으니 환인桓因이라 한다. 온 세계를 통치하는 한량없는
지능을 가졌으며, 그 형체를 드러내지 않고 가장 높은 하늘에 앉았는데
그 거처하는 곳은 수만 리나 된다. 언제나 광명을 크게 놓으며 휘하에는
또 무수한 작은 신령들이 있다. 환桓이란 곧 광명이며 그 본체를 상징한
다. 인因이란 본디의 근원이며 만물이 이를 의존하여 살게 함이다.50)


성명을 밝히지 않고 북애노인北崖老人이라 자서自序하고 있는 이
책에는, 이하 환인이라 하지 않고 이를 일컬을 때에는 꼭 '일대주

---

49) 이가원,『삼국유사 신역』(태학사, 1991), p.46.

50) 北崖老人(숙종 즉위 2년 을묘 1675),『揆園史話』권상, − 肇判記(아세아문화사, 1976
영인본), p.7.
　　"……有一大主神曰 桓因 有統治全世界之無量智能 而不現其形體 坐於最上之天 其所居
　　數万里 恒時大放光明 麾下更有無數小神 桓者卽光明也 象其體也 因者本源也 萬物之藉以
　　生者也."

신'이라 부른다.

②  불전佛典에  보인  환인(帝釋)

'환인桓因'을  부정하고  병적으로  '환국桓國'을  고집한  최남선도  나중에는  환웅을  가리켜  '천제天帝의  자子'라  하고  있다.  '천제'는  '환인'의  다른  일컬음이기  때문에  그는  자신도  모르는  사이에  환인을  인정한  격이  된  셈이었다.  환인의  뜻이  '환하고  밝은  하늘·광명의  근원·한우님·햇님'이라  하더라도  '환인'(제석)은  틀림없이  불전에서  나온  말이다.  이제  불교  경전에서  그  근거를  찾아보자.

환인제석의  갖춘  이름은  샤끄라데바남  인드라(Śakradevānām Indra)이며,  한자로  소리  옮겨서  석가제바인다라釋迦提婆因陀羅(釋迦提桓因陀羅)이고  또는  석제바나민釋提婆那民·석가인다라釋迦因陀羅·석제환인釋帝桓因  등으로  쓴다.  인드라因陀羅는  임금(帝,  主)의  뜻으로  모든  하늘  가운데  제왕이라  하여  하늘  임금(天帝)  또는  하늘님(天主)이라  하며,  샤끄라(釋迦羅·釋迦)는  힘이  세고  용맹하다는  말인데,  인드라의  뜻말과  샤끄라의  소리말을  합쳐서  천제석天帝釋·천주제석天主帝釋·제석천帝釋天이라고  한다.  이를  줄여서  제석帝釋·천제天帝·천주天主라고도  하며,  소리  옮긴  말로서  가장  일반적으로  쓰이는  말이  석제환인釋帝桓因이고  줄여서  환인桓因이라  한다.  그러한  환인  곧  제석(환인제석이라고도  함)은  욕계欲界의  여섯  하늘(六天)  중에서  두  번째  하늘인  수미산須彌山  꼭대기의  도리천忉利天  선견성善見城에  거주하는  하늘  임금님(天主)이다.

『잡아함경雜阿含經』  권40에  의하면,  석제환인이  사람이었을  때

부모와 여러 어른들을 공양하고, 웃는 얼굴로 부드러운 말만 하며, 나쁜 말 않고, 이간질하는 말을 하지 않고, 언제나 진실한 말만 하며, 사회에 인색하지 않고 집안에서도 인색하지 않으며, 해탈의 행을 베풀고 부지런히 보시하여, 항상 즐겁게 베풀어 보시하는 모임에서 공양하되 모두에게 똑같이 보시한 인연 등으로 하늘에 태어나 석제환인이 되었다고 한다. 그러한 그에게는 그 밖에도 인간 시절 여러 가지 많은 보시를 행한 인연으로 부란다라富蘭陀羅라는 이름이 있으며, 또한 마가바摩加婆·사바바娑婆婆·교시가憍尸迦(그의 성姓이라고도 함)·사지발저舍脂鉢低·천안千眼·인제리因提利 등의 이름이 있다고 하였다.51) 또 『장아함경長阿含經』 권20에는, "매월 8일에 사천왕四天王이 사자使者를 보내어 천하(인간 세상)를 두루 살펴보게 하고, 14일에는 태자를 내려 보내고 15일에는 사천왕이 몸소 내려와 천하를 두루 순행하여 세간 모든 사람들의 효행과 불효를 관찰하여 도리천의 선법당善法堂에 나아가 제석에게 이를 보고한다"고 하였다.52) 이에 의하면 환인제석은 아래 하늘(욕계의 가장 낮은 하늘)인 사천왕을 시켜 인간 세상 사람들로 하여금 부모에 효도하고 스승과 어른을 공경하며, 마음과 몸가짐을 단정하게 힘쓰고 가난한 자에 베풀도록 (보시布施를) 권장한다는 것이다.

이루 다 사례를 들 수 없는 많은 불전佛典들에서 환인제석桓因帝釋에 관해 언급하고 있다. 이들 불전에 보이는 환인제석을 다음과

---

51) 『잡아함경』 권40, 1104경·1106경(『대정장』 2권), pp.290 상~291 상.
52) 『장아함경』 권20, 「世記經」 忉利天品 8(『대정장』 1권), pp.134 중~135 상.
　　이와 같은 이야기는 『잡아함경』 40, 1117경 등에도 보인다.

같이 묶어서 요약해 볼 수 있다. 본디 인도 마가다국摩伽陀國의 교시가 마가바憍尸迦麻伽婆 바라문이 남에게 베풂(보시) 등의 많은 복덕을 닦아서 사후에 도리천에 태어나 그 하늘(도리천이 33구역으로 나뉘어져 있으므로 33천이라고도 함)의 임금(천주)이 되었으며, 불법佛法을 받들어 수호하고, 인간 세상의 보시 등 선善을 권장하여 세간을 보호하는 호법護法 호세護世의 하늘선신(善天神)이라는 것이다. 불교 성립 이전 상고대 인도의 베다Veda(吠陀) 신화에 등장하는 인드라Indra(因陀羅)의 신격神格이 불교에 들어와 변화 발달한 것으로 학자들은 보고 있다.

여기에서 환인제석의 호법 호세적이며 베풂(보시)·효행 등 인간 세상의 선을 권장하고 보호하는 면과, 다음에서 보게 될 홍익인간弘益人間 및 단군의 이름 등을 결부시켜 생각해 볼 만한 상당한 문제성을 보게 된다고 할 수 있다. 물론 고조선 시대에는 불교적인 용어가 등장할 리가 없으므로 불교가 이 땅에 들어와 신봉된 삼국시대 또는 그 이후에 환인이라는 이름으로 정착되었을 것이라고 할 수 있다.

다시 말해서 태곳적부터 막연하게 단군님의 할아버지 천신天神을 '환하고 밝은 하늘님(환님)' '한울님' '해님' 등으로 불러 왔는데, 불교가 들어온 뒤 그 경전에 들어 있는 많은 천신의 이름에서 우리 하늘님의 이름을 정할 필요를 느끼고, 권능으로나 인간 세상과의 관계에 있어서 가장 적합하고 닮은 제석천을 택한 것으로 볼 수가 있다. 그 제석의 여러 이름(제석帝釋 등) 중에 '환님' '한울님' '해님'과 잘 어울리는 환인을 단군의 할아버지 이름으로 삼은 것이다. 끝으로 『유사』의 "昔有桓国"에 해당하는 현존 『고기』 인용 문들을 여기에 옮겨서 참고로 삼고자 한다.

①『제왕운기』— "本紀曰 上帝桓因"(단군본기에 이르기를, 상제환인……). 여기서의 상제는 천제天帝, 곧 하늘 임금이라는 뜻이므로, '상제환인' '천제환인'은 곧 '석제환인'과 같은 말이다.

②『세종실록지리지』— "檀君古記云 上帝桓因"(앞의 인용문과 같음).

③『응제시집주應制詩集註』— "古記云 上帝桓因"(위의 두 경우와 같음).

④『동국여지승람』— "古記 昔有天神桓因"(옛적에 천신 환인이 있어……). 이 부분은 『유사』 인용 『고기』 내용과 거의 같으나 '천신' 두 글자가 더 들어 있다. 아마 환인의 신분을 밝히기 위해 누가 써 넣었거나, 아니면 본디 원문에 있던 것을 『유사』 쪽에서 누락한 것으로도 볼 수 있을 것 같다.

여기에 환인의 대목에서 한 가지 더 덧붙일 문제가 있다. 이기백은 "환인이라는 한문 용어는 불교의 동방호법신東方護法神으로 되어 있으나"[53]라고 하였는데, 여태껏 앞에서 보아 왔지만 환인 (석제환인)은 곧 제석天帝釋으로서 도리천忉利天(33천)의 임금(천제) 또는 하늘님(천주)이며 그 아래에 동서남북의 호법 호세를 맡은 사방의 하늘 임금(사대천왕, 사천왕)을 거느리고 있기 때문에 비단 동방만을 맡은 호법신이 아니다. 아마 그는 삼주호법신三洲護法神 으로 알려진 위타천신韋馱天神(Skanda)으로 잘못 안 것 같다. 위타 천韋陀天 · 새건타塞建陀 동진보살 등으로 일컫는데, 사천왕의 32신

---

53) 이기백, 「단군신화의 문제점」(이기백 편, 『단군신화논집』), p.67.

장神將 중에서 우두머리로 동서남의 3주洲를 맡아 호법하고 중생
을 구제한다는 가람(사원) 수호신이다.

## 2) 서자 환웅桓雄

앞쪽에서 들어본 『유사』 외의 『고기』 인용문들에도 모두 '서자
庶子'는 같으나 그에 이은 '환웅桓雄'은 모두가(『제왕운기』·『세종실
록 지리지』·『응제시집주』·『동국여지승람』) '웅雄' 한 자로 되어 있
다. 즉 『유사』에는 '서자 환웅'으로 되어 있는데, 이들 『유사』 외
의 문헌에서는 모두 똑같이 '웅'으로 되어 있으나 다만 그 표현에
약간의 차이가 있다. 『제왕운기』와 『응제시집주』에는 "유서자왈
웅有庶子曰雄", 『세종실록지리지』에는 "유서자명웅有庶子名雄", 『여
지승람』에서는 "명서자웅命庶子雄"(서자 웅에게 명하여)이라고 되어
있다.

아마도 환인桓因의 환桓을 성姓으로 보았기 때문에 아들은 성을
붙이지 않고 이름만 써서 웅雄이라 한 것 같다. 『유사』에는 이 환
웅을 '환웅천왕桓雄天王'·'신웅神雄'·'신神'·'웅雄'으로 부르는데,
『제왕운기』와 『세종실록지리지』에서는 똑같이 '웅雄' 외에 그를
'단웅천왕壇雄天王'이라 하였으며, 『응제시주』에는 '웅雄' 외에 '환
웅천왕桓雄天王'이라 하고 그 밖의 호칭에는 '웅雄'으로 일관되어
있으며, 『여지승람』에서는 '웅雄' 외에 천왕天王의 칭호는 없고 그
를 '신神'으로 부르고 있다. 앞에서 본 『규원사화揆園史話』에서는
일대주신一大主神, 곧 환인과 환웅천왕이 나오지만 부자 관계라는
말은 없다.

이 환웅에 관하여 살펴보기 전에 먼저 그 앞에 놓인 '서자庶子'부터 잠시 생각해 보자. 환인의 아들(子)이라고 하면 될 것인데 왜 하필 서자라고 하였을까. 하늘 임금인 환인제석에게도 적자와 서자 곧 적서嫡庶의 구별이 있었으며 또 서자임을 밝혀야 할 까닭이 있었을까.

북한의 리상호 번역본에서는 이 서자를 '지차 아들'이라고 하였다.54) 현재까지의 많은 『유사』 번역서에는 거의 모두가 '서자'라고 하였다. 『정문연본』에서는 '서자庶子'에 주를 달아 '여러 아들'이라 하였다.55) 지차 아들은 맏아들이 아닌 아들이므로 서자의 뜻에 딱 들어맞는 말이 아니며, 환웅 하나를 여러 아들이라 하는 것은 더욱 맞지가 않다. 천관우千寬宇는 이 서자를 적자嫡子가 아닌 중자衆子의 일인一人이라고 하였다.56)

여기서의 서자는 글자 그대로 적자가 아닌 아들을 가리키는 말이다. 하늘나라에도 적서의 구별이 있는지는 모를 일이나 적자는 아버지의 뒤를 이어야 하고 특히 33구역으로 나뉘어 33천이라고 하는 광대한 하늘 도리천의 일을 아버지 환인을 도와 보살펴야 할 것이다. 그러한 하늘 임금의 아들 하나가 하늘 아래의 세상으로 내려가 인간을 다스리고자 하였으므로, 인간의 표현을 빌려서 서자라 하였는지도 모를 일이다. 말하자면 적자는 하늘 일을 맡고 서자는 인간 세상을 돌본다는 것으로 해석할 수도 있지 않을까 싶다.

---

54) 리상호 역, 『삼국유사』(북한 과학원출판사, 1960), p.57.
55) 한국정신문화연구원, 『역주 삼국유사』 I(이회문화사, 2002), p.143의 주10).
56) 천관우, 「단군」(이기백 편, 『단군신화논집』), p.159.

이병도는 그의 저술에서 환웅桓雄과 해모수解慕漱를 같은 이름으로 보고자 하였다. 그는 "안자산安自山의 환桓과 해모解慕는 다 '곰'(고마)의 사음寫音이요, 웅雄은 '숫'으로 훈독訓讀, 수漱는 '수'로 음독音讀하여 남성을 의미한 실상 동일인명이라"는 설에 공감하여, 환웅 곧 해모수로 보았다.57) 해모수에 관해서는 나중의 「북부여」 및 「고구려」 항목에 나오므로 그쪽에서 환웅과의 관계까지도 자세히 살펴보기로 한다.

### (3) 삼위三危와 태백太伯

앞의 주7)에서도 잠시 보았지만 번역자의 거의 대부분이 삼위태백三危太伯이라 하여 따로 구분하지 않고 잇달아 쓰고 있다. 그러나 각각 다른 뜻을 가진 낱말이므로 여기에서는 우선 따로 떼어서 살펴보기로 한다.

### 1) 삼위는 아사달의 다른 이름

일본 학자 今西龍(이마니시 류)은 삼위와 태백을 함께 연결시켜 다음과 같이 적고 있다.

삼三은 삼參으로서 서방西方에 있는 별 이름(星名)이다. 위危도 또 성명星名으로서 이십팔수二十八宿의 하나에 위수危宿가 있다. 태백太伯도

---

57) 앞의 주37)·38)과 같음. 이병도, 앞의 책, pp.73~74.
위의 책 중에서 『단군신화의 해석과 아사달사회』 앞부분(단군설화의 해석)만을 그대로 옮겨 실은, 이기백 편, 『단군신화논집』(새문사, 1990), pp.57~58.

성명星名이지만 영산靈山에 이 이름을 붙인 것이 있다. 하시삼위태백下視 三危太伯은, 帝釋桓因 삼십삼천帝釋桓因 三十三天의 위에 앉아서 참성參星 · 위성危星 · 태백성太伯星의 쪽을 하시下視하여, 멀리 인간계人間界를 보았다는 뜻인가, 혹은 양성兩星의 이름을 합쳐 붙인 삼위三危라고 하는 산명山名이 있어서 삼위산三危山과 태백산太伯山을 하시下視한 것인가. 그 어느 것인지 분명하지 않으나, 도교적道敎的 어사語辭임은 분명하다.58)

또 일본 학자 미시나 아키히데가 쓴『고증』에도 삼위와 태백이 별 이름이라는 그 설을 그대로 옮기고는, "중국에 삼위산이라는 이름을 가진 산이 각지에 있고, 또 태백도 산명山名으로 있으나, 음양가陰陽家가 모시는 신神에 태백신太伯神이 있으므로, 본 설화說 話는 도교적 색채도 강하여 삼위산의 태백신太伯神이라 해석해야 할 것이다"59)라고 하였다.

하늘 아래의 인간 세상에 내려가 살고 싶어 하는 아들이 내려가 살 만한 하늘 아래의 지상을 내려다보는(下視) 천제 환인이 하필이 면 천상의 세계인 별나라(삼성參星 · 위성危星 · 태백성太伯星)를 내려 다본다는 것인가. 설사 삼위와 태백이 별의 이름과 같다고 하더라 도 아들이 내려갈 만한 지상을 찾는 환인 천제가 무엇 때문에 천 하가 아닌 천상의 별들을 내려다보겠는가. 그리고 아버지가 내려 보내어 아들(환웅)이 내려왔다는 곳이 하늘의 태백성太伯星이 아니 라 지상의 태백산정太伯山頂이 아니었던가. 그러므로 거기에는 천

---

58) 今西龍, 『朝鮮古史の研究』(京城 近澤書店, 1937), pp.30~31.
59) 『三國遺事 考證』上, p.305.

상의 별이 등장할 하등의 까닭이 없다.

그러한 모순을 스스로 느꼈기 때문인지 별들의 이름을 늘어놓았던 그들도 나중에는 슬며시 산 이름으로 바꾸려 하고 있다. 전자의 경우는 "혹은 양성兩星(참·위성)의 이름을 합친 삼위三危라는 산명이 있어서 삼위산과 태백산을 하시下視한 것인가. 그 어느 것인지 분명하지 않으나 도교적 어사語辭임이 분명하다"고 하여, 산명으로 보는 데에도 자신이 없는지 엉뚱하게 도교적인 말임이 분명하다고 단정하였다. 후자의 경우도 먼저 별 이름임을 거론했다가 곧 "중국에 삼위산이라는 이름을 가진 산이 각지에 있고 또 태백이라는 산명도 있으나, 음양가가 모시는 신에 태백신太伯神이 있으므로 본 설화가 도교적 색채도 강하니 삼위산의 태백신이라고 해석해야 할 것이다"라고 하여, 느닷없이 '삼위산 태백신'이라는 희한한 말을 만들어내고 있다.

일찍이 최남선은,

'삼위三危'는 고어古語 '사뮈'의 대자對字요, '사뮈'는 생활계를 의미하는 것으로 곧 위의 '환' 계界와 아래의 '굿' 계界에 대한 조선 민족朝鮮民族의 인간계를 부른 명칭입니다(글자 뜻字義에는 본디 관계없고, 다만 유서儒書·도서道書 등에 전설적으로 나오는 산명에 삼위三危가 있으므로 이 문자를 사용하였을 따름입니다. 이렇게 古記에 나오는 文字 중에는 국어를 음역音譯하면서 典故 있는 語文을 冒用한 것이 많아서, 자칫하면 정신이 빗나가기 쉬운 것을 주의해야 됩니다).60)

---

60) 앞의 주46) 「壇君神典의 古義」, p.193.

라고 하였다. 즉 그는 옛 문헌에 전설적으로 나오는 삼위三危라는 산 이름의 문자를 그대로 썼을 따름이지 삼위는 생활계를 의미하는 고어 '사뮈'로서 우리 민족의 인간계를 부른 명칭이라고 하였다.

안재홍은, "삼위태백三危太白 하는 삼위三危는 '삼뫼' 즉 태산胎山의 고의古義로도 해석되니 '삼'과 '비음'(孕)은 서로 표리表裡된다"[61]라고 하였으며, 또

'삼위태백三危太白'은 동아東亞 최대의 산무리(山彙)인 태백산太白山으로써 서쪽의 곤륜산昆侖山에 비등比等하여 삼위곤륜三危昆侖과 마찬가지의 말로 된 것이니 진인震人의 자존의식自尊意識이 이 신화를 통하여 발로된 것이다. 그러나 삼위三危는 삼뫼로 태산胎山 즉 잉산孕山의 뜻으로 되니 백산白山의 어휘語彙와 넘나드는 자로 그 선구어先驅語가 됨인 것 같다.[62]

라고 하여, 그는 삼위를 삼뫼 곧 태산胎山 또는 잉산孕山이라 하여 태백과 따로 떼어서 보지 않고 하나로 연결시켜서 태백산을 일컫는 말로 보려고 하였다.

그리고 중국의 『서경書經』과 『회남자淮南子』 및 『산해경山海經』 등에 나오는 삼위산三危山은 곧 중국 서쪽 돈황敦煌의 남쪽에 있는 산 이름이라고 하는 이도 있다. 이는 앞에서 본 일본 학자들이 삼위 태백을 별 이름이라 했다가 다시 산명으로 보려 했던 경우보다는 별 이름이 빠져 있으니까 좀 덜한 것으로 볼 수도 있겠다. 그러

---

61) 안재홍, 앞의 책(『조선상고사감』 상권), p.98.
62) 위의 책 하권, p.28.

나 멀리 중국에 있는 산 이름으로 보려는 것은 거의 같다고 할 수 있다. 이 또한 환인제석이 아들 환웅의 뜻을 알고 가히 홍익인간可以弘益人間 할 곳으로 내려다 본 삼위와는 거리가 멀다고 할 수 있다.

그런데 삼위를 지명 또는 산명으로 보았던 지금까지의 경우들과는 전혀 다른 견해를 보인 학자가 있다. 이가원李家源은 그의 『삼국유사 신역』 서문에서 "필자 나름대로 평소에 깊이 지녔던 발란반정撥亂反正의 뜻을 표명하기로 하여 이에 몇 가지의 의례義例를 들기로 한다"라고 하여 두 번째 문제로 '(2)삼위태백三危太伯'을 들고는 다음과 같이 적고 있다. 이 문제 전문을 옮겨 본다.

> 「기이」 제2 고조선 중의 "下視三危太伯可以弘益人間"에 대하여 여러 사가史家는 삼위와 태백을 모두 산명으로 보아 '태백'에 구두를 떼었으나 이는 당연히 '삼위'에 구두를 떼어 "내려다보아 세 가지 위태한 일들이 있다"로 풀이해야 한다. 이렇게 풀이되어야 그 하문下文의 "天符印三箇"가 저절로 해결되지 않겠는가. 세 가지 위태한 일을 치유하기 위하여 천부인 세 개를 주었다고 해석해야 타당할 것이다.[63]

라고 한 그는 그 해당 본문에서,

> 그 아버지가 아들의 뜻을 알고 굽어 살펴 세 가지의 위험이 있음을 발견하였다. 태백太伯 주변이 널리 인간을 이롭게 할 수 있음을 알고 곧 천부인天符印 3개를 주고 가서 다스리게 하였다.[64]

---

63) 이가원, 『삼국유사 신역』 서문(『삼국유사 신역』을 펴내면서, 태학사, 1991), p.3.
64) 앞의 책, p.46.

라고 새겼다.

한문학자다운 해석이라 할 수 있다. 그러나 다분히 의도적인 면이 짙어 어딘가 좀 부자연스러운 느낌이 든다. '삼위三危'에서 구두를 떼어 하시삼위下視三危를 "내려다보아 세 가지 위태한 일들이 있다"(서문에서) 또는 "굽어 살펴 세 가지의 위험이 있음을 발견하였다"(본문에서)라고 하였는데, 그렇다면 '위危'를 '액厄'의 오자로 보고(환국桓國이 환인桓因의 오자인 것처럼) '삼위三危'를 '삼액三厄' 곧 세 가지 재앙(三災)으로 풀이하는 편이 그 액막이로서의 3부인 符印에 딱 들어맞지 않겠는가 싶다. 그리고 또 한편으로는 이왕 거기에서 구두를 뗀다면, 아들 환웅이 자주 천하에 뜻을 두어 인간 세상을 탐내므로 아버지(환인)가 아들의 뜻을 알고 아들을 내려보낼 마땅한 곳을 찾기 위해 내려다본 것이기 때문에, '하시삼위下視三危' 넉자를 "굽어살펴 세 가지의 위험이 있음을 발견하였다"라고 하는 것보다는 오히려 글자 그대로 새겨서, "세 번 내려다보시고……"라고 하는 것이 앞뒤의 어세에 더 어울릴 것 같다. '위危'는 '위태롭다' '위험하다'는 말 외에도 '아슬아슬하게 높다'는 뜻도 있으므로 하늘에 계신 환인 천제께서 세 번씩이나(아슬아슬하게 높은 곳에서) 내려다보셨다(下視三危)가 되기 때문이다. 그렇다고 '삼위三危'에서 구두를 떼는 것에 동의한다는 것은 아니다. 거기에서 떼어 새긴다면 글자 풀이로는 이것이 더 뜻에 가깝지 않겠는가 하는 것뿐이다.

전체의 글 뜻에서 볼 때 '삼위'에서 구두를 떼는 것은 마땅치 않다. 지금까지 여러 번 되풀이된 말이지만 아들의 뜻을 알고 하늘 아래의 인간 세상을 내려다볼 경우에 아들이 가서 인간을 이익되게 할 곳부터 먼저 살피는 것이 순서이지 그 지점을 보기도 전에 세 가지 위험한 일이 있음을 발견했다는 것은 아무래도 좀 무리가 있다. 그래서 내려다본 곳(하시下視한 지점)이 삼위와 태백이라 할 수 있다. 말하자면 내려다본 첫 초점이 상황(세 가지 위태로움이나 위험한 일)이 아니고, 아들을 내려 보낼 만한 곳, 즉 가장 적합한 지점이어야 이치에 합당할 것이기 때문이다.

『유사』와 같은 시대에 쓰인 『제왕운기』에는 아사달산阿斯達山 밑에 주를 달아, "지금의 구월산九月山인데, 일명 궁홀弓忽이라고 하며, 또 삼위三危라고도 한다" 하였으며, 나중의 『여지승람』 구월산 조에도 그와 같다.[65] 다시 말해서 환인의 손자이며 환웅의 아들인 단군왕검이 도읍한 아사달 곧 궁홀산이 삼위산임을 알 수 있다. 그러므로 하늘 임금(天帝) 또는 하늘님(天主) 환인제석이 아들을 위해 내려다 본 지점(곳)은 하늘에 있는 별도 아니고 중국 서쪽의 산도 아니며, 아사달이라 일컬은 삼위산(그 손자가 도읍한 곳)과 태백산(그 아들 환웅이 내려가 자리잡은 곳)이라고 해야 옳을 것이다.

## 2) 태백산은 지금의 묘향산

바로 앞의 삼위에 이은 태백이나 그 뒤의 환웅이 내려왔다는 태백산을 『유사』에서는 지금의 묘향산이라고 하였다. 『제왕운기』에

---

65) 삼위三危에 관한 원문은 다음과 같다. 『제왕운기』 권하, "……阿斯達山……今九月山也 一名弓忽 又名三危" ; 『東國輿地勝覽』 권42, 文化縣 山川, "九月山. 在縣西十里. 卽阿斯達山 一名弓忽 一名甑山 一名三危. 世傳 檀君初都平壤 後又移白岳 卽此山也."

서는 백伯이 아닌 백白으로 쓰고 있으며, 『세종실록지리지』에도 "太白山"으로 쓰고 있으나, 『여지승람』에서는 『유사』와 같이 "太伯山"으로 하고 있다. 『유사』에서 "태백은 곧 지금의 묘향산(卽太伯今妙香山)"이라고 주석을 달아 놓았기 때문인지 『제왕운기』에는 태백산에 대한 주석이 없다. 일본 학자들이 태백을 삼위와 함께 별 이름으로 보고 또 산 이름으로도 보았으며, 태백신까지 등장시키고 있음은 앞에서 보았다.

안재홍은,


　　대지大地에 있어 그 최대의 산무리(最大山彙)가 붉山(붉달)이오 한붉—태백산太白山이니 대지大地의 두뇌부頭腦部요 대신大神의 접주지接駐地요 신인神人의 의존依存하는 영장靈場이오 그대로 신명神明이오 성산聖山인 것이다. 그리고 자생산육孼生産育의 커다란 힘이 좆아나오는 본산本山임으로 그것이 즉 비어산山—잉산孕山, 원생산原生山인 것이다.[66]


라고 하여, 앞쪽 '삼위三危'에서 '삼위태백三危太伯'에 부여했던 그대로 태백산太伯(白)山을 대지에서 가장 큰 산 무리(最大山彙)라 하였고, 또 대지의 두뇌부요 신과 사람이 의존하는 신령스런 곳(靈場)이요 그대로가 신성한 광명(神明)이요 성스러운 산(聖山)이라고 하였으며, 생명의 큰 힘이 나오는 근본되는 산(本山)이므로 생명 잉태의 산(孕山)이며 생명 근원의 산(原生山)이라고 하였다. 그와 같이 태백산에 관해 짤막하면서도 핵심을 드러내는 찬사를 아끼

---

66) 안재홍, 『조선상고사감』 상권, p.88.

지 않은 그는 또 다음과 같은 말로 다시금 환웅천왕이 내려와 신
시神市를 베풀었던 태백산에 관하여 말하고 있다.

　　인체人體에 있어 두부頭部 즉 붉이니 신명神明의 접주부接駐部요 대지
大地에 있어 대악大岳이 붉달이니 두산頭山 신악神嶽이며, 그 중 최대最大
한 것이 '太白山' 혹 '太伯山'이니 대두대신大頭大神의 산山이라 즉 천산天
山인 것이다.[67]

　　그리고 앞에서 본 바 있는『규원사화』에서는 "태백산이 곧 백두
산이다"[68]라고 하였다.

## (4) 홍익인간과 천부인天符印

여기에서도 두 갈래로 나누어 보는 것이 좋을 듯하다.

### 1) 홍익인간

'홍익인간弘益人間'은 글자 그대로 '인간을 널리 이익되게 한다'
는 뜻이다. 이 부분의 원문은 "可以弘益人間"(가히 인간을 널리 이익
되게 할 만하다)인데, 최남선은 이에 대해 다음과 같이 말하였다.

　　천제天帝의 자子는 무엇을 위하여 인세人世로 하강下降하는가? 그것은
소극적으로는 고뇌苦惱에 빠진 인간을 구제함이요, 적극적으로는 인간

---

67) 앞의 책 하권, p.316.
68) 앞의 주49)와 같은 책, p.11. "太白山者 卽白頭山也."

이 하늘처럼 되는(人間 天化의) 경륜經綸을 실현하려 함입니다. 원시적原始的 의의意義로 말하면 신정神政을 인간에 펴기 위함이요, 신정神政이 인간에 펴지게 된 동기動機요, 뒤집어 보면 원시사회原始社會의 통치권統治權이 하늘(天) 또는 신神으로부터 나왔다는 관념에 대한 설명일 것입니다.

그리고 최남선은 몽고·일본·아이누·유구琉球 등의 강신降神 신화와, 중국의 고전, 고사 등을 끌어와서 홍익인간의 뜻에 견주었으며, 또

대저 이 한 마디 말은 역사적歷史的 객관성客觀性으로 말하면, 다만 인신잡류人神雜類의 사회의식社會意識 내지 문화상文化相을 엿보게 하는 것이지마는, 종교적으로 말하면 예수교의 '나라이 임함'의 남상濫觴이요 불교의 정토보현淨土報現의 단서端緖요, 철학적으로 보면 인천융합人天融合의 대자재경大自在境을 말한 것으로 볼, 조선 및 조선인의 심적 비약飛躍의 대표주大標柱로, 실로 단군신전壇君神典의 안목眼目이요 조선문화朝鮮文化의 제일 동기를 표시하는 중요한 구절이니, 조선의 구원한 생명에 이것이 뿌리이며, 조선인의 무궁무한한 창조 진화적創造 進化的 생활에 이것이 추진기推進機인 것이며, 대조선大朝鮮 이상理想에 이것이 핵심인 것입니다. 조선인의 사이에 이상적 전통이 언제부터 생겼는지, 어떠한 경로로서 이 웅대한 이상理想이 건국전建國傳 가운데 삽입하게 되었는지 그 역사적 관계는 물을 것이 없거니와, 여하간 이 '홍익인간弘益人間'의 한 테마에서 건국동기建國動機의 웅박雄博함과 국민 이상의 고매함과 활동목표의 전일적全一的 인도완성人道完成에 있는 등, 우리 정신적 세업世業이 어떻게 부윤富潤함을 자랑할 만합니다.

라고 극찬하고는,

> ……여기는 다만 이 '홍익인간弘益人間' 한 마디가 간단할 법하되, 우
> 리 민족생활의 이상면理想面을 대표하는 대존재大存在요, 또 그것이 아
> 무에게도 자랑할 만하고, 언제까지든지 의지할 만한 훌륭한 이상理想임
> 을 부언해 두겠습니다.[69]

라고 맺었다. 이 글을 통하여 최남선이 '홍익인간'의 한마디를 얼
마나 중요하게 보았는가를 짐작할 수 있다. 그런데 이 분단 주제
와는 거리가 좀 먼 객담 같지만, 이 글 첫머리인 '천제天帝의 자子'
를 통하여 그가 끝까지 고집하던 '환국'이 어느새 '환인'을 인정하
려는 쪽으로 기울어져 있음을 보여준다고 하겠다. 앞에서 이미 본
바와 같이 환인은 '석제환인釋帝桓因'을 줄인 말이며, 석제환인과
같은 말인 '천제석天帝釋'을 줄인 말이 '천제天帝'요 '제석帝釋'이므
로 '환인'이 곧 '천제'이다.

또 최남선은 이제 본 경우와는 판이하게 다른 '홍익인간' 관觀을
간략하게 보여주고 있다. 즉,

> 이른바 '홍익인간弘益人間'이란 것의 구체적 내용이 본디부터 농업 보
> 급 같은 것인지도 모를 것입니다. 이는 환족桓族 출현의 역사적 의의가
> 수목민狩牧民 중에 농업민으로 나왔음에 있는 듯함으로써 생각나는 바
> 입니다.[70]

---

69) 최남선, 「壇君神典의 古義」, pp.196 하~198 상.
70) 최남선, 「檀君及其研究」(앞의 책), p.18.

라고 한 것이다.

그리고 안재홍은,


홍익인간弘益人間은 존귀한 현세이상現世理想으로 지상세계에서 원圓·진眞·미美·선善한 사회의도社會意圖를 완성完成함을 목표目標로 삼음이니, 최고운崔孤雲이 그 난랑비문鸞郎碑文에서 소개한 '접화군생接化群生'과 서로 표리表裡하여 진인震人의 인생이념人生理念을 잘 보이는 것으로 볼 바이다.71)


라고 하였다. 안재홍 또한 '홍익인간'은 지상 세계의 완성을 목표로 삼는 존귀한 현세의 이상이라고 보았다.

여기에 한 가지 덧붙일 문제가 있다. 앞에서 불전을 통해 환인桓因 곧 제석을 보았는데, 하늘 임금(天帝)이며 하늘님(天主)인 환인 제석이 하늘 임금이 되기 전 인간 세상의 사람이었을 적에, "부모와 여러 어른들을 공경 공양하고, 웃는 얼굴로 부드러운 말을 하여 나쁜 말·이간질하는 말을 않고 언제나 진실한 말만 하며, 집 안에서나 사회에서나 인색하지 않고 해탈의 행을 베풀어 부지런히 보시布施하여 항상 즐겁게 베풀어 보시한 인연 등으로 하늘에 태어나 환인제석이 되었다"고 하였다. 그러한 하늘 임금님이 된 환인은 하늘을 다스리면서도 신하 하늘인 사천왕四天王(인간 세계에서 제일 가까운 욕계欲界의 첫 번째 하늘인 사왕천의 각각 네 하늘 임금)을 시켜 세간世間 모든 사람들의 효행과 불효 등을 관찰하여 보

---

71) 안재홍, 앞의 책 하권, p.28.

고하게 하여, 모든 사람들로 하여금 부모에 효도하고 스승과 어른을 공경하며, 마음과 몸가짐을 바르게 하고 가난한 자에게 베풀도록 하여 보시와 선행을 권장하고 인간 세상을 보호한다는 것이므로, 이 『유사』가 전하는 『고기』의 '홍익인간'과 내면적으로 비슷한 점이 있어 보인다고 할 수 있을 것 같다. 물론 고조선 및 단군과 불교는 직접적으로는 전연 관련지을 수가 없으나, 구전으로 내려오던 옛 조상의 이야기를 문자로 정리할 때 마침 거기에 알맞은 이름과 용어가 불교 경전에 있으므로 무리없이 빌려 썼던 것으로 볼 수도 있다. 우연치고는 너무나 그 명칭과 내용이 딱 들어맞거나 비슷한 점이 있었던 것이라고도 할 수가 있을 것이다.

객담 같지만 불전에는 '홍익인간弘益人間'과 내용상으로 비슷한 말인 '홍제중생弘濟衆生'·'광도중생廣度衆生'·'이익세간利益世間'·'이익인천利益人天' 등의 낱말을 많이 볼 수가 있다.


## 2) 천부인天符印 세 개

이 천부인에 관해서도 학자들의 견해는 다르다.

최남선은,

이미 국토의 선정選定을 마치시고 그를 인간으로 내려 보내실새, 하늘의 족속으로 특이한 위령威靈을 발휘하도록 세 가지 부인符印을 주셨습니다. 부인符印이란 것은 보는 방법을 따라서 여러 가지로 말할 수 있는 것이니, 부인符印을 '표'의 뜻으로 보아서 환족桓族의 다른 종족에 대한 고유한 세 가지 특점特點을 말하는 것이라고도 말하는 것이며, 佛教불교의 인계印契나 道教도교의 부록符籙같음에 비의比擬하여 말할 수도 있겠지마는, 그 민속학적民俗學的 의의意義로 말하면 본시 주력신앙呪力信仰에 말미암는 주물呪物(Fetich or Fetish) 내지 주부呪符(Amulet or Talis-man)일 것입니다. 원시原始의 민중은 아무것보다도 위령威靈의 신앙자였습니다.……

천부인 세 개(天符印 三箇)란 것은 요컨대, 천상天上으로서 인간으로 화란禍亂을 평정하고, 대임大任을 가지고 하강하는 천제자天帝子가 그 호부護符로, 또 영능靈能의 원천으로 천계의 신물神物 세 가지를 가지고 왔다 하는 뜻이요, 이것은 동시에 주술呪術의 기원이 천상과 국초國初에 있음을 설명하려 한 것으로 볼 것입니다. 세 가지가 무엇무엇임은 이제 징고徵考할 자료가 없으매 아직 억측을 보류하겠으며, 다만 일본신화日本神話에는 거울과 검劍과 옥玉을 하늘로부터 받은 세 가지 신기(三種神器)로 전하여, 이것이 시방까지 황실전국皇室傳國의 새보璽寶와 같이 되어옴을 참고로 적어 두겠습니다.72)

라고 하였으며 또, "환웅천왕이 천국으로부터 가지고 온 '천부인 세 개(天符印三箇)'란 것이 무엇인지는 표시된 것이 없으되, 「동명편東明篇」에 신모神母가 주몽朱蒙을 보낼 때, 오곡의 씨앗을 싸서 주었다는 이야기 투로 미루어보면 곡식 씨앗穀種이 그 중의 주요한 일물一物이었을는지 모르며,"73)라고도 하였다. 최남선은 그와 같이 천부인 세 개를 일본 신화의 삼종신기三種神器(거울 · 칼 · 구슬)를 견주기도 하고, 곡식의 씨앗을 그 중의 하나로 미루어 짐작해 보기도 하였다.

이병도는 이에 대해 다음과 같이 말하고 있다.

---

72) 최남선, 「단군신전의 고의」, p.198.
73) 최남선, 「檀君及其研究」, p.18.

이른바 천부인天符印 3개는 무엇을 의미하는 것인가. 이에 대하여는 자세치 않으나 특히 인印이라 하고, 또 그 밑에 풍백風伯·우사雨師·운사雲師를 거느린다는 말이 있음을 보면, 이것은 이 셋을 거느려 부리는 3개의 인수印綬를 받았다는 것이 아닌가. 풍風·우雨·운雲은 농경사회에 있어 중대한 관계를 가진 기상氣象으로, 이를 조절하는 마법사魔法師(Magician)가 또한 중요 직책인 것은 더 말할 것도 없다.[74]

즉, 그는 천부인 세 개를 풍백風伯·우사雨師·운사雲師를 거느려 부리는 세 개의 인수印綬로 보았다.

또 김태준金台俊은, "천부인天符印 3개는 마세바로 보는 이도 있으나 권력신수勸力神授의 이론화인 것이요"[75]라고 하였다. 그리고 이기백은 "단군은 하느님으로부터 물려받았다고 믿는 천부인 세 개를 그의 종교적 및 사회적 권위의 상징으로 삼고 있었을 것이다"[76]라고 하였으며, 이재호는 "(천부인은) 신의 위력과 영검한 힘의 표상이 되는 신성한 부인符印을 이른 말이다. 그 세 개가 무엇무엇인지는 문헌에 전하지 아니하므로 이를 분명히 알 수 없으나, 동북 아시아의 유형類型에 나타난 바로써 미루어 생각하면 거울(鏡)·칼(劒)·방울(鈴)이 아닌가 한다. 일본 신화에도 이 세 가지 신기神器가 거울·칼·구슬로 되어 있다"[77]라고 하였다.

이 밖에도 천부인을 도교적인 말이라 하는 이도 있고, 불교에서

---

74) 이병도, 앞의 책, p.75.
75) 김태준, 「단군신화연구」(이기백 편, 『단군신화논집』, 1935년 12월 『조선중앙일보』에 게재된 글을 옮김), p.214.
76) 이기백, 앞의 책, p.67.
77) 이재호 역, 『삼국유사』(양현각, 1982), pp.75~76.

나온 말로 보는 학자도 있으나 모두 근거가 없는 추측들일 뿐이다. 천부인도 그러하지만 3개도 고증할 자료가 없어 그 정확한 내용을 알 수 없다. 단지 글자의 뜻과 천제天帝가 아들(천왕)에게 주어서 보냈다는 분위기를 미루어서, 천부인은 하늘의 신성한 권위와 위력과 덕성德性을 상징하는 부명符命과 인신印信이었을 것으로 볼 수 있을 따름이라 하겠다.

## (5) 신단수와 신시

환웅이 하늘에서 내려와 자리잡은 곳이 태백산정의 신단수神壇樹 아래였고, 그곳을 신시神市라 하였다. 신단수가 태백산정에 있다는 것이므로 당연히 신단수를 태백산과 같이 다루었어야 마땅하겠으나, 앞에서 본 것처럼 삼위 태백三危太伯이 연결되어 있고 신단수는 또 신시와 떼어 놓을 수 없는 관계이므로 여기에 신시와 더불어 한 묶음으로 살펴보고자 하였다. 이 또한 편의상 먼저 신단수를 보고 다음에 신시를 보기로 한다.

### 1) 신단수

『유사』에는 '단군壇君'이나 '신단수神壇樹'에 분명히 '단壇' 자를 쓰고 있다. 그러나 『제왕운기』를 비롯한 그 밖의 『고기』 인용문들에는 모두 '단檀' 자를 쓰고 있다. '단군檀君'은 물론 '신단수神檀樹'도 근래의 학자들은 거의 대부분 그렇게 '단檀' 자로 통일하다시피 쓰는 것이 통례처럼 되어 있다. 『유사』의 '환국桓国'을 이들 글에

서는 모두 '환인桓因'으로 쓴 것과 마찬가지로『유사』에만 '단壇'이
지 모두가 '단檀'으로 쓰고 있으므로, '인因'의 경우처럼 '단檀' 쪽
이 옳은 것으로 여기고 '단檀' 쪽을 취한 듯하다.

  그러나 최남선은 전혀 '단檀'은 염두에 두지 않고 '단군壇君'·
'신단神壇' 등 '단壇'으로만 일관하고 있다. 그는 '신단수하神壇樹下'
를 '신단神壇'과 '수하樹下'의 두 소제목으로 나누어서 보고 있다.

  신단神壇이란 것은 신神을 위하여 높이 모은 땅을 이름이니, 뒤의 말
  로 제천단祭天壇이라 하는 것, 한문으로 영치靈畤라는 것이요, 종교학상
  宗敎學上 말로 하면 제단祭壇(Altar)이란 것입니다. ……한문漢文은 단壇
  도「설문說文」에 '제단장야祭壇場也'라 하고,「제법주祭法注」에 '封土曰
  壇, 祭地曰墠'이라 한 것처럼, 또한 신神을 제祭하기 위하여 흙을 높이 모
  은 것입니다.……

  천제자天帝子 환웅桓雄의 천항지天降地이므로 태백산太伯山이 고금을
  통하여 최대의 신단지神壇地가 되었는지, 전통적 대신단大神壇의 소재지
  이므로 환웅천항桓雄天降의 사실을 여기 견주게 되었는지 이제 알 수 없
  으되, 산山에 태백太伯의 이름이 있음은 그것이 벌써 대신단大神壇을 포
  용한 바라 할 것입니다.[78]……

라고 하여, 많은 사례들을 끌어와서 설명하였다. 그리고 나서 '수
하樹下'라는 소제목을 시작하고 있다.

  수림樹林으로써 신神의 거주처居住處라 하고 신神은 수림樹林으로써
  거주居住를 삼는다 하여, 신神과 수림樹林의 사이에 밀접한 관계를 인정

---

78) 최남선,「단군신전의 고의」(앞의 주46)과 같은 책), pp.206~207.

함은 고대인古代人의 상투니, 그러므로 상세上世의 신사神祠는 흔히 수림에 있으며, 신사神事는 흔히 수림에서 행하며, 신위神位는 흔히 수목으로써 베풀었읍니다. ……. 신단수神壇樹란 것은 대개 신神의 의빙물依憑物로 생각된 단상壇上의 신수神樹니, 별수없이 시방 '당산나무'라 하는 것을 이름입니다. 그런데 이 신림神林·신수神樹 등의 기원起源은 무론 원시신앙原始信仰에 있는 식물숭배에 있읍니다.79)

『제왕운기』나 『세종실록지리지』 등에 보인 『古記』에는 『유사』의 신단수神壇樹의 '단壇' 자와 환웅천왕桓雄天王의 '환桓' 자 및 단군壇君의 '단壇' 자를 모두 '단檀' 자로 써서 후래의 글에도 의례 단수檀樹·단군檀君으로 쓰게 되었다고 하면서 자신도 단군檀君이라 쓰고 있는 이병도도 신단수는 꼭 '단壇' 자를 써서 신단수神壇樹라 하였다. 그는 신단수에 관해 다음과 같이 언급하고 있다.

산정山頂의 신단수神壇樹는 천상天王의 강하계단降下階段이며 또 그 주처住處의 상징이었던 것이다. 삼국지三國志 위지魏志 삼한전三韓傳에 "諸國 各有別邑 名之爲蘇塗 立大木 懸鈴鼓 事鬼神"이라고 한 별읍別邑 '소도蘇塗' 역시 이러한 신시神市(神邑)로서, 거기의 대목大木(솟대)은 바로 신단수神壇樹 그것의 분화라 할 수 있고, 또 오늘날 '서낭당(仙王堂)'의 신수神樹라든가 그 앞의 적석積石(祭壇)도 우리 민속 중에 생생히 남아있는 환웅桓雄 '신단神壇'의 한 잔재 모습이라고 볼 수 있는 것이다. 신단수神壇樹의 기원은 원시사회의 수목숭배樹木崇拜에서 나온 것이니, 원시인들은 수목樹木의 생장력生長力의 위대함에 경이감을 가지어, 처음에는 나무 자체를 신神으로 관념觀念하다가 뒤에는 그 사상思想이 변천하여, 타

---

79) 같은 책, pp.208~209.

신他神의 강하계단 혹은 그 주처로 믿게 되었던 것이다.[80]

이상에서 대강 최남선, 이병도 두 대가가 신단수神壇樹라 쓰고 있음과 또한 그들의 신단수에 대한 견해를 간략하게 이끌어 보았다. 안민세는 그의 『조선상고사감』에서 단군 및 신단수에 관해 많이 언급하고 있는데, 특히 「단檀・단壇 양자兩者의 변백辨白」이라는 소제목으로 단檀과 단壇을 논변하여 부기附記하였다. 단군檀(壇)君에 관해서는 나중에 따로 보고, 여기에서는 가급적이면 신단수神壇樹에 관한 것만을 대강 초록해 보기로 한다.

신단神檀과 신단神壇, 단수신檀樹神과 단수신壇樹神은 그 자형字形도 서로 비슷할 뿐더러 그 어의語義 실로 같다고 할 것이니 단檀은 붉달이라 백악白岳의 고의古義로 신산神山 신역神域 혹은 일역日域의 뜻을 스스로 갖추어 있고, 단壇은 역시 신단神壇 신구神丘의 뜻으로 되며 단수신檀樹神・단수신壇樹神도 그 구경究竟의 의의에서 신림神林 성목聖木인 점으로는 전연 동일하다.[81]

이와 같이 안재홍은 단壇과 단檀 어느 것을 써도 말뜻이 서로 같고 신단神壇・신단神檀이 실로 같은 뜻이며, 단수신壇樹神과 단수신檀樹神도 어느 것이 옳고 그른 것이 아니라 구경究竟에서는 그 뜻이 신림神林 성목聖木인 점에서는 전연 동일하다고 하였다. 그러한 그였으므로 신단수에 대해서도,

---

80) 이병도, 앞의 주37)과 같은 책, p.77.
81) 안재홍, 앞의 책 상권, pp.102~103.

"또 신단수神壇樹, 혹 신단수神檀樹는 즉 신역수神域樹로 '붉달나무' 또는 '붉땅나무'의 뜻도 되니 단군壇君이 즉 단군檀君으로 되는 이유라고 해석할 것이다."[82]

라고 하였다. 단檀 한자도 붉달로 본 그였으나 신神을 붉으로도 보았으므로 '신단수神檀樹'는 '붉달나무'로 '신단수神壇樹'는 '붉땅나무'로 보았는데, 단壇은 땅·따와 같은 뜻으로 '땅'라 한 것이다. 이 문제에 관한 김태준金台俊의 견해는 다음과 같다.

檀과 壇의 다툼도 문자로 기록된 이후의 분쟁이요, 근본적으로는 제정일치祭政一致한 고대의 유물로서, 신라 '차차웅次次雄'이란 왕호가 동시에 '무당巫堂'이었던 것처럼, 오늘날의 '단골' 무당에 해당한 제씨족중 최고 권력자의 칭호였을 것이다. '신단수 아래(神壇樹下)'의 해석은 『고기古記』 및 『삼국유사三國遺事』에 쓰인 그대로 신단神壇 즉 제단祭壇의 단壇 자字가 타당할 듯하고, 단檀 자字가 연대적으로 그 후의 문헌에 나타남과 단목檀木을 제림祭林으로 한 아무 흔적이 없을 뿐더러 단군을 '박달나라 님금' 혹은 '배달 님금'이라고 말한 아무 근거가 없다. 만일 있다면 최근세에 지은 『청학집靑鶴集』이나 『규원사화揆園史話』에 나오는 정도이다.[83]

김태준 또한 최남선의 견해와 비슷하다고 할 수 있다. 학자들의 대부분은 신단수神壇樹의 '단壇'을 옳다고 본 것 같다.

---

82) 같은 책 하권, p.29.
83) 김태준, 「단군신화 연구」(앞과 같은 책), p.213.

## 2) 신시

신시神市에 관한 최남선의 견해는 다음과 같다.


　태백산정太伯山頂의 신단수 아래(神壇樹下)는 천국天國의 인간적 분지分支로, 환웅桓雄과 그 신중神衆의 신정책원지神政策源地가 되었습니다. 국토로는 비록 인간의 그것이지마는 그 운영자는 의연히 천자天子요 신중이므로, 그 이름을 '신시神市'라 하였습니다. 시市란 많은 무리의 모임을 의미하는 말인즉 신시神市란 요컨대 신神의 회집지會集地(신들이 모인 곳)를 의미한 것입니다. 글자 모양으로 보아서 대개 고대古代의 무슨 말을 후에 번역한 것일 것 같습니다.

　신시神市는 아무것보다 제사적(종교적) 의미를 가진 말임이 진역震域 상세上世의 다른 건국전설建國傳說 중에 나오는 국토성읍國土城邑의 이름과 같을 것입니다. 왜 그러냐 하면, 신시神市로써 전하는 모든 사실이 실상 제사적 기도적인 것에 지나지 않으므로, 신시神市가 필시 고신도古神道에 있는 영치적靈時的 한 성지임을 얼른 알 수 있기 때문입니다.84)

　……. 마침내 신시神市가 대개 '붉ᄌ'의 번역임을 깨닫게 됩니다. 고어로 신神을 붉이라 함은 이제 설명을 요할 것 아니요, 시市를 단지 'ᄌ'라 함은 현대어에 잘 합하지 아니함을 거북하게 알듯 하되, 현대어에 시市를 '저ᄌ'라 함은 필시 '저'=기일期日과 'ᄌ'=회집지會集地의 결합으로 생긴 후대적後代的 어형語形이요, 원어原語는 단지 'ᄌ'이기만 하던 것을 살펴볼 이유가 있습니다.


그는 그 어원을 살펴 신시神市의 옛말이 '붉ᄌ'일 것이라고 하였다. 그리고 그는 '신시란 신정적神政的 국가國家를 의미함일 것'이

---

84) 최남선, 앞의 책, p.213.

라고 하여, '신神에게서 나온 율법으로써 국가를 다스려 제정일치를 행하는 정체政體 및 종교를 신정神政이라 한다'고 하였다.[85]

안재홍도 신시에 관해서는 최남선과 비슷한 견해를 가진 것으로 보인다. 그는 "신시는 일언一言으로 가리자면 신정기神政期의 신사집단神事集團으로 두레를 이루어 혈족공동체血族共同體에서 발전된 씨족공동체氏族共同體의 호조互助의 생활을 하던 부족적 도시집단都市集團의 형태를 이름일 것이다"[86]라고 하였다.

그러나 『규원사화』에서는 이 신시를 환웅의 또 다른 이름 곧 경칭으로 쓰고 있음을 보게 된다. 이 부분만을 옮겨 보면 대략 다음과 같다.


> 환웅천왕이 일대주신一大主神의 명을 받들고 천부인 세 개를 가지고 풍백·우사·운사 등 3천의 무리를 거느리고 태백산의 박달나무(檀木) 아래에 내려왔는데, 태백산은 곧 백두산이다. 뭇 무리들의 추대로 군장이 되었으니 이를 신시씨神市氏라 한다. 초목으로부터 짐승에 이르기까지 번성케 해 오기를 또 10만 년이었다. 신시씨가 이미 군장君長이 되어…….[87]


라고 하여, 이로부터는 환웅천왕이라 하지 않고 꼭 '신시씨神市氏'라 쓰고 있다. 흡사 중국 태고적의 염제炎帝를 신농씨神農氏라고 한 것과 같다고나 할까. 그러나 이것은(『규원사화』의 단군 설화 전체가

---

85) 위의 책, p.216.
86) 안재홍, 앞의 책 하권, p.29.
87) 『규원사화』, pp.10~11.

그렇다) 고조선의 신화적 역사 이야기라기보다는 까마득한 후대
(근세 조선 후기)에 쓰인 터무니없는 소설이라고나 할까.

『규원사화』의 그러한 이야기를 보았기 때문인지 일본 학자 今西
龍(이마니시 류)는 "신시神市란 환웅의 별명別名인지, 신장神場의 뜻
인지 알 수가 없다"[88]고 하였다.

『유사』의 그 관계 본문 "降於太伯山頂 神壇樹下 謂之神市 是謂桓
雄天王也"의 '謂之神市 是謂桓雄天王也'를 "태백산정의 신단수 아래
에 내려오니 (그를) 신시神市라 이르고 그를 환웅천왕이라 일컬었
다"고 잘못 새겼기 때문에 그런 엉뚱한 풀이가 나왔는지는 모르겠
으나, 어째서 거기에 신시가 환웅의 별명으로 보이며 또 신시씨라
는 칭호가 나오는지 이해하기 어렵다.

환웅이 내려와 머문 태백산 신단수 아래가 신시神市이며, 그가
하늘에서 하강하였으므로 환웅천왕이라 한 것일 따름이다. 그 글
다음에 나오는 환웅천왕의 활동 무대이며 장소, 곧 신정神政을 베
풀었던 마을이 신시였음은 두 말할 나위가 없다.

### (6) 환웅천왕이 다스린 내용

이 항목 본문의 "將風伯……在世理化"까지는 환웅천왕이 내려와
신시에서 인간 세상을 다스린 내용을 간략하게 요약한 부분이다.
이에 관해 최남선은 다음과 같이 언급하고 있다.

---

88) 今西龍, 앞의 책, p.31.

주권主權이 선 다음에는 정사政事의 분담에 응하는 직사職司의 배정이
있어야 할 것이니, 이 한 마디는 곧 신시神市에 있는 비원기관備員紀官의
강요綱要를 보이려 하는 것입니다. 천왕天王의 통재아래에서 그 청명聰明
을 도우고 노고를 나누는 이는 첫째 풍백風伯과 우사雨師와 운사雲師라
함이니, 대개 신시神市의 무리가 삼천三千이나 되고 이화理化의 조목이
그 글에 나오는 것처럼 360여사나 되매, 그 관직의 설치 배분이 또한
간단하였을 것이 아니지마는, 풍뢰風雷 운우雲雨를 맡아 다스리는 관직
이 가장 주요한 것이기 때문에 이네를 대표적으로 거시擧示하였음일 것
입니다. 그런데 천왕天王의 아래에 풍운風雲의 벼슬이 윗자리에 임명함
은 당시의 신정神政이 어떻게 천연현상의 섭리에 중점을 두는 큰 증좌
로, 실로 우연한 것 아님을 생각할 것입니다.[89]

안재홍의 글에는,


풍우운風雨雲은 천계天界의 일을 지상地上에서 한다는 것이요 주곡主
穀 운운의 주곡이 제1위로 됨은 단군檀君의 개창한 정치가 있기 전에
농업시대農業時代가 이미 그 전단계에 의하여 개시되었음을 보임이요.
그밖은 대체로 개벽설화開闢說話 혹은 원생설화原生說話로서 거의 공통
되는 형식이다. 어찌하였든 풍백우사風伯雨師 운운은 소위 '인간人間과
신神과 자연自然의 통일된 형태'의 한 영상으로도 볼 것이다. 인간의 360
여사는 과대誇大한  로 보이는 듯하나 실은 그렇지 않으니 주례周禮 6관
대소 수백六官 大小數百의 직사職事가 이를 잘 설명하는 바다.[90]


라고 하였다.

---


89) 최남선, 앞의 책, p.218.
90) 안재홍, 앞의 책 하권, p.30.

이병도는 삼부인三符印과 풍백風伯·우사雨師·운사雲師를 결부시키면서 다음과 같이 서술하고 있다.

이른바 천부인天符印 삼개三個는 무엇을 의미하는 것인가. 이에 대하여는 자세치 않으나 특히 인印이라 하고, 또 그 밑에 풍백風伯·우사雨師·운사雲師를 거느린다는 말이 있음을 보면, 이것은 세 가지를 장령將領하는 세 개의 인수印綬를 받았다는 것이 아닌가. 풍風·우雨·운雲은 농경사회農耕社會에 있어 중대한 관계를 가진 기상氣象으로, 이를 조절하는 마법사魔法師가 또한 중요직책重要職責인 것은 더 말할 것도 없다.
그리고 환웅桓雄이 재곡財穀·생명生命·질병疾病·형벌刑罰 및 선악善惡 등 인간 360여사를 주재主宰한다는 것은, 즉 1년 360여일에 관한 모든 인간사·인간행위를 관장한다는 것이니, 대개 신정사회神政社會의 군장君長은 영능자靈能者로서의 직책과 권위가 절대하였던 까닭이다.[91]

대강 본 바와 같이 원문 "將風伯……"에서 "……在世理化"까지는 환웅천왕이 신시神市를 중심으로 하여 인간 세상을 다스린 내용 곧 홍익인간의 한 일면이라고 할 수 있을 것이다.


## 3. 곰이 사람(여인)이 되어 아들 단군을 낳은 사연

한마디로 말해서 단군 탄생의 신화라고 할 수 있는 이 단원의 내용은, 바로 고조선의 첫 임금인 단군왕검 출생의 연기 설화緣起

---

91) 이병도, 앞의 책, p.75.

說話이다. 이 이야기도 편의상 두 갈래로 나누어, 첫째, 곰이 여인으로 된 사연, 둘째 그 여인이 환웅과 혼인하여 아들 단군을 낳은 사연으로 나눌 수가 있을 것이다.

## (1) 곰이 여인으로 되다

환웅천왕이 세상을 다스릴 때 곰 한 마리와 범 한 마리가 한 굴에 살면서 사람되기를 원하여 신웅神雄(여기서는 환웅桓雄을 신웅이라 하였음)에게 빌어 신웅의 지시를 그대로 따른 곰은 성공하여 여인이 되고 범은 실패하여 사람이 되지 못하였다는 이 대목에 대해 안재홍은 다음과 같이 서술하였다.

여기에는 다분히 토속적土俗的 및 민속적民俗的 요소要素가 개입되어 있으므로 번설煩說을 피하고, 곰(熊)은 여성女性될 후보자라 시종여일하게 금기禁忌를 성취하였고, 범(虎)은 남성男性될 후보자라 금기의 계율을 잘못 지켜 실패하였다는 것이니, 고대신정古代神政에 여성의 경건敬虔을 시사한 점이 하나요, 진계인민震系人民이 웅熊을 곰이라고 하여 신神의 검(검)과 동일어휘로 된 바가 착안할 점이니, ……. 또는 곰과 호랑이를 고대사회 토템의 흔적으로 보고 두 씨족의 결합된 고사를 상징하는 말로 보는 세간학자들의 주장도 자못 타당하다고 보겠다. ……또는 여계시대의 자취운운은 재설할 바 아니오 인생을 신수합작神獸合作의 후예로 시사한 바가 주의할 점이다.92)

---

92) 안재홍, 『조선상고사감』 하권, pp.30~31.

그리고 최남선은 이 문제를 다음과 같이 설명하고 있다.

신神인 환웅桓雄의 신시神市에는 신神 아닌 자로 "一熊一虎 同穴而居"가 있었다 하였는데, 이 웅熊과 호虎는 동물 숭배적으로도 설명할 수 있을 것이지마는 내켜서 그 신앙의 귀취歸趣로의 '토테미즘'으로 보아야 그 의의가 더 환해질 것입니다. 원시 사회에서는 흔히 무슨 동물로써 종족 내에 있는 단체의 칭호를 삼고, 그것을 단체의 조선祖先이라 하여 심히 경외하니, 이것을 '토템'이라 하며, 이 '토템'에 기인하는 신앙을 '토테미즘'이라 합니다. 원시사회의 종족은 이 '토템' 단체를 분자分子로 하여, 그 2개 이상의 결합으로써 편성하는 것입니다. 신시神市도 그 사회적 발전이 진행하여 종족의 편성으로 나아가려 하면, 차차 적지않은 '토템'적 기초를 요할 것인데, 곰과 범은 그 대표적인 자요, 또 곰이 더욱 두드러진 것임은 후세의 가장 유력한 왕족—부여계夫餘系 여러 나라의 왕족이 곰의 '토템'을 가진 듯함에서 알 것입니다.
그 곰과 범은 항상 환웅에게 사람되기(化爲人하기)를 기원하매, 환웅이 영약靈藥을 주면서, 이것을 먹고 백일동안 햇빛을 보지 않으면 사람의 몸을 얻으리라 하여, 곰은 이 '금기'를 지켜서 여자 몸을 얻고, 범은 금기를 못하여 사람 몸을 얻지 못하였는데, 이 영약이란 것은 주물呪物로 따로 말할 것이어니와, '금기'란 것은 원시사회에 있는 법률 겸 도덕인 '터부우'란 것입니다…….93)

또 이병도는,

웅녀熊女를 글자 그대로 해석하여 '암콤'의 설화가 생긴 것은 본래 종

---

93) 최남선, 「壇君及其研究」(이기백 편, 앞의 책), pp.14~15.

족의 기호記號가 '고마' 혹은 '개마'(濊貊)로서, 이것이 지신地神을 대표
한 웅熊의 나라 말(邦語)과 일치한 까닭에서 나온 것이니, 나로서 해석한
다면 웅녀熊女는 바로 '고마'족 즉 곰토템의 여성이라는 말이다. 다시
말하면 천신족天神族인 환웅桓雄과 지신족地神族(國神族)인 '고마'족(熊토
템族)의 여성이 결혼하여 단군을 낳았다는 것을 설화화한 것이다.94)


라고 하였다.

백남운白南雲은 「단군신화에 대한 비판적 견해」에서 이 문제를
다음과 같이 말하고 있다.


천왕의 자손이 웅녀熊女의 태양 기피의 일정한 집적集積에 의해 인간
으로 화생化生했다는 것은 표면적으로는 천손의 강림이지만 내면적으로
는 특권자의 확립이며 질적인 전환이기도 하다. 또 곰을 토템으로 해석
안 되는 것은 아니지만 이상하게도 종래 호랑이를 완전히 간과해 버렸
던 것이다. ……. 내가 보기에는 후세의 무반武班 삼호검三虎劍(호랑이
해, 호랑이 달, 호랑이날에 만든 검) 등에서 볼 수 있는 것처럼 호랑이는
무사武士의 상징이며 군장軍長의 표상이기도 했다. 그러기에 단군신화에
나타나는 것은 우연한 일이 아니다. 하물며 곰과 호랑이가 한 동굴에
기거했다는 암시 깊은 표상을 어찌 간과할 수 있겠는가. 만일 곰을 단군
의 어머니로서 천왕의 연인으로서, 천인계天人界의 매개물로서 생각할
수 있다면, 호랑이도 어떤 일정한 사물과 관련된 가상假象으로 이해해야
할 성질의 것이 아닐까. 그래서 나는 호랑이를 군장軍長의 반영물로 보
는 동시에 호랑이와 같은 굴에서 함께 사는 곰을 모계추장母系酋長의 표
상으로 보고 있다. 즉 추장과 군장의 병존관계가 곰과 호랑이의 동혈동

---

94) 이병도, 앞의 책, pp.72~73.

거同穴同居로 표상된 것이다.95)

　이상의 글들은 모두 그들 나름대로 일리가 있다고 할 수 있다. 그러나 그들은 모두 신화는 역사가 아니라고 하면서도 신화적인 내용을 역사적인 사실로 무리하게 복원시키려는 데에 지나친 집착을 보이고 있다. 그 결과 고유한 신화의 성역聖域을 여지없이 허물어 버릴 위험을 남겼다고도 할 수 있다.『유사』와 같은 시대이면서도『제왕운기』에서는 웅녀熊女의 존재는 전혀 보이지 않는다. 여기에는 환웅을 웅雄 또는 단웅천왕檀雄天王이라 하고 있는데, 단웅천왕이 손녀에게 약을 마시게 하여 사람의 몸이 되게 하였으며, 박달나무의 신(檀樹神)과 혼인을 시켜 아들을 낳으니 이름이 단군이었다(令孫女飲藥成人身　與檀樹神婚而生男　名檀君)는 것이다. 이 이야기는『세종실록지리지』의『단군고기檀君古記』인용문에서도 똑같다. 그러나 그 밖의 단군 고사를 전하고 있는『응제시집주』나『여지승람』에서는 이러한 것이 없고『유사』와 똑같은 웅녀 이야기를 전하고 있다.

　손녀에게 약을 먹여 사람이 되게 하여 박달나무의 신과 혼인케 하였다는 이 이야기에 대하여 이병도는,

　　이는 확실히 동물의 웅熊 자字를 피하기 위하여 웅녀熊女를 손녀孫女로 개작한 것이 분명한 즉 원형原形을 잃은 설화라 하겠다.

---

95) 백남운,「단군신화에 대한 비판적 견해」(『朝鮮社會經濟史』, 東京, 1927).
　　이 부분은 이기백 편,『단군신화논집』, pp.183~184에서 초록하였다.

라고 하였다.96) 그렇게도 볼 수가 있겠지만, 『제왕운기』 주의 원문에 "令孫女飮藥人身……"이라 한 이 "令孫女"의 '손孫'이 '웅녀熊女'의 '웅熊'자가 잘못 쓰인 것, 곧 '손孫'은 '웅熊'의 오자라고 볼 수가 있겠다는 것이다. 여기서의 '박달나무의 신'은, 『유사』에서의 — 웅熊과 호虎가 '신웅神雄'에게 늘 사람되기를 빌었는데, 그때 '신神'이 일러준 방법을 잘 지켜서 여신女身을 얻은 웅녀는 배필을 얻기 위해 매일 단수하壇(檀)樹下로 가서 축원하였으므로 '웅雄'이 사람 몸을 나투어 혼인하여……로 되어 있는— '신웅神雄'·'신神'·'웅雄' 곧 환웅을 가리키는 것이 된다. 다시 말해서 『유사』에서는 환웅천왕을 '신단神壇' 또는 '단수壇樹'의 신神으로도 일컫고 있음을 보게 되므로써 『제왕운기』(『단군고기』 인용문)의 '단수신檀樹神(박달나무의 신)'은 곧 환웅천왕을 가리킨 것이라고 할 수가 있다는 것이다.

그와 같이 본다면 『유사』에서 곰이 여인이 되어 단수壇樹 아래로 가서 간절히 빌어 신웅神雄과 혼인하여 아들을 낳았다는 이야기를 요약해서 "令熊女飮藥成人身 與檀樹神婚而生男……"이라 하였던 것을 어떤 실수로(아니면 고의로) '웅熊'자가 '손孫'자로 바뀌었을 것으로 볼 수가 있다. 『세종실록지리지』에서는 이대로를 옮기면서, 『제왕운기』에서 "令孫女……" 앞에 "云云"이 있어 그 앞의 "是謂檀雄天王也"와는 전혀 연결이 안 되어 있는데도('也'와 '云云' 3자를 떼어 버리고) '……檀雄天王'을 '令孫女……' 바로 앞에 놓음으

---

96) 이병도, 앞의 책, p.72.

로써 더욱 바른 해석에 혼란을 가져오게 하였다고 할 수 있다.

『제왕운기』의 그 대목 주문主文이 되는 읊음글 "釋帝之孫名檀君"(환인제석의 손자 이름이 단군이라)의 뜻은 『유사』에서 '환인(帝釋)의 아들이 환웅이고, 환웅의 아들이 단군이라'는 내용과 똑같다고 할 수 있다. 그러면서도 할주에 단군본기를 옮기면서, "손녀에게 약을 먹여 사람이 되게 하여 단수檀樹의 신神과 혼인시켜 아들을 낳게 하니 이름이 단군이라"고 하였으니 앞뒤가 맞지 않는다고 하겠다. 우선 환웅이 아버지 환인의 명을 받고 지상으로 내려올 때 손녀를 데리고 왔다면 그 아들 내외 등 식솔들을 데리고 왔을 것으로 짐작할 수는 있으나, 그 손녀를 아무런 동기나 사연도 밝히지 않고 불쑥 약을 먹여 사람(여인)이 되게 하고는 하필이면 사람 아닌 박달나무(檀樹)의 신神과 혼인하게 하였다는 것도 이해되지 않는다. 더구나 그대로라면 단군은 박달나무 신(檀樹神)의 아들이지 환웅천왕의 아들일 수가 없다. 따라서 단군은 환인제석의 손자(釋帝之孫名檀君)가 아니며, 오늘날의 촌수로 엄밀히 따진다면 단군은 환웅의 외손자가 되므로 환인에게는 외증손자外曾孫子가 되는 셈이다.

만약에 '확실히 동물의 웅熊 자를 피하기 위하여 웅녀熊女를 손녀孫女로 개작改作한 것이 분명'하다면, 『제왕운기』나 『세종실록지리지』보다 나중에 이루어진 『응제시집주』나 『여지승람』에서는 어째서 그 설을 따르지 않고 있는가. 그 두 문헌에서는 분명히 '손녀孫女'가 아닌 '웅녀熊女'로 되어 있다.

## (2) 사람의 아들 단군의 탄생

앞쪽의 이야기와 연결되어 있는 단군 탄생 설화이지만, 앞에서 본 것처럼 단군의 어머니가 웅녀熊女, 또는 환웅의 손녀孫女라는 두 설이 있어서 이를 살펴보기 위하여 편의상 두 부분으로 나누게 된 것이다.

사람(여인)이 된 다음에 환웅천왕과 혼인하여 아들 단군을 낳았다는 이 이야기에 관해 최남선은,

웅녀熊女가 다시 단수하壇樹下에 가서 잉태하기를 '주원呪願'하므로 웅雄이 가화假化하여 혼인하였다 하였는데, 이것을 일종의 신혼설화神婚說話로 봄은 별문제어니와 사회학적으로 보면 이것은 원시사회에 있는 혼인의 일양식―樣式을 엿볼 만한 재료인 것입니다.97)

라고 하였다. 그리고 그는 환웅이 가화假化하여 웅녀와 혼인해 주었다는 가화는 일시적 행위에 그치는 것이라고 하여, "그 환웅과 단군과의 혈속血屬 관계에 '가假'라는 조건이 붙어 있음은, 아울러서 모권母權 및 모계적母系的 사실의 투영일 것입니다"라고 하였다.98)

여기서의 가화假化는 천신天神(또는 하늘 사람)인 환웅천왕이 자신의

---

97) 최남선, 「檀君及其硏究」(『단군신화논집』), p.15.
98) 위의 책, pp.15~16.

거처인 단수壇樹 아래로 찾아와 간절히 잉태하기를 바라고 비는 여인(천왕 자신이 사람의 몸을 얻게 해 준 웅녀)에게 사람의 모양을 나투어서 남편 노릇을 한 것을 말한다. 이제는 곰이 아닌 사람(여인)에게 신神으로서가 아닌 사람의 몸으로 변화하여 다가가 방편상의 남편이 되어 혼인하였으므로, 이른바 검은 머리 백발이 되도록 한평생을 같이 사는 남편이 아닌 일시적인 남편 노릇이었기 때문에 최남선이 "일시적인 행위에 그치는 것"이라 하고 또 환웅과 단군과의 혈연 관계에 '가假'라는 조건이 붙어 있다고 한 것이다. 그래서 황패강黃浿江도 "'가화假化'는 웅雄과 웅녀熊女와의 결합이 일회적一回的 원고적原古的임을 시사하고 있다"99)고 한 것이라 하겠다.

학자 중에는 '조선족朝鮮族의 시조인 단군이 웅녀의 몸에서 태어났다고 하는 것은 오늘날의 지성知性으로서는 도저히 믿기 어려운 이야기'라고 하였다. 그래서 고려와 조선 시대에도 이것을 믿지 못해서 『제왕운기』와 『세종실록지리지』에 이 웅녀를 '손녀……'로 변경하였다고 하였다.100) 앞쪽에서 이미 본 바가 있지만 이병도도 이를 "동물의 웅熊 자를 피하기 위하여 웅녀熊女를 손녀孫女로 개작改作한 것이 분명하다"고 하였다. 그러한 비현실적인 신화성神話性을 제거하여 민족의 산 역사로 바로잡고자 하는 많은 학자들이 이 이야기(웅녀의 단군 탄생 설화)를 토테미즘이니 신혼합작설神婚合作說이니 천신족과 지신족의 결합이니 하여 합리화시키려는

---

99) 황패강, 「단군신화의 한 연구」(이기백 편, 『단군신화논집』), p.86.
100) 김정학, 「단군신화의 새로운 해석」(이기백 편, 『단군신화논집』), p.93.

노력들을 끊임없이 해 왔다고 할 수 있다. 그러나 신화라 하건 설화라 하건 그 본질성 곧 신화(설화)적 성격을 제거해 버리면 실은 신화도 아니고 아울러 역사도 못 된다고 할 수 있다.

중국 상고 문화의 실질적 시조라 할 수 있고 삼황三皇의 하나이며 성덕聖德이 일월日月처럼 밝았다는 복희씨伏犧氏 곧 태호 포희씨太皞庖犧氏와 신성神聖한 덕이 있어 복희씨의 자리를 이었다는 여와女媧 곧 여희씨女希氏는 (그들은 남매 또는 부부 사이였다고도 전해짐) 둘 다 몸은 뱀이고 머리는 사람이었다고 한다.101) 중국의 고대 정사인 사마천의 『史記』에 전하는 이 사실을 통해 본다면, 태곳적 중국 제왕이 뱀의 몸이었다는 것은 고조선 첫임금 단군의 어머니가 곰이었다는 것보다 더 인간과는 먼 모습이 아닌가. 곰은 사람처럼 뒷발로 직립하기도 하지만, 단군을 낳은 그 어머니는 곰이 아니고 이미 사람의 몸이었다. 그 아버지도 신으로서의 천왕이 아니고 사람의 몸으로 아내를 맞이한 것이었다. 그러므로 단군은 분명히 사람인 부모에게서 태어났고 그도 마찬가지로 사람이었다.

또 중국 고대 성군聖君의 하나이며 하夏나라 시조인 우禹임금이 홍수를 다스릴 때 곰으로 변화하였다는 이야기가 『한서漢書』에 전한다. 우임금은 곰이 되었을 때의 모습을 아내인 도산씨塗山氏에게 보이지 않으려고 자신이 식사하고 싶을 때 북을 치면 부인이 밥을 가져오도록 하였는데, 어느날 그가 잘못하여 돌이 튀어 북을 때렸으므로 그 북소리를 듣고 부인이 갔다가 우임금이 곰의 몸이 되어

---

101) 사마천, 『史記』 130권 末 補史記 三皇本紀(앞에 나온 25사 I), pp.361 넷째 단~362 첫째 단.

있음을 보고는 부끄러워 숭고산崇高山에 가서 돌이 되어 버렸다. 돌이 된 부인이 아들을 낳았는데, 그 아들이 하나라의 두 번째 임금 계啓였다는 것이다.102) 이 경우는 평소에는 사람의 몸이었던 우 임금이 홍수를 다스릴 때는 곰으로 변하고, 그 부인은 또 돌로 변하였다는 것이니 단군 어머니의 경우와는 다르다고 하겠다.

그리고 이미 앞에서 본 바 있는 「기이」 머리말에서도 중국 상고대의 복희씨로부터 한漢의 고조高祖 패공沛公에 이르기까지의 신이神異 기괴한 출생 이야기를 간략하게 전하였는데, 그 중에서 은殷나라 시조가 된 설契은 그 어머니가 제비 알을 삼키고 그를 낳았으며, 한 고조 패공 유방劉邦은 그 어머니가 큰 못에서 용과 교접하여 그를 낳았다고 하였다. 또한 하백河伯(강물의 신)의 딸과 해모수(천제의 아들) 사이에 큰 알로 태어났다는 고주몽, 하늘에서 내려온 큰 알에서 나온 혁거세왕, 하늘에서 내려온 황금 합자 속에 담긴 여섯 개의 황금 알에서 나온 여섯 동자 중 하나였다는 수로왕, 하늘에서 내려온 황금 궤짝 속에서 나온 김알지 등의 탄생 신화와 단군의 탄생 설화를 우리는 비교해 볼 수가 있다.

제비 알을 삼키고 또는 용과 교접하여 아들을 낳고, 강물 신의 딸이 낳은 알에서 사내아이가 태어나고, 하늘에서 내려온 알과 상자 속에서 동자가 나왔다는 이야기들은 건국의 시조나 성씨의 시조들에게 있음직한 신비롭고 기이한 출생의 신화들이다. 그러한

---

102) 앞의 책 권6, 武帝紀 6 元封 元年. "……獲駮麎見夏后啓母石" 아래의 할주.
   "……禹治鴻水通轘轅山 化爲熊 謂塗山氏曰 欲餉聞鼓聲乃來 禹跳石誤中鼓 塗山氏
   往見 禹方作熊 慙而去至嵩高山下 化爲石方生啓……."

인물들의 신이한 탄생 인연담因緣談에서 볼 때 곰 여인을 어머니로 천신을 아버지로 하여 태어났다는 단군의 출생이 결코 신화적 상식을 벗어난 기괴 허탄한 이야기라고 할 수는 없을 것이다. 더구나 단군은 곰의 몸에서 태어난 것이 아니고 사람의 몸에서 태어났으니 이상할 것이 하나도 없다.

만약에 단군이 평범한 산촌의 농부나 초부를 아버지로 하고, 평범한 여인을 어머니로 하여 탄생하였다고 한다면 옛 조선 나라를 세운 건국주建國主 또는 민족의 성조聖祖로서 우러러 받들 이야기(건국 신화 또는 시조 설화)가 성립되겠는가. 더구나 민족 최초의 국가를 세운 시조님이니 그에 상응하는 신비롭고 비상한 이야기(신화)가 따를 것은 너무나 당연한 일이 아니겠는가. 그러므로 단군의 어머니는 사람이었으나 보통 여인과는 달리 본디는 곰이었으며, 아버지도 사람의 몸으로 그 어머니와 결합하였으나 실은 천신이었다.

그 어머니가 곰이었으나, 천년 묵은 여우가 사람으로 둔갑한다거나 하나라의 우임금처럼 필요에 따라 곰으로 변한 것이 아니고, 사람이 되는 약을 먹고 일정한 과정을 거쳐서 (일시적이 아닌) 완전한 여인이 되었다는 것이다. 곰이 사람 되기를 간절히 빌었을 때 전지전능한 천신인 환웅은 그 영력이나 술법으로 즉석에서 마법사처럼 금방 사람으로 변신하게 한 것이 아니었다. 약쑥과 마늘(달래)을 먹으며 백일 동안 햇빛을 보지 말라는 금기를 지키게 하였다. 그대로 따르지 못한 범은 실패했지만 그 방법을 철저히 지킨 곰은 백일까지 안 가고 21일 만에 사람이 되는 데 성공하였다.

그와 같이 완전한 사람(여인)이 되어 남자로 가화假化한 환웅과 혼인함으로써 아들 단군을 낳았다는 것이니, 참으로 구체적이고도 섬세한 합리적 탄생 설화라고 할 것이다. 그렇게 해서 단군왕검이 탄생하였는데, 이『고기』를 인용한『유사』본문에서는 그가 태어나자 단군왕검이라 이름한 것처럼(……生子號曰 壇君王儉) 되어 있으나, 이 이름은 실제 나중에 임금이 되고 난 뒤의 일컬음이었다고 해야 옳을 것이다.

여기서 한 가지 짚고 넘어가야 할 문제는 단군이 우리 민족 전체의 첫 사람 곧 최초의 인간이었던가 하는 것이다.

"이 신화는 환웅과 웅녀와의 결합, 즉 하늘과 땅의 교합과 분리로부터 단군 즉 인조人祖의 탄생을 설화하고 있다. ……이 혼돈으로부터 천天과 지地가 태곳적 개벽을 이루며 이로써 원인原人은 탄생하는 것이다. ……바로 이 성소聖所에서 최초의 인간 단군은 탄생한 것이다"103) 라고 한 학자도 있다. 여기에서 단군을 '인조人祖' 곧 사람의 조상, 또는 '원인原人'·'최초의 인간'이라 하고 있음을 보게 된다. 과연 단군이 '인조'이고 '원인'이며 '최초의 인간'이었을까. 그러나 단군의 탄생을 전하는 이『유사』의『고기』인용문에서는 그러한 사실을 찾아보기가 힘들다.

단군이 '원인'이며 '최초의 인간'이었다면 환웅천왕이 태백산정에 내려왔을 때는 이 지상에 사람이 없었어야 할 것이다. 그러나『고기』의 첫머리에 "옛적에 환인의 서자 환웅이 자주 천하에 뜻을

---

103) 황패강, 「단군신화의 한 연구」(1967년『백산학보』3에 발표한 것을 옮긴 이기백 편『단군신화논집』), p.86.

두고 인간 세상을 탐구하므로……"라고 한, 이 하늘 아래(天下)의 "인간 세상(人世)" 곧 사람의 세간은 사람이 사는 세간(세상)이므로 사람이 살고 있다는 말이 된다. 그리고 그 다음의 "가히 인간을 널리 이익되게 할 만하다(可以弘益人間)"는 말도 사람이 '살고 있다'는 것을 전제한 말이라 할 수 있다. 또 인간 세상에 내려온 환웅이 "……인간의 360여 가지 일들을 주관하며 세상을 다스려 선도하였다(凡主人間三百六十餘事 在世理化)"는 대목에서는 더욱 단군 출생 이전에 이미 인간이 존재하였다는 사실을 확인시켜 준다고 할 것이다. 그러므로 단군은 우리 민족 전체의 첫 시조라고 할 수 없으며, 또한 원인原人도 아니고 최초의 인간도 아니다. 다만 우리 겨레 최초의 개국조開國祖요, 그 씨족의 시조인 것이다.

다시금 여기에 덧붙여 사람의 아들이요, 인간 세상의 사람 임금이 단군이었음을 거듭 밝혀 두고자 한다. 조선 초기에 찬술된『동국사략東國史略』104)과 『고려사高麗史』 및 『세종실록지리지』105) 등에는 단군이 직접 태백산의 단목檀木 아래에 내려온 신인神人으로 전해져 있어서, 거기에는 할아버지 환인도, 아버지 환웅도 물론 천부인 3개도 3천명의 무리도 없이 불쑥 단군 혼자서 신인神人으로 단목 아래에 내려온 것으로 되어 있다. 탄생이라는 것이 전혀 없기 때문에 이 대목(단군왕검의 탄생)의 앞쪽에서 한마디도 언급하지 않았는데, 그러한 단군신인설을 같이 전하고 있는『세종실록지

---

104)『동국사략』 권1, '단군조선'. "東方無君長 有神人降于太白山 檀木下 國人立爲君 國號朝鮮……是爲檀君(名王儉……)"
105)『고려사』 및 『세종실록』의 「지리지」 앞의 주41)과 같음.
　　"……神人降于檀木之下 國人立爲君 都平壤 號檀君……"

리지』에서는 이 전설 다음에 『단군고기』 운운이라 하여 앞에서 본 바처럼 "上帝桓因 有庶子名雄……"의 구체적인 이야기를 전하고 있으니 앞뒤가 맞지 않고 다분히 후세 조작의 흔적이 짙다. 그런데도 일본의 학자들이 이 설을 근거로 하여 단군을 신인神人으로 단정 짓고 있다(일본 학자의 단군신인설의 문제는 다음 단원의 '단군왕검' 쪽에서 좀 더 자세히 볼 기회가 있어서 그리로 미룬다).

어쨌든 지금까지 앞에서 본 바와 같이 태백산정의 신단수 또는 단목 아래에 내려왔다는 천신(신인)은 단군이 아닌 그의 아버지 환웅천왕이었으며, 그(단군)는 사람의 몸에서 태어난 사람이었고 이 땅 사람들의 첫 임금이었다. 『유사』를 비롯한 옛글에 전하는 '단군'의 참모습은 신인의 그림자를 벗어난 완전한 사람이었다. 나중에 단군이 아사달의 산신이 되었다는 이야기 때문에 그를 신인으로 보는지는 몰라도, 외국에 가서 돌아오지 않는 남편을 산 위에서 기다리다 산신이 되었다는 이야기 등 사람이 죽어 산신이 되었다는 전설은 지방마다 적지 않게 전해 온다. 그러나 그들이 살았을 때는 신神이 아닌 사람이었다.


## 4. 단군 개국開國과 그 자취

지금까지는 옛 조선 건국의 시원始源 신화와 단군 출생의 연기 설화를 본 셈이다. 이는 결국 단군의 탄생이라는 일대사실一大史實을 둘러싼 원인遠因과 근연近緣으로 구성된 인연담因緣談이었다고 할 수 있다.

그러므로 단군이 나라를 세우고 다스렸다는 전설인 이 단원은, 이제까지의 서설적이며 신화적인 내용에 비해 본론격이면서도 인간 개국開國의 역사가 전개된 장이라 할 수 있다.

실은 그러나 『고기』가 전하는 이 부분의 역사는 너무나 빈약하다. 국가 기구의 형태라거나 그 규모나 경역境域 등이 전혀 언급되어 있지 않다. 단지 그때와 도읍한 곳과 나라 이름과 도읍을 옮긴 곳과, 나라를 다스린 기간과 다시 옮겼다가 나중에 은거하여 산신이 되었다는 것과, 그 수명을 밝힌 것이 내용의 전부이다. 그 나라의 흥망성쇠 등 변천의 역사를 전연 알 수가 없다. 단군 및 고조선 역사의 현존 원자료原資料라 할 수 있는 『고기』가 이러하기 때문에, 그 사료적 한계 안에서 살펴볼 도리밖에 없다고 하겠다.

그러므로 여기에서는, 첫째 단군 및 그 즉위한 때와 나라 이름, 둘째, 첫 도읍과 옮긴 도읍, 셋째, 다스린 기간과 그의 수명(산신이 됨)의 세 갈래로 나누어 문제점을 살펴보기로 한다.

## (1) 단군 및 그 즉위한 때와 나라 이름

이 갈래에서는 먼저 단군왕검, 다음에 그의 즉위한 시기, 끝으로 나라 이름(조선)의 차례로 살펴보자.

### 1) 단군 왕검

환인천제의 손자요 환웅천왕의 아들로 태어난 그의 "이름을 단

군왕검이라 한다(號曰壇君王儉)"라고 하였으므로, 이 항목 맨 앞줄
의 단군왕검에서도 그 설명을 이리로 미루었다.


① 단壇과 단檀 어느 것이 옳은가

우선 학계에서는 '단壇'이 옳으냐 '단檀'이 옳으냐에 관해 논란
이 있다. 이 『유사』에서는 '단군壇君'이든 '신단神壇'이든 모두 '단
壇'으로 되어 있는데, 앞에서 언급된 바 있는 『제왕운기』와 『세종
실록지리지』 등 단군의 옛 기록을 전하고 있는 『유사』 외의 문헌
들에는 모두가 '단檀'으로 쓰고 있기 때문이다.

처음부터 '단壇'이 옳다고 한 최남선은, 이렇게 주장하였다.


> 단군전壇君傳의 아직동안 근본적根本的 징빙徵憑인 『삼국유사』의 글
> 에, 단군壇君의 壇이 木변의 檀이 아니라 분명히 土변의 壇으로 적혀 있음
> 이다. 고려 말엽으로부터 단군壇君의 壇이 문득 檀으로 변하여, 이조李朝
> 이후에는 오직 檀君으로만 문자에 오르고, 또 이러한 문적文籍만이 전하
> 게 된지라 壇君의 壇이 드디어 檀으로 확정하는 세력을 이루어, ……단檀
> 자字가 마침내 요지부동의 지위를 얻었지마는 『삼국유사』의 시대적 권
> 위를 무시할 이유가 생기기 전까지는 土변의 壇이 그 원형原形임을 인정
> 치 아니치 못할 것이요…….106)


그러나 안재홍은 『유사』 '고조선'의 첫머리인 "『위서』운魏書
云……"의 대목을 인용하면서 그 아래에 주를 달아 "『삼국유사』
정덕판正德版에 단군檀君을 단군壇君으로 지었으므로 일시一時 단군

---

106) 최남선, 「단군론」(『육당전집』 2), p.100.

壇君이 표준자인 줄로 되어 있으나 착오이다"[107]라고 하여, 단군壇君이 착오이고 단군檀君이 옳음을 표명하였다. 그리고 그는 같은 저서에 「단檀·단壇 양자兩字의 변백辨白」이라는 '부기附記'를 두어 다음과 같이 설명하였다.

'단군檀君'은 삼국유사 정덕판正德版에서 잘못 '壇君'으로 썼음에 의하여 술사가述史家 대체로 혹 그를 표준자임 같이 여기고 있는 터이나 이는 의미를 이루지 못한다. 고려 충렬왕 13년 정해丁亥로써 저술된 동안거사動安居士 이승휴李承休의 『제왕운기帝王韻紀』에 "初誰開國啓風雲 釋帝之孫名檀君"이라고 하여 檀字를 놓았고 다시 『단군본기檀君本紀』를 인용하여 이를 자주自註하되 "上帝桓因…… 降太白山頂 神檀樹下 是謂檀雄天王也云云"이라고 하여 '壇君'을 '檀君'으로 하였을 뿐더러 '神壇樹'도 '神檀樹'로 지었고 '桓雄'도 '檀雄'으로 지었다. 그리고 바로 윗글에다 이어 "令孫女飮藥 成人身 與檀樹神 婚而生男 名檀君…… 皆檀君之壽也……"라고 하였다.……

神檀과 神壇, 檀樹神과 壇樹神은 그 자형字形도 서로 비슷할 뿐더러 그 뜻도 실로 같다고 할 것이니, '檀'은 '붉달'이라 백악白岳의 고의古義로 신산神山·신역神域 혹은 일역日域의 뜻을 스스로 갖추어 있고, '壇'은 역시 신단神壇 신구神丘의 뜻으로도 되며 檀樹神 壇樹神도 그 구경究竟의 의의에서 신림神林 성목聖木인 점으로는 전연 동일하다. 하물며 고문화의 의의에서는 檀君이 도리어 음과 뜻 모두 갖춘 대자對字로 되어 壇君과 서로 넘나드는 터이니 壇君이 그 표준자라고 함은 의의를 못 이룬다. 즉 한양조漢陽朝 중종中宗 7년 임신壬申 명明 정덕칠년正德七年 경산 중간본慶山重刊本이 檀君을 壇君으로 간오刊誤한 것이 壇字로 된 시초요 그 이전

---

107) 안재홍, 앞의 책 상권, p.68.

의 문헌에는 모두 檀君으로 되어 있다. ……檀·壇 두 자는 옛부터 혹은 호용互用 병용倂用한 바 있었음을 짐작하게 한다. 고려사高麗史 백문보白文寶 열전에 "吾東方 自檀君至今 已三千六百年 乃爲周元之會" 운운의 글이 있으니 고려사高麗史의 편찬이 문종文宗 원년元年 신미辛未로써 완성되어 중종中宗 7년 임신壬申보다 앞서기 61년이다. 요컨대 밝얼의 표음表音으로는 檀君·壇君이 아무 차이없고 제단祭壇 및 제정인연祭政因緣의 군장君長으로서는 壇君도 음과 뜻이 통용되는 대자對字로서 자못 적호適好함을 깨닫게 하는 바요. 붉달·비달의 신산神山 신역神域 또는 원생산原生山·원생역原生域의 군장君長(즉 白國大君)을 의미하므로서는 檀君이 또 매우 걸맞는 대자인 것이며, 더구나 만일 붉한(明王)의 대자로서는 檀君이 오직 그에 가可한 바이니 이러한 용자用字의 예는 상대上代의 문헌 중에 자못 적지 않은 것이다.108)

그는 『유사』 정덕본(조선 중종 7년 곧 정덕正德 7년 임신·1512년 판본)에서 단壇자로 잘못 새겨진 것이라 하여 단檀자가 옳은 것으로 보았으나, 실제 뜻으로는 두 글자가 다 통용될 수 있다는 논지를 보이고 있다.

앞에서 잠시 언급된 바 있지만 이병도는 '신단수神壇樹'의 경우에는 '단壇'이 옳다고 하면서도, 단군의 경우는 꼭 '단군檀君'으로 쓰고 있다. 그리고 백남운은,

檀君이라는 표기문자에 대해 살펴보면 흙土 변의 '壇'이 옳다거나, 나무木 변의 '檀'이 옳다고 하는 문자상의 논쟁도 있는 모양이지만, 우리의 입장에서 보면 어느 것이나 동등한 권리를 주장할 수 있다고 해석된다.

---

108) 앞의 책, pp.101~104.

왜냐하면 '壇'은 물론 제단祭壇의 壇이며, '檀'은 단목檀木의 檀이기 때문이다. ……단목림이 있는 곳에 제단이 마련되어 있는 곳은 즉 단목림, 하는 식으로 제단과 단목림은 일치하는 것이므로, '단군'의 표기문자로서 어느 것이나 동등한 권리를 주장할 수가 있을 것이다. 요컨대 단군의 표기상의 관념은 주제자主祭者이며 추장의 가상이다.109)

라고 하였다. 그 역시 단壇·단檀 어느 쪽을 써도 무관하다는 논지다.

앞에서 본 바 있는 "단檀과 단壇의 다툼도 문자로 기록된 이후의 분쟁이요……"라고 하였던 김태준과 최남선, 신채호는 그들의 단군 관련의 글 내용뿐 아니라 제목에서까지도 굳이 '단군壇君'을 쓰고 있다. 그 밖의 학자들은 거의 모두가 단군檀君으로 쓰고 있으며, 물론 오늘날에는 '단군檀君'이 바른 이름처럼 쓰이고 있다.

② 단군에 관한 종래 학자들의 견해

최남선은 지금까지 본 바와 같이 고조선 연구의 선구자이지만 특히 단군에 관해서는 지나칠 만큼 열정적인 면을 보여주었다.

그가 1926년 『동아일보』에 연재한 『단군론壇君論』에는 '조선朝鮮을 중심中心으로 한 동방문화東方文化 연원淵源 연구硏究'라는 부제를 부쳤으며, 그 맨 먼저 개제開題에서 "조선이 동아東亞 최고最古의 일국一國으로, 단군壇君이 그 인문적人文的 시원始原이라 함은 조선인朝鮮人의 오래 전부터 전신傳信하는 바이다"라고 첫머리를 시작하였다.110) 또 그는 1928년에 『동아일보』에 연재한 「단군신전壇君神典의 고의古義」에는 그 제목 앞쪽에 '조선 문화朝鮮文化의 일체

---

109) 백남운, 앞의 논문(앞의 책), pp.184~185.
110) 최남선, 앞의 「단군론」, p.79.

一切 종자種子인'이라고 전제하였으며, 그 글의 서문격인 글 가운데에서 "단군壇君은 진실로 조선 문화의 일체 종자인 만큼……"이라 하였다.111) 그리고 그는 「단군및 그 연구(壇君及其研究)」의 첫머리를 시작하면서,

> 조선朝鮮의 인문적人文的 모든 것이 단군壇君에 비롯하였다 함은 우리의 오랜 전통적 신념입니다. 이것으로써 역사의 기두起頭를 삼으며, 이것으로써 민족의 연원을 삼아서 아무도 또 조금도 의심하려 아니합니다. 단군壇君을 제쳐 놓으면 조선이란 장강長江도 샘 밑이 막히는 것이매, 단군壇君이 소중하고 단군壇君을 소중하게 하였을 것은 조선문화朝鮮文化에 대한 전적全的 문제로 진실로 필연 당연한 일이지마는, 단군壇君을 소중하게 함에 대한 우리의 노력은 과연 무엇이 있습니까?112)

라고 하였다. 이와 같이 최남선은 단군을 동아시아 최고最古 일국인 조선을 중심으로 하는 동방 문화의 연원淵源이고, 그 인문적人文的 시원始原이며, 또한 진실로 조선 문화의 일체 종자種子이므로, 조선의 인문적 모든 것이 단군에서 비롯되었다고까지 하였다. 그는 단군왕검에 대해 대략 다음과 같이 풀이하고 있다(장문이므로 요긴한 대목을 간추려서 옮겨 본다).

> ……누구든지 시방 민간에서 무巫를 부르는 말에 '당굴'이라는 것이 있음을 주의할 것입니대좀 더 유심히 考究하시는 이는 이 '당굴'이 今義

---

111) 최남선, 「단군신전의 고의」(앞의 책), p.190.
112) 최남선, 「단군 급 기연구」(앞의 책), p.7.

(지금 뜻)에 首(머리)를 이르고, 古義(옛 뜻)론 天을 이르던 ‘더굴’과 語源
的 관계가 있어, 본디 天人・頭人의 의미에서 나왔을 것까지를 생각하실
수도 있을 것입니다]. ……혹시 이 말과 음이 비슷한 관계로 흥정에 쓰
는 ‘단골’이란 말과 혼동하는 이가 있으나, ‘단굴’과 ‘단골’이 어형語形으
로나 용례로나 서로 풍마우風馬牛(전혀 상관없다는 뜻)인 것은 조금 살피
면 얼른 알아질 바입니다. ㅇ과 ㄴ, ㄹ과 ㄴ이 서로 통전通轉되고 더욱
국어國語 한역상漢譯上에는 흔히 그리됨으로써 보건대, 우선 음리상音理
上으로 단군의 어원이 ‘당굴’에서 나온 것임을 말함이 과히 무거無據치
않다 할 듯합니다. 그러나 이 추측이 맞고 아니 맞음은 좀 더 유력한
증명을 요함이 무론입니다.

　……몽고어에 천天을 ‘텅걸’이라 하는데, ‘텅걸’은 동시에 무巫를 의
미하며, 『한서漢書』에는 이 ‘텅걸’을 탱려撑犁라고 대자對字하였으니, 그
고음古音에 ‘탕글’이 있음을 알 것입니다. ……몽고의 무천巫天 동어同語
와 조선의 그러함이 사실로도 우연한 것 아닌 동시에, ‘탕글’과 ‘당굴’이
어형으로도 본디 일치의 것임을 알 것입니다. 여기 대하여 『위지魏志』에
마한馬韓의 법속法俗에 적되, 그 50여 국의 나라마다 신읍神邑을 별설別
設하고 천신을 받들어 제사(天神 祭奉) 하는 이를 두었으되, 그를 ‘천군天
君’이라 한다 한 것이 있으니, 이 천군이 갈 데 없이 ‘당굴’일 것은 직사職
司뿐으로만 아니라, 그 명호名號가 우리의 이른바 음의 쌍창역音義雙彰譯
이란 역례譯例에 준하여, 천군이 곧 ‘당굴’의 대자對字임이 분명함으로써
알 것이요, 이는 그대로 당굴—텅걸—천군天君—단군壇君 등의 상호관계
에 대하여 아무것보다 유력한 문헌적 징빙이 되는 것입니다. 이렇게 ‘당
굴’ 즉 단군壇君이 천인天人 즉 사천자事天者쯤의 의미임은 거의 의심 없
을 만큼 알아집니다. 그러면 ‘왕검王儉’이란 것은 무엇인가? 이것을 ‘영
검스럽다’ ‘엉큼스럽다’에 대비하면, 혹시 소견다괴少見多怪의 한탄이 있
다 할지도 모르매 그만두고, 바로 고의古義의 ‘알’과 그 전형轉形인 ‘암’
에는 존승尊勝・장상長上 등의 의의가 있고, ‘가’ 또 ‘감’에는 대인大人

신성인神聖人 등의 의의義가 있는데, 이 양어兩語를 결합하여 왕자王者의 칭호를 삼음이 가락加洛의 한기루기(阿利叱智)와 백제의 어라가於羅瑕에서 보는 바와 같은즉, 왕검王儉이 '암감' 혹 그 유어類語의 역대譯對로 왕호王號, 특히 무군적巫君的 칭위임을 짐작할 수 있습니다. 그러면 단군왕검檀君王儉이라고 구칭具稱함이 곧 천인성군天人聖君, 평평히 말하여 무군巫君이란 뜻에 불외함을 알 수 있고, 이것이 어떻게 고기古記 전체의 전하는 사실—표현하려 한 의미에 긴밀히 부합함을 보겠습니다.—진역震域 고대에 사실로 무군巫君 같은 것이 있어(巫治時代가 있어서), 원군元君이신 단군壇君이 또한 그러하실 것을 좌증左證할 유례가 있는가 없는가? 신라의 자충慈充(次次雄)은 무巫니 국속國俗이 무巫를 높임으로 이렇게 이르나니라 함은 신라 사가史家 스스로의 명언明言한 바입니다. 이 밖에 백제의 어라於羅, 가락加洛의 아리阿利, 고구려의 고추古鄒라 하는 왕호들을 어원적으로 사구査究하여 보면, 모두 신사神事에 관계있는 말임이 분명하니, 대개 제정일치기祭政一致期의 무군巫君으로서 음일 것입니다. (중략)

……고서古書에 단군왕검檀君王儉을 혹 선인왕검仙人王儉이라고 한 것도 있고, 천제자天帝子라 할 대신으로 선인지후仙人之後라고 한 것도 있는데, 이 선인仙人이란 것이 무巫의 일유어—類語인 '산이'(선이)의 역대譯對요, '선앙당'이란 '선앙'이 또한 무巫의 뜻(義)이므로서, 선인왕검仙人王儉 즉 단군왕검檀君王儉, 선인지후仙人之後 즉 천제자天帝子로 뜻이 상통할 것 같음이 그 일례일 것입니다. ……또 아무것보다 포괄적의 큰 증거는, 횡으론 진역震域으로부터 문화적으로 동계同系에 붙이는 여러 민방民邦이 흉노匈奴의 탱려고도撑犁孤屠(譯 天子)와, 북연北燕의 천왕天王과, 거란契丹의 천황제天皇帝와 일본의 천황天皇과 유구琉球의 천天 '가나지加那志'처럼 모두 천天으로써 왕호를 지음과, 종으로 단군壇君으로 더불어 설화상으로 유형에 붙이는 여러 부족이 해모수解慕漱의 천왕랑天王郎과, 주몽朱蒙의 천제자天帝子와, 혁거세赫居世의 천자天子와, 가락加洛

의 천간天干과 내지 환웅桓雄의 천왕天王처럼, 또한 모두 천天으로써 위호位號를 일컬었음이다. 족히 단군왕검檀君王儉＝천제天帝를 가리켜 주는 대사실大事實입니다. 그러나 단군왕검檀君王儉이 천군天君 혹 무군巫君의 뜻임을 밝힘에는 이보다 더 번쇄한 변증을 요치 아니하리라고 생각합니다.

이렇게 내외를 통하고 고금을 꿰어서 단군왕검檀君王儉의 어원과 및 그 용례에서 얼른 말하면 '마지코 렐리지어스' 군장君長의 꼼짝 못할 칭호일 것을 알았으며, 따라서 이 사리양전事理兩全과 명실상부名實相符가 아무것보다 유력하게 단군고기檀君古記의 원사적原史的 가치와 한가지 전승적 확도確度를 자증自證하는 것임을 알았습니다. 이렇건마는 단군기檀君記를 후인後人의 망작妄作같이 알려 하는 이가 있다 하면, 마음대로 눈을 가리고 태양을 보지 말라 할 밖에 없습니다.113)


이와 같은 최남선의 단군에 관한 논명論明은 우리 학계에서는 단연 선구자적 업적이라 할 수 있다. 그래서 안재홍은, "단군壇君의 논론과 붉의 학설은 육당 최남선 씨 이를 첫째로 논하여 많이 발명發明함이 있었다"114)라고 한 것이다.

신채호는 단군을 다음과 같이 보고 있다.

'진단震壇'의 '震'은 '신'의 음역音譯이며 '壇'은 수두의 음역音譯이요, 壇君은 곧 '수두하느님'의 음역意譯이니라. 수두는 소단小壇이오 신수두는 대단大壇이니, 수두에 단군壇君이 있었은즉 수두의 단군壇君은 소단군小壇君이오 신수두의 단군壇君은 대단군大壇君이니라……．

---

113) 앞의 책, pp.19~21.
114) 안재홍, 앞의 책 하권, p.21.

……그러나 평양의 구명이 왕검성王儉城이요 신라에 선사仙史에도 "平壤者 仙人王儉之宅"이라 하고, 위서魏書에도 "乃往二千載前 有檀君王儉 立都阿斯達 國號朝鮮"이라 하니, 그러면 조선고대에 단군왕검檀君王儉을 종교의 교조로 존봉尊奉하여 왔음은 사실이며, 왕검을 이두자吏讀字의 독법讀法으로 해독解讀하면 '님금'이 될 것이니 대개 '님금'이라 이름한 사람이 당시에 유행하는 수두의 미신迷信을 이용하여 태백산의 수두에 출현하여 스스로 상제上帝의 화신化身이라 칭하여 조선을 건국建國한 고로 이를 기념하여 역대 제왕의 칭호를 님금이라 하며, 역대 경성의 명칭도 님금이라 한 것이다. '선인왕검仙人王儉'이라 함은 삼국시대에 수두 교도教徒의 일단一團을 '선배'라 칭하고 '선배'를 이두자로 '仙人' 혹은 '先人'이라 記한 것이며,……"115)


신채호의 단군관壇君觀은 한마디로 말해서, '단군왕검을 조선 고대 종교(수두교教)의 교조教祖로 보았다고 할 수가 있을 것이다.

안재홍은 그의 『조선상고사감』 하권에서, 「단군조선과 그 문헌」이라는 작은 단원을 두어, 1. 단군 즉 천왕天王, 2. 단군 즉 신황神皇 (명왕明王)을 논변論辯하고, 이어서 「단군과 그 사회적 의의」・「대군大君으로서의 왕검王儉과 그 문헌」・「위구태尉仇台, 해부루解夫婁와 단군존호壇君尊號」・「단군 기자 대사설代謝說의 변백辨白」・「단군의 팔면관八面觀」 등의 소단원을 두고 단군을 논고論考 하였다. 이 많은 글을 다 옮길 수가 없으므로 여기에서는 단군왕검에 관한 직접적인 설명을 통해 그의 단군관을 보여주는 요긴한 대목만을 연결되도록 옮겨 보기로 한다.

---

115) 申采浩, 『朝鮮上古史』(鐘路書院, 1948), pp.54~56.

……단군檀君은 이에서 그 요의要意를 보이기로 한다. 단군檀君은 삼국유사 정덕판正德版에 '壇君'으로 오간誤刊된 바 있으나 그는 이미 명변明辯된 바 있다.

단군檀君은 즉 천왕天王의 뜻(義)이니, 첫째, 그 음흡에 좇아 진방震方의 고어古語 '덩얼'의 대자對字로 되는 것이다. '덩얼'은 '덩그'런히 크고 큰 '얼'을 이름이니, '한얼'의 선구어先驅語요, 직역直譯하여 '대영大靈'이요 '천天' 또는 천왕天王의 뜻으로 되니 구어口語에서 덩걸 혹은 당걸 등으로 된다.


즉, 몽고어의 하늘인 '등거리騰格哩'와 흉노어의 천자天子인 탱리고도撑犁孤塗 및 돌궐어突厥語의 하늘 '탱그리' 등을 보기로 들어 덩걸·당걸과 같은 말로 견주었으며, 이어서 마한馬韓 사람들의 천신天神에 제사지내는 사람을 일컬었던 '천군天君'을 "음의音義 병용倂用한 덩걸의 일표현一表現일 것이오(천군天君은 붉한의 대역對譯으로도 됨)"라고 하여, 『주서周書』 '고려전高麗傳'에 나오는 "又有神廟二所 一曰夫餘神……一曰登高神……"을 들어서 "부여신夫餘神은 일신日神에서 전환轉換된 '붉'신神 '불'신神 혹 '부루'신神 '비어'신神의 일전형一轉型임은 자명自明하고, 등고신登高神은 즉 '덩걸'신神, 단군신檀君神의 이자異字인 것이다"라고 하였다. 여기에서 그는


대개 동명왕東明王도 일단군一檀君이요, 부여 시대夫餘時代에는 더욱 단군檀君의 존호尊號 있었던 것이매 동명왕東明王도 일단군一檀君으로 기록될 수 있으니 등고신묘登高神廟는 동명왕인 태조묘太祖廟로서의 단군묘檀君廟로도 볼 바이나 전후사정이 아사달사회阿斯達社會에서의 초두初頭의 단군檀君을 사祠함으로 볼 것이요.

라고 하였으며, 또,

> 단군은 천왕天王인 체로 또 신황神皇으로도 된다. 천왕天王, 신황神皇
> 은 워낙 전연全然 동일어의同一語義이나 그러나 천왕天王이 '덩걸'이면
> 신황神皇은 '붉한'이니 명왕明王 · 성제聖帝 · 성왕聖王 및 신왕神王으로
> 보인 자者가 그것이요, '붉한'은 '볼한' · '부루한'(不咸 · 夫婁干) 혹은
> '커불' · '함불' 등으로도 된 것이오, 단군檀君은 붉달 · 왕곰의 대역對譯
> 인채 실은 이 붉한의 대자對字로 되는 것이다. …… 요컨대 단군檀君은
> 아사달사회阿斯達社會의 여계시대女系時代인 성모사회聖母社會의 뒤를
> 이어 백악白岳인 평양에서 남계사회男系社會의 발전한 형태로서 각부족
> 各部族 연합의 통합적 국가를 창성하여 국호國號를 '붉주신'[116]으로 일컫
> 고 그대로 백악白岳인 '비달'(百牙岡—비어달 또 '붉달')의 왕통王統을 계개
> 啓開한 분인 것이다.[117]

라고 하여, 안재홍 나름의 단군관檀君觀의 정의를 내렸다고 할 수
있다. 그는 또한 왕검王儉에 대하여,

> 왕검王儉은 왕곰의 구음舊音으로 대군大君의 뜻이니 곰은 신神의 뜻
> (義)이요, 또 그대로 신인神人의 의義요, 또 금어今語 '임검'의 원의原義로
> 도 볼 자者이다. '왕'은 '대大'를 의미하는 진계고유震系固有의 언어이니
> '왕王' 자字의 음을 빌어서 성립된 바 아니다. …… 왕검王儉과 임검王儉
> 이 그 자형字形 어의語義 아울러 가까우므로 왕王은 임王의 오사誤寫로도

---

116) 여기서의 '붉주신'은 이른바 '왕검조선(고조선)'을 가리킨다. 안재홍은 이 책에
　　서 '조선'을 '주신'이라 하고, 중국의 옛 문헌에 '백민지국白民之國' · '발조선發
　　朝鮮'이라 있다고 하여 고조선을 그는 '붉주신'이라 하였다.
117) 안재홍, 앞의 책 하권, pp.21~25.

보고 혹 왕王에서 님검의 첫 음音 님을 검儉의 전음全音 검을 읽어 님검으로 볼 것이라고도 하나(申丹齋說) 그는 그럴 듯 크게 틀렸다. 그 당시 님검이란 말이 있을 수 없었고 또 왕금은 대군大君 혹 대간大干의 의의意니 당시 세속적 왕자王者로서의 의미보담은 신인적神人的 대종사大宗師란 말로 왕금을 일컬어 한편으로 그 상대관계에 있는 지방의 제정장로祭政長老인 '땅금'과 대비되던 말일 것이니 '님검'과 다르다. 님검은 신라의 니질금尼叱今의 '닛금' 보담도 후생어後生語(나중에 생긴 말)일 것이니, 닛금은 세습군世襲君의 뜻이나 님검은 주군主君의 뜻이 함축되어 있다.[118]

라고 하였다. 그리하여 그는 대강 다음과 같이 단군을 마무리하고 있다.

단군의 존칭은 '덩걸' 혹 '단굴'이니 천왕天王의 의의意로되 지방군장地方君長인 '땅금'에 대하여 '신도神都'의 대군大君인 '왕금'이 그 제왕帝王의 존엄을 가지니 왕검은 그 사음寫音이며 단군은 '덩걸'만을 대자對字로 하되 '붉달' 또는 '비달'의 '왕금'으로나 더욱이 '붉한'으로서는 단군이 또 그 적역適譯으로 되는 것이다. 요컨대

(一) 단군檀君은 최초 성모시대聖母時代를 대신하여 성모사회聖母社會인 아사달에서 그 혁명적인 신제도新制度의 집약으로서의 남계중심男系中心의 군장으로 출현한 성조聖祖시오.

(二) 선사적仙史的 의미로는 종족의 보호신인 태백신太白神이오 즉 단군은 살아서 개창開創의 성조聖祖요 붕崩하여는 종족의 보호신保護神으로 화化함이다.

(三) 역사지리상의 특정한 일명칭一名稱과 배합하면 평양왕平壤王에도 해당하며, 평양은 후대 고정구어固定口語 '베나'이나 최초 백악白

---

118) 위의 책, pp.32~33.

岳, 부여夫餘와 넘나들던 말이다. 그리고 '군君'은 그 원의原義, 제황帝皇에 통한다.(四는 생략했음.)

(五) 국명國名으로는 역사상에 현저한 자者로서는 대부여천왕大夫餘天王에 해당하며, (檀君은 그 原義 즉 神皇·天王 또는 天帝이다) 그리고 '붉한'은 백국白國의 제帝요, 불한은 발국왕發國王이요, 그리하여 모두 부여천왕夫餘天王이다. 해모수解慕漱·해부루解夫婁는 '한불'이요, 커불은 '대황大皇'이며 대성大聖이요, 해모수解慕漱·고주몽高朱蒙은 모두 부여의 왕자 왕손인데 '천제자天帝子'라고 자칭하였으니 부여의 천왕인 '단군檀君'은 즉 '천제天帝'인 것이다.

(六) 한인漢人으로서 낙랑樂浪에 왕래하여 진방문화震方文化에 감화된 자에게는 그를 태평산군太平山君으로 숭경崇敬하던 분이며, (龍崗에서 나온 黏蟬碑) 태평산군太平山君 숭경崇敬의 기록 보였음.
(爾雅)(釋地篇) 東至日出 爲'太平' 또는 '太平'之人仁.
태평太平은 붉·불·비어 원칙에 의하여 태백太白의 전전轉도 되고 일면一面으로 대부여大夫餘의 축소형으로도 되니 태평산군太平山君은 즉 대단군大檀君의 의의義로 태평신인太平神人의 별형別型이요, 또 대부여신大夫餘神의 어의語義로도 됨.

(七) 역사사회학적 견지로는 원생지군장原生地君長으로 잉양孕壤인 백악白岳(붉달·비달)의 군장君長으로서 출발한 것이요.[119]

라고 하여, 『유사』에서 왕검조선이라 부제를 붙이고 있는 고조선을 그는 부여조선夫餘朝鮮 곧 단군조선檀君朝鮮이라 하고는 단군에 관해 이상과 같은 논지를 펼쳤다. 또

---

119) 앞의 책, pp.60~62.

> 부여조선夫餘朝鮮은 즉 단군조선檀君朝鮮이라 후세 고구려의 동명왕東
> 明王 등이 또한 그 단군檀君의 존호尊號를 계승하여 새로이 '신신황新神
> 皇'인 '새볼한'의 명호名號를 세웠던 것이다.[120]

라고 하여, 고구려의 동명성왕이 단군의 존호를 계승한 것이라고
하였다. 그리고 또 안재홍은 왕검王儉에 관해 다음과 같이 쓰고 있
어서 여기에 옮겨 본다.

> '王儉'은 신단재申丹齋 한번 이를 '王儉'의 오사誤寫라고 주장한 후, 그
> 대로 계승하는 분 많으나 틀렸다. 왕검王儉은 '왕곰'의 대자로 '대군大君'
> 의 원의原義이니, 주역周易에 "大君有命"의 문文이 있고, "武人爲于大君"의
> 문文이 있어서 그 용어의 유래 매우 오래거니와, 허씨설문許氏說文에 '皇'
> 자字를 해解하되 "皇 大也大君也 始王天下 是大君也 故號之曰 皇"이라 하였
> 고, 또 "皇本大君 因之 凡大皆曰 皇"이라고 하였으니, 왐검王儉의 '왕금'은
> 대군大君이요 대황大皇 등으로 된다.[121]

라고 하여, 그는 왕검王儉이 임검王儉의 오자라고 본 학자(신채호
등)의 설을 틀린 것이라고 한마디로 잘랐으며, 스스로는 왕검王儉
을 '왕곰'·'왕금'이라 발음하여 '대군大君'·'대황大皇'의 뜻이라
고 하였다.
　　이병도는 단군왕검에 관해 다음과 같이 말하고 있다.

---

120) 위의 책, p.63.
121) 안재홍, 앞의 책 상권, p.72.

육당六堂 최남선씨崔南善氏의 설에 의하면, 檀(壇)君은 무당의 일명一名인 '당굴'의 사음寫音이고, '당굴'은 몽고어蒙古語 Tengri(天・拜天者)와 공통된 말이며, 마한馬韓 제국諸國의 신읍神邑의 장長인 '천군天君'도 이와 마찬가지의 말이라 한다. 단군檀君이 꼭 '당굴'의 대역對譯인지 아닌지, 양자兩者가 모두 과연 Tengri와 같은 의미의 말인지 이는 확실치 않으나, 육당의 설은 대단히 재미있는 설이라고 볼 수 있다. 신정사회神政社會의 군장君長의 직능職能이 제주祭主인 무당(巫)의 직사職司를 겸하였던 것은 누구나 상상할 수 있고, 또 단군檀君과 대군天君과의 비교도 용이하게 생각할 수 있는 것이다. 단군이 마한의 천군과 같은 직능, 같은 의미의 말이라면, 이 역시 천왕의 일전칭一轉稱에 불과한 것이라고 볼 수 있다. 즉 단군은 환웅천왕桓雄天王의 아들인 동시에 그를 봉사奉祀하는 후계 천왕天王(天君)으로서 여기에는 정치적 군장君長의 의의보다도 제사장祭祀長의 의의를 더 많이 내포하였던 것으로 생각된다.

그러면 단군왕검檀君王儉이란 왕검은 이를 과연 고유명사로 보아야 할 것이냐가 문제이다. 최남선씨는 이를 '엉큼' 혹은 '온곰'・'올곰'의 대역이라 하여 대인大人・신성인神聖人 등의 뜻이 아닌가 한다 하였다. 하여튼 나 역시 이를 고유명사로 보는 것보다는 어떤 권위와 권력을 표시하는 존칭・존호로 해석하는 것이 좋다고 생각된다. 즉 단군檀君이란 이름에 제주祭主(巫君)적 의의가 많다면, 왕검王儉이란 칭호에는 정치적 군장君長의 의의가 더 많은 것으로 보는 것이 타당하다. 다시 말하면 제정일치시대祭政一致時代에는 단군뿐이요, 그 후 제정이 분리된 후로는 제사단체祭祀團體의 장長은 전대로 단군檀君, 정치단체의 장長은 왕검王儉이라 하여 그 맡은 지역도 달랐던 것이 아닌가. 동시에 고조선왕험성古朝鮮王險(王儉)城의 명칭은 이로 인하여 생긴 것이 아니었던가 재고를 요한다(王險・王儉이 어떤 우리말에 대한 차래어借來語인 것은 더 말할 것도 없다).122)

　이와 같이 이병도는 최남선의 설을 대체적으로 긍정하면서, 단군은 제주祭主(무군巫君)적 의의로, 왕검은 정치적 군장君長의 의의로 보려고 하였다.

　백남운은 대략 다음과 같은 견해를 보이고 있다.

　단군신화의 결정적인 특질은 천손강임天孫降臨 가상화假象化이며 왕검王儉(군주)의 신성화이다. ……요컨대 단군의 표기상의 관념은 주제자主祭者이며 추장의 가상이다.……

　그런데 단군왕검의 칭호에 있어서도 이른바 문명기의 언어 및 문자의 특질을 충분히 알아볼 수 있는 것이다. 즉 왕검이란 조선어의 '님금'의 음사로 제왕帝王의 호칭이다. ……왕검 즉 '님금'은 '존귀尊貴'의 전형인 동시에 '위엄' 또는 '지배'를 반영하는 분신어身分語라는 점에서 King · König · empereur · imperator 등의 개념과 똑같은 것이다. 이 지배 · 위엄 · 존귀 · 전투 등의 화신化身인 '왕검'은 천하의 이화자理化者이며 조선민족의 아버지이기도 한 모양이지만, 그 성립이 이른바 문명적인 지배와 복종관계를 기반으로 하는 이상 원시적 귀족의 특권 유지도 강요되었을 것이다. ……이러한 원시귀족인 전제추장專制酋長의 잔학은 원시공산체의 붕괴기 이래의 사회적 도덕이며, 원시적인 자연종교와도 밀착되어 후세의 신권정치의 선구자이기도 한데, 어느 민족의 원시사原始史에서도 공통적으로 나타나는 것이다.

　우리의 단군왕검이라는 칭호도 결코 단순한 것이 아니다. '단군'을 원시추장의 호칭으로 해석한다면 무수한 '단군'이 있었을 것이며, '단군왕검'이라고 호칭되기에 이르러서는 적어도 어느 한 씨족 계통에 한정된 '귀족추장'이었던 것임은 아주 분명하다. ……단군왕검檀君王儉의 칭호는

---

122) 이병도, 앞의 책, pp.77~79.

다른 모든 문화민족의 경우와 마찬가지로 주권자의 지배적·계급적인 존칭이다.

단군은 신화적으로는 천손天孫, 문자적으로는 천군天君, 종교적으로는 주제자主祭者 등등 아무리 단면적인 특징을 부여하더라도, 실재하는 특정한 인격자가 아니고, 묘향산의 산신도 아니고, 단목檀木의 정령精靈도 아니고, 민족의 아버지도 아니며, 현실적으로는 농업공산사회의 붕괴기에 있어서의 원시귀족인 남계추장男系酋長의 호칭에 불과한 것이다.[123]

백남운은 이처럼 파격적으로 단군왕검을 비판하고 있으나, 단군신화 자체를 부정한 것이 아니고 그를 통해 긍정적인 역사성을 모색하려는 모습을 보여주고 있는 것이다.

김태준은 단군왕검에 관해 다음과 같이 적고 있다.

1. 檀과 壇의 다툼도 문자로 기록된 이후의 분쟁이요, 근본적으로는 제정일치祭政一致한 고대의 유물로서, 신라 '차차웅次次雄'이란 왕호가 동시에 '무당巫堂'이었던 것처럼, 오늘날의 '단골'(巫)에 해당한 제씨족 중 최고 권력자의 칭호였을 것이다. '신단수하神檀樹下'의 해석은 『고기古記』급 『삼국유사』에 씌운 그대로 신단神壇 즉 제단祭壇의 壇 자字가 타당할 듯하고, 檀 자字가 연대적으로 그후의 문헌에 나타남과 단목檀木을 제림祭林으로 한 아무 흔적이 없을 뿐더러 단군을 '박달나라 님금' 혹은 '배달 님금'이라고 말한 아무 근거가 없다. 만일 있다면 최근세에 지은 『청학집靑鶴集』이나 『규원사화揆園史話』에 나오는 정도이다.

2. 왕검王儉은 임검王儉이라고 주장하는 이가 있으나 이 역시 '왕검王

---

123) 백남운, 「단군신화에 대한 비판적 견해」(앞의 책), pp.183~187.

儉'이라고 쓰고도 님금이라고 읽을 수 있는 것이다. '님'은 존경어로써
한자로는 주主요……일반적으로 사용한 경어인 것이다. '금'은 '검'·
'감'과 통용되는 존귀의 표시니 대감大監·상감上監의 감, 일본의 신神
(감이)과 군君(김이), 신라의 왕성王姓 김金, 지명地名 왕봉王逢(검마지·
伯)과 같은 것으로 님과 합하여 '님금'이라는 지배자적 전용어로 화한
것은 벌써 신권군주神權君主의 출현과 병립하는 일이요, 신라의 니사금
尼師今·니질금尼叱今·'님금'도 신라 건국 당초부터 사용한 것임을 말
하고 있다. 이에 단군이란 권력자와 왕검王儉이란 지배자적 존칭어를 합
하여 사용한 것은 어느 특정한 신권군주神權君主의 표상으로서 나타나
는 것이다.124)


김태준은 '단군은 최고의 권력자이며 왕검은 지배자적 존칭어'
라고 하였으며, 이를 합친 '단군왕검'은 특정한 신권 군주神權君主
의 표상으로 나타난 것이라고 하였다.

그러한 김태준은 그의 논문(「단군신화연구」)의 '단군 신화에 대한 선
배 제씨諸氏의 연구'라는 항목(이기백 편, 『단군신화논집』, pp.205~210)에
서 기존학자들(신채호·최남선 등)의 학설을 예리하게 비판하였다
(안재홍의 『조선상고사감』은 나중에 간행되어 그가 못 본 탓으로 논평
에서 빠져 있다). 초창기 학계의 단군 관계 연구 경향과 당시(논문
발표 1935년) 갓 30대의 청년 학자였던 그의 단군관을 이해하는 데
많은 참고가 될 것으로 보고 아래에 그 전문(각주 포함)을 그대로
옮겨 본다.

---

124) 김태준, 「단군신화연구」(앞의 책), p.213.

【보기 1】 壇君神話에 대한 先輩諸氏의 研究

　단군신화는 벌써 '古朝鮮' 시대에서 고구려 때까지에 거의 현재 『삼국유사』에 전하는 형태로 완성되었을 것이라는 것을 말하였다.

　그러나 이것을 신화에 나타난 문자 그대로 신봉하여 단군을 중국의 唐堯와 병립한 조선민족의 개국적 시조라는 이가 있는 반면에, 이를 까닭없이 부인 말살하려고 하거나 假想人物이라 一笑에 附하는 이가 있다. 전자가 감상적·신비적이고 어디까지든지 조선 독자의 것이고 신성불가침한 민족신이라고 보는 데 반하여, 후자는 실증주의적이고 정치적 편견에서 보는 痼習이 있으니, 이것은 단군신화뿐만이 아니라 조선의 모든 부문을 연구하는 데 대립된 두 가지 태도였다. 전자에 있어서는 申采浩·崔南善 제씨의 民間史家가 이를 대표하고 있고, 후자에 있어서는 故那珂박사·白鳥박사·小田省吾씨 등 관료학파들의 口頭禪이 그 好例이다. 그러나 양자가 인류발전의 역사성을 거부한 바 비과학적인 연구라는 데서는 동일한 것이요, 우리는 전자의 환상적·독자적인 것을 거부하는 동시에 후자의 합리주의적 假象도 반대하는 것이다.[1] 우리는 단군신화뿐 아니라 조선사 연구의 진정한 길을 위하여 크게 경계하지 않으면 안 된다.

여기 우선 신채호 씨의 단군을 보자! 씨는 「前後三韓考」라는 논문에 말하되,

三朝鮮의 명칭은 三京에서 비롯한 것이니, 3경은 『高麗史』·『神誌秘詞』에 보인 夫蘇梁·五德地·百牙岡이니 이른바 壇君三京이 이것이요, 三京은 조선 고대종교의 대상인 三神으로 말미암아 設始한 것이니 3신은 곧 古記에 보인바 桓因·桓雄·王儉 3신이다. 다만 그 古記가 불교도의 찬집한바 임으로⋯⋯桓因·桓雄 兩名詞는 『法華經』의 釋提桓因이나 釋迦의 別名인 大雄에 맞추어 개작한 이름이요 본래의 명칭은 아니다.

壇君은⋯⋯列國의 '수두'는 곧 列國의 神壇이요 臣蘇塗는 '신수두'니 列國의 神壇을 총관하는 최대 신단이 있는 나라를 가리킨 것이다.

震壇의 '壇'은 '신수두'의 '수두'의 義다. 王儉은 王의 半義 '님'을 취하고 儉의 全音 '금'을 취하여 '님금'으로 讀하던 것이다.

今人이 보통 조선 건국부터 前甲子까지 4257년이라 하니, 왕검 이후로부터 東北扶餘分立 이전까지 그 사이 망막한 長歲月의 事蹟이 전부 殘缺하였는데⋯⋯古記에 '檀君與堯竝立於戊辰'이라 한 것을 據하고⋯⋯단군의 연대를 알려고 함은 愚擧이다. 고구려의 기록으로부터 전한 『魏書』의 '往在二千歲 有檀君王儉 立國阿斯達'이 본문의 전부를 잃고 오직 10수자의 斷句로 전한즉 遵信할 만한 확실한 가치가 있고 없음을 모르나⋯⋯[2]

우리는 이분에게 다음과 같은 질문을 발하리라. 씨는 『神誌

秘詞』라는 古書批判의 결여,『고려사』의 三京을 '단군 三京'으로
한 원인, 3경이 조선 고대 종교의 대상인 3신으로 말미암아 設
始했다는 근거, 3신을 '桓因·桓雄·王儉'이라고 끌어다가 부친
원인에 대해서 해답할 것이다. '壇'君을 蘇塗라고 본 것은 '壇'
을 祭壇으로 보는 한 일견 그럴 듯도 하나, 소도는 천군과 함께
마한풍속이요 오늘날의 '솟대'와 같은 것이니[3] 祭壇과는 마땅
히 분리하여 생각해야 할 것일 뿐더러 불행히도 壇君과 檀君의
싸움은 여기서 취급한 문제가 아니요 고조선어의 표음으로 기
록한 글자일 것이다.

또 今人이 보통 조선 건국부터 前甲子까지 4257년이라 하고는
이 연대를 遵信할 수 없다고까지 말씀하면서 왜 일보 전진하여
'往在二千歲'의 句에 이르러는 확실한 가치가 있고 없음을 모른
다고 하여 오늘날 庸暗한 儒生들에게 惡例를 보이고 있는가.[4]

그래 씨는 2000년 전에 神雄과 熊女의 所生인 단군을 그대로
믿고 생물진화와 인류발전의 과학적 법칙을 거부하려는가. 씨
의 저서에 訓詁와 穿鑿에 犀利한 眼光이 후인을 놀라게 하고 후
학의 蒙을 啓하여 주는 바 많으나, 그 대신에 씨의 저서의 해독
이 그와 竝流하고 있는 것을 망각해서는 안 된다.

단군을 말하면서 뺄 수 없는 것은 六堂 崔南善씨의 史論이다.
그만큼 단군과 최남선 씨와는 脣齒相依한 존재다.[5]

씨의 단군론에 관한 논술은『동아일보』에 연재하다가 중지

되고 말아서 얻어 보기가 어렵고, 여기는 편의상 그의 명저「不
咸文化論」에서 引例하기로 할 터이다.「불함문화론」의 소제목
은「조선을 통하여 본 동방문화의 연원과 단군을 계기로 한 인
류문화의 일부면」이라 하고 曰,


    나는 年來 조선역사 출발점에 대하여 考查를 試하였다. 그 人文
의 기원에 관한 탐구는 스스로 동방문화의 연원을 생각케 하기
때문에 어느새 연구의 대상이 후자로 옮은 것이다.
    極東文化의 연원 문제의 巢礎인 一點을 開示하여 단군신화(혹은
전설)의 중요성을 알리려 한다. 예컨대 단군신화는 태백산으로써
그 무대로 하지만, 이 태백산이 실은 용이치 아니한 고문화 천명
상의 珍寶의 산을 이룬 것이다. 단군을 실존자로 생각할 때에 이
태백산⋯⋯白(흡 paik)자 또 이와 同音同訓한 이름을 가진 山이 얼
마든지 있다. ⋯⋯이는 실로 민속적으로 깊은 因由가 있는 일인
데 다른 모든 證迹이 없어진 오늘에 있어서 다행히 截金遺珠와 같
이 이 山名으로써 그 고문화의 중요한 내면을 窺知하게 됨은 料外
의 소득이다. ⋯⋯白은 원시문화에 있어서의 중심사실이다. ⋯⋯
白자에 함축된 것은(태양을 大神으로한 일종의 成形宗敎) 宗敎事象 내
지 全문화과정의 핵심을 이룬 자다.
    白의 古義는 神・天 그대로 日이다. 天帝를 칭하는 하나님이란
말도 옛날에는 태양 그것의 인격적 칭호에 불외하여 日로써 세계
의 主로 한 것을 알겠다. 그러나 白・밝 혹은 밝안은 옛날은 태양
을 칭하는 聖語로써 많이 사용되었다. ⋯⋯神山(鎭山)의 신앙현상
에서 산악숭배도 생기고 또는 天界의 인간적 존재 또는 해(日)님

의 化神으로 나타난다.

　이렇게 말한 후 '밝'과 『古事記』의 「久志布流」(후루) '穗日'(구시비) 相似에서 태백산과 高千穗의 명실일치를 말하고, 彦(히고) 즉 日子임에서 天狗의 宗家인 豊前의 彦山 등은 조선의 밝(白)과 같은 것을 말하고, 일본 神代史의 요람지인 出雲의 屬地였을 伯耆도 밝의 古熊인 것을 말하고, 중국의 泰山府君과 大人과 五嶽崇拜도 東夷의 遺風을 받아들인 자로 밝祭祀의 일형식에 불외한 것을 말하고, 나아가서 대가리·天狗·tengri·嶽(다께)·高(다까)의 同源인 점에서 高天原에 대하여 새로운 이론을 추출하고, 夫婁·弗炬內·八關會·日子(彦)·蛭(히루)·日神(히가미)와의 同源히루는 힐루, 히메는 힐메의 생략된 자로 힐메와 할머니의 同義니, 이는 모두 大日靈의 古意를 전하는 자라 하였다.

　또 일본의 神名에 나오는 taigar로는 高天彦神·多賀大神·五十猛命이 있고, アマ와 タカ는 '天'의 族이란 표시요, タカムク(高向)와 '대감'이 同根이요, 天을 표시한 taigar과 神을 표시한 park은 원래 朝鮮神道의 大系요 밝(朴)은 제사계급이요 三韓에는 天神奉祭와 일생의 습관이 있으니 '天'·'壇'은 terger에 당한 寫音이라 한 후, 단군은……天을 의미하는 말에서 전하여 天을 대표하는 君師의 칭호로 변한 데 불외하다. 몽고어의 tenger이 天과 함께 巫(拜天者)를 의미한 것과 인류학적으로 군주와 巫祝이 대개 一源一體였던 것과 조선의 고전승에 군주와 巫祝이 동어로 부른 것 등을 합해 생각하면 단군이 어떤 근거 위에 선 것인지 알 것이다.……더구나……'天君'이란 말이 있고 현대어에 巫를 tangur·tangurai라고 칭하는 지방이 있음에랴.

하였다. 그리하여 崑崙·天山·巴里坤에서부터 伏義·堯·舜 등 三皇五帝는 물론 몽고의 鄂博, 만주의 神杆, 희랍 밝안반도 문화까지가 모두 밝(白)산·不咸山을 중심으로 한 다시 말하면 조선 급 단군을 중심으로 동방 혹은 전 세계에 투영된 인류 문화의 체계라는 것이다.[6]

우리는 육당의 단군론이 범하고 있는 두 가지의 근본적 오류를 지적할 수 있으니,

1. 현실적으로는 원시국가 성립과정에 있어서의 한 역사적 지표에 지나지 못할 환상적 신화적인 단군을 그대로 '조선역사의 출발점'으로 하자는 것이요,

2. 나아가서 이것이 極東文化의 巢礎요, 좀 더 나아가서는 세계문화가 모두 조선의 불함문화에서 발원한 것이라는 것이다.

이것이 만일 육당의 일시적 정치연설이라면 그대로 간과할 수도 있겠지만, 苟히 학설인 이상 우리는 음미와 분석을 좀할 수가 없다. 육당의 논법대로 하면 朝鮮語典의 '바'·'ㅂ'·'붉' 아니 세계 각국어사전에 나오는 '바'·'ㅂ'·'붉'·'다까'·'다께'·'히루'·'히꼬'·'태'·'트'……음을 가진 山川神氏의 명칭은 모두 조선 태백산·불함산 계통에 속한다는 게다. 일본의 高千穗도 중국의 泰山도 모두 태백산과 형제끼리요 近東의 '발칸' 반도도 조선의 不咸산과 同系라는 것이다.

인류 발전의 현실적 관계가 세계적으로 서로 유사한 이유를 알지 못하고 한갓 세계의 것이 다 내 足下에 우러나온 것이라는

我田引水的 억설로써 무엇이 해결될 수가 있을 것인가. 육당은 신화를 실화로, '神'을 '실존'적으로 믿는 습관이 있기 때문에, 그는 흡사히 몽매무지한 노파가 瞑目端坐하고 손을 揖하고 관세음보살을 찾는 것처럼 耶蘇에 미친 신도가 부질없이 감상적으로 '하나님 아버지 감사해' 하고 부르짖는 것처럼 그 동기가 신을 경애하는 지순한 마음에서 나왔다고 할지라도, 관세음보살이나 야소를 信치 않는 사람은 그 가련한 환상을 苦笑할 수밖에 없는 것과 같이, 태백산 檀木下에 강림한 檀神 桓雄이 웅녀로 더불어 혼인하여 낳은 아들 王儉의 신화를 그대로 믿으려는 데 무리가 많다. 그뿐 아니라 그는 나아가서 세계 각국의 신화를 그대로 믿는다. 그러다가 그 많은 언어 속에 우연히 頭音만 비슷하면 그것을 끌어다가 태백산 단군과 동계라고 한다.(나아가서는 조선에서 모든 것이 발원하였다고 한다.) 이것은 世界同祖論·朝中同祖論·韓日同祖論의 서설로서는 (한낱 한담으로) 성공된 작품일는지 몰라도, 모든 사물의 발전의 원칙적인 법칙에서 얻은 학문적 결론과는 정반대의 길을 걷고 있는 것이다.

원래 신화라는 것은 遐邈한 원시적인 무계급사회에서는 신화로서의 작용을 갖고 있다가 그 후의 역사적 시대에 전승된 것이 아니라 도리어 계급사회의 형성과 함께 형성된 관념 형태로서, 인간의 인간에 대한 지배 또는 특권적 생산관계의 합리화된 것으로서 특수적으로 신비적으로 발전되는 것으로,[7] 계급사회가 계속되는 동안은 그 사회의 진전을 따라서 다른 문화적인 관념 형태와 함께 부절히 변하는 것이다. 이 단군신화는 씨족사회에서 원시국가를 성립하는 과정까지에 씨족적 고대 유습이 막연한 전설로 전해 오다가 고조선 시대에 들어서 인간 창조의 기원으로 원시귀족의 탄생을 신권화하는 '마크'로 변하여 『古記』·『단군기』·『위서』에 기록될 때에는 다시 기술자의 시대적 세계관과 합하여 기술된 것이니, 이것을 어느 시대의 실재한 인물이라고 하기는 너무도 어리석을 뿐 아니라, 이것을 조선 독자의 것으로 수식하여 세계 문화의 시조라고 한 것도 남부끄러운 창피한 일이다.

六堂처럼 사물을 본다면 중국학자는 세계 문화가 중국에 발원하였다고 하거나, 희랍학자는 세계 문화가 희랍에 발원하였다는 것은 물론 정당하고, 인도 문화는 영국에서 발원하였다고도 할 수가 있고, 또 그 역이라고 할 수 있고, 인도·영국이 동원이라고도 할 수 있는 것이다. 그러나 세계문화는 그 각개의 생활 역사와 相同함으로 인한 우연한 또는 당연한 유사는 될지언정 그것이 어떤 신화의 宗家가 있어 가지고 이에서 分家한 것은 아니다.

씨와 같은 견해는 벌써 100여 년 전 일본의 학자들 사이에도 있었다. 寬政 11년 伴蒿蹊가 쓴 『閑田筆耕』에는 단군 즉 素盞鳴尊이라는 대마인對馬人의 야담이 기재되어 있고, 慶應 말년에는 松浦道輔라는 이에 의하여 素盞鳴尊이 조선 牛首山에서 垂跡하였으므로 단군을 素盞鳴尊과 合祀할 것이라는 의논까지 있었다.[8] 대마인의 齊東野言도 氏보담은 얼마나 선견지명이 있지 않았던가. 그러나 현대의 학문은 '神'의 정체를 '神'의 기원과 본질에서 구명하고 있다. 그리하여 神及神話의 所以然을 알고 있다. 신으로서의 단군을 엄숙한 과학적 조명에서 떠나서 신화 그대로 모시는 한 그 정체는 더욱 오리무중에 잠겨버린다. 그리하여 累千萬言의 질서없는 문헌의 나열은 徒勞라기보담 백해무익이라기 보담도 반동에의 악용의 도구로 화할 뿐이다.

주)
1) 白南雲, 『朝鮮社會經濟史』, 14면.
2) 申采浩, 『朝鮮史硏究草』(38~42張).
3) 孫晉泰, 「蘇塗考」.
4) 이의 대표적 실례로는 『東亞日報』에 실린 鄭寅普씨의 史話 「5천년간 조선의 얼」 등이 있다. 나는 불행히 씨의 논문을 통독할 겨를을 갖지 못한지라 여기에 비판은 하지 못하나, 논지는 조선 민족의 민족혼은 5000년래로 연면하여 내려온 것인 듯하였다. 『朝鮮日報』에 개천전날(?)엔가 빈정거리면서 쓰던 安在鴻 씨의 雄辯 「檀君과 開天節」 등이 모두 이 유일 것이다. 나의 착각이면 다행이지만.
5) 六堂의 단군에 대한 지성은 말할 나위없이 열렬한 것으로 씨의 鄕土愛의 발로였을는지 모르나, 이와 같은 논법은 '코스모폴리탄'이나 汎아세아주의거나 그 유파의 이론을 좀 더 정당화시키는 데는 유력할는지 모르나, 이것은 학술 그 자체의 방법의 과오로 인하여 모처럼 풍부한 문헌의 반동적 이용의 결과에 이르게 되는 것이다. 아무 기반 없는 해석학적 관념론적 환상은 과학적인 일정한 세계관을 갖지 못하게 함으로 형편을 따라 그 학설을 얼마든지 악용도 하는 것이다. 安在鴻 씨가 걱정하는 '政事家的學者群'의 단군론이란 사실 이런 종류의 것이거나, 불연이면 安씨 자신의 講談식 잡문에 나타난 단군론일 것이다.
6) 『朝鮮及朝鮮民族』 제1집, 「不咸文化論」 참조.
7) 羽仁五郞, 『歷史學批判』.
8) 崔南善, 「'神ナガラノ道'를 讀함」.

이상은 주로 일제 강점기에 활동했던 우리 학자들의 단군(고조선) 관계 논저에서 초록해 본 글들이었다. 다음에서는 근자에 나온 이 관계 논술 가운데 두 학자의 글에서 해당 부분을 추려 옮겨 본다.

김정학金廷鶴은 「檀君神話의 새로운 解釋」에서 다음과 같이 적고 있다.

> 단군신화에서는 雄이 太伯山 꼭대기에 하강하였다고 하였는데, 太伯의 '伯'은 '白'字와 같은 音의 표기이다. 太白山의 '太'는 크다는 뜻으로 白山의 형용사이다. 그러므로 핵심은 白山이다. 白字는 百・伯字와 함께 알타이語의 '밝'・'박'・'백'의 한자 표기로 쓰여졌다. ……그러므로 白山의 白은 밝이고, 山은 古語에 '달'이다. 따라서 白山은 우리 말 '밝달'의 한자 표기이다. ……. 그러므로 白山의 神은 '밝달검'이다. '밝달'은 우리 말 音韻變化로 '배달'이 된다. 그러므로 '밝달검'은 '밝달'을 檀(박달단) 字로, '검'을 君字로 漢字 表記하여 檀君이라고 한 것이다. '검'은 상기한 바와 같이 우리 말에 감 검 금 곰으로 음운변화 하는데, 神・上・王・君의 뜻이다. …….
>
> ……이름을 단군왕검이라고 하였다고 하였는 바, 王儉은 檀君이 朝鮮을 세우고 '임금'이 되었다는 것을 뜻하는 것이다. 王은 '임금'의 訓借이고, 儉은 '검'의 音借로서 같은 뜻의 말이 중복된 것이다.[125]

이기백은 단군 신화에 관해 다음과 같이 말하고 있다.

> ……. 단군신화가 그 이야기 줄거리 속에 나타나 있는 古朝鮮 때부터 있던 것이냐 혹은 후대의 조작에 불과한 것이냐 하는 것부터가 문제이

---

125) 김정학, 「단군신화의 새로운 해석」(앞의 책), pp.95~96.

다. 이같은 의문을 가지게 되는 까닭은 단군신화가 처음으로 기록되어 있는 『三國遺事』가 겨우 13세기에 저작된 것이었다는 데에 깃들어 있다. 그렇게 오랜 옛날부터 전해오는 신화였다면 어째서 오랜 기록들 속에서는 찾아볼 수가 없는 것일까 하는 것이다.

이러한 의심을 품고 단군신화 자체를 말살해 버리려고 한 것은 주로 일본학자들이었다. 그들은 단군신화 속에 佛敎的인 요소라든가, 神仙思想이라든가, 山神崇拜라든가, 圖讖思想이라든가를 발견할 수 있는 것을 들어서 결국 이러한 후대 사상의 영향 속에서 조작된 것으로 생각하였다. 일본 학자들이 단군신화를 후대의 조작으로 치부해 버리려는 한결같은 태도를 가지게 된 것은 어디에 그 원인이 있을까. ……. 그러나 물론 그들의 주장이 성립될 수 없다는 증거만은 제시해 두어야겠다.

그것은 중국 山東半島에 있는 武氏祠堂의 畵像石에서 단군신화와 그 내용이 대체로 같다고 볼 수 있는 그림을 찾아볼 수 있다는 사실이다. 이 武氏祠堂은 기원후 2세기에 세워진 것이지만 그 畵像石의 원본은 이미 기원전 2세기에 세워진 靈光殿에 있었다고 한다. 그렇다면 중국 산동반도에 기원전 2세기경에 이미 단군신화와 거의 같은 줄거리의 신화가 있은 셈이다(金載元, 『檀君神話의 新硏究』, 1947). 이같이 원본의 연대가 기원전 2세기로 올라가는 화상석이 지금도 남아있기 때문에 고증을 자랑하는 일본 학자들도 이제 단군신화를 13세기경의 조작으로 돌릴 수가 없게 된 셈이다. ……『삼국유사』의 기록만으로써는 완전히 깨트리기 힘든 考證學者들의 잘못을 무씨사당 화상석이 깨트려준 것이다.126)

이상에서와 같은 국내 학자들의 설례說例는 이 정도에서 그치기로 한다.

---

126) 이기백, 「단군신화의 問題點」(李基白 편, 『檀君神話論集』), pp.64~65.

### ③ 일본 학자들의 견해

앞에서 우리는 최남선이 단군 고찰의 선구자라고 하였지만 이는 어디까지나 국내 학계라는 범위 안에서의 일이었다. 최남선을 비롯한 신채호·안재홍 등 민족사학자들이 단군 연구에 직접 간접으로 자극을 받게 된 것은 그보다 앞서 있었던 일본 학자들의 단군 및 고조선 관계의 논고論考 때문이었다고 할 수 있다.

우리 학자들보다 앞서 외국인으로서 가장 먼저 단군을 논급한 학자는 일본의 那珂通世(나가 미찌요)와 白鳥庫吉(시라도리 구라기찌)·今西龍(이마니시 류)일 것이다. 이들의 단군에 관한 견해를 여기에 이끌어 보려고 한다. 여기에서는 이들의 논고들을 일일이 옮겨 보는 번다함을 피하여, 마침 일찍이 이들의 글을 '단군말삭론壇君抹削論'이라 지적하고 논박한 최남선의 논문이 있으므로, 그 관계되는 부분만을 추려서 일본 학자들의 단군에 관한 견해를 확인해 보기로 한다.

나가(那珂)의 글을 최남선은 대강 다음과 같이 논평하였다.

外國人으로 朝鮮의 古史에 대하여 學的 檢討를 識한 者는 日本의 那珂通世로써 嚆矢를 짓는다. 那珂는 일본에 있어서 東洋史의 先覺으로 精嚴한 學風을 가진 것은 一篇의 「遺書」에 넉넉히 徵할 것이오, 그 「朝鮮古史考」와 같은 것도 실로 周到愼密하여 시방까지 朝鮮史 唯一의 好津梁을 짓는 것이다. 다만 氏의 文獻 偏重의 病을 材料 難備의 恨과 竝하여 最大 關節일 壇君에서 不慮의 矗卤(거칠고 유치함)를 보이고, 그것이 뜻밖에 조선 역사의 출발점에 대하여 正當한 見解의 發育을 沮礙하는 因이 되다시피 한 것은 氏에게 있어서 원통한 過誤라고도 할 것이다. 그는 「古史考」에서 朝鮮의

古事를『史記』以下 漢籍을 依하여 揣摩(억측·추측함)한 후, 附說 비스름히
『三國遺事』의 文을 引用하고 詳斷을 가하되,

"檀君의 名을 王儉이라고 한 것은 平壤의 舊名인 王險의 險字를 人扁으로
改한 것이다. 此 傳說은 佛法東流 後에 僧徒의 捏造로서 出한 妄談이요, 朝鮮
의 古傳이 아님은 一見에 明了하다. 「麗紀」 東川王 21年, 築平壤城, 移民及廟
社의 下에 '平壤者 本仙人王儉之宅也'라 한 것은, 王儉은 列仙傳中의 人物로
보고 開國의 太祖라고는 보지 아니한 故로 仙人之宅이라고 한 것이니 斟酌
있는 書法이다."

하고,『東國通鑑』의 外紀에라도 이것을 올린 것은, 僧徒의 妄說을 역사상
의 사실로 간주한 것이라고 비난하고, 다시 후세 승도의 망설에 대하여
억지로 이해를 下하려 함은 심히 無謂한 일이라고 斷하였으니,127) 이는
실로 단군이 일본의 학계에서 턱없는 除斥을 만나던 최초의 동기요, 因하
여 조선으로 하여금 역사적 無頭鬼(머리 없는 귀신)를 作하게 하여, 마침
내 全東亞文化의 淵源까지를 오래도록 黯昧(짙은 흑색)의 域에 投케 하던
始初니, 氏의 모처럼 큰 공적도 이 錯見 하나를 償할 만한지가 의심스럽다
할 밖에 없음은 못내 유감스러운 일이다.

최남선은 이어 시라도리(白鳥)에 관해 다음과 같이 적고 있다.

那珂씨의 泛視輕論한 뒤를 이어서 壇君說의 無據한 것을 立證코자 한
者는, 白鳥庫吉의『朝鮮의 古傳考』니, 그는 먼저 文字 이전의 口碑는 年所를
歷하는 대로 妖談怪說이 附着하여 荒誕의 團塊를 이루거나, 不然이면 學

---

127)『史學雜誌』第5編 p.283 以下(第4號 p.41).『那珂通世 遺書』中「外交繹史」, p.73
　　以下(第8章 朝鮮樂浪帶方考).

者·僧侶의 輩가 故意로 怪談을 지어서 古來의 傳說이라고 僞稱하고, 혹은
傳來의 口碑를 자기의 想像껏 改竄하여 아까운 古傳이 그 중에 埋沒해버리
는 例가 不少하니, 그러므로 古傳說을 연구함에는 상심하게 事態의 黑白을
辨別하여 어떠한 부분이 그 古傳이요, 어떠한 부분이 後世의 架構인 것을
看破해야 하지, 不然하면 眞僞를 倒見하고 純駁을 誤解하여 紕繆(잘못·실
수)를 千古에 傳하리라고 戒飭(경계하여 타이름)하고, 그 適例는 朝鮮의 古
傳說이요, 朝鮮의 古傳說 중에서도 가장 妄誕을 極한 것이 檀君의 傳說인데,
그 妄誕한 本色을 가장 환하게 窺見할 것이 『三國遺事』의 文이라 하고,
인하여 那珂씨의 說을 引用한 뒤에,

　　"나도 此 傳說에 對하여 (那珂)氏와 見解를 한가지하는 者이다. 다만 氏
는 이것을 僧侶의 妄說이 史學에 益함이 없다 하여 放貶해 버렸지마는,
나는 이 妄說에는 妄說인 만한 結構와 工夫가 있다고 認하며, 또 다른 傳說
과 連關하여 多少의 事實을 發揮할 만한 줄 信하기로 구태여 穿鑿의 勞를
꺼리지 아니한다."

하고, 다시 장황한 辨證을 試하였다.128)
　　少年 氣銳만 하였지 學이나 識이 今日과는 딴판인상 싶은 당시(甲午年,
1894)의 論을 30여 년 후 시방 다시 提起함이 혹시 氏의 不屑해할 일인지
는 모르겠지마는, 氏의 見解는 혹 合理的으로 進展하였을지라도,129) 氏의
此論이 아직도 檀君에 대한 一盲杖으로 가끔 쓰이는 터이매, 그 필요한
부분을 잠시 인용하여 두자. 白鳥氏는 이르되,

---

128) 『史學雜誌』 第5編, p.950 이하.
129) 최남선은 여기에 주를 달아, "10許年 前의 『京城日報』 日曜 附錄에 白鳥氏의 談
　　이라 하여 揭載한 「檀君說」에는 '檀君은 高句麗人의 樹木精靈崇拜思想으로서 脫
　　化하여 온 것'이란 것이 있으니, 이는 「傳說考」 당시의 見解와는 약간 遷就한
　　자취를 볼 것이다"라고 하였다.

"桓雄 檀君의 降臨하였다는 太伯山은 平安道에 있는 今의 妙香山이니, 妙香山은 『東國輿地勝覽』에 '妙香山一名太伯山, 古記 其山有三百六十庵……'이라 하였은즉, 옛날 佛法이 隆盛을 極하였을 때에는 堂塔伽藍이 용마름을 이어서 한참 떠들썩하였을 것이라. ……古記에 檀木이라 한 것은 곧 此山中에 나는 香木을 두고 하는 말이니, 이것을 檀木이라 稱함은 올고지 天竺의 牛頭旃檀에 擬한 것이다. 牛頭旃檀은 『觀佛三昧經』에 '譬如伊蘭與旃檀 生此利山中 三仲秋月滿 罕從地生, 成旃檀樹 衆人皆聞牛頭旃檀 上上妙香'이라고 稱함은 필시 此 香木을 産함에 因한다."

하고, 妙香의 이름이 佛籍 중에서 집어낸 것이라 하여 『華嚴經』, 『正法念處經』, 『智度論』, 『西域記』 등의 摩羅耶山 旃檀에 관한 文憑을 列錄한 뒤에,

"因하여 按하건대, 此 傳說은 僧侶의 虛誕에 成한 것으로 太伯山이 香木을 産하기 때문에 이것을 印度의 摩羅耶山에 比하고, 그 香木을 牛頭旃檀에 擬하고, 그래서 此樹下에 降한 것을 緣으로 하여 檀君이라는 架空의 人物을 案出함인 것이다. 『高麗史』 地理志에 '江華縣西摩利山頂 有塹星壇 世傳檀君祭壇'이라고 한 것을 보면 누가 檀君이 本來 旃檀의 精靈임을 의심하랴. 牛頭旃檀은 佛菩薩에게 가장 由緣이 있는 名木이니……僧侶의 徒가 이 靈木을 神人이라 하여 開國의 始祖로 仰하였음도 無理는 아니다. 또 釋提桓因(帝釋)을 檀君의 祖父로 定한 것은 『阿毘曇』의 中에 帝釋의 二太子에 旃檀修多羅란 것이 있음을 여기서는 조금 뒤틀어서 檀君이 帝釋의 孫이라 한 것이요, 『遺事』의 古記에 '主穀……凡主人間三百六十餘事'라 한 것은 『雜阿含經』에 '有一比丘問佛 何故釋提桓因, 答日 爲人時 行於頓施 堪能作主'라 한 것을 附會한 妄說로 봄이 不可치 아니할 것이다."

하고 다시 論步를 내켜서,

"檀君의 祖先은 上來에 적었음과 같거니와, 또 그 子孫의 일은 三韓古記에 '檀君生子夫婁 是爲東扶餘王……'이라 하고, 또 「眉叟記言」 '檀君之後 有解夫婁……'라 하였으니, 이것을 『三國史記』의 高句麗本紀에 載한 朱蒙의 傳에 照合하여 그 系譜를 考하건대, 朱蒙의 養父는 金蛙요, 金蛙의 養父는 夫婁요, 夫婁의 實父는 檀君이 될 것이다. 그러면 檀君은 朝鮮國의 祖先이 아니라, 高句麗 一國의 祖先임을 알 것이다. 하물며 또 檀君의 降臨한 太伯山이라든지 그 都한 平壤이라든지, 그 神이 된 곳인 阿斯達山이라든지, 온통 高句麗의 領內에 있음을 아울러 생각해서는 더욱 그 高句麗의 始祖인 줄을 넉넉히 證할 것이다. 아니 高句麗의 祖先이라고 그 나라의 僧侶輩가 假作한 人物이라고 解釋할 것이다."

하고, 다음 조선 고대의 國祖 卵生說話(주몽·수로 등의 사적도) 總히 佛說에 依托한 想像談임을 얼른 看破하리라고 단정하였다. 그 이유로 卵生이 佛說四生의 一에 있음과, 古記 중에 나오는 迦葉原(阿蘭弗) 등 名句와 金首露와 脫解가 鷹鷲(매와 독수리)가 되고 雀鷂(참새와 새매)이 되어서 서로 秘術을 겨루는 一段說話가 總히 佛典的인 등을 들었다.

……일본인은 도리어 이웃집 조선의 역사에 이런 무식한 짓을 하려고 듦이 그 壇君 抹削 후의 朝鮮史 敍述套이다.

……일본의 학계에서 다시 檀君에 관한 考說이 나잘 까닭이 없이 한동안을 지내었더니, 조선사를 專門으로 하는 今西龍가 出함에 미쳐, 전 兩說의 탕개를 한번 더 조지는 쐐기가 병합(일제강점)이라는 북새를 機緣으로 학계에 나타나게 되었다.

今西龍(이마니시 류)에 관해 최남선은 다음과 같이 이어서 말하고 있다.

그 明治 43년(1910) 11월 발행 『歷史地理』의 朝鮮號에 게재揭載한 「檀君의 說話에 對하여」란 논문이 그것이다. 그는 먼저 檀君說의 妄誕이 那珂씨에게 논증되고, 또 白鳥씨를 말미암아서 그것이 어떠한 불전을 가지고 結搆된 것이 명백하여졌거늘, 이것을 모르고 당시의 그네 중에 단군을 일본의 어느 神格과 合祀하려는 妄擧가 있음을 慨嘆하고, 좀 進步한 眼孔으로 檀君을 보아 가로되,

"檀君의 記事는……『三國遺事』에 出함이 始初니……本書의 記事는 『魏書』 及 『古記』의 두 군데서 轉載한 것 비스름하지마는, 『魏書』에는 무론이요 다른 支那의 史籍에도 보이지 아니하였으며, 온통 朝鮮 特生의 神話로 『三國遺事』는 당시 世間에 行하던 此 傳說을 錄함일 것이요, 僧 一然의 創作한 說話는 아니다. 此 記事의 中에 注意할 것은 題目의 注에 檀君朝鮮[130] 이라고 하였음과 檀君王儉의 四字와니, 檀君王儉의 檀君은 尊稱이요, 王儉은 名이라고 稱할밖에 없는데, 그러면 王儉이란 것이 무엇이냐."
고 하여 王儉이 이 수수께끼의 숨은 열쇠임을 認한 모양이다. 왕검관은 곧 그의 단군관으로, 그 견해가 이러하다.

"王儉이란 것은 地名의 王險으로서 出한 仙人의 名이니, 此事를 說하자면, 먼저 地名의 王險으로부터 說해야 한다. 王險은 衛氏朝鮮의 都의 名이니, 『史記』 朝鮮傳에 '滿都王險'이란 것이 있고, 『前漢書』 朝鮮傳에도 '朝鮮衛滿……都王險(李奇曰 地名也)'라 한 것이 있어, 史家는 이 王險으로써 平壤의 古名이라 하였다. 朝鮮近世의 大學者 丁若鏞은 其著인 『我邦疆域考』에 '王公設險以守其國 平壤之別名 王險蓋其義也'라고 解하였다."

---

130) 여기에 '단군조선'이라고 한 것은 아마도 '왕검조선'의 오자이거나 옮길 때의 착오였을 것이다. 『유사』 본문의 '고조선' 제목 밑에는 분명히 '왕검조선'이라 있기 때문이다. 나중에 보게 될 이마니시 류의 저술에서도 '왕검조선'이라 되어 있다.

하고,『魏書』·『北史』·『隋書』·『唐書』·『史記正義』·『通典』等文을 雜因하여 平壤 즉 王儉城임을 辨證한 뒤에,

"高句麗 末期에 있어서 上述함과 같이 平壤의 古地名이라고 北韓人에게 信하였던 王險은, 高麗朝의 中頃에는 이미 仙의 名으로 變遷하였다. 이미 丁氏도 설한 것처럼 '改險爲儉旣甚穿鑿'일 것이요, 檀과 壇과 擅이 서로 通用된 것처럼, 險과 儉이 通用되었을 뿐이지 이 밖에 意義가 없다 해도 可하다. 要컨대 地名의 王險이 仙名의 王險이 되었다. 곧 高句麗末에 國都인 平壤의 最古名으로 믿어지던 王險이란 말이, 悠久한 歲月과 그 地方 民衆의 流離와 變換과로 말미암아서 그 傳說이 歪訛하고 漸次로 그 意味를 轉하여, 마침내 王險 卽 平壤이 草創한 仙人에게 付하는 名字가 되었다. 仁宗王의 當時에 此種의 仙人이 平壤地方에 尊崇되어 있었던 것은,『高麗史』卷127 妙淸傳 及『東國通鑑』仁宗王 9년의 條에 云云이라 함으로 알 것이니, 此等 仙人은 佛敎도 이 人民의 胸裏에 消除 不得한 Shamanism의 諸神이다."

라고 하여 妙淸의 '八聖'으로 證左를 삼았다. 그리고 仙人 王儉이 또한 太伯仙人·平壤仙人의 類거나 또 그중 무엇의 別名이거나를 設想하고, 檀君의 名이『三國史記』『高麗圖經』等書와 西京의 八仙人 중에도 보이지 아니함은, 當時에 檀君의 稱이 있지 아니하고 오직 仙人 王儉이 있었을 따름인 故요, 王儉仙人을 분명 王險城의 神일 따름일 것을 論하고서,

"以上에 說한 바를 총괄하건대, 고구려시대에는 평양의 古地名으로 전했던 王險이 고려조의 초경으로부터 王儉仙人이 되어 仙人王儉으로 轉하고, 平壤 開基의 仙人의 實名으로 변한 것에, 高麗朝의 반쯤 지나서 檀君이란 尊稱을 바쳐서 檀君王儉이라 하여 朝鮮 創始의 神人이라고 한 것이다. 李朝의 諸記錄이 온통 檀君이라고만 쓰고 王儉의 名을 附치 아니함으로부터, 마침내 檀君의 號만이 알려지고 王儉의 名은 잊어버리게 된 것이다."

라고 결론하고, 인하여 檀君이란 이는 일본에 아무 관계 없을 것을 말하였다.[131]

지금까지 최남선의 글을 통하여 이른바 단군말삭론(말살론)의 첫 주창자격인 나가那珂 등 일본 학자들의 단군에 관한 견해를 대강 살펴보았다. 그 중에서 이마니시 今西의 단군관에 참고가 될 만한 다음의 글 한 토막을 여기에 옮긴다.

古朝鮮의 아래 주에 檀君朝鮮이라 쓰지 않고 王儉朝鮮이라고 쓴 것과, 檀君王儉의 4자로써 一神人의 칭호로 삼은 것이 있다 .이에 의하면 단군은 존칭이며, 왕검은 그 본명이다. 신인神人에 군호君號를 붙이는 것은 도교를 모방한 것이다.[132]

이상에서 일제강점기 이전부터 그 초기에 고조선 및 단군에 관한 우리의 옛 역사를 고찰한 대표적인 일본 학자들의 견해를 대강 살펴보았다. 주로 최남선의 지적과 반론을 중심으로 옮겨 본 것이었다. 그리고 앞 항목에서 옮겨 본 바 있는 당시 젊은 학자 김태준의 논문에서 일본 학자들의 단군관을 예리한 안목으로 논파한 해당 소항목을 또한 그대로 여기에 옮겨 보기로 한다.

---

131) 최남선 「단군론」 五, 僧徒 妄談說·六, 王險城 神說(『육당전집』 2) p.83~86.
132) 今西龍, 『朝鮮古史の硏究』 p.32.

【보기 2】  檀君抹殺論者의  政治的  意圖

여기에 대하여 일본의 학자들은 어떠한 의견을 가지고 있는가?
故那珂 박사는 그의 著 「朝鮮古史考」에,

이 전설은 佛法東流의 後 僧徒의 날조에서 나온 妄誕으로서 조선의 古傳이 아닌 것은 일견해서 알 것이다.

라고 道破하였지만, 白鳥 박사도 그 저서 「朝鮮의 古傳說考」에 일일이 불교경문 중에서 자세히 출처를 수색하여 단군으로써 栴檀의 精靈이라고 단정하고 또 단군은 조선의 祖先이 아니고 고구려 일국의 祖先으로 그 나라의 승려들이 假作한 인물이라고 단정하였다. 故今西 박사는 「단군론」에 다음과 같은 서술을 하였다.

‘神’은 ‘干岐’・‘검’이었다. 그 지방의 수호신을 仙人이라 하였다. 고려 중엽에 僧徒는 本地垂跡說을 세워 이 仙人과 佛菩薩과의 혼일을 꾀하려는 적도 있다. 이 선인의 하나에 평양의 수호신 王儉仙人이 있었고, 평양의 古名 王險의 險 篇을 고쳐서 儉처럼 人名으로 하였다. 고려 중엽인 아마 고종 때쯤에 이 왕검선인에게 단군이란 존호를 올려 단군왕검이라 칭하고 이를 조선 개국의 神人이라 하고 帝釋 아들 桓雄이 묘향산 檀木下에 내려서 낳은 아들로서 조선을 개국한 분이라 하였다. 생각컨대 고려가 존봉하던 중화의 宋은 약하고 고려가 北狄視하던 遼・金이 궐기하여 황제라 칭하고 중원에 명령하니……유구한 고문화의 역사를 가진 자부심으로서 自國 독특한 開國祖를 요구하였을 것이다. 고려가 고구려를 계승하였다고 자칭하는바 고구려는 王險城인 평양에 都했었다. 왕검선인은 개국의 신인이었다는 전설이 아마 陰陽道者流에 의하여 구성된 것 같다.

그 邪熱을 醒하는 栴檀의 존호를 가진 것은 疫病을 除하는 데 유효한 神일 것이다. 云云[32]


해석학적 결론이란 이렇게 되기도 쉬운 것이나, 今西 씨의 말한 바 선인은 고구려 때부터 있어온 것이요 고려 때에 새로 생긴 것이 아니며, 고조선의 수도 '王險'城의 讀法과 字義의 천착이 없이 다만 王儉은 王險의 改制라고 하여 손쉽게 쓸어버릴 수는 없는 것이다.

그리고 가장 중요한 오류는 이들 學者群에 약속이라도 한 듯이 古文書 否認에 나타난 동일한 어조다. 고문서라는 것은 『삼국유사』에 단군 이야기를 실은 『魏書』·『古記』·『檀君記』 등인데,

하나는 『魏書』에 云이라 하였으나 同書를 閱함에 절대로 이런 일이 없을 뿐 아니라 중국의 서적에는 전연 보이지 않는다. 하나는 『고기』에 云이라 하였지만 그 『고기』란 것은 어떤 것인지 확실치 아니하다. 그다지 오랜 것이라고도 생각되지 않는다.[33]


라는 태도다. 이는 문학사 小田省吾 씨의 명논문이지만, 이는 일본 학자의 공통된 선입견이다. 하나 씨에게는 불행하게도 『위서』·『위략』이라는 책자가 오늘날 남아있는 魏收의 『魏書』 외에도 많이 있었을 뿐 아니라(上述) 위수의 『위서』도 그후 개찬된 것이요 원저대로가 아니며 그 전하지 않는 『위서』의 斷章 零篇이 『三國志』 이하 東夷列傳 처처에 인용되어 있지 않은가? 『고기』도 또한 그러하고 『단군기』도 또한 그러하다. 대개는 삼국 이래의 문헌임이 의심없는 것을 이끌어 모두 고려 고종 때의 假作이라고 하니 이것은 무조건한 단군 부인보다도 더 교활한 것이다.

특히 小田 씨는 '단군전설'에 대한 장논문을 써서 단군전설의 구성은,

1. 一半은, 山은 달, 단군은 달님 즉 山君·山主·山神이라는 의미에서 근본 묘향산의 산신의 緣起에서 출발한 것이요,

2. 一半은 妙淸傳에 나오는 평양선인설과 『삼국사기』의 '平壤者 本仙人王儉之宅也'라는 말에 의하여 평양의 개벽신화로서의 平壤仙人說과 그 부근의 명산 산신인 妙香山神緣起와 혼동 포함되어 어느 승려의 손에 기술된 것이라고 단정하였다.[34]

이 과연 대발견일지 모르나 山을 達이라고는 하였어도 山神을 '달님'이라고 한 전례는 어떠한 고문헌과 고적에서도 마치 씨가 『위서』와 『古記』를 증명하기 어려운 것처럼 찾기 어려운 일일 것이다(바로 オ月サマ를 달님이라고는 할지언정).

평양과 묘향산의 거리가 조선 里數로 4백리나 되는데 평양선인과 묘향산신이 一身으로 포합하기에는 너무 멀 뿐 아니라 고려 중엽인 짧은 시간에 가능한 일은 아니다. 무엇보다도 중대한 것은 『위서』·『고기』 등 고문서를 부인하므로 종래 '단군시대라는 조선역사의 출발점'을 말살 부인하기에 노력하는 정치적 의도가 마치 X광선에 비친 肋骨처럼 뱃속까지 들어밀어 보인다. 신화의 존재성을 모르고 신화라는 것을 후인의 가작한 일시적 작품으로만 하면 어느 나라의 상고신화를 물론하고 학문의 대상이 될 것이 어디 있으랴. 만일 일시의 가작이라면 가작자의 가작 동기를 그 시대 사회성에서 구하여 보지 아니하고 曲意로 문헌을 해석하여 정치적 선입견으로 旣定한 결론을 추출하는 무모는 얼마나 학문적 죄악이랴. 신화라는 것은 근거와 이유 없이 일시에 조작해 내는 것은 아니다. 말살은 관료적 편견일 뿐이다.

주)

32) 今西龍, 『朝鮮史の栞』.

33) 小田省吾, 「朝鮮上世史」(『朝鮮史講座』 제6·7호).

34) 이와 같음.


그 이후의 일본학자 중에서 대표적인 조선고사朝鮮古史 연구가의 하나라고 할 수 있는 三品彰英(미시나 아끼히데)의 유찬遺撰에서 단군 관계 부분을 옮겨 보기로 한다.


壇君은 檀君으로 神人의 號. 王儉은 神人의 名. 現存의 文獻 중에서 檀君傳說의 記事가 있는 가장 오래된 것은 本書『遺事』이다. 이 檀君傳說은 일찍이 平壤에 도읍하여 半島와 滿洲에 版圖를 넓혀 東亞의 雄國으로서 흥성했던 高句麗의 始祖傳說에 보이는 神人 解慕漱의 傳承에 淵源하고 있다. 高麗時代는 讖緯說의 流行이 성하였으나 民間信仰으로부터 나온 仙人信仰도 행해져 있었다. 또 仙人이라고 하는 말은 道教의 영향을 받은 것으로 생각되어지지만, 神人을 가리키는 것이다. 이 王儉은 平壤의 古名 王儉城에서 命名되어진 것이지만, 『高麗史』에는 '高句麗의 木覓仙人'으로도 보이고 있다. 원래 平壤은 西京이라 하여 高麗에서는 중요한 위치를 지니고 있었으나, 讖緯에 기반을 둔 地理風水說이나 당시의 國際情勢·民族意識의 영향에서, 처음에는 평양이라고 하는 一地方의 守護神이었던 王儉仙人이 國神으로서의 지위에 높여졌다. 그리하여 이 仙人에게 解熱의 妙藥인 檀(栴檀은 梵名 寫音, Candana)을 名號로 붙여서 檀君으로 하였다. 神子가 神壇樹下에 天降하였다고 하는 것은, 聖林神降信仰에 由來하지만 神壇이라 있으므로 峠의 聖所가 than이라 불리고 있는 것과 관계될 것이라는 說도 있다. 右의 王儉仙人이 國家神으로서 信仰된 것처럼 되었던 것은 仁宗에서 高宗 무렵인 것 같은데, 그 무렵에 『檀君記』라는 것이 성립되었다고 생각된다.

그래서 僧一然이 『遺事』를 찬술했을 때에, 이것을 古記라 하여 卷首에 轉載한 것으로서 드디어 결정적인 것이 되었다(參照, 今西龍 「檀君考」 『朝鮮古史の研究』 所收).

라고 하여, 종래 일본 학자들의 설을 답습하고 있다. 그리고는, "김재원金載元 씨는 『단군신화의 연구』라는 논고에서, 한대漢代 화상석畵像石과의 비교에 의해 단군 전설의 조형祖型을 거기에서 구하고 있다"라고 하였다.[133]


④ 왜 단군檀(壇)君이라 하였을까

지금까지 여러 학자들의 논구論究를 통해서 단군檀君(壇君)은 무군巫君(무당 임금)이며 또한 천군天君·천왕天王과 같은 뜻의 존칭으로 당굴·덩걸·볽곰(발검)·볽한 등 옛말에서 온 일컬음이라 하였음을 볼 수 있었다. 최남선은 '당굴-텅걸-천군天君-단군壇君'으로 연결지었고, 안재홍은 '단군檀君은 천왕天王이며 신황神皇인데, 천왕이 덩걸이면 신황神皇은 볽한(명왕明王·성제聖帝·성왕聖王·신왕神王)이라'고 하였다.

그러나 이에 앞서 일본 학자 白鳥庫吉(시라도리 구라기찌)는 앞에서 본 바와 같이 "고기古記에 단목檀木이라 한 것은 곧 이 산(태백산·묘향산)에 나는 향목香木을 두고 하는 말이니, 이것을 단목檀木이라 칭함은 인도의 우두전단牛頭旃檀에 견준 것이다"라고 하여, 불경佛經에 보인 '우두전단牛頭旃檀이 상상묘향上上妙香'이란 말을

---

133) 앞의 『삼국유사고증』 상, pp.303~304.

이끌어 와서 "태백산을 묘향산이라고 칭함은 필시 이 향목香木이 남으로 인因한다"라고 한 다음 또 몇 가지 불전의 사례를 들고는, "태백산이 향목을 산産하기 때문에 이것을 인도의 마라야산摩羅耶 山에 비하고, 그 향목을 우두전단에 의擬하고, 그래서 차수하此樹下에 강降한 것을 연緣으로 하여 단군이라는 가공의 인물을 안출案出함인 것이다"라고 하여, "……누가 단군이 본래 전단旃檀의 정령精靈임을 의심하랴"라고 하였다. 그는 결국 단군을 전단향목旃檀香木의 정령으로 본 것이었다. 역시 앞에서 보았지만 그를 답습한 三品彰英(미시나 아끼히데)도, "평양이라고 하는 일지방一地方의 수호신이었던 왕검선인王儉仙人이 국신國神으로서의 지위로 높여졌으며, 이 선인仙人에게 해열解熱의 묘약인 단檀(전단栴檀은 범명梵名 사음寫音, Candana)을 군호君號로 붙여서 단군檀君이라고 하였다"라고 하였다. 그리고 그는 태백산을 해석하면서, "환웅이 내려온 태백산은 단수檀樹가 많아 그 단수에서 단군의 칭稱이 나온 것이므로, 산중에는 향목이 많아서 겨울에도 푸르렀다고 하는 묘향산이야말로 이 태백산에 상응하고 있다 하겠다"[134]라고 하였다.

이들 일본 학자는 단군의 이름이 전단향목에서 유래된 것으로 보았다. 그러나 앞에서도 보았지만 『유사』 원문에는 전단향목 곧 향나무(香木)와 결부시킬 만한 근거를 전혀 볼 수가 없다. 환웅천왕이 내려온 곳이 '신단수하神壇樹下'이며, 단군의 어머니가 된 웅녀가 매일 가서 잉태할 남편감을 구하였다는 곳도 '단수하壇樹下'

---

134) 앞의 같은 책, p.305.

로 되어 있고 또 단군도 '壇君'으로 되어 있기 때문이다. 다만『제
왕운기』 등에서 '신단수神檀樹'·'단웅천왕檀雄天王'·'단군檀君'으
로 되어 있으며,『동국사략』 등에서 "有神人 降于太白山檀木下 國人
立爲君 是爲檀君"으로 되어 있으므로, 후인들이 단수檀樹·단목檀木
·단군檀君으로 쓰게 된 것이다.

그러므로 단壇이 단檀의 오자로서 '檀'이 옳다고 하더라도 단檀
은 박달나무 단 자이지 향나무 단 자는 아니다. 일본 학자 중에서
특히 단檀을 향목香木으로 본 대표적 학자인 白鳥(시라도리)는 불경
佛經에 나오는 우두전단에다 묘향산 곧 태백산의 단목檀木을 견주
었다. 우두전단牛頭栴檀(gośīrṣa-candana)은 우수전단牛首栴檀 또는 적
단赤檀이라고도 한다. 향기가 사향麝香과 닮은 향나무의 이름이며
뜻으로 옮겨서 여약與藥이라고도 하는데, 인도의 마라야산摩羅耶山
곧 우두산牛頭山에 많이 나기 때문에 우두전단牛頭栴檀이라 한다.
향나무 중에서는 가장 향기롭고 약성이 뛰어나다고 해서 상상묘
향上上妙香 또는 여약與藥이라고 한다는 것이다. 일반적으로 전단旃
(栴)檀(candana) 향나무는 적赤·백白·자紫의 몇 가지가 있는데, 흰
전단(白檀)은 열병熱病을 치료하고, 붉은 전단赤檀은 풍증風症을 없
애 준다는 것이다. 그래서 좋은 약이 된다고 여약與藥이라고 하는
데, 그 전단 향나무 중에서도 우두전단이 가장 향기가 좋고 약성
이 좋다고 한다. 한자로는 전단목을 단향목檀香木이라고 쓴다.

우리나라에서는 예부터 박달나무를 단목檀木(또는 단수檀樹)이라
하고, 향나무(단향목)는 향목香樹이라고 하였다. 박달나무는 낙엽落
葉 활엽수闊葉樹이며, 향나무는 상록常綠 침엽수針葉樹이다. 일본 사

람들이 불전의 전단栴檀 또는 단향목을 이끌어 와서 묘향산의 이름과 또한 그 산에 향나무가 많다는 것을 이유로 들어서 단檀 자를 박달나무로 보지 않고 전단栴檀 또는 단향檀香의 향나무로 고집한 것인데, 그러면서도 거기(전단·단향)에 따서 이름을 단군이라 하였다는 것이다. 향나무가 아닌 박달나무를 단檀 자로 쓰고 있는 우리나라에서 왜 하필이면 향나무에서 따 온 이름이라고 하면서 단군이라 하였다고 억지 고집을 부리는지 딱하다. 그들 말대로 단군의 이름을 전단이나 단향에서 따 온 것이라면 박달나무 단檀 자를 쓰지 말고 향나무 향 자를 써 향군香君이라 했어야 옳을 것이다. 그러므로 단군의 이름이 향나무를 연유로 해서 붙여졌다고 보는 것은 터무니없다고 하겠다.

최남선은 단군의 이름이 '단굴'에서 한자화하였기 때문에 『유사』에 있는 그대로 '단군壇君'으로 쓰게 되었다고 하였다. 그래서 그는 굳이 '단군檀君'으로 써서 '박달임금'이라고 하는 것은 옳지 않다는 뜻을 밝혔다. 그러나 안재홍은, "단군은 『삼국유사』 정덕판에서 잘못 '단군壇君'으로 썼음에 의하여 술사가述史家가 대체로 혹 그를 표준자같이 여기고 있는 터이나 이는 의미를 이루지 못한다"라고 하였으며, 또 앞에서 이미 본 바와 같이,

神檀과 神壇, 檀樹神과 壇樹神은 그 字形도 서로 비슷할 뿐더러 그 語義 實로 같다고 할 것이니, 하물며 古文化의 意義에서는 檀君이 도리어 音義 兩全의(음과 뜻이 다 온전한) 對字로 되어 壇君과 서로 넘나드는 터이니, 壇君이 그 표준자라고 함은 의의를 못 이룬다. 즉 漢陽朝 中宗六年壬申(正德七年) 慶山重刊本이 檀君을 壇君으로 刊誤(잘못 새긴)한 것이 壇자로 된

시초요 그 이전의 문헌에는 모두 檀君으로 되어 있다.

라고 하여, 『고기』를 전하고 있는 『유사』 자체는 『제왕운기』 등 '단군檀君'이라 쓰고 있는 문헌들보다 앞서 있지만, 실제 현행본 정덕판正德版에서 '단檀'을 '단壇'으로 잘못 새겼기 때문에 '단壇'으로 되어 있는 현행 정덕본正德本 『유사』보다는 '단檀'이라 쓴 그 문헌들이 앞섰다는 말이다. 그러나 안재홍은 '단檀'과 '단壇' 어느 것이 옳고 그르냐 하는 것을 따지려는 것이 아니고 문헌적으로 봐서 '단檀'이었는데, 정덕본의 잘못(오각)으로 '단壇'이 되었다고는 보았으나, 두 글자가 본디의 뜻으로는 모두 같다고 보아 역시 단군의 뜻을 풀이하는 데는 서로 상관이 없다고 하였다. 그러한 그였으므로,

檀君은 곧 天王의 뜻이니, 첫째 그 발음에 따라 이 땅의 옛말(古語)인 '넋얼'에 딱 들어맞는 글자로 되는 것이다. '넋얼'은 '덩그런히 크고 큰 얼'을 이름이니 '한얼'의 선구어요, 직역하여 '大靈'이요, '天' 또는 '天王'의 뜻으로 되니, 소리 말(口語)에서 '덩걸' 혹은 '당걸' 등으로 된다……. 檀君은 天王인채로 또 神皇으로도 된다. 天王과 神皇은 전연 같은 뜻의 말이기는 하나 天王이 '덩걸'이면 神皇은 '붉한'이니 明王·聖帝·聖王·神王으로 보인 자가 그것이요, '붉한'은 '볼한'·'부루한'(不咸·夫婁干) 혹은 '커불'·'함불' 등으로도 된 것이오, 檀君은 '붉달'·'왕곰'의 번역 그대로인채 실은 이 붉한의 뜻과 같은 글자로 되는 것이다.135)

---

135) 앞의 주118)에 옮긴 글 중에서 필요한 부분을 가급적 요즘 말로 옮긴 것이다.

라고 하여, 천왕天王의 옛말인 뎟얼 곧 덩걸·당걸을 한자로 나타
낸 것이 단군이며, 신황神皇·명왕明王·성제聖帝의 옛 뜻말인 붉
한·붉달·왕곰을 글자로 쓴 것이 단군이라고 하였다.

김정학은 “……백산白山(밝달)의 신神은 ‘밝달검’이다. ……그러
므로 ‘밝달검’은 ‘밝달’을 단檀(박달 단) 자로, ‘검’은 군君 자로 한
자 표기하여 단군檀君이라고 한 것이다”라고 하였다.

이들 세 학자의 풀이가 가장 대표적인 단군 풀이다. 다시 말해
서 무군巫君·천군天君을 일컫는 소리말인 단굴·덩걸·당걸에서
단군壇君(檀君)이 되고, 신황神皇·천제天帝·명왕明王·성왕聖王·
백산신白山神을 뜻하는 밝한·발감·밝달검이 단군으로 표기되었
다는 것이다. 신단수神壇樹·단수하壇樹下에서 태어났기 때문에 단
군壇君이라 하고, 박달나무(신단수, 단목) 아래에서 태어났으므로
단군檀君이라 하였을 것이라는, 극히 상식적인 이야기는 통상 하기
쉬운 말로 여겨 별로 관심을 두지 않고 좀 더 내면적인 쪽에서 단
군의 내력과 뜻을 찾고자 하였던 것으로 볼 수가 있다. 앞의 여러
학자들의 고찰에서 왜 단壇 자와 단檀 자를 붙여서 단군이라 했는
가 하는 연유 같은 것은 그 나름대로 볼 수가 있었다. 최남선을 제
외하고는 단檀 자가 일반적으로 옳은 글자처럼 쓰여 온 것도 사실
이지만, 발음이 비슷하다고 해서 단檀(박달나무)자를 써서 단군檀君
이라 하였다는 견해 또한 적확한 해답으로 보기에는 무언가 석연
치 않은 여운을 남긴다.

연유나 뜻이 어떻든 간에 글자 그대로 본다면 단군壇君은 ‘신단
神壇 또는 제단祭壇의 임금’ 혹은 ‘무단巫壇의 군주君主’라 할 수 있

을 것이며, 단군은 '박달나무 임금·박달 임금'이라 할 수가 있다. 앞에서 여러 차례 언급되었듯이 거의 단군으로 통칭되다시피 쓰고 있으므로, 단군왕검을 오늘날의 우리말로 풀어 쓰면 박달 임금님이 된다. 여기에서도 우리는 한 번 더 '왜 단檀 자를 썼을까?'라는 화두에 부딪치게 된다.

사실 앞에서 본 선학들의 논구에 따른다면 단檀 자보다는 거기에 단旦자가 더 적합할 것 같다. 꼭 단 자를 붙여야 한다면 박달나무 단檀보다는 아침 단旦 자가 더 어울린다. 아침(旦)이라고 하면 우선 그때의 나라 이름 조선朝鮮과도 뜻이 같으니, 단군旦君은 곧 아침나라(朝鮮國)의 임금이 될 것이기 때문이다. 또 단굴·덩걸·당걸(무군巫君·천군天君)도 단檀보다는 단旦 자가 더 적합하다고 할 것이니, 단旦 자에는 아침이라는 뜻 외에도 '정성스러운 모양, 공손하고 성의가 있는 모양'의 뜻도 있다. 그러므로 하늘(天神)을 정성스럽게 받들고 공손하고도 성의 있게 제사 모시는 당굴·덩걸·단굴(무군·천군)을 그 발음에 맞추어 글자로 표기한 것이 단군이었다면, 당연히 그 글자 뜻에 맞는 단군旦君으로 해야 옳았을 텐데 어째서 전혀 그 뜻에 맞지 않는 박달나무 단檀 자를 써서 단군檀君이라 했을까 하는 것이다.

또한 밝한·발감·밝달검(神皇·明王·白山神)도 단檀보다는 '환하고 밝다'는 뜻을 지닌 단旦이 훨씬 적합하다고 할 수 있다. 단旦은 긴 밤의 어둠을 물리치고 태양이 솟아오르는 새아침의 밝음을 뜻하는 글자이면서 발음이 '단'으로 똑같은데, 하필이면 군색하게 '단檀' 자를 써서 '밝음' '밝검' 등의 뜻을 드러내고자 하였을까 하는 것이다. 다만 환웅 하강 신화의 요점이 되는 장소 곧 하강한 곳이 박달나무 아래였다면 거기에는 단旦 자가 해당되지 않는 것은 물론이다. 그렇다고 단순히 하강한 곳에만 맞추어서 뜻에 적합하지도 않은 단檀 자를 구태여 써서 단군檀君이라 하였을까 하는 생각도 해 볼 여지가 있다. 그리고 인도 마라야산의 상상묘향上上妙香인 우두전단牛頭栴檀을 불전佛典에서 이끌어다가 향나무가 많다는 묘향산(태백산)에 결합시켜 단군의 이름이 전단에서 연유되었다고 주장하는 일본 학자의 설도 앞에서 보았다.

어느 쪽도 일리가 있을 듯하면서도 따지고 보면 그와 같이 문제가 남는다. 이는 원자료(현존하는 단군관계 『고기』)의 해석에 객관성이 결여된 소치라고 할 수 있다. 아무리 해박한 지식과 엄밀한 연구가 있더라도 거기에 작의作意와 주관이 앞서 버리면 공정한 이성을 상실하기가 쉽다. 그 대표적인 예로 먼저 최남선을 들 수가 있는데, 그는 너무 주관에 집착한 나머지 환국桓國이 환인桓因의 오자인지 분간 못하고 고집하다가 因과 國을 혼동하여 桓因을 桓國으로 착각해 쓴 사실을 끝내 몰랐던 안타까운 실수마저 초래하였다. 또 단군 신화가 후세(특히 승려)의 망설妄說 위작僞作이라고 주장하는 일본 학자들은, '고기에 단목檀木이라 한 것은 묘향산(태백산) 중에 나는 향목을 두고 하는 말'이라고 주장하여, 불전의 우두전단을 끌어다가 전단향목栴檀香木이 곧 단목檀木이라고 우겨 향나무와 박달나무를 구분 못하는 우愚를 범하였다.

불전의 용어를 이끌어 와서 견주는 그 자체는 결코 허물이 될 수가 없다. 비록 불교가 전래되기 훨씬 이전, 말하자면 고조선의 단군신화 시대의 용어라도 훨씬 나중에 발전된 문장으로 정리 기록될 때에는 그 기록 당시의 가장 적합한 문화 용어를 빌려 쓸 수가 있을 것이기 때문이다. 그 가장 대표적인 전형적 사례가 바로 환인桓因이요 단군檀君이었다고 할 수가 있을 것이다. 환인은 앞에서 본 바와 같이 불교 경전에 수없이 나오는 석제환인釋提桓因 곧 도리천주忉利天主 제석帝釋을 가리키는 말이었다. 단군도 그와 같이 불경에서 빌려 온 낱말(檀)에 의해 이루어진 말로 볼 수 있을 것이다.

단군檀君의 단檀은 그대로 불교 용어이다. 전단栴檀이나 단향檀香의 한쪽만을 군색하게 떼어 낸 단이 아니고, 단檀이라는 한 글자 그대로가 완전한 뜻을 갖춘 낱말이다.

단檀은 범어 단dān과 다아나dāna를 소리로 옮긴 글자이며, 뜻으로는 보시布施·베풂(施)·베풀어 줌(施與)이다. 다아나dāna를 원어로 쓰기 때문에 단나檀那로 소리 옮겨 쓰기도 하지만 '단나'라고 할 경우에는 보시라는 본디의 뜻 외에도 '보시하는 사람(布施者·施主)'·'사원의 신도(檀徒)'라는 뜻으로도 쓰이므로, 단檀 자만을 써서 '보시함'·'베풀어 줌'의 뜻을 나타내는 것으로 통례를 삼는다. 보시는 '널리 골고루 베풀어 준다'는 뜻이므로 불교인의 수행 실천에서 가장 중요한 덕목의 하나로 꼽힌다.

대승보살大乘菩薩의 여섯 가지 실천행實踐行, 곧 6바라밀六波羅蜜 중에서 첫 번째 보시바라밀이 바로 단바라밀檀波羅蜜이다. 보시 곧 단檀은 재물과 진리(재보시財布施·법보시法布施), 즉 물심양면의 모든 베풂을 뜻한다. 다시 말해서 널리 모든 인간(衆生)을 이익되게 하는 베풂이 보시행布施行이며, 이 보시행이 곧 단바라밀檀波羅蜜이다.

대승불교의 백과사전이라 일컬어지는 『대지도론大智度論』에는 단의 뜻을 밝히고 있는데, 그 앞쪽에서부터 차례로 몇 줄을 옮겨 본다.

檀에는 갖가지의 이익이 있다. 檀은 寶藏이 되어 항상 사람을 쫓아 따른다. 檀은 괴로움을 깨뜨려서 능히 사람에게 즐거움을 준다. 檀은 잘 조종하여 하늘 길(天道)을 열어 보인다. 檀은 모든 善人을 잘 포용한다. 檀은 목숨을 마칠 때에도 평온하게 하여 마음에 두려움이 없게 한다. 檀은 자애로운 모습으로 능히 일체중생을 제도한다. ……檀은 선행을 쌓아(積善하여) 福德의 문이 된다. ……檀은 가난을 깨뜨리고 三惡道를 단절한다. 檀은 능히 福樂의 결과를 얻게 한다……. 136)

이에 의하면 단군은 단檀 곧 베풂(보시 · 시여施與)의 군주라 할 수 있겠다. 그러므로 단군은 글자 그대로 풀이하여 베푸는(보시하는) 군주, 모든 백성에게 이익을 베풀어 다스리는(선정善政 하는) 임금이라는 뜻이 된다. 그의 할아버지인 환인천제桓因天帝가 바랐던 홍익인간(널리 인간을 이익되게 하는)의 이념을 이 지상에서 실현하는 군주라는 뜻으로 단군이라 하였던 것이 아닌가 싶다

단군과 비슷한 뜻의 말로 단주檀主가 있는데, 주主(임금) 자는 군君(임금)과 뜻이 같아 군君 자 다음에 붙여서 군주君主로 쓰니까 다 같이 '보시하는 임금'이라고 할 수도 있겠다. 그러나 실은 그렇지가 않으니 단주는 글자 그대로 시주施主라는 뜻으로 쓰인다. 시주는 범어로 다나빠띠dānapati이며 단월檀越이라고도 하는데, 보시를

---

136) 龍樹菩薩造, 『大智度論』 권11, 檀波羅蜜義 18(『大正藏』 25), p.140 上中.

행하는 주인공이라는 뜻이지만 그 행위(보시) 자체를 '시주'라고도
한다. 그러므로 단주 곧 시주는 단군과 전혀 격이 다른 말이니, 단
군이야말로 단檀, 곧 보시布施의 임금(君主)이라는 뜻이 된다.

그와 같이 단군의 일컬음을 당시의 문화용어인 한자로 정착시
킬 때 '檀君'이라 함으로써, 옛말로 알려진 당굴·단굴·덩걸·당
걸과 발음이 비슷하고 또 환웅이 하강하였다는 장소인 단수檀樹(檀
木)와도 딱 들어맞는 글자가 되었던 것이라고 할 수가 있을 것 같
다. 아울러 널리 백성들을 이익되게 다스리고 골고루 베푸는 이상
理想 실현(홍익인간)의 군주라는 뜻도 잘 갖추어진 명호였다고 할
수가 있을 것이다.

## 2) 단군 즉위의 시기

앞쪽의 '『위서』운魏書 云'에서는 "단군왕검이 아사달에 도읍을
세우고 나라를 열어 조선이라 일컬은 것이 요堯 임금과 같은 때였
다"라고만 되어 있을 뿐이었으나, 여기에서는 그 시기가 밝혀져
있다. 곧 요임금의 즉위 50년 경인庚寅이라고 하였다.

그러나 엮은이는 여기에 주석을 달아 "요임금의 즉위 원년이 무
진戊辰이므로 그 50년은 정사丁巳가 되며 경인庚寅이 아니다. 아마
도 그것(50년 경인)은 확실하지 않은 듯하다"라고 하였다. 그와 같
이 『고기』에는 단군이 나라를 세운 해가 중국 당요唐堯의 즉위 50
년 경인이라 하여 그 시기가 구체적으로 밝혀져 있으나, 실은 그
연대(50년 경인)에 문제가 있음을 『유사』 엮은이가 발견하고 지적
한 것이다. 그가 '아마도 그것은 확실하지 않은 듯하다(疑其未實)'라

고 한 '기其'는 '50년'이나 '경인庚寅' 어느 쪽 하나가 미실未實하다는 것이 아니고, '50년 경인' 그것이 '미실'하다는 것이므로 결국은 어느 해인지를 정확하게 알 수가 없다는 말이 된다.

이 『유사』와 비슷한 시기에 단군 고조선을 전하는 또 하나의 문헌인 『제왕운기』에서는 "요임금과 아울러 무진년에 일어나다"(竝與帝高興戊辰)[137]라고 하여, 단군이 즉위한 해가 요임금의 즉위년과 같은 무진년(BC 2333)이라고 하였다. 또 근세 조선 초기의 『응제시집주應制詩集註』에서도 "時唐堯元年戊辰也", 곧 "단군이 즉위한 때가 요임금의 원년 무진이다"라고 하였으며, 그 증주增註에서는 『고기』를 인용하여 "요임금과 같은 날에 즉위하였다(如唐堯同日而立)"라고 하였다.[138] 여기서의 '같은 날(同日)'은 물론 날짜가 같다는 말이 아니고, '같은 해' '같은 때'를 나타내는 말이다.

그리고 조선 숙종 31년(1705)에 홍만종洪萬宗이 편찬한 『동국역대총목東國歷代總目』(또는 그의 『해동이적海東異蹟』에도 같음)에는 단군의 즉위를 요임금(당요唐堯44)의 25년 무진戊辰이라 하고 있다. 오래되어 제대로 기록을 남길 수 없는 신화 시대의 역사라 단군의 즉위년을 어찌 정확하게 알 수 있으랴. 단지 막연하게 중국의 요임금과 같은 시대라는 오랜 전설을 더듬어서 적었기 때문에 자료마다 똑같을 수는 없었을 것이다. 단군의 즉위 시기 곧 제요帝堯와

---

137) 앞쪽의 주4)에서 이미 본 바 있는 '고高'가 본디 '요堯'이지만 고려 제3대 정종定宗의 이름 '요堯'를 피휘해서 '고高' 자로 쓴 것이라 하였는데, 이 또한 마찬가지로 요임금 곧 '제요帝堯'를 피휘해서 '제고帝高'라 한 것이다.

138) 權擥, 『應制詩集註』(해돋이, 1999판), p.295.

같은 때였다는 이 문제에 관해 이병도는 다음과 같이 논하고 있다.

……古朝鮮의 開國立都를 中國古典의 이른바 唐堯의 시대에 求한 所以가
무엇인가에 대하여다. 遺事 註에 "堯의 卽位元年은 戊辰인즉 그 50년은 丁
巳요 庚寅이 아니라" 한 것이라든지, 帝王韻記 · 應制詩註 · 世宗實錄 地理志
(平壤府)를 비롯하여 後來의 史書에는 遺事의 것과는 달리 帝堯의 卽位와
同年이라 하여 戊辰說을 取한 것이라든지, 堯元年은 戊辰이 아니라 실상
甲辰이라는 등등의 문제는 본래 批判과 考證을 要할 성질의 것도 되지
못하므로 이러한 것은 且置하고, 허다한 중국의 古帝王中에 왜 하필 堯時
代를 擇하여 여기에 比定하였는가가 도리어 우리의 흥미를 이끄는 문제
라 하겠다. 이에 대하여는 두 가지의 해답이 가능할 줄로 안다.

하나는 누구나 상상할 수 있음과 같이, 역사적 의식과 민족적 자존심
에서 유래된 것이니, 즉 우리의 역사적 發足이 중국의 그것과 같이 久遠
하다는 것이다. 帝堯는 말할 것도 없이, 중국의 가장 오랜 歷史古典인 尙書
첫머리에 오른 帝王의 이름인 것이다. 이러한 의식과 자존심은 이미 고
려 이전 고구려시대로부터의 産物일지도 모르겠다.

다른 하나는 尙書 堯典에 "分命羲仲 宅嵎夷曰暘谷"이라 한 것에 根據를
가진 것이 아닌가 하는 생각이다. 여기 嵎夷는 東夷의 謂요, 暘谷은 즉
陽谷으로 東表日出處를 말한 것이니, 後에 말할 '阿斯達' · '朝鮮' 등과 마찬
가지의 말이라 하겠다. 換言하면 '阿斯達' · '朝鮮' 등과 동의어인 暘谷의
名이라든지, 또 嵎夷의 稱이 堯典에 나타난 것을 한 꼬투리로 삼아 古朝鮮
의 建都 開國을 堯時代에 求한 것이 아닐는지, 이것도 前者와 같이 상상할
수 있는 문제라고 생각된다.139)


이러한 그의 논지는 단군 즉위의 시기를 중국 당요唐堯와 같은

---

139) 이병도, 앞의 책, pp.79~80.

때로 보고자 한 우리 『고기』의 설들을 합리적으로 이해하려는 대표적인 설명이라고 할 수 있다.


### 3) 비로소 조선이라 일컫다

앞쪽 '『위서』 운'에서는 "나라를 열어 조선이라 이름하다(開國號朝鮮)"였는데, 여기서는 "비로소 조선이라 일컫다(始稱朝鮮)"이다. 여기에서도 "평양성에 도읍하다(都平壤城)"가 먼저 있고 다음에 나라 이름 조선이 나와 있지만, 도읍 문제는 그 뒤에도 연결되어 있으므로 국호를 올려서 즉위년 다음에 다루기로 하였다.

앞쪽의 국호 조선에서는 고조선이 세 조선 중에 가장 먼저이며 근본되는 조선임을 주로 보았다. 여기서는 왜 조선이라고 했을까? 조선이란 국호가 어떤 뜻을 지니고 있는가? 하는 문제를 살펴보기로 한다.

최남선은 '조선朝鮮이라는 국호는 최초의 개명지開明地(밝음을 연 땅)를 뜻한다'라고 하였다.[140]

안재홍은 옛말의 어원과 그 변화를 통해 조선의 뜻을 찾고자 하였다.

扶餘와 朝鮮은 워낙 同一國家의 首都名 國名이었으므로 後代 國情의 변동에 동무하여 朝鮮의 轉訛 또는 그의 同語 異字인 肅愼과 및 挹婁 등이 각각 다른 一派로도 되어 이 최후의 名稱을 띄운 種族들은 主로 北方 逼寒한 땅에 서식하게 된 것으로 觀測할 수가 있다.

---

140) 최남선, 「단군론」(앞의 책), p.104.

라고 한 그는,

　　肅愼이 조선의 同語 異字임은 이제 이미 학계의 一常識이라 변함을 기
다릴 바 아니지만 문맥상 이를 一瞥키로 한다. 竹書紀年의 '息愼', 史記의
'肅愼' 및 '發'·息愼과 汲家周書王會解의 '稷愼'과 吳越春秋의 '州愼'과 外他
'鳥愼' '傲侲'과 女眞의 原型인 朱里眞 등은 모두 조선과 함께 주신의 原義
에서 轉變하므로 볼 것이요, 辰韓 十二國中에도 州鮮國있어 역시 同一語音
으로 되어 있다. 滿洲源流考에 肅愼은 '珠申'의 轉音이요, '珠申'은 滿洲語에
'所屬'이니 즉 '管領'이라. 우리 今語에 '주신'의 '賜하신'의 뜻됨이 흥미있
는 자이지만 어찌하였든 神市天降의 민속신앙을 갖게 된 古代의 震人이
그 管領을 '주신'의 朝鮮으로 일컬어서 肅愼·息愼·稷愼·鳥愼·州愼 혹
傲侲 등의 문자를 보이게 한 바요, 따라서 '故肅愼城'이 즉 古朝鮮城됨은
의심할 바 없다. ……. 그러면 그 語義에서 白岳卽 平壤·夫餘인 사실과
肅愼 즉 조선인 理由 등에 의하여 夫餘의 肅愼城은 즉 朝鮮城인 것이요,
조선은 檀君의 阿斯達인 白岳開國 이래의 古名義임에 의하여 夫餘國의 朝鮮
城은 또 檀君城이라고 推定할 것이다. 夫餘는 즉 夫餘朝鮮인 것이요 또 檀君
朝鮮인 것이다.[141]

라고 하였다. 그리고 그는,

　　……要컨대 檀君은……各部族 聯合의 統合國家를 創成하여 國號를 '붉
주신'으로 일컫고 그대로 白岳인 '비달'(百牙岡, 비어달 또 붉달)의 王統을
啓開한 분인 것이다. ……대체 檀君이 白岳에서 일어나 阿斯達의 社會를
一變하여 처음 都市國家의 면목을 새로이 하였고 다시 비어달 혹 비어불

---

141) 안재홍, 앞의 책 하권, pp.13~17.

(百牙岡·平壤 혹 夫餘城)로 된 발전적 형태에로 昂揚하여 白民國·發國·夫餘國·太白國·太平國·檀國 혹 桓國 등으로 對譯 轉譯할 수 있는 國家體勢를 갖추어 그 全國家的 總稱으로 '주신'이라고 하니, 이 즉 白朝鮮·發朝鮮·夫餘朝鮮 등의 異字同義의 모든 國名이 起源된 原由러니 後世에서 붉·불·비어의 語義를 承統하는 中樞都市의 根幹人民은 스스로 白·發·夫餘 등의 도시로 표시되는 國名 種族名을 지켜 그 문화 더욱 昂揚하였고, 外他의 部族은 따로이 肅愼의 名義를 保有하여 사실에서 夫餘와 朝鮮이 양분 병립하는 결과로 된 것 같다.142)

그는 조선의 원 발음이 '주신'이며, 중국 고전의 여러 문헌을 통해서 '백조선白朝鮮'·'발조선發朝鮮'·'부여조선夫餘朝鮮' 등이라 기록되어 있으므로 갖춘 국호는 '붉주신'이라고 하였다.

이병도는 조선의 국호가 아사달阿斯達과 연관성이 있음을 다음과 같이 보고 있다.

……阿斯達과 朝鮮과의 관련성을 아울러 考慮한다면 저절로 풀리게 된다. ……그러면 '阿斯達'과 '朝鮮'과는 비단 지역적인 일치뿐 아니라 명칭상에 있어서도 어떤 관련성이 있는 것을 看却하여서는 아니되겠다. 속히 말하면 阿斯達과 朝鮮과는 서로 같은 의미의 말, 즉 後者는 前者의 雅譯이라고 前提하고 해석하지 않으면 아니되겠다. '朝鮮'은 종래 字面에 依하여 '무明'143) 혹은 "東表日出之地"144)로 해석하여 왔지만, 결론에 있어 愚見과

---

142) 앞의 책, pp.25~27. 앞의 주117), 118)에서 나온 바 있다.
143) 저자는 여기에 다음과 같은 주를 달았다.
　　"『太祖實錄』卷一(元年 七月條)에, '高麗書雲觀所藏秘記, 建木得子之說, 又有王氏滅李氏興之語, (中略) 又有早明之語 人莫諭其意, 及國號朝鮮然後 乃知早明卽朝鮮之謂也'라고 한 데서, 一部의 그러한 解釋이 있음을 알겠다."
144) 저자는 또한 여기에도 주를 달아 놓았다. "東國輿地勝覽 平壤府郡名條."

별로 差가 없을 뿐더러 도리어 나의 결론을 유리하게 해주는 說이라고 믿는다. 그래서 나는 阿斯를 ‘朝鮮’이 표시하는 漢字義와 같이 해석하여 現今語 ‘아침’, 그보다도 좀 오랜 ‘아춤’, 方言의 ‘아직’·‘아적’(이들은 다 아죽에서 변화된 것인 듯) 等語의 古形을 보고, 또 같은 우랄 알타이語에 속한 日本語의 ‘アサ’(朝)·‘マス’(翌) 등을 聯想하지 않을 수 없다. ……그러고 보면 阿斯는 바로 ‘朝’·‘朝光’·‘朝陽’·‘朝鮮’의 義임을 알 수 있고, 達은 원래 山岳의 뜻이지만 谷地 내지 따(地)의 義로도 쓰인 듯 하니, ‘陽들’(양지쪽)·‘陰들’(음지쪽)·‘빗들’(傾斜地)의 들이 즉 그것이다. 묶어 말하면 阿斯達은 즉 朝山·朝光의 地·陽地·陽岡·陽原·陽谷의 뜻이 되는 동시에, 위에 말한 白岳(붉뫼)과 상통되는 말임을 더욱 알 수 있다. ……흔히 英美人이 朝鮮을 意譯하여 morning calm이라고 하나, 이는 너무도 詩的(poetical)인 譯으로, 原義를 잘 표현했다고 볼 수 없다. 鮮의 義는 calm이 아니라 bright이므로, 朝鮮을 글자 그대로 直譯한다면 차라리 morning bright라 해야 妥當할 것이다. (중략)

……阿斯達時代에는 그저 우리말로 ‘아사들’이라고 하였을 뿐이요 漢子로 書稱하거나 譯稱하기에는 이르지 못했을 것이다. ‘朝鮮’의 稱이 中國 史書에 나타난 것으로는 伏生의 尙書大傳, 司馬遷의 史記, 淮南王安의 淮南子 이전에 이미 山海經(海內北經 등)에도 나타나고 있다. 하여튼 ‘朝鮮의 稱은 이미 衛滿朝鮮 이전에도 사용한 것은 史記 朝鮮傳에 의하여 보더라도 알 수 있거니와, 적어도 中國의 戰國時代에는 그 이름이 中國에 알려진 것으로 보아 하등의 不可함이 없다.[145]

## (2) 첫 도읍과 옮긴 도읍

이미 앞쪽에서 본 바와 같이 이 항목(고조선) 첫머리 ‘『위서』

---

[145] 이병도, 앞의 책, pp.87~91.

운'에서는 단군왕검이 "아사달에 도읍을 세우다(立都阿斯達)"라고
만 하였을 뿐이었다. 그런데 지금 여기에서는, "평양성에 도읍하
고(都平壤城), 또 백악산 아사달에 도읍을 옮겼다(又移都於白岳山阿斯
達). ……주나라 무왕 즉위 기묘에 기자를 조선에 봉함에, 단군은
장당경에 옮겼으며(周虎王卽位己卯 封箕子於朝鮮 檀君乃移於藏唐京), 나
중에 아사달로 돌아와 은거하여 산신령이 되었다(後還隱於阿斯達爲
山神)"라고 되어 있다.

　이를 통해 앞쪽의 『위서』는 외국의 문헌이니까 조선이라는 먼
나라의 역사를 간략하게 적으면서 아사달이라는 대표적인 도읍
이름만을 적었을 것이고, 국내의 기록인 『고기』에서는 도읍을 옮
긴 그 전말을 다 적었기 때문에 첫 도읍(평양성)과 옮긴 도읍(아사
달) 및 나중에 다시 옮긴 곳(장당경)과 은거한 장소(아사달)까지를
다 밝힌 것으로 볼 수가 있겠다. 그러나 일찍이 단군과 고조선을
연구한 선학들은 이 문제를 그렇게 간단하게 보지 않았다. 그래서
앞쪽의 '도읍 아사달'을 살펴보면서 그들의 견해를 대강 이끌어
옮겨 보았다.

　그러므로 여기에서는 이 『고기』에 전하는 대로 평양성을 첫 번
째의 도읍, 아사달을 두 번째의 도읍, 그리고 장당경藏唐京을 세 번
째 도읍으로 보고자 한다. 장당경에 관해서는 앞쪽의 주 21)에서
잠시 본 바가 있어서 다시 볼 필요가 없으나, 『고려사』 지리지地理
志의 유주儒州 조와 『세종실록지리지』 및 『여지승람』 권42 등에
나오는 문화현文化縣의 '장장평莊莊坪'이 바로 '장당경藏唐京(唐莊京)'
의 옛터였다는 것이다. 이병도는 단군이 도읍한 평양성과 백악산

아사달 및 장당경에 관해 다음과 같은 견해를 보이고 있는데, 본
디 글의 분량이 많아 필요한 부분만을 연결지어 초록해 본다.

前者(A, 魏書)에는 立都의 地를 阿斯達이라 하고, 後者(B, 古記)에는 初都
의 地를 平壤, 移都의 地를 白岳山阿斯達, 또 再次 遷都의 地를 藏唐京이라
하였다. 그러면 이 두 記載 사이의 不一致한 점은 이를 어떻게 해석해야
할 것인가. ……이와 같이 平壤의 一名이 百牙岡 즉 白岳이라면 白岳의
類意語요 相隨語인 阿斯達은 平壤과 실상 同一處所의 異名(前後名)으로 보지
않으면 안 되겠다. 즉 A(魏書)記載에 檀君이 建都하였다고 하는 阿斯達의
地點은 바로 지금의 平壤 부근에 不外하거니와, 그리고 보면 B(古記) 記載
中에 "又移都於白岳山阿斯達"이라 한 그것에 대하여는 疑訝가 없을 수 없
다. 생각건대 檀君 都邑地에 관하여 古來로 種種의 說이 있어 或書에는(後世
의 地名으로) 平壤城이라 하고, 또 他書에는 阿斯達, 혹은 白岳山阿斯達이라
한 데서 古記撰者는 한 혼란을 일으키어 白岳山阿斯達을 移都의 地로 해석
한 것이 아닌가 한다. ……檀君이 처음 立都하였다는 阿斯達은 위에 말한
바와도 같이, 즉 平壤 부근의 白岳山阿斯達에 不外하였던 것이다. 만일 이
阿斯達을 九月山 혹은 그 부근에 求한다면 그곳은 그 밑에 소위 箕子의
東來로 인하여 再遷하였다는 藏唐京(莊莊坪)과의 거리가 너무도 가까워—
가깝다고 하느니보다도 거의 同一處所가 되어—自家撞着·自家矛盾을 면
하지 못하는 까닭이다. ……그러면 周武王이 箕子를 朝鮮에 封함에 檀君
이 都邑을 阿斯達에서 藏唐京(莊莊坪)으로 옮겼다는 것은, 이를 어떻게 해
석하여야 할 것인가. 箕子란 人物의 實在與否를 의심하고, 더욱이 그의
東來說을 부인하는 오늘에 있어 위의 說話를 그대로 믿을 수 없음은 再論
을 요하지 않는다. 그러나 나로써 해석한다면 위의 전설은 阿斯達 舊都에
있어서의 어떠한 큰 變革, 속히 말하면 新舊 支配氏族의 交替를 의미하는
것이 아닌가 생각된다. 즉 新支配氏族의 擡頭에 의하여 舊支配氏族이 그

根據地를 阿斯達 舊都에서 新都藏唐京으로 遷移하였다는 것이 아닌가.

文化縣 東의 莊莊坪을 藏唐京에 比定해 오는 것은 역시 어떠한 傳說에 의한 듯하나, 이곳과 接境한 安岳郡에 '阿斯津省草串·阿斯達桃串'146)이란 지명이 있었던 것을 주의할 필요가 있다. 여기에 이른바 阿斯津은 지금 安岳郡 동쪽의 月唐江을 지칭한 것이지만, 이 지명은 확실히 阿斯達과 깊은 관련이 있는 것으로 보지 않으면 안 되겠다. 즉 阿斯津은 阿斯達의 渡津이란 말인즉, 安岳이란 곳(處所) 자체가 阿斯達의 한 重要한 地點임을 짐작할 수 있다. 그리고 보면 이 阿斯達은 舊都 阿斯達(平壤)에 대한 新都 阿斯達로 보아야 하겠고, 따라 九月山을 중심으로 安岳·莊莊坪의 一帶는 모두 舊都 阿斯達에서 新支配氏族의 세력에 밀리어 南下한 舊支配氏族이 根據하던 곳이라고 하지 않으면 아니되겠다. 安岳·文化·殷栗 等地에 거대한 支石墓가 散在한 것은 결코 偶然한 일이 아니며, 九月山에 三聖堂이 생기게 된 것도 아마 후세의 일이지만, 그 所以然을 인식할 수 있다. 즉 九月山은 新都 阿斯達의 靈山 神邑으로 崇奉된 까닭에, 後世에 그러한 神祠가 생겼던 것이라고 해석된다. 그러면 古記(B)에 "後還隱於阿斯達 爲山神 云云"이라 한 것은 무엇을 의미하는 말인가. 帝王韻記 및 詩註에 이른 바와 같이, 九月山의 神堂을 말한 것인가. '還隱' 二字로 미루어보면 舊都 阿斯達인 平壤을 가리킨 것 같으니, 즉 檀君王儉을 奉祀하는 神祠가 이때에는 舊都에만 있었음을 의미하는 것이 아닌가. ……어떻든 阿斯達社會에는 舊都와 新都의 別이 있어, 舊都에는 新支配氏族이 세력을 잡고, 新都에는 逃避한 舊支配氏族이 占據했던 바, 後日 舊都의 新支配氏族은 나의 이른바 韓氏朝鮮(在來所謂 箕子朝鮮)의 주체가 되고, 新都의 舊支配氏族은 마침내 眞番의 支配氏族이 되었던 것이 아닌가 한다. 요컨대 檀君 阿斯達 立都說 및 그 移都說은 결국 阿斯達社會의 발전형태를 의미하는 것으로, 前後說話가 모두 樂浪·高句麗(後期)·高麗時代를 통하여 전래되는 오랜 스토리로

---

146) 『高麗史』 卷58, 地理志 3 安岳郡.

보지 않으면 안 되겠다.[147]

그는 아사달 사회에 구도舊都와 신도新都의 구별이 있다고 하였
다. 평양성과 백악산 아사달은 구 아사달(舊都阿斯達)이고, 새로 옮
긴 도읍인 구월산 아사달과 장당경은 신 아사달(新都阿斯達)이라고
보았다. 그러므로 그는『고기』엮은이가 혼란을 일으켜 평양성과
백악 아사달이 같은 곳인데도 각기 다른 도읍인 것처럼 '평양성에
도읍하고 또 백악산 아사달에 도읍을 옮긴 것으로' 기록하였다는
것이다. 그리하여 그는 구 아사달에는 새로운 지배 씨족의 세력이
자리를 잡고, 그래서 그 세력을 피해 간 구 지배 씨족이 자리를 잡
은 곳이 새 아사달이었다고 보았다. 그러나 안재홍은,

阿斯達이 卽 平壤城이요 따라서 白岳이 卽 平壤城인 것을 論決하게 된다.
그런데 古記의 文이 "都平壤城 始稱朝鮮"의 다음을 이어 "又移都於 白岳阿斯
達"이라고 한 것은 一個의 平壤과 一個의 白岳山阿斯達은 그 실제의 地區로
서 서로 분별된 者였음을 뵈이는 채로, 한편으로는 都城인 그것이 어느
곳으로 이동하거나를 묻지 않고 그 名號에서는 卽 白岳이요 平壤이요 그
리고 阿斯達로 되어있는 것을 결론케 하는 것이다.

라고 하여, 실제에 있어서는 평양과 백악산 아사달이 각기 다른
지역으로 서로 떨어져 있지만, 도성都城으로서의 그 명칭은 어디에
옮겨 갔거나를 불문하고 즉 백악이요 평양이며 아사달로 되어 있

---

147) 이병도, 앞의 책, pp.81~86.

는 것이라고 하였다. 안재홍은 스스로도 그 말이 좀 모호하다고 느꼈는지 곧 거기에 이어서,

> 쉽게 말하자면 魏書에서 인용한 文을 主로 하고 古記로써 補足하면 "阿斯達은 卽 白岳, 白岳은 또 平壤城"으로 되고, 古記의 文을 魏書로써 了得하자면 "平壤城은 卽 阿斯達, 阿斯達은 卽 白岳"으로 되는데, 그 실제의 地點만이 甲所와 乙處의 구별이 있다는 의미로 보일 뿐이다.[148]

라고 부연하여, 또한 평양성과 아사달과 백악이 이름은 같으나 그 장소 위치는 각각 다르다는 논지를 보이고 있다. 그러면서도 그는 여기에서 장당경 및 그리로 옮겨 간 사실은 한마디도 언급하지 않았다.

### (3) 다스린 기간과 그의 수명

『유사』 인용의 『고기』에는 단군이 1,500년 동안 나라를 다스렸으며, 그 수명은 1,908세였다고 하였다. 『제왕운기』에는 단군의 수명에 대한 언급은 없고, 나라 다스린 기간이 1,038년과 1,028년의 두 가지로 기록되어 있다. 즉 본문 운시韻詩의 앞쪽("……檀君" 아래)에 주석으로 붙여 놓은 "本紀曰……"의 인용문에는 "다스리기 1,038년에 아사달산에 들어가 신령이 되고(理一千三十八年 入阿斯達山 爲神……)"라고 하였는데, 그 다음의 글줄에서는 "아사달산에 들어

---

148) 안재홍, 앞의 책 상권, p.71. 주37)에서도 이 부분의 글 일부를 인용한 바가 있다.

가 신령이 되었으니, 나라 누리기 1,028년(入阿斯達山爲神 享國一千二十八)"이라고 읊었다. 이 글과 내용이 비슷한 『단군고기』(『세종실록지리지』 인용)에는 "나라를 다스리기(누리기) 1,038년, 은나라 무정 8년 을미에 아사달에 들어가 신령이 되었다(享國一千三十八年 至殷武丁八年乙未 入阿斯達爲神)"라고 하였다. 이로 미루어 보아 『제왕운기』의 나중 향국享國 1,028년은 '一千三十八年'의 가운데 '삼三'이 '이二'로 잘못 쓰인 것이라고 할 수가 있겠다. 『해동이적海東異蹟』에는 단군의 다스린 기간을 1,202년으로, 『동국역대총목東國歷代總目』에서는 1,017년으로 하고 있다.

최근에 방선주方善柱는 『제왕운기』에 나오는 단군의 즉위년 무진戊辰(BC 2333)으로 환산하면 단군의 재위 기간은 『제왕운기』의 "향국 1,028은 의심할 여지없이 1,048년의 위譌이다"[149]라고 하였다. 그는 『제왕운기』의 주석 및 『단군고기』에 나오는 1,038년은 언급하고 있지 않았지만 1,038년도 1,028년과 마찬가지로 1,048년으로 고쳐야 한다는 논지라고 하겠다. 『제왕운기』나 『단군고기』에는 다스린 기간은 밝혔지만 그 수명은 보이지 않는다. 『응제시집주』에는 재위 기간은 없고 단군의 수명 "享年一千四十八年"만 보인다. 『동국통감東國通鑑』에도 1,048세(享壽千四十八年)로 되어 있는데, 방선주는 「세년가世年歌」에 나오는 "享國一千四十八年"과 더불어 단군의 재위 기간을 1,048년으로 하고 있는 기록 근거로 들고 있다. 그러나 향년享年과 향수享壽는 다같이 단군의 수명을 말

---

149) 방선주, 「단군기년의 고찰」(이기백 편, 『단군신화논집』), pp.170~171.

하는 것이고, 그 재위 기간을 말하는 향국享國이나 이국理國과는
다르다.

그 햇수가 사실이든 사실이 아니든 단군을 전하는 현존『고기』
의 인용문들 중에서 나라를 다스린 기간과 그 수명을 함께 구체적
으로 전하는 문헌은『유사』인용의『고기』뿐이라 할 수 있다. 전
해 오는 사실이 정확한가 아닌가 하는 것은 고증 가능한 근거 사
료가 없는 한 우리 후인들로서는 그 정확성을 규명할 도리가 없
다. 어쩔 수 없이 현전 자료들을 통해 그 범위 안에서 역사성을 확
인할 방법밖에는 별 도리가 없는 것이 사실이다.

『동국통감』에는 다음과 같이 기록하였다.

(신들이 상고컨대)『고기』에 이르기를, 단군은 요임금과 더불어 무진
년에 함께 즉위하고, 虞나라와 夏나라를 거쳐 商나라의 武丁 8년 을미에
아사달산에 들어가 신령이 되었으며, 1,048년을 살았다는 이 말은 의심
스럽다. 이제 살피건대 요임금의 등극은 상원 갑자 갑진년이며, 단군의
즉위는 그 후 25년에 해당하는 무진년이다. 그러므로 요임금과 같은 해
즉위하였다는 것은 잘못된 것이다.

堯唐·舜虞로부터 夏·商에 이르기까지 세상이 점점 박덕해져서 나라
를 오래토록 다스린 임금이 50년, 60년에 지나지 않았는데, 어찌 유독
단군만이 1,048년이나 살면서 한 나라를 다스렸겠는가. 그 전하는 바가
거짓말임을 알 수 있겠다. 이전 사람들이 말하는 1,048년이라는 것은,
'檀氏가 세대를 전한 歷年의 수이며 단군의 수명이 아니다'라는 이 말이
이치에 맞는다.

근세에 權近이 明나라 조정에 들어가 알현하였을 적에 태조 고황제(明
太祖)의 명에 의해 단군을 주제로 한 시를 지었는데, 권근은 그 시에서,

세대를 전하기 얼마인지 모르나

왕업을 누린 햇수 천년을 지났었네.


라고 읊었다. 황제가 보고 좋아하였으며, 당시의 논객들도 또한 그러하
였다. 권근의 말이 옳으므로 여기에 잠시 살펴서 뒷날의 상고에 대비코
자 한다.150)


이 글은 '단군조선檀君朝鮮'이라는 제목 아래 극히 간략하게 단
군조선에 관해 기록하고 나서, 『동국통감』을 편찬한 서거정 등이
"신등안臣等按"이라고 시작하여 쓴 비판 글이다. 여기에서 엮은이
는 단군의 등극이 제요帝堯와 같은 해가 아닌 25년 뒤의 일이며,
더욱이 1,048년을 살았다는 단군의 수명은 역사적 사실일 수가 없
고, 여러 세대로 전해진 역년의 수일 것이라고 보았다.

신채호는 일찍이 다음과 같이 말하였다.


前史에는 壇君의 元年 戊辰을 唐堯二十五年이라 하였으나 支那도 周召 共
和(기원전 841년) 이후에야 연대를 記함이어늘 어찌 唐堯二十五年인지를
알 수 있으랴. 그러므로 檀君元年을 的指하지 안하노라. 古記에 檀君이 壽
一千四十八, 一千九百八歲 等說이 있으나, ……李朝初에 權近이 "傳世不知幾

---

150) 徐居正 등편, 『동국통감』 권1, 外紀.
　　"(臣等按) 古記云 檀君與堯 幷立於戊辰 歷虞夏至商武丁八年乙未 入阿斯達山爲神亨
　　壽千四十八年 此說可疑 今按堯之立 在上元甲子甲辰之歲 而檀君之立 在後二十五年
　　戊辰 則曰與堯幷立者非也 自唐虞至于夏商 世漸澆漓 人君享國久長者 不過五六十年
　　安有檀君獨壽千四十八年 以享一國乎 知其說之誣也 前輩以謂其曰千四十八年者 乃檀
　　氏傳世歷年之數 非檀君之壽也 此說有理 近世權近入覲天庭 太祖高皇帝命近賦詩 以
　　檀君爲題 近詩曰 傳世不知幾 歷年曾過千 帝覽而可之 時論亦以 近之言爲是 姑存之
　　以備後考."

歷年曾過千"의 詩를 지어 이를 飜案하였으나, ……또한 檀君의 始末을 모른 말이다. '乃往二千前 有檀君王儉 立國阿斯達'이라 하였은즉, 高句麗建國以前 二千年이 檀君王儉의 元年이요, 三國中葉까지도 신수두를 奉하여 檀君이 거의 政治上 半主權을 가져 그 始末이 二千 몇 백년이 될지니 어찌 천년만으로 算하리오.[151]


또 백남운은,


　즉 나라를 1,500년 동안 다스렸다는 것은 추장세습제의 표명에 지나지 않는다. 이처럼 단군은 세습추장의 관념표상으로 이해해야 할 것이다. 표상은 사실의 반영이며 그 가상과 사실과는 별개의 것이다. ……우리의 단군왕검이라는 칭호도 결코 단순한 것이 아니다. '단군'을 원시추장의 호칭으로 해석한다면 무수한 '단군'이 있었을 것이며, '단군왕검'이라고 호칭되기에 이르러서는 적어도 어느 한 씨족 계통에 한정된 '귀족추장'이었던 것임은 아주 분명하다.[152]


라고 하여, 단군은 세습추장의 관념 표상이므로 나라를 1,500년 다스렸다는 것도 한 사람의 수명이 아니고 무수한 단군이 있었을 것이라고 보았다.

이러한 문제들에 관해 이병도는,


　檀君의 "御國 一千五百年"이니 "壽一千九百八歲"니, 또는 그 계산이 잘못되었느니, 혹은 그 御國 享壽는 一人의 것이 아니라 檀君相傳의 歷年의 數

---

151) 신채호, 앞의 책(『조선상고사』), p.67.
152) 백남운, 「단군신화에 대한 비판적 견해」(앞의 책), pp.184~185.

라는 등, 문제는 여기에 論難하는 것이 도리어 어리석은 일이므로 이는 덮어두는 것이 좋을 것 같다.[153]

라고 하였다. 아마도 그는 단군이 다스린 기간이나 그 수명을 시비의 대상으로 삼아서는 안 된다는 뜻으로 한 말일 것이다.

## (4) 단군 이야기의 역사성

『고기』에 전하는 신화나 설화적인 내용의 사실성 여부는 논하지 않더라도 기록 자체의 모순이나 문제점은 가급적 바르게 밝혀야 할 것이다. 아울러 그 이야기에 내재한 역사성도 정확하게 관찰해야 할 것이다.

사실 『유사』에서 전하는 이 『고기』에도 문제가 적지 않다. 단군의 재위 기간만 하더라도 다른 『고기』 인용의 문헌들에서 보이는 단군 재위 기간보다 더 오래인 것으로 되어 있지만 이 『유사』 인용 『고기』의 1,500년은 전체 재위 기간으로 되어 있는 것이 아니다. 1,500년을 한 사람의 임금(단군)이 다스렸다는 것도 말이 안 되게 긴 기간인데, 자세히 보면 이 『고기』에는 단군의 재위 기간이 이보다 훨씬 더 오랜 것으로 되어 있다.

앞에서도 보았지만 『제왕운기』 등 『유사』와 다른 『고기』를 인용한 문헌들에서 보인 재위 기간 1,038년, 1,028년 또는 1,048년 등은 단군이 즉위하고부터 아사달산으로 들어가 산신령이 되기까지

---

153) 이병도, 앞의 책, p.80.

의 시기로 되어 있으므로. 이는 분명히 재위 기간이라 할 수가 있다. 그러나 『유사』 인용의 『고기』에서 보인 1,500년의 경우는 단군이 처음 평양성에 도읍하고부터 아사달에 옮겼다가 다시 장당경으로 옮겨 가기 전까지의 기간으로 되어 있다. 다시 말해서 여기서의 '나라 다스리기 1,500년'은 단군이 장당경으로 옮겨 가기 직전까지의 기간이다. 그러므로 장당경에 옮겨 간 후 또다시 아사달로 돌아와 산신령이 될 때까지의 기간은 이 1,500년 이후의 일이 된다.

이 『고기』에는 단군의 수명이 1,908세로 되어 있다. 그가 30세에 등극하였다면 재위 기간은 1,879년이 되고 만약에 50세에 즉위하였다면 1,859년이 된다. 여기에 장당경으로 가기 전의 1,500년을 빼면 단군이 장당경에서 다스린 기간은 379년 또는 359년이 되는 셈이다. 어쨌든 단군의 수명이나 재위 기간은 터무니없이 허황되다.

그러나 이러한 이야기를 역사 사실의 잣대로 계산해서는 안 된다. 역사 기록이 없던 태곳적의 일을 수천 년 지내 오는 동안 말과 마음속에 담아서 눈덩이처럼 굴려 왔기 때문에 거기에는 온갖 잡티와 군덕지가 붙어 있었을 수도 있다. 그러다가 먼 뒷날 문자로 기록하는 세상을 만나 조상들의 옛일을 잡티와 군더더기 털어내고 간추려 모아 하나의 이야기로 묶어 놓은 것이 이른바 『고기』라 할 것이다. 이를 일러 신화라 하고 설화라 일컫지만, 여기에서 우리는 태곳적 조상들의 숨결과 마음과 지혜와 역사를 읽을 수 있다. 그렇게 찾고 살펴서 그 참뜻을 발견하고 살아 있는 지혜를 얻게 된다면, 그 이야기는 거짓 없고 허황됨 없이 불멸의 지혜와 진실로 남을 것이다.

1,500년 또는 1,800여 년을 나라 다스리고 1,908세를 살다가, 옛 도읍터 아사달로 다시 돌아와 산신령이 되었다는 아득한 옛이야기는, 아마도 처음으로 나라 이루어 널리 크게 인간 세상을 이익되게(홍익인간을 실천) 한 우리 민족 첫 단군 임금님의 영원성을 기리고자 한 조상들의 메시지가 아닌가 싶다. 그 숫자마다 의미가 있겠지만 그렇게 오래 다스리고 오래 살았는데도, 끝내는 불멸의 신령이 되어 영원히 함께 살기를 바라는, 이 땅 백성들의 염원과 마음의 소리가 뭉쳐져서 그러한 이야기로 이루어지고 또 그렇게 전해진 것으로 볼 수도 있을 것이다.

이 『유사』의 고조선 항목은 아직 완전히 끝나지 않았으나, 이 항목의 주제라 할 단군의 이야기는 여기에서 일단 끝이 났다. 그러나 『유사』에는 이 항목 외에도 단군에 관한 극히 단편적인 사실을 또 두 군데에서 보여주고 있다. 하나는 「왕력王曆」 편의 고구려 동명왕東明王 쪽에 '단군의 아들(檀君之子)'이라 한 한마디인데, 이미 앞에서 보았다. 또 하나는 나중 고구려 항목의 『단군기檀君記』 인용문(産子名曰夫婁)인데, 이는 해당 항목에서 자세히 보기로 한다.


## 5. 배구전裴矩傳에 보인 사실


이 단원은 고조선 항목 전체를 다섯 단원으로 나눈 가운데 마지막이 되는 부분이다. 이 항목의 주제가 되는 단군왕검 또는 왕검조선에 관해서는 앞의 단원에서 끝이 났다. 엮은이는 이른바 단군조선 이후 위만조선 이전의 조선 사정을 『당서唐書』 '배구전裴矩傳'에서 간략하게 전하는 바를 옮겨 적었다.

이를 편의상 첫째 배구전裴矩傳과 고죽국孤竹國, 둘째 기자조선, 셋째 한漢 3군三郡의 세 갈래로 나누어서 살펴보고자 한다.


## (1) 배구전과 고죽국


### 1) 당 배구전唐裴矩傳

앞에서 잠시 언급했지만, 원문에 '당배구전唐裴矩傳'이라 되어 있어서 '당나라 사람 배구의 전기'로 보기가 쉽다. 그러나 배구는 수隋나라 사람이다. 수나라의 공신인 그의 자는 홍대弘大이며, 하동河東 문희현聞喜縣 사람이다.

그의 전기(배구전)는 본래 『수서隋書』 권67의 열전 32에 들어 있다. 이 내용을 『북사北史』와 『구당서舊唐書』·『신당서新唐書』 등에서 그대로 옮겼다.154) 그러므로 여기에서 '당배구전唐裴矩傳'이라 한 것은 '당나라 사람인 배구의 전기'가 아니고, '당나라의 배구전' 곧 당나라 정사正史인 『당서唐書』에 수록되어 있는 '배구전'이라고 보아야 옳다. 이 '배구전'은 두 가지 『당서』 즉 『신당서』와 『구당서』에 다 들어 있는데, 아마도 『유사』의 엮은이는 『구당서』 권63의 열전 13에 들어 있는 '배구전'을 옮긴 듯하다. 『수서』 67권의

---

154) '裴矩傳'은 『수서』 권67 열전 32 외에도 『북사』 권38 열전 26과 『구당서』 권63 열전 13 및 『신당서』 권100 열전 25 등에 들어 있다.

배구전에 들어 있는 이 관계 원문은 다음과 같다. "高麗之地 本孤
竹國也 周代以之封于箕子 漢世分爲三郡." 즉, "고구려의 땅은 본디
고죽국이다. 주나라 때에 기자를 여기에 봉하였다. 한나라 때에 세
고을(3군)로 나누었다"는 것이다.


## 2) 고죽국孤竹國

고구려가 본디 고죽국이었다는 사실은 이 '배구전' 외에는 볼
수가 없다. 현존 자료에서 이 기록 외에는 찾아볼 수가 없으므로,
수나라 사람 배구가 어떤 근거로 이런 말을 했는지는 알 도리가
없다. 다만 배구가 당시 고구려의 사신과 접촉이 있었던 것으로
보아 고구려의 사신이나 관료를 통해 직접 들었던 것이 아닌가 추
측할 뿐이다.

『삼국사기』 권20, 「고구려본기」 제8의 영양왕嬰陽王 18년(607)
조목에는 수나라의 황문시랑黃門侍郎 배구裴矩가 당시 황제인 양제
(隋 煬帝)에게 한 말 가운데, "고구려는 본디 기자가 봉함을 받은
땅으로, 한나라와 진나라가 모두 군현으로 삼았는데(高句麗本 箕子
所封之地 漢晋皆爲郡縣)……"라고 한 것을 볼 수 있지만, 여기에는
고구려가 본디 고죽국이었다는 말은 없다. 아마 고죽국으로 불렀
을 가능성에 대해서는 고구려의 옛 땅에 속해 있던 황해도 해주海
州를 고죽孤竹이라 일컬었다는 사실을 한 근거로 삼을 수도 있을지
모르겠다. 그래서 『유사』에서 엮은이가 이 배구전을 옮기면서 '고
죽국孤竹國' 아래에 "今海州"라고 주를 달았던 것으로 볼 수도 있
다. 해주를 孤竹이라 하였다는 근거에 대해서는 앞쪽 본문의 주24)

에서 이미 보았다.

해주가 옛날에 고죽국이었다고 해서 그 고죽국이 고구려의 본
디 나라라고 하는 것은 무리가 있다. 말하자면 고구려의 영토 내
에 고죽국이 있었다고 한다면 이해가 되지만, 고구려가 본디 고죽
국이었다고 하는 것은 아무래도 이해하기가 어렵다. 그 밖에 중국
의 옛 문헌에 고죽국의 이름이 보인다고 해도 그것은 고구려와 연
결된 나라가 아니다.


### (2) 기자조선箕子朝鮮

### 1) 기자조선의 기록 사실

단군이 아사달에서 장당경으로 도읍을 옮긴 이유가, 주周나라의
무왕이 기자를 조선에 봉하였기 때문이었다는 "封箕子於朝鮮"이
바로 앞에 나왔었다. 그러나 지금 여기에도 "周以封箕子爲朝鮮"이
나오기 때문에 자세히 살펴보는 것은 이쪽으로 미루고 거기에서
는 간략한 주석만 붙이고 언급을 하지 않았다.

앞에서 잠시 언급된 바 있는 이른바 삼조선三朝鮮의 두 번째 조
선 곧 후조선後朝鮮인 기자조선箕子朝鮮의 존재가 『유사』에 기록된
것은 이것이 전부다. 이 두 마디 곧 '봉기자 어조선封箕子於朝鮮'·
'봉기자 위조선封箕子爲朝鮮'은 다같이 '기자를 조선에 봉하였다'는
말인데, 이 두 글귀를 통해서는 기자가 조선에 와서 왕이 되었다
는 사실을 알기가 어렵다. 앞쪽의 경우 주나라 무왕 즉위 기묘(BC
1122)에 기자를 조선에 봉하였다는 것이므로, 단순히 중국에 살면

서 명의만 조선왕으로 봉해졌는지, 봉함을 받고 조선으로 건너와 왕이 되었는지가 분명하지 않다.

지금 『유사』(당배구전)의 경우 여기에는 "기자를 조선에 봉하였다(封箕子爲朝鮮)"고 되어 있으나, 실제 '배구전'의 원문(앞에서 관련 부분의 원문을 옮겨 보았음)에는 "고구려의 땅은 본디 고죽국孤竹國이었는데, 주周나라 때(代)에 기자를 여기에 봉하였다"라고 하였을 뿐 거기에는 조선이라는 나라 이름이 없었다. 아마 (『유사』의) 앞글에 맞추어서 『유사』 엮은이 또는 누군가가 "봉기자封箕子" 밑에 '조선' 두 글자를 채워 넣은 듯하다.

어쨌든 『유사』의 이 글을 통해서는 '기자조선'의 존재를 분명하게 확인하기가 어려운 것이 사실이다. 기자조선의 존재를 분명하게 전하고 있는 문헌은 이 『유사』가 아니고 『제왕운기』이다. 『제왕운기』에는 먼저 조선과 단군에 관한 시송詩頌이 끝나고 나서 다음과 같이 후조선 곧 기자조선을 읊고 있다.

후조선의 시조는 기자이러라.
주나라 무왕 원년 기묘의 봄에
이곳으로 망명 와서 나라 세우니
주무왕이 멀리서 윤음 내려 봉하였네.
예를 갖춰 주나라로 들어가 알현하매
지켜야 할 인간 도리 홍범구주155) 물었다네.

---

155) 홍범구주洪範九疇는 중국 상고 시대 우禹임금이 요순堯舜 이래의 사상을 정리하여 집대성한 이른바 천지의 대법大法, 곧 정치 도덕의 기본적 법칙을 일컫는다. 나중에 기자箕子 대에 이르러 연구되어 주나라 무왕에게 전수하였다고 한

後朝鮮祖是箕子　周虎元年己卯春

逋來至此自立國　周虎遙封降命綸

禮難不謝乃入覲　洪範九疇問彝倫


그리고 이 아래에 다음과 같이 주석을 달았다.


『상서소尙書疏』156)에 이르기를, 무왕이 기자의 갇힘을 풀어 줌에157) 기자가 조선으로 달아나 나라를 세웠다. 무왕이 듣고는 조선왕으로 봉하였다. 기자가 봉함을 받고는 예를 갖추지 않을 수가 없어서 주나라 대궐에 들어가 알현하니, 무왕이 그에게 홍범구주洪範九疇를 물었다. 그는 주나라에 13년을 머물렀다. 그 이후의 일은 전기에 모두 주석이 없다.158)

------

다. 홍범洪範이란 큰법(大法)을 뜻하며, 아홉 조목으로 이루어져 있어서 9주九疇라고 한다.

156) 『상서尙書』는 중국 상고대의 고전인 『서경書經』을 일컫는다. 5경 또는 13경의 하나인 이 『상서』는 상고대에는 『서書』라고만 하였고, 한漢나라에 이르러 『상서』라고 하였으며, 송宋대에 와서 『서경』이라고 하였다. 이는 「우서虞書」·「하서夏書」·「상서商書」·「주서周書」 등 이른바 당우삼대唐虞三代의 기록이다. 이 『상서』에는 고래로 많은 주석서가 있어 왔는데, 여기에서 『상서소』라고 하는 것은 『상서정의尙書正義』 20권을 말한다. 한漢의 공안국孔安國의 전傳을 당唐의 공영달孔穎達이 소석(疏)한 것이다.

157) 최남선, 『신정 삼국유사』 부록(pp.49~53)에 옮겨 싣고 있는 『제왕운기』 권하의 "後朝鮮祖是箕子" 조항의 아래에 달아 놓은 주석 "尙書疏云, 虎王箕子之囚……" 중의 호왕虎王(무왕)과 기자 사이에 '석釋'이 빠져 있다. 그대로라면 "武王이 箕子를 가두다(武王箕子之囚)"가 된다. 그러나 원근거인 사마천의 『史記』 4 「주본기」에는 '무왕이 기자의 갇힘을 풀어주다(釋箕子之囚)'로 되어 있다.

158) 이 부분의 원문을 옮긴다.
　"尙書疏云 虎王釋箕子之囚 箕子走之朝鮮立國 虎王聞之 因封焉 箕子受封 不得無臣禮 因謝入覲 虎王問洪範九疇 在周之十三年也 已下現於傳者皆不注."
　물론 여기서의 호왕虎王은 주周 무왕武王을 가리킨다.

그러고는 이어서 41대손 준왕準王에 이르러 침략을 받아 나라를
잃었는데 그동안 928년을 다스렸으며, 준왕은 금마군金馬郡으로 옮
겨 가서 도읍을 세우고 다시 임금이 되었다고 하였다. 이를 통하
여 후조선 곧 기자조선의 존재를 분명하게 확인할 수 있다.

그 뒤의 기록으로, 『고려사』 「지리지」와 『세종실록지리지』 등
의 평양부平壤府 조에 삼조선三朝鮮 가운데 기자의 조선을 '후조선'
이라 한다 하였고, 『동국사략東國史略』 권1과 『동국통감』 외기外紀
에는 '단군조선' 항목 다음에 '기자조선' 항목을 따로 두고 있다.
여기에는 좀 구체적으로 기록되어 있다.

주나라 무왕이 상商나라를 쳐서 이기자 기자는 중국인 5천 명을 거느
리고 조선에 들어왔다. 무왕이 왕으로 봉하고 평양에 도읍하니 이를 후
조선이라 하였다. 백성들에게 예와 의 및 농사짓고 누에 치며 베 짜고
길쌈하는 것을 가르쳤으며, 8조條의 가르침을 베풀었다.[159]

그리고 그 아래 주석을 붙이고 또 기자의 치적과 40대손 부否와
준準 부자父子대에 나라를 잃기까지가 요약되어 있다.

현재 기자에 관해 전하고 있는 기록 중에서 가장 오래된 문헌은
중국 한나라 사마천의 『史記』라고 할 수 있다. 『史記』에는 권3과
권4 및 권38에 기자가 기록되어 있다. 즉, 권3 「은 본기殷本紀」와
권4 「주 본기周本紀」에는, 주나라의 무왕이 은나라를 멸하고 갇혀

---

159) 『동국사략』 권1, 기자조선(한국사서총간 I, 1986), p.37 상.
   "周武王克商 箕子率中國人五千 入朝鮮 武王因封之 都平壤是爲後朝鮮 教民禮義田蚕
   織作 設八條之敎."

있던 기자를 풀어 주었다는 기록이 보인다. 그러나 기자를 조선왕
으로 봉하였다는 말은 전혀 볼 수 없다.

이 『史記』 권115에는 「조선열전朝鮮列傳」이 들어 있는데, 조선을
주제로 하고 있는 이 항목에는 '위만조선'부터 시작되어 있기 때문
인지 기자에 대한 언급은 한마디도 찾아볼 수가 없다. 다만 『史記』
권38의 「송미자 세가宋微子世家」에 비로소, "무왕이 기자를 조선에
봉하였다"160)는 한마디가 보일 따름이다.

그리고 『전한서前漢書』 「지리지地理志」 하下의 중간 앞쪽 '낙랑군
樂浪郡' 조에는 낙랑군 소속의 25현縣 중에 조선이 그 하나로 첫머
리에 들어있고, 바로 밑에 "무왕이 기자를 조선에 봉하였다"는 한
마디의 주가 붙어 있다. 그러나 그 뒤쪽의 '연지燕地' 항목 안에는
사마천의 『史記』 등 지금까지의 기록과는 판이하게, 기자가 조선
에 와서 다스린 내용을 다음과 같이 전하고 있다.

> 은나라의 공도公道가 쇠진함에 기자가 조선으로 갔다(師古가 주석 달기
> 를, "『史記』에는 武王이 紂王을 토벌하고 기자를 조선에 봉하였다고 했는데, 이와
> 는 같지 않다."라고 하였다). 그곳에서 기자는 백성들에게 예禮와 의義 및
> 농사짓고 누에 치며 길쌈하고 베 짜는 일들을 가르쳤으며, 낙랑 조선의
> 백성들로 하여금 8조의 법으로 범죄를 금하게 하였다.161)

대략 이상에서와 같이 기자와 조선에 관한 중국 고전의 기록을

---

160) 『史記』 권38, 「송미자 세가」, 8. "於是武王乃封箕子於朝鮮."
161) 『전한서』 권28, 지리지 8 하. "燕地殷道衰 箕子去之朝鮮(師古曰 史記云 武王伐紂
　　　封箕子於朝鮮 與此不同) 敎其民 以禮義田蚕織作 樂浪朝鮮民 犯禁八條."

볼 수 있다.


## 2) 기자조선의 문제점, 종래 학계의 견해

지금까지 남아 전하고 있는 기자조선에 관한 옛 기록들을 모아
보았다. 여기에는 다분히 문제의 여지가 내재해 있다. 근래 석학들
의 논구論究를 통해 그 문제점들을 살펴보기로 한다.


### ① 최남선의 기자조선론

최남선은 일찍이 「조선사朝鮮史의 기자箕子는 지나支那의 기자箕
子가 아니다」162)라는 논문을 통해 이른바 기자조선의 역사를 밝히
고자 하였다. 그는 우선 전체 목차를 다음과 같이 작성하였다.


    1. 支那의 箕子와 朝鮮의 解氏
    2. 解氏와 箕子의 結合된 緣起
    3. 檀君朝鮮의 延長인 '기ᄋ지'朝
    4. 箕子는 東來하였던 形迹이 없다.
    5. 周武王이 朝鮮 國土에 손을 댈 수 없었다.
    6. 殷亡後에도 箕子는 支那에 있었다.
    7. 朝鮮에 있는 箕子 遺蹟은 다 近世의 假托
    8. 箕子가 支那 文物을 朝鮮에 傳한 일 없다.
    9. 朝鮮에 固有한 太陽 '토템'의 '기ᄋ지'
    10. 支那人의 例習인 氏系的 異民 同化術
    11. 朝鮮에 있는 古傳과 古語의 一致

---

162) 『최남선전집』 2, pp.366~374.

12. 朝鮮은 亡國民의 逋逃地로 너무 遙遠

13. 周初의 國力은 심히 微弱하였었다.

14. 箕子의 墓와 孫裔가 다 支那에 있다.

15. 箕子의 東走地는 실상 鮮虞?

16. 箕與解와 鮮虞與 朝鮮과의 錯綜

17. 箕解 錯綜을 誘導 혹 助成한 副因

18. 箕子朝鮮說은 漢의 史記로부터

19. 來鮮 否認으로써 恢復되는 箕子 實在

20. 殷周의 際에 있는 朝鮮의 國情

21. 箕子問題의 朝鮮 古史上 地位

22. 支那 古典으로 證明되는 '기ㅇ지' 朝鮮

23. 渤海를 跨有한 '기ㅇ지' 王朝의 諸支國

이와 같은 목차 내용의 소제목과 그 앞의 논문 주제목을 통해서도 이 글의 주된 요지를 짐작할 수 있다. 여기에서는 논문 전체의 이해에 참고가 되도록 논문의 도입 부분인 첫 번째 (1) 항목과 두 번째 (2) 항목의 전반부 및 맨 끝 (23) 항목을 여기에 옮겨 보기로 한다.

1. 支那의 箕子와 朝鮮의 解氏

朝鮮에서 檀君紀元 1천 2백년(西紀前 1100년)경에까지인 약 6백년 간은 殷이란 王朝가 支那에 君臨하다가 紂王의 代에 周의 武王에게 멸망되었는데, 紂의 宗族에 箕子(爵名) 胥餘란 이가 新王朝에 不服하고 어디론지 도망해 간 일이 있었다.

일변 壇君朝鮮에서는 氏族 중심의 國制가 차차 발달하여, 全氏族의 總長上으로 '기'氏를 일컫는 一族이 가장 尊貴를 極하여, 언제쯤부터인지 檀君

의 位, 곧 王位는 이 '기'氏의 有로 돌아갔으니, 夫餘·高句麗 등의 史上에 보이는 解夫婁·解慕漱 등의 '解'(古흡 기)가 곧 그것이었다.


2. 解氏와 箕子의 結合된 緣起

그런데 周의 春秋時代 이래, 곧 西紀前 7백년경으로부터 支那는 차차 群雄의 亂鬪期로 들어가서, 戰亂·饑饉에 못 이기는 그 民衆이 많이 半島로 流入하여, 시방 大同江 左右地에 散居하고, 이네들의 중에는 文學과 技術로써 解氏王朝에 入仕하는 자도 있었는데, 그네는 종족적 反感을 없이하고 本土民 특히 그 주권자로 더불어 깊이 親好感을 맺으려 하는 이상으로, 이 新附民 중의 文士가 解氏의 原語인 '기ᄋ지'163)의 흡이 箕子에 비슷함을 緣으로 하여, 'ㄱ'氏의 先은 箕子요 箕子는 실상 朝鮮으로 亡來하였다는 附會說을 만들었다. ……


23. 渤海를 跨有한 '기ᄋ지' 王朝의 諸支國

또 좀 깊이 들어가서 말하면, 『山海經』의 處處와 『逸周書』의 王會解와 『呂氏春秋』·『淮南子』 내지 『春秋』·『史記』 등에 山東·海東 等地의 部族으로 傳하는 基山·箕山·箕尾山(箕屋山)·陽谷(暘谷)·青邱·青島·長洲·青洲. 蒼梧.壁丘. 始鳩. 列姑射·射姑. 玄股. 莒·介·根牟. 薊·甌 등은 다 古朝鮮의 '기'에 緣起하는 명칭으로, 이는 대개 渤海·黃海를 중간에 두고 支那의 山東과 半島의 浿·列·帶 지방에 跨亘하여 살던 古 '기'族의 碎斷 散布한 자들이니 이제 이것을 廣說하지 아니하거니와, 위선 半島의 古國名인 蓋(解 내지 箕) '기'가 殷 宗室 箕子하고 본디부터 風馬牛요 河漢이요,

________________________________________

163) 최남선은 이 글에서 '기ᄋ지'에 관하여 다음과 같이 설명하였다.
　　"'기'는 日을 意味하므로부터 神聖 又 光大의 義를 兼하게 된 語요, 'ᄋ지'는 種子·子·孫·氏族 등을 의미하는 語로, '기ᄋ지'는 곧 日子(곧 太陽族)를 의미하는 것이며, 일변 王은 반드시 '기ᄋ지'의 族人만이 되므로 族號인 '기ᄋ지'가 그대로 王號와 같이 쓰이기도 하고, 因하여 '기ᄋ지'와 箕子가 和合하는 端緒를 짓기도 한 것이었다."

얼토당토아니한 것만을 밝히는 支那 古典上의 旁證으로, 그 명목만을 여기에 擧例해 둔다.

이렇게 支那 古文獻에 나타나는 바를 보건대, 半島의 中部 곧 朝鮮의 根本部는 무론이요 그 範圍地·延長區域까지가 春秋戰國時代에 걸쳐서 '기'와 및 그 派生語·轉滋語로써 稱謂되던 部族 又 국토임이 章章하고, 또 이 '기'族의 땅이 이른바 夷狄의 國임도 분명하니 그러면 이때쯤은 소위 仁賢 箕子의 分封國은 어느 구석에 가서 숨었다 할는지, 漢代 이후로 筆端에 오르기 비롯한 소위 箕子朝鮮을 戰國 전후의 支那人이 몽매에도 알지 못한 것을 우리는 泛然히 看過할 수 없다. 또 朝鮮을 蓋氏國 解氏民으로 말하던 戰國 이전에는 箕子朝鮮이란 文籍이 없었고, 일변 기자조선의 말이 생긴 漢代 이후에는 조선을 다시 蓋氏國 解氏民이라고 적은 새 문자가 없음을 아울러 注意할 것이다.


일단 위와 같이 본문을 맺은 최남선은 다음과 같은 설명글을 끝에 붙였다.


『山海經』이 동방의 '기'氏 왕조를 蓋國이라고 적은 것은 본문에 引證함과 같거니와, 대체 蓋姓이 일찍부터 동방에 著聞함은 다른 일로도 考證할 수 있다.

이를테면 齊姓에 蓋가 있어, 그 先이 采를 蓋에 먹은 고로 뭄으로써 氏를 삼았다 하는 것도 그 일례이다(古今姓氏書辨證). 본디는 이른바 東夷의 地요, 後에까지도 동방의 半島國하고 깊은 關繫를 가지는 시방 山東 渤海의 地에는 동방의 古巨族인 '기ㅇ지' 곧 解의 支裔가 퍽 많을 것이 당연한 일인데, 이 蓋氏 같음도 대개 그중의 하나임을 생각케 하는 자요, 특히 그 자를 '蓋'에 從한 것이 우리의 주의를 끈다.

대개 『山海經』의 蓋란 寫音도 漫然히 할 것 아니라 동방에 있는 夷人系

의 著姓에 본디 蓋氏가 있기 때문에, 이 聯想에서 海外 東夷의 '긔'氏를
또한 蓋로써 寫音한 것이 아닐까 한다.

최남선은 이 논문을 통해 옛 단군조선의 중심 씨족인 '긔'씨(해
씨解氏·개씨蓋氏)의 원어 '긔ㅇ지'의 음이 결합된 국명이 기자조선
이라 하여 중국에서 동래東來한 기자箕子의 조선을 부인하였다.

② 신채호의 견해

신채호는, "주 무왕이 '홍범구주'를 배척하므로 은殷의 왕족 기
자가 '홍범구주'를 지어 무왕과 변론하고 조선으로 도망하니……"
라고 하여, 기자가 조선에 온 것을 인정하였다. 그러면서도 그는,

> 前史에는 壇君王儉 1220년 후에 箕子의 王 조선을 記載하였으나 箕子는
> 箕子 자신이 왕됨이 아니요 기원전 323년경에 이르러 그 자손이 비로소
> 불조선왕이 되었나니……이제 사실을 따라 기자조선을 削하노라.[164]

라고 하여, 역사상에서 기자조선은 없는 것이라 삭제한다고 하였
다. 그는 또 '삼조선三朝鮮'에 관해 다음과 같이 말하고 있다.

> 歷來에 各史에 三朝鮮 分立의 사실이 빠졌을 뿐 아니라 곧 '三朝鮮'이란
> 名詞까지도 壇君 箕子 衛滿의 三王代라고 臆解하였다. 三朝鮮은 신·불·
> 말 삼한의 分立한 자니, '신한'은 大王이요 불·말 兩 한은 副王이니 ……
> 신·말·불 三한은 吏讀文으로 辰·馬·卞 三韓이라 記한 자며, 신·말

---

164) 신채호, 앞의 책, p.59, p.66.

·불 三朝鮮은 吏讀文으로 眞·莫·番 三朝鮮이라 記한 자이다. 동일한 신·말·불의 譯이 何故로 一은 辰·馬·卞이라 하고 他一은 眞·莫·番이라 하여 兩譯이 같지 않은가. 이는 남북의 吏讀文의 用字가 다른 까닭이거나 혹 支那人의 한자 음역이 조선의 吏讀文의 用字와 다른 까닭이니라.[165]

이른바 앞쪽에서 본 전(단군)조선·후(기자)조선·위만조선의 3조선을 인정하지 않았다. 그는 삼조선을 그렇게 보지 않고 단군왕검 시대 이후에 조선이 세 나라로 분립하였을 때로 보았으며, 이 분립 시대에 신(辰)·말(馬)·불(卞)의 삼한 곧 신(眞)·말(莫)·불(番)의 세 조선(三朝鮮)이 있었다고 하였다. 그러므로 기자조선은 존재하지 않았고 다만 중국에서 조선으로 온 기자의 자손이 불조선의 왕이 되었다고 하였다.

③ 안재홍의 기자조선관

안재홍은 그의 역저『조선상고사감』상권의 맨 처음에「기자조선고箕子朝鮮考」(기자조선의 단안斷案)를 싣고 있다. 그 첫 번째 항목을 '1. 조선은 기의 나라'라고 제목을 하고는 그 첫머리에, "조선은 지의 나라이니, 지는 수장首長이요 대인大人이요 공민公民인 것이다"라고 시작하였다. 그리하여 중국의 고전 및 불서까지 참고로 하여 지·기·치는 같이 쓰이는 말로 대인大人과 수장首長의 뜻을 지녔다고 하였으며, 그래서 조선은 대공국大公國이며 크치조선, 큰 지조선 또는 군자의 나라(君子國)라고 일컬어졌는데, 이는 "기자조

---

165) 위의 책, p.68.

선으로 오인된 역사적 본원이다"라고 하였다. 그리하여 그는 그러한 논지를 대강 정리하여,

크치와 箕子는 後者를 漢式發音함에 더욱 서로 유사함에 말미암은 것이다. ……卽大公인 크치가(큰지·한기·신지 등도 동일함) 禮義 用蚕·織作 等 倫理 産業의 각 방면에 뻗치어 長久한 세월의 創成 開拓 및 擴充한 업적이 일반의 口碑와 傳誦에 올라있던 것이 樂浪地方等 漢土人의 이주자에게 알려지자 그들은 近支國을 君子國으로 速斷하던 태도로서 '크치'를 箕子로 속단하고 문득 "殷道衰 箕子去之朝鮮" 하는 古典的 문자로써 모든 것을 自家文獻에 당겨다 붙이고 "於是武王 乃封箕子於朝鮮 不臣也"라고 한 司馬遷의 史記 宋世家에서의 어설픈 隻句等을 생기게 하여 그네의 政略的 意圖까지 交合하여 드디어 殷箕子가 受封東來 教化明夷한 顚末로 만든 바요, 우리 先民들도 漢文化에 현혹됨이 그 高潮에 향하는 지음에 있어 "我國教化禮義 自箕子始"(高麗史 肅宗 當時 箕子塋廟 修封記事에 관한 一節)라고 해서 教化禮義가 크치로부터 정리된 口碑는 곧잘 收錄하면서 실질에 있어서는 그 本尊은 전연 잊어버리고 엉뚱한 딴 사람인 殷箕子에게 結着시키고 말게 된 바이다.

라고 한 그는 또,

무릇 檀君의 神政統合時代의 終焉으로부터 夫餘朝鮮·馬韓·高句麗·百濟·新羅·加羅 等 尉仇台 臣雲遺支 尉韈吉支 韈吉支 麻立干 首露王(干) 등등의 昂揚된 位格 및 國格이 發生成長하기 이전까지 連續한 길거나 짧거나의 '크치·큰지·한기·신지'의 시대는 어느거나 모두 箕子朝鮮이요 또 箕子國이요 箕子時代인 것이다. 그러나 帝王國의 준엄한 機構속에 仇台 昆支 古鄒 루支 等 명목으로 一個의 榮爵으로서의 크치는 거의 三國의 末葉까지

持續한 것이다.166)

라고 하였다. 그는 '크치조선' '기의 나라'를 기자조선이라고 한자
로 적은 것일 뿐 결코 은나라 기자가 망명하여 세운 나라가 아니
라고 역설하였다. 그와 같이 안재홍은 은나라의 기자가 동쪽(조선)
으로 망명 와서 주 무왕의 봉함을 받고 백성을 교화하였다는 전설
을 전혀 인정하지 않았다.

④ 이병도가 본 기자조선

이병도는 이 '기자조선' 문제를 상당히 구체적으로 정리하였는
데, 그 중요한 대목을 여기에 옮겨 본다.

　　殷末 三仁의 하나로 傳言하여 오는 箕子가 東으로 조선에 와서 왕이
되었다는 在來의 설은 여러 모로 (檢討해) 보아 성립할 수 없게 되었다.
그러므로 '기자조선'의 정체를 밝히자면 먼저 그 전설을 비판하여 거기
에 덮인 疑雲을 벗겨내지 않으면 안 되겠다. 箕子東來說을 전하는 오랜
記載에 셋이 있다. (A) 하나는 伏生의 尙書大傳이니……, 즉 周의 武王이
(殷末) 在囚中의 箕子를 釋放하여주매, 箕子는 周에 依한 석방을 탐탁하지
않게 여겨 조선으로 달아나니 무왕이 듣고 그곳을 封하여 주었다. 周의
冊封을 받은 箕子는 부득이 臣禮를 닦아야 하겠으므로 (周武王) 13년에
周에 來朝하였더니, 武王이 그에게 洪範(九疇)이라는 정치철학의 九個 규
범을 물었다고 한다. (B)는 史記 宋微子世家의 記載이다. 무왕이 殷을 극복
한 후 箕子를 방문하고 安民의 도를 물으매, 箕子는 洪範九疇를 演述하였
다. 이에 무왕이 그를 조선에 封하였더니, 그는 (周武王)을 臣事하지 아니

---

166) 안재홍, 앞의 책 상권, pp.7~49 · pp.53~54.

하였다. 그 후 箕子가 周에 入朝할새 殷의 遺墟를 지나다가 그 荒蕪함을 보고 비창하여 '麥秀'의 詩를 지었다고 한다. (C)는 漢書 地理志 燕條의 記載로서, 殷道가 衰하매 箕子가 조선에 가서 그 인민에게 예의와 田蚕과 織造를 가르쳐 주었더니, (그 敎化의 영향으로) 樂浪朝鮮民 사회에는 犯禁 八條란 8개조의 法禁이 行하게 되었다는 것이다.

　이후 史書에 나타나는 箕子東來說은 대개 위의 A·B·C 記載에 그 유래와 근거를 가지고 있으므로 그것을 분석비판하면 족할 것이다. …… 그러나 A記載는 그 자체 내에 B보다도 많은 모순을 범하고 있다. 첫째 연대상으로 보아 周 武王 13년은 주가 은을 극복하였다는 해인데, 그 당시 東走하였다는 箕子가 同年에 또 어떻게 원거리를 跋涉하여 周에 入朝할 수가 있었을까? 그뿐 아니라 周의 釋放에 대하여도 탐탁히 여기지 아니하여 東走하였다는 箕子가 그 후 周의 冊封을 받고 臣禮를 닦기 위하여 入朝했다는 것은 상식으로 생각해 보아도 도저히 이해하기 곤란한 말이다. 이는 결국 兩個傳說을 무리하게 결부시키다가 큰 杜撰을 범한 것이라고 볼 수밖에 없다. B記載는 A의 범한 모순을 합리화시키려다가 역시 비슷한 모순과, 兩個 傳說을 결부시킨 造作의 흔적을 免치 못한다. (중략) C記載는 A·B와도 달라, 殷亡 직전에 箕子가 東走한 양으로 말하고, 이어 精神上·物質上의 교화 等事를 云謂하였으나, 이는 실상 낙랑조선민의 八條法禁의 遺風을 보고 전래의 箕子東走說과 연결시킨 데 불과한 것이다. 箕子와 八條法禁이 아무런 관련성이 없음에 대하여는 이미 따로 논증하여둔 바가 있지마는,167) 箕子의 東來說은 이에 의하여서도 그 權威를 잃게 되었다. 史記 宋世家 杜預註에는 梁國蒙縣(河南省 商丘縣 東北)에 箕子塚이 있다는 것이 보이니, 箕子東來說은 더욱 무력함을 면치 못하고, 또 평양에 있는 箕子墓의 허위성168)은 辨證할 필요조차 없는 것이다.169)

---

167) 저자는 여기에 다음과 같이 주를 달아 놓았다.
　　李丙燾, 「所謂箕子八條に就いて」(市村博士 古稀記念 東洋史論叢).
168) 여기에도 다음과 같은 주를 붙였다.

라고 하였다. 그와 같이 기자동래설 및 기자조선을 부인한 그는, 이른바 종래 '기자조선'의 정체를 대강 다음과 같이 논단論斷하였다.

所謂 '箕子朝鮮'은 箕子와는 상관없는 우리의 土着社會인－上述한－阿斯達社會에서 발달된 것이라고 믿는다. 다시 말하면 이 조선은 종래 '단군조선'이라고 일컬어오던 아사달사회의 新支配氏族이 舊支配氏族에 대신하여 새로운 체제를 이룬 데 불과한 것으로, 이 신지배씨족은 箕氏가 아니라 後日 中國式 創氏에 의한 韓氏라는 결론을 얻게 되었다.170)

⑤ 이 대목의 마무리

이상에서와 같이 종래의 선학들은 한결같이 은나라 기자가 조선에 와서 나라를 세우고 임금이 되었다는 이른바 기자조선의 전설을 극구 부인하였다. 근래에도 학자들의 견해는 마찬가지이다. 특히 이병도의 '한씨조선설韓氏朝鮮說'에 이어 천관우千寬宇는 기자족단箕子族團의 이동설移動說을 주장하였고,171) 김정배金貞培는 이른바 기자조선이 곧 예맥조선濊貊朝鮮이라고 하였다.172)

---

"『高麗史』 禮志 雜祀條를 보면 肅宗七年 十月에 禮部에서 箕子의 墳塋을 求하여 神祠를 세워 祭祀하자는 奏請에 聽從하였다는 것이 실려 있다. 여기 所謂 箕子의 墳塋이란 것은 역시 傳說에 의한 것으로 實際 그때에 그러한 것이 있었다는 것은 아니다. 현재의 所謂 箕子陵은 아마 이때 建設되었다고 생각되는 箕子祠堂 자리에 그 후 虛僞築造한 것인 듯하다."

169) 이병도, 앞의 책, pp.92~94.

170) 앞의 책, p.95. 이보다 앞서 이병도는 「삼한 문제의 신고찰」(『진단학보』3, 1935)에서 '한씨조선韓氏朝鮮'에 관해 자세히 고찰한 바 있다.

171) 천관우, 「箕子攷」(『東方學志』15, 1974).

172) 김정배, 「古朝鮮의 住民構成과 文化的 複合」(『백산학보』12, 1972).
김정배, 「準王 및 辰國과 '三韓正統論'의 諸問題」(『한국사연구』13, 1976).

이미 앞에서 본 바이지만 『유사』 본문의, "나라 다스리기 1,500년이었는데, 주나라 무왕이 즉위한 기묘년(BC 1122)에 기자를 조선에 봉하였으므로 단군은 장당경으로 옮겨 갔다(御國一千五百年 周虎王卽位己卯 封箕子於朝鮮)"라고 한 이 말은 실제에 있어서 애매하기 짝이 없다고 할 수 있다. 주 무왕이 기자를 조선에 봉하였는데 왜 단군이 장당경으로 옮겨 갔는가. 나라와 왕위를 빼앗긴 것도 아닌데 왜 도읍을 옮겨가야 했는가. 단군이 왕으로 건재한 조선국을 어째서 주나라 무왕이 마음대로 기자를 왕으로 봉하였다는 것인가. 먼 나라 주의 무왕이 기자를 조선에 봉하였다는 근거 없는 한마디에 1,500년을 다스리던 왕성을 선뜻 내어 주고 장당경으로 옮겨 가야 할 만큼 단군이 무력했다는 말인가. 그렇다고 기자와의 싸움에 져서 쫓겨 간 것도 아니다. 매우 모호한 내용이다.

사실 『유사』에 전하고 있는 『고기』나 '당배구전' 및 그 밖의 중국 옛 사료들을 통해서 보게 되는 기자동래·기자조선설은 역사적 근거에 문제가 있으며 또한 모순점이 적지 않다. 그러므로 우리 학계에서 그 역사성을 인정하지 않으려는 것은 어쩌면 당연한 일이다.


### (3) 한漢의 3군郡(4군)


앞에 나온 것처럼 『유사』의 원문은 "漢分置三郡 謂玄菟 樂浪 帶方"(한나라가 세 군으로 나누어 두었으니, 이른바 현도·낙랑·대방이다)이라고 하였으나, 그 본디 '배구전裵矩傳'의 이 부분 원문은 "漢

世分爲三郡", 즉 '한나라 때 세 고을로 나누었다'고 되어 있다.

그러므로『유사』는 중국의 '배구전'을 인용하면서도 본디 글에 없는 세 군의 이름(현토·낙랑·대방)을 더 써 넣었다고 할 수 있다. 그리고 이어서 "『통전通典』에도 또한 이 설과 같다"고 하였는데, 앞의 본문 주석 24)에서 본 바와 같이 당唐나라 때 사람 두우杜佑의『통전』에는 그러한 사실이 보이지 않는다는 것이다.『유사』의 엮은이는 이 대목의 맨 끝에 주석을 달아, "『한서漢書』에는 진眞·임臨·낙樂·현玄의 4군郡으로 되어 있는데, 여기에서는 3군이라 하여 그 이름도 같지 않으니 어째서인가?"라고 하였다. 그렇다면『유사』의 끝부분인 이 "唐裴矩傳云"에서 "通典亦同此說"까지의 글도 앞의『고기』끝에 본래 붙어 있던 것인지, 아니면 다른 사람의 글에서 옮겨 온 것인지 알 수가 없다. 엮은이 자신의 글이라면 이 마지막 주석에서 이처럼 남의 이야기하듯 할 수는 없을 것이기 때문이다.

이 '고조선' 항목 전체의 마지막 주석이기도 한 이 각주에『한서』는 말할 것도 없이『전한서前漢書』이다. 이『한서』의 '조선전' 뒤에, "드디어 조선을 평정하고 진번眞番·임둔臨屯·낙랑樂浪·현도玄菟의 네 군四郡으로 삼았다"[173)]라고 한 것을 가리킨 것이다. 이를『유사』의 주에서는 4군의 앞글자만 따서 '진·임·낙·현의 4군'이라 하였다.

---

173)『전한서』권95, 西南夷兩粤朝鮮傳 65(조선전). "遂定朝鮮 爲眞番·臨屯·樂浪·玄菟 四郡."
　　이 부분은 다음 항목인 '위만조선'의 맨 끝에도 그대로 옮겨져 있다.

　그러므로 ‘배구전’의 인용문에서 “한나라가 3군으로 나누었다 (漢分置三郡)”는 3군은 그 원전(배구전)부터가 4군의 잘못이었음을 알 수 있다. 그리고 그 3군에 현도·낙랑·대방의 이름을 붙인 것은 원 ‘배구전’에 전혀 없는 것을 인용자가(『유사』엮은이는 아닌 듯) 어디서 근거했는지 모르나 잘못 써 넣은 것이 분명하다고 하겠다. 한漢 4군은 다음의 ‘위만조선’에 나오므로 거기에서 자세한 것을 보기로 한다.

위만조선 魏滿朝鮮

## 1. 원문

魏滿朝鮮

前漢朝鮮傳云　自始燕時　嘗略得眞番朝鮮(師古曰　戰國時燕國始略得此地也)　爲置吏築障　秦滅燕　屬遼東外徼　漢興　爲遠難守　復修遼東故塞至浿水爲界(師古曰　浿在樂浪郡)　屬燕. 燕王盧綰反入匈奴　燕人魏滿亡命　聚黨千餘人　東走出塞　渡浿水　居秦故空地上下障　稍役屬眞番朝鮮蠻夷　及故燕齊亡命者王之　都王儉(李曰地名　臣瓚曰　王儉城在樂浪郡浿水之東)　以兵威侵降其旁小邑　眞番臨屯皆來服屬　方數千里　傳子至孫右渠(師古曰　孫名右渠)　眞番辰國欲上書見天子　雍閼不通(師古曰　辰謂辰韓也)　元封二年　漢使涉何諭右渠　終不肯奉詔　何去至界　臨浿水　使馭刺殺送何者朝鮮裨王長(師古曰　送何者名也)　卽渡水　馳入塞　遂歸報　天子遣樓船將軍楊僕　從齊浮渤海　兵五萬　左將軍荀彘出遼　討右渠　右渠發兵距嶮　樓船將軍將齊七千人　先到王儉　右渠城守　規知樓船軍少　卽出擊樓船　樓船敗走　僕失衆遁山中獲免　左將軍擊朝鮮浿水西軍　未能破　天子爲兩將未有利　乃使衛山　因兵威　往諭右渠　右渠請降　遣太子獻馬　人衆萬餘持兵　方渡浿水　使者及左將軍疑其爲變　謂太子　已服宜毋持兵　太子亦疑使者詐之　遂不渡浿水　復引歸　報天子誅山　左將軍破浿水上軍　迺前至城下

圍其西北　樓船亦往會　居城南　右渠堅守　數月未能下. 天子以久不能決
使故濟南太守公孫遂往征之　有便宜得以從事　遂至　縛樓船將軍　幷其軍
與左將軍　急擊朝鮮　朝鮮相路人相韓陶　尼谿相參　將軍王唊(師古曰 尼谿
地名　四人也) 相與謀欲降　王不肯之　陶唊路人　皆亡降漢　路人道死　元封
三年夏　尼谿相參　使人殺王右渠　來降　王儉城未下　故右渠之大臣成己又
反　左將軍使右渠子長　路人子最　告諭其民　謀殺成己　故遂定朝鮮　爲眞番
臨屯　樂浪　玄菟　四郡

## 2. 새김 글

## 위만조선

『전한서前漢書』의 「조선전朝鮮傳」1)에는 이러하다.

처음 연燕나라2) 때 일찍이3) 진번眞番과 조선4)을 빼앗아 차지하고5)부터 관리를 두어 요새를 쌓았다. 진秦나라6)가 연나라를 쳐서 없애고 (조선을) 요동의 변방에 예속시켰다. 한나라가 세워지고는 (이 땅이) 멀어서 지키기 어려우므로 다시 요동의 옛 요새를 고쳐 쌓고 패수浿水7)에 이르러 경계를 삼고8) 연나라에 예속시켰다.

---

1) 원문에는 "前漢朝鮮傳"이라 되어 있으나 이를 갖추어 말하면, '후한後漢 반고班固 찬撰 『前漢書』 권95, 西南夷兩粵朝鮮傳 제65'이다. 여기서 전하는 「조선전」의 내용은 이 『漢書』보다 앞선 전한前漢 사마천司馬遷 찬 『史記』 권115, 조선 열전 제55에 들어 있는 「조선전」의 내용을(몇 글자의 차이만 있을 뿐) 그대로 옮긴 것이다.

2) 燕은 중국 고대 춘추전국시대 일곱 나라 중의 하나이며, 河北省 동북부를 근거로 하여 계薊(지금의 북경)에 도읍했다. 『史記』 「조선전」에서는 이 나라를 '전연全燕'이라 하였다.

3) 『유사』 원문은 "常略"으로 되어 있으나 인용 본문인 『전한서』와 『史記』에는 "嘗略"으로 되어 있어서 『유사』의 '상常'을 '상嘗'으로 바로잡아 놓았다.

4) '진번'을 『史記』 「조선전」에서 후한의 응소應劭는 주를 달아 "원도元菟가 본디 진번국이다"라고 하였다. '원도'의 '원元'이 '현玄'의 잘못된 글자인지는 알 수가 없으나, 어쨌든 이를 통해 '조선'의 앞에 이어 있는(원문에는 '眞番朝鮮') '진번'이 조선과 별개의 나라 이름(진번국)이었음을 알게 된다.

5) 『유사』 원문에서는 이 대목(……眞番 朝鮮) 아래에 당나라의 학자 안사고顏師古(581~645)가 "전국시대에 연나라가 처음으로 이 땅을 빼앗아 차지하였다(師古曰 戰國時燕國始略得此地)"라고 註를 달아 놓았는데, 『유사』에서는 이 주를 현재 『전한서』에 있는 그대로를 옮긴 것이지만, "戰國時□因始略……"으로 되어 있어서 '연燕' 자가 비어 있고, 다음의 '국國'은 '인因'으로 잘못되어 있다.

6) 진秦은 춘추전국시대의 7국 중 하나였으나, 시황제始皇帝 정政이 천하를 통일함으로써 중국 최초의 통일 제국을 이루었다.

연나라의 왕 노관盧綰9)이 (漢을) 배반하여 흉노匈奴10)로 들어갔으며, 연나라 사람 위만11)은 나라를 등지고 몸을 피하여 천여 명의 무리를 모아 동쪽으로 달렸다. 변방 요새를 빠져나와 패수를 건너서 진나라의 옛 빈 땅에 위쪽과 아래쪽을 (작은 성으로) 막고 살았다. 차츰 (그는) 진번과 조선의 토민들과 옛 연나라와 제齊나라에서 망명했던 사람들을 백성으로 부려서 왕이 되고는 왕검성12)에 도읍하였다(이기李奇13)는 왕검王儉을 지명이라 하였으며, 신찬臣讚14)은 왕검성이 낙랑군의 패수 동쪽에 있다고 하였다).

(위만은) 군사의 위력으로 근방의 작은 고을들을 쳐서 항복받으니, 진

---

7) 패수를 이병도와 이재호 등의 역주본에서는 청천강이라 하였다. 그러나 시대에 따라 그 위치가 다르니 보기를 들면, 한나라·위나라 때는 패수를 압록강으로 보고, 수나라·당나라 때는 대동강, 백제 때에는 임진강·예성강 등으로 보았다.

8) 여기(浿水爲界)에 주를 달아 "안사고는 패수가 낙랑군에 있다고 하였다(師古曰 浿在樂浪郡)"라고 하였으나, 이 또한 『전한서』에 있는 그대로이다.

9) 노관은 한나라 고조 유방劉邦과 같은 고향에서 같은 날에 태어났으며 나중에 한 고조를 도와 공을 세워 연왕燕王이 되었으나, 뒤에 반란 사건으로 의심을 받게 되어 흉노로 달아나 그곳에서 동호노왕東胡盧王으로 우대되었다가 1년 후에 죽었다.

10) 흉노는 몽고 지방을 중심으로 대략 BC 4세기 말 무렵에서 500여 년 동안 중국의 북방을 지배했던 기마민족이다.

11) 『유사』에서는 '위만魏滿'으로 되어 있으나 중국의 『후한서』와 『위략魏略』 등에는 '위만衛滿'으로 되어 있다. 『전한서』와 그 원전이라 할 수 있는 『史記』「조선전」에서는 성이 보이지 않고 그냥 '만滿'으로만 쓰고 있다.

12) 『유사』 원문에는 '왕검王儉'으로 되어 있으나, 사마천의 『史記』와 『전한서』에는 '왕험王險'으로 되어 있다. 원문에 '왕검王儉'으로만 되어 있으나 이는 '단군왕검'의 인명이 아닌 都城의 이름이므로 '왕검성'이라고 번역하였다.

13) 『유사』 원문에는 '이왈李曰'이라 하여 이름이 없고 성씨만을 쓰고 있으나, 『전한서』에는 '이기왈李奇曰'이라 쓰고 있으므로 여기에서 그 본디 이름을 살려 '이기'라고 한 것이다.

14) 여기에는 '신찬臣讚'으로 씌어 있으나 『史記』와 『전한서』에는 '신찬臣瓚' 곧 '讚'이 아닌 '瓚'으로 되어 있다. 이 신찬은 진晉 때의 인물로 『史記』에도 주를 달고 있으며, 『한서집해음의漢書集解音義』 24권을 남겼다.

번과 임둔[15]이 모두 복종하여 예속되어 왔으므로 지방이 수천 리나 되었다. (위만이 왕위를) 아들에게 전하고 손자 우거右渠에 이르렀다(안사고는 여기에 주를 달아 "손자 이름이 우거이다"라고 하였다).

진번과 진국辰國이 (한나라에) 글을 올려 천자를 뵈려고 하였으나 (우거왕이) 가로막아 통하지 못하게 하였다. (안사고는 "진국은 辰韓[16]을 일컬은 것이다"라고 하였다.) 원봉元封 2년(BC 109)에 한나라에서 섭하涉何를 (사신으로) 보내어 우거를 달래었으나 끝내 천자의 명령을 받아들이지 않았다. 섭하는 돌아가면서 경계에 이르는 패수에 다다라 마부를 시켜 자신을 호송하는 조선의 비왕장裨王長[17](안사고는 섭하를 호송하는 사람의 이름이라고 하였다)을 찔러 죽이게 하고는 곧 패수를 건너 요새로 달려들어가 (천자에게로) 돌아가서 보고하였다.

천자(한의 무제武帝)는 섭하를 요동의 동부도위東部都尉로 삼았다. 조선쪽에서는 섭하를 원망하여 습격해서 그를 죽였다. 천자는 누선장군樓船將軍 양복楊僕을 보내어 제齊나라로부터 발해渤海로 출발하게 하니 군사가 5만이었다. 좌장군 순체荀彘는 요동으로 나와 우거(조선)를 치니, 우거는 군사를 내어 험한 곳에 의거하여 막았다.

---

15) 임둔은 진번과 더불어 나중에 '한 4군(漢四郡)' 가운데 하나로 등장하지만, 옛 조선 때에 진번과 함께 존재했던 작은 나라였음을 알 수 있다.

16) 그러나 이병도는 그의 『유사 역주본』에서 이 대목의 '진국'에 다음과 같이 주를 달고 있다.
"辰國은 漢江以南의 제부족국가의 총칭이니, 그중의 最高盟主國은 目支國(지금 稷山 부근)이다. 師古註에 辰을 辰韓의 謂라고 한 것은 잘못이다."[이병도 역주본 p.182의 주 6)]

17) 안사고는 이 주에서 裨王長을 호송자의 이름이라 하고 있으나, 사람의 이름이기보다는 호송책임관의 직책명으로 보는 것이 옳을 듯하다.

누선장군(양복)은 제나라 군사 7천 명을 거느리고 먼저 왕검성에 이르렀다. 우거는 성을 지키면서 양복의 군대가 적은 것을 알아내고 곧 군사를 풀어 한나라 군사를 치니 양복은 패하여 달아났다. 양복은 군사를 잃고 산속으로 도망하여 화를 면하였다.

좌장군(순체)은 조선의 패수 서쪽 군대를 쳤으나 (조선군을) 깨뜨리지 못했다. 천자는 두 장수가 싸움에 이기지 못하였으므로 위산衛山을 (사신으로) 보내어 병력의 위세로써 우거를 달래게 하였다. (조선왕) 우거는 항복할 것을 청하여 태자를 보내어 말을 바치기로 하였다.

(태자는) 1만여 명의 무장한 무리와 함께 막 패수를 건너려고 하는데, 사신(위산)과 좌장군(순체)은 그들이 변을 일으키지나 않을까 의심하여 태자에게 "이미 항복하였으니 무기는 지니지 말라"고 하였다. 태자 또한 사신이 속이는 것으로 의심하여 패수를 건너지 않고 다시 (무리를) 이끌고 돌아가 버렸다. (위산이 돌아가) 천자에게 (이 일을) 보고하니 (천자는) 위산의 목을 베었다.

좌장군(순체)은 패수 위쪽의 조선군을 깨뜨리고 전진하여 왕검성 아래에 이르러 그 서북쪽을 포위하였다. 누선장군(양복)도 또한 가서 성의 남쪽에 합세했다. 우거가 성을 굳게 지키니 여러 달이 되어도 (성을) 함락시킬 수가 없었다.

천자는 오랫동안 (싸움의) 결말이 나지 않으므로 전 제남태수濟南太守 공손수公孫遂를 시켜 가서 치게 하고는 편의에 따라 일을 처리하도록 하였다. 공손수는 (현지에) 이르러 누선장군을 결박하고, 그 군사를 아울러서 좌장군과 함께 급히 조선을 공격하였다. 조선

의 재상 노인路人과 한도韓陶[18]와 니계尼谿의 재상 참參과 장군 왕
겹王唊[19]이(안사고는 말하기를 "니계는 지명이며 사람은 넷이다"라고
하였다) 서로 모의하여 항복하려 하였으나 우거왕은 반대하였다.

한도와 왕겹과 노인이 모두 도망하여 한나라에 항복하였는데
노인은 길에서 죽었다. 원봉 3년(BC 108) 여름에 니계의 책임관이
던 참參이 사람을 시켜 우거왕을 죽이고 항복해 왔다. 아직 왕검성
은 함락되지 않았으므로 우거왕의 대신 성기成己는 또 (한나라에)
반항하였다. 좌장군은 우거의 아들 장長과 노인의 아들 최最를 시
켜 그 백성들을 설득하여 성기를 죽이게 하였다. 그리하여 마침내
조선을 평정하고 (그곳을) 진번·임둔·낙랑·현도의 네 고을(4
군)[20]로 삼았다.

---

18) 『전한서』 「조선전」에는 '韓陶'로 되어 있으나, 『史記』 「조선전」에는 '韓陰'으로 되어
　　있다.
19) 몇몇 역주본에는 겹唊 자를 '협'으로 읽고 있으나, 겹이 옳다.
20) 이 『전한서』보다 앞선 『史記』 「조선전」의 원문에는 '4군으로 삼았다'고만 있을 뿐,
　　4군의 이름은 보이지 않는다. 다만 그 아래 주석에 '진번·임둔·낙랑·현도'의 이
　　름이 열거되어 있다.

# Ⅱ. 문제점 살펴보기


위에서 본 '위만조선'의 이야기를 통하여 문제되는 점 몇 가지를 다음과 같이 나누어 간략하게 살펴볼 수가 있을 것이다.

첫째, '위만조선'의 사실을 전하고 있는 전거典據 문헌에 관한 검토이다. 이『유사』에서 전거 자료로 삼고 있는『전한서』는 말할 것도 없고, 그 전후의 현존 옛 전거들을 검토함으로써 이 항목 이해의 출발점으로 삼고자 한다.

둘째, 중국 연나라 사람인 위만이 기존의 조선국을 빼앗고 나라 이름을 그대로 '조선朝鮮'이라 쓴 까닭이 무엇이었을까 하는 문제이다. 동서고금을 막론하고 특히 중국이나 우리나라의 경우, 예부터 이미 있어 온 국가를 허물고 새 나라를 이룩하였을 때는 반드시 빼앗긴 나라의 종래 국호를 버리고 새로운 이름을 붙이는 것이 통례처럼 되어 왔다. 더구나 위만이 중국인이었다면 더욱 조선이라는 전왕조前王朝의 국호를 답습할 리가 있겠는가 하는 것이다. 여기에 아울러서 위만의 민족 소속 및 위만조선의 국가적 성격도 살펴보려고 한다.

셋째, 이 항목의 맨 끝에 보이는 한漢의 4군郡에 관하여 잠시 살펴보려고 한다.


## 1. 전거 문헌

앞의 주 1)에서도 잠시 밝힌 바가 있지만, '위만조선'을 전하는 가장 오래된 현존 최고最古의 전거 문헌은 중국 한나라의 사마천이 지은 『史記』의 「조선열전」이다. 위만조선에 관한 '고기古記'나 '고전古傳' 류의 국내 자료는 전혀 볼 수가 없으며, 중국의 옛 자료에서만 보게 되는데 『史記』를 비롯한 고전은 대략 다음과 같다.

① 한漢 태사령太史令 사마천 찬, 『史記』 권115, 「조선열전朝鮮列傳」 55
② 한 난대령사蘭臺令史 반고班固 찬, 『전한서前漢書』 권95, 「조선전朝鮮傳」 65.
③ 송宋 선성태수宣成太守 범엽范曄 찬, 『후한서後漢書』 권155, 「동이전東夷傳」 75.
④ 진晉 저작랑著作郎 진수陳壽 찬, 『삼국지三國志』 「위지魏志」 권30, 동이전東夷傳(예濊 · 한韓)

이들 문헌에서 전하는 위만 및 그가 세운 나라에 관해 각각 항목을 나누어 대강을 살펴보기로 한다.

(1) 『史記』에서 전하는 위만조선

사마천이 찬한 『史記』에는 115권 곧 열전列傳 제55에 「조선전朝鮮傳」을 따로 두고 있다.

이 「조선전」은 본문이 시작되기 전의 맨 앞에 조선의 나라 이름에 관한 장안張晏의 설명글을 담은 『사기집해史記集解』의 주석을 앞세워 놓고 있다.

본문의 첫머리에 조선을 들고 그 아래에 조선(조선潮仙·조선朝鮮)과 평양성平壤城 및 왕험성王險城을 언급한 『사기정의史記正義』의 짧은 주석을 붙였으며, 이어서 "王滿者 故燕人也"라 하여 위만의 이야기가 전개되어 있다. 이 "朝鮮"에서 시작하여 "庶人"에 끝나는 본문은 다음에서 보게 될 『전한서』의 위만 관계 글과 똑같으나, 몇 글자의 들고 남과 사이사이에 넣은 주註가 다른 점 등의 차이가 있는 정도이다. 여기에 전해진 내용은 역시 『전한서』의 내용과 같으며 또한 그것을 옮겨 실은 『유사』의 '위만조선'과도 같으므로, 글 내용의 요약과 설명은 하지 않기로 한다.

(2) 『전한서』의 「조선전」

앞에서 언급한 바와 같이 위만조선을 전하는 내용으로 이루어진 이 「조선전」은 이에 앞선 『史記』의 「조선전」 본문을 그대로 옮겨 실은 것처럼 보인다. 앞에서 본 것처럼 몇 글자의 들고 난 것과 사이사이의 주석이 다른 정도이다. 또 뒤쪽의 한4군漢四郡 문제에 서『史記』에서는 "4군으로 삼다(爲四郡)"라고만 했으나,『전한서』에 서는 4군의 이름이 모두 밝혀져 있다.

『유사』에 옮겨 실은 '위만조선'의 저본은 말할 것도 없이 이『전 한서』의「조선전」이다. 그러나 이 저본의 첫머리 시작인 "朝鮮王 滿 燕人"이 빠지고 그 다음의 "自始燕時"부터 수록하고 있으나, '상 嘗'이 '상常', "都王險(王險城)"의 '왕험王險'을 '왕검王儉'이라 하는 등 글자를 달리한 것과, 위만이 조선으로 올 때의 행색(추결만이복 椎結蠻夷服)21)이 (『유사』에는) 빠져 있는 등 적지 않은 차이점이 있 다. 이는 아마도 이서移書나 조판雕板 때의 실수인 듯하다. 또 저본 인『전한서』나 원 저본이라 할『史記』에는 그 이름을 '만滿'이라고 만 하고 있는데,『유사』에서는 '위만魏滿'이라 하였다. 다음에 보게 될『후한서』와『삼국지』에서는 '위만衛滿'이라 하고 있는데, 아마 도 거기에서 위만을 따오면서 '위衛'를 '위魏'로 잘못 적은 듯하다.

어쨌든『유사』에서는『전한서』의「조선전」을 '위만조선'의 저 본으로 삼고 있으니, 첫머리의 "前漢 朝鮮傳云"이 그것을 확인시켜 주고 있다.『史記』의「조선전」을 저본으로 삼지 않고 어째서 그것 을 전재한 것으로 보이는『전한서』의 것을 옮겼는지 알 수가 없 다. 어쩌면『유사』의 엮은이가『전한서』의 자료를 손쉽게 구할 수 있었기 때문이 아니었을까도 싶다.

---

21) 이 부분은 이병도의『역주 삼국유사』(명문당, 1987 수정판), p.181에서도 지적한 바 가 있다.

## (3) 『후한서』에 보이는 위만衛滿

이『후한서』에는 '조선전'이 없고 「동이전東夷傳」이 있다. 이「동이전」 안에 위만의 이야기가 들어 있다.『유사』에는 '위만魏滿'으로 되어 있으나 여기에서는 다음의『삼국지』와 함께 '위만衛滿'으로 쓰고 있으며, '조선왕 만' 또는 그냥 '만'으로만 그를 일컫고 있는 앞의 두 문헌과는 다르다.

여기에는 "중국의 천하가 혼란에 빠졌을 때 연나라 사람 위만衛滿이 조선 땅으로 피난해 왔으며, 그로부터 그 나라의 왕이 되었다(……天下崩潰 燕人衛滿避地朝鮮 因王其國)"라고 간단하게 언급하였는데, 그 사이에 주석을 달아 위만이 왕이 된 사연만을『전한서』에서 간략하게 옮겨 놓고 있다.

## (4) 『삼국지』에 들어 있는 위만 사실

『삼국지』의 「위지魏志」에는 '조선전'이 없으므로 '위만조선'에 관한 항목도 따로 없다. 다만 동이東夷의 '예濊' 전에 "연나라 사람 위만이 북상투에 동이東夷의 옷을 입고 와서 (조선의) 왕이 되었다(……朝鮮…… 燕人衛滿 魋結夷服 復來王之)"라고 되어 있으며, 또 '한韓' 전에 "연나라의 망명인인 위만이 쳐서 뺏은 바가 되었다(……燕亡人衛滿所攻奪)"라는 간략한 한마디가 있고, 그 아래에 『위략魏略』[22]에

---

22)『위략』은 중국 삼국시대 위魏나라의 어환魚豢이 찬술한 책으로, 본디 50권이었으나

서 인용한 글이 주석으로 들어 있는데 거기에 위만의 이야기 일부가 보인다. 그와 같이 이 『삼국지』(위지魏志)에는 『위략』의 인용문 등 위만조선 및 그 전후 사정을 알게 하는 중요한 자료가 간략하게나마 전해져 있다.


## 2. 위만이 국호 조선을 답습한 까닭, 그 민족 소속 및 국가적 성격

앞에서 본 위만의 사실을 통해서 볼 때, 위만은 연나라 사람으로 당시 조선에 들어와 나라를 뺏고 국왕이 된 외래 정복자임에 틀림이 없다. 외래 정복자가 아닌 자국민인 경우에도 기존의 국가를 뒤엎고 나라를 차지하면 종전의 나라 이름을 버리고 자신의 새 나라 국호를 정하여 쓰는 것이 상식적인 통례이다. 그런데 연나라 사람이라는 위만이 기존의 조선국을 무너뜨리고 새로운 주인이 되었으면서도 여전히 조선이라는 나라 이름을 그대로 썼다는 것은 아무래도 일반적 역사 상식으로는 이해가 안 되는 일이라 할 수 있다.

거기에는 반드시 그럴 만한 까닭이 있었으리라고 본다. 그 까닭으로 삼을 만한 일로는 다음의 두 가지 면에서 생각해 볼 수가 있지 않을까 싶다.

---

지금은 전하지 않는다. 진수陳壽의 『삼국지』는 이 책에 많이 의존했다고 한다.

그 첫째는 이민족異民族(곧 연인燕人)인 위만이 조선왕을 밀어내고 왕이 된 다음 백성들의 환심을 사고 또 민족적 반감을 해소시키기 위해 임시방편으로 짐짓 나라 이름을 바꾸지 않고, 종전 그대로 조선이라 하였으리라는 것이다.

또 하나는 위만이 애초에 조선 백성이었으나 서북쪽 요동 지방이 중국의 진秦과 연燕 등에 침탈당하여 유망민流亡民(표면적으로는 연인燕人)으로 살다가 진秦나라 말末의 혼란한 틈을 타서 유망민들을 거느리고 조국에 돌아와 세력을 확장하여 기존의 국왕 준準[23]을 쫓아내고 스스로 왕이 되어 조선의 국권國權을 이었기 때문에 나라 이름을 바꾸지 않았으리라는 것이다.

이상의 두 가지 사유 중에서 얼른 보아 앞의 것이 타당하다고 할 수도 있겠으나, 위만은 물론 그 손자(우거왕) 대에 이르기까지 국호를 바꾼 일이 없고 강대국인 한漢나라 군사와의 혈투에서 일부의 배반은 있었으나 끝까지 나라와 운명을 함께한 사실 등으로 미루어 보아 위장을 위한 방편적 국호 답습이라고는 보기가 어렵다고 할 수 있다. 그러므로 오히려 두 번째의 사유가 타당한 것처럼 보인다. 왜냐하면 위만이 무리 천여 명을 모아 북상투를 틀고 오랑캐 옷을 입고(魋結蠻夷服) 조선으로 들어왔다는 사실에서 어느 정도 유추할 수가 있기 때문이다.

『史記』에서는 '추결만이복椎結蠻夷服'이라 하였고, 『전한서』에도 '추결만이복'[24]이라 하였으나 '추결'의 추 자가 '추椎'로 되어 있는

---

것이 『史記』와 다르다. 또 『삼국지』에는 '추결이복魋結夷服'으로 되어 있는데, 이 세 경우는 모두 뜻이 같다. 다시 말해서 '추결魋結(椎結)25)'은 북상투를 튼 머리 모양을 말한 것이고, '만이복蠻夷服(夷服)'은 동이복東夷服 곧 당시의 조선 옷을 일컫는 말로 보아야 한다. 그러므로 위만은 조선으로 오면서 조선 사람의 행색(조선 사람의 상투에 조선 사람의 복장)을 하고 왔기 때문에, 조선의 유망민으로 살다가 조국(조선)을 찾아온 것으로 볼 수가 있지 않겠는가 하는 것이다.

이 문제에 관한 이병도의 지론持論을 간추려서 여기에 옮겨 보고자 한다.


그는 史・漢 및 魏略 等書에 분명히 燕人이라고 하였으므로, 後來 이에 대하여 疑訝를 품은 이는 별로 없었다. 그러나 나는 여러 모로 보아 그를 과연 글자 그대로 순수한 漢人系統의 燕人이라고 단정할 수 있을까가 큰 문제로 여긴다. 첫째 燕領內의 住民의 構成要素를 分析해 본다면, 거기에는 漢人系統뿐 아니라 東胡系統・朝鮮人系統의 사람도 많이 포함되었다고 보지 않으면 안 되겠다. 더욱이 앞서 全燕(大燕) 時代에 침략당한 遼東(朝鮮의 舊西部) 지방만 하더라도 그곳 住民의 대부분은 그대로 土着하여 燕의 國籍에 속하였을 것이다. 그러므로 衛滿 당시의 遼東地方에는 朝鮮人계통(후예)의 燕人들이 상당한 숫자를 차지하였을 것으로 추측된다.

그런데 여기에 주의할 것은, 滿이 朝鮮에 入國할 때 '魋結蠻夷服'하고

---

服'을 빠뜨리고 있다.

25) 여기서는 편의상 魋結과 椎結을 뜻이 같으므로 다같이 '추결'로 읽었지만, 실은 魋結은 '추계'로 읽는 것이 옳다. 이는 본디 魋髻(망치모양의 북상투)와 같은 말로 읽혀왔기 때문이다.

왔다는 史記의 記事에 대하여서다. 漢書 朝鮮傳에는 魋結을 椎結로 書하였
으나 실상은 마찬가지의 뜻으로 古代 朝鮮人의 首飾인 '상투'를 말한 것이
니, '상투'의 양식이 중국인의 首飾과 달라 특히 방망이(椎)와 같이 삐죽
하다 하여 魋結 혹은 椎結이라 한 것이다. 시대는 뒤떨어지지만 魏志 東夷
傳 韓條에 馬韓人의 首飾을 評하여 '괴두로계魁頭露紒'(冠帽를 쓰지 아니한
'날상투'를 말한 것)라 한 것을 보면, 우리 古代社會의 南北의 首飾이 대개
같았음을 알 수 있다. ……東亞에 있어서의 椎結民族은 古來로 우리나라
와 苗族(南越)뿐이었으니 위의 '魋結蠻夷服'은 확실히 朝鮮式의 結髮(상투)
과 의복을 지칭한 것임은 더 말할 것도 없다. 그러면 衛滿이 그러한 服飾
을 하고 온 것은 무슨 까닭인가? 여기서 나는 그가 순수한 漢人系統의
燕人이 아님을 주장하고 싶다. 혹은 그가 순수한 漢人으로서 朝鮮人의 환
영을 받기 위하여 朝鮮의 習俗(服飾)을 모방하고 온 것이 아니었을까 하
는 의심도 나지만, 그보다도 나는 그가 본시 朝鮮人 계통의 자손으로서
燕王의 망명과 漢(官)軍의 征討로 因한 燕領內의 動搖를 契機로 하여, 즉
그 틈을 타서 本然의 姿態를 나타내고, 集團的으로 무리를 이끌고 母國에
들어온 것이라고 하는 것이 더 자연스럽고 合理的인 해석일 것 같다
……滿의 後日의 행동으로 보아 그가 謀略的이고 계획적인 것은 틀림없
었으나, 처음 準王이 그를 信任하여 國境防守의 重責을 부여한 것도 그가
순수한 外族(漢人)계통에 속한 인물이 아닌 까닭이었을지도 모르겠다.
그 후 滿이 (準王을 逐出하고) 王이 되어 國號를 前대로 朝鮮이라고 한 것을
보면 더욱 그러함을 짐작할 수 있다. 만일 그가 순수한 漢人이라면 특별
한 理由가 없이는 漢人의 自尊心을 가지고 前代의 國號를 그대로 답습할
리가 萬無한 까닭이다.

滿을 순수한 燕人으로 간주하기 어려운 중요한 理由가 또 한 가지 있는
것을 우리는 잊어서는 안 되겠다. 그것은 다름이 아니라 滿의 孫 右渠時
의 重臣職에 '朝鮮相'(路人)이니 '尼谿相'(參)이니 하는 職名이 보이는 그것
이다. 相은 물론 中國制度의 卿相(大臣)職을 模倣한 것이고, 尼谿는 朝鮮과

같이 地名이나, 지금의 어디인지 未詳하다. ……그리고 보면 당시 朝鮮의 官制는 中央의 大臣職(朝鮮相)이나, 地方의 長官職(尼谿相과 같은 것)을 不問하고 모두 相이라 하여 그 사이에 名稱上의 구별을 두지 아니하였던 모양이다. 漢書 朝鮮傳 應劭註에 '戎狄不知官紀 故皆稱相'이라 한 것은 이것을 이름이니, 즉 應劭의 이 말은 朝鮮이 中國의 制度를 모방하면서도 그 성질을 잘 알지 못하고 사용한 것이라고 비웃은 말이다. 그러나 우리는 여기서 우리 制度의 한 특색을 발견할 수 있음을 유쾌히 여기는 바이다. 좀 자세히 말하면 이는 마치 후세 高句麗 官制中에 使者·皂衣·先人 등의 職이 王 직속 하에 뿐 아니라 각부 大加(大人)밑에도 그러한 同名의 職이 있었음(三國志 東夷傳 高句麗條)과 같다 하겠다. 물론 同名職이라 하더라도 高句麗의 그것과 같이 兩者 사이의 格은 달랐겠지만 하여튼 名稱에 있어서는 조금도 다름이 없었다. 이는 결국 原始 部族長制의 殘滓遺風이 그렇게 작용한 것이라고 볼 수밖에 없거니와, 여기에서 우리는 衛氏朝鮮의 性格과 衛滿의 민족적 소속문제를 구명하는 데 또한 중요한 힌트를 얻었다 하겠다. 衛滿朝鮮이 만일 순수한 燕人(漢人)이 건설한 나라라면 이러한 식의 官制編成은 취하지 않았을 것이다. 應劭가 衛氏朝鮮을 戎狄視한 것을 보아도 이 나라의 성격이 어떠한 것임을 알 수 있는 것이 아니냐.26)

장황한 인용문이었지만 이 문제에 대한 필자의 견해와 별로 차이가 없으므로 공감하는 뜻에서 옮겨 보았다.

그러나 위만을 중국 은殷나라 사람의 후예로 보는 학자도 있고,27) 연나라의 조선 고지故地 점령에 의해 연인燕人이 된 토착 세

---

26) 이병도, 『한국사』-고대편-(진단학회 편, 을유문화사, 1959), p.119~122.
27) 김철준, 「고조선 연구의 회고와 전망」(『한국학국제학술회의논문집』, 인하대 한국학
    연구소, 1987).

력의 후손으로 보는 견해도 있으며,[28] 또는 위만조선을 중국 정치
세력의 일환으로 보고 한국사에서 제외해야 한다는 입장을 보인
이도 있다.[29]

『유사』와 비슷한 시기에 나온『제왕운기』에 실린 위만에 관한
글을 여기에 참고로 옮겨 본다.

한나라 장수 위만은 연나라에서 태어나 漢 高祖 12년 병오(BC 195)에
쳐들어와 준왕을 쫓아내고 나라를 빼앗았다. 손자 우거에 이르러 그 허
물 가득 차서, 한 무제 원봉 3년 계유(BC 108)에 장수들에 명하여 군사를
끌고 와서 토벌하였다(그 나라 사람이 우거를 살해하고 한의 군사를 맞아들
이다). 3대를 합쳐서 88년, 한나라를 등지고 준왕을 쫓아낸 재앙을 받았
도다.[30]

여기에는 위만이 한나라 사람(燕人)이 아님을 추호도 의심하지 않
았으며, 외국인으로서 조선국을 빼앗은 못된 사람으로 보았다.[31]

---

28) 徐榮洙,「고대국가 형성기의 대외관계」(『한국사』2, 한길사, 1994).
　　박시형(북한),「만滿조선왕조에 관하여」(『역사과학』3, 1963).
29) 윤내현,「위만조선의 재인식」(『사학지』19, 1985).
30) 이승휴,『제왕운기』권하(최남선 편,『신정 삼국유사』, 부록 p.50에 의거하였음).
　　"漢將衛滿生自燕 高帝十二內午年 來攻逐準乃奪國 至孫右渠盈厥愆 漢虎元封三癸酉 命將
　　出師來討焉(國人殺右渠迎師). 三世幷爲八十八 背漢逐準殃宜然."
31) 위만조선에 관해서는 앞에서 본 논문들 외에 다음의 논문들도 참고하였다.
　　이병도,「衛氏朝鮮興亡考」(『한국고대사연구』, 박영사, 1976), pp.78~82.
　　김정배,「위만조선의 국가적 성격」(『사총』21 · 22, 1977).
　　김정배,「위만조선의 성립과 변천」(『한국사』4, 국사편찬위원회, 1997), pp.96~108.
　　최몽룡,「한국고대국가형성에 대한 일고찰」(『김철준박사화갑기념사학논총』, 지식
　　산업사, 1983)
　　三上次男,「衛氏朝鮮の政治社會的性格」(『古代東北アジア史硏究』, 吉川弘文館,　1966)
　　등.

# 3. 한漢나라의 4군郡 설치

여기에서는 이른바 한4군漢四郡에 관한 자세한 것은 나중에 보게 될 낙랑국樂浪國과 대방帶方의 항목에서 함께 살펴볼 요량으로 그쪽으로 미루고자 한다. 다만 앞의 고조선에서 보았던 '당 배구전唐裴矩傳'의 한3군漢三郡(현도·낙랑·대방)이 이 『前漢書』의 한4군(진번·임둔·낙랑·현도)에 의하여 바로잡아져야 한다는 제시만으로 그치고자 한다.